SCHULE MACHT GESCHICHTE
175 Jahre Volksschule im Kanton Zürich
1832–2007

SCHULE MACHT GESCHICHTE
175 Jahre Volksschule im Kanton Zürich
1832–2007

Martin Lengwiler | Verena Rothenbühler | Cemile Ivedi

Lehrmittelverlag des Kantons Zürich

IMPRESSUM

Herausgeber
Bildungsdirektion des Kantons Zürich

Autor und Autorinnen
Martin Lengwiler
Verena Rothenbühler
Cemile Ivedi

Redaktion
Peter Feller, Leitung
Robert Fuchs
Gerhard Keller
Cornelia Lüthy
Dorothea Meili-Lehner
Lutz Oertel
Barbara Schäuble-Althaus

Fachlektorat
Markus Furrer
Sabina Larcher Klee
Peter Ziegler

Sprachliches Lektorat
Roman Pargätzi

Bildredaktion
Staschia Moser
Urs Lengwiler
Cemile Ivedi

Projektleiter Buchherstellung
Jakob Sturzenegger

Grafisches Konzept und Gestaltung
DACHCOM Winterthur
Andrea Grabher
Urs Kuster
Katrin Siebers

Schrift
Interstate FB

Papier
Gedruckt auf Biberist-Allegro,
beidseitig gestrichen, hochweiss, holzfrei, halbmatt,
aus 100% chlorfrei gebleichtem Zellstoff

Druck
NZZ Fretz AG

Einband
Buchbinderei Burkhardt AG

CD-ROM
DACHCOM Digital AG, Rheineck
Walter Canal
Thomas Kessler

Diese Publikation wurde durch die Unterstützung des Lotteriefonds des Kantons Zürich ermöglicht.

©Lehrmittelverlag des Kantons Zürich
1. Ausgabe 2007
ISBN 978-3-03713-229-6
Printed in Switzerland
www.lehrmittelverlag.com

INHALTSVERZEICHNIS

7 **Zum Geleit**

8 **Einleitung**

10 **Kirche oder Staat:**
Die Volksschule am Übergang zum 19. Jahrhundert
Region Knonaueramt
1798–1803

30 **Revolution in der Schule:**
Die Entstehung des Schulgesetzes von 1832
Region Zürichsee
1803–1833

54 **Gegen die «unchristliche Volksschule»:**
Der «Züriputsch» und die konservative Wende
Region Oberland
1833–1846

76 **Die Herrschaft des Freisinns:**
Die Schule unter dem Vorzeichen
der Industrialisierung
Region Zimmerberg
1846–1859

102 **Demokratische Reformen:**
Der Ausbau der Volksschule
in der zweiten Hälfte des 19. Jahrhunderts
Region Winterthur
1859–1899

122 **Kulturkampf um das Klassenzimmer:**
Volksschulreform und Privatschulwesen
Region Unterland
1874–1905

148 **Vom Geist zum Körper:**
Reformpädagogischer Aufbruch um 1900
und schulpolitischer Notstand im Ersten Weltkrieg
Region Zürich
1900–1918

174 **Zwischen Krise und Krieg:**
Die Volksschule im Zeichen von Sparpolitik
und geistiger Landesverteidigung
Region Weinland
1918–1945

202 **Zwischen Assimilation
und Wahrung der «Italianità»:**
Immigration und Integration
in der Bildungspolitik der Nachkriegszeit
Region Limmattal
1945–1975

228 **Gesellschaftlicher Wandel
und bildungspolitischer Reformdruck:**
Der beschwerliche Weg zur Oberstufenreform
Region Furttal
1960–1995

258 **Schule im Umbruch:**
Lernen im Zeitalter von sprachlich-kultureller
Vielfalt und PISA-Test
Region Glattal
1995–2007

290 **Schlusswort und Dank**

297 **Anhang**

332 **CD-ROM**
Bild-, Film- und Audio-CD

Zum Geleit

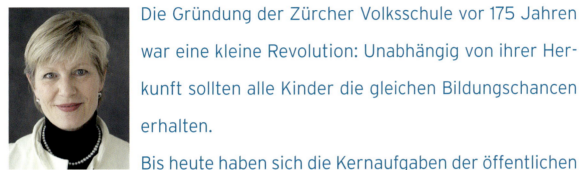

Die Gründung der Zürcher Volksschule vor 175 Jahren war eine kleine Revolution: Unabhängig von ihrer Herkunft sollten alle Kinder die gleichen Bildungschancen erhalten.

Bis heute haben sich die Kernaufgaben der öffentlichen Schule nicht verändert. Die Kinder sollen das Rüstzeug erhalten, um sich später in der Gesellschaft und der Arbeitswelt entfalten und behaupten zu können. Gleichzeitig bleibt die Integration entscheidend. Die Schule muss Kindern mit unterschiedlichem sozialem und kulturellem Hintergrund gerecht werden. Das ist eine schwierige Aufgabe, doch liegt hier auch eine Chance. In einer individualisierten Gesellschaft ist die Volksschule der Ort geblieben, wo Gemeinschaft erprobt werden kann und muss.

Nach wie vor besuchen 95 Prozent der Zürcher Kinder die öffentliche Schule. Das ist ein Vertrauensbeweis – und eine Verpflichtung. Das vorliegende Buch zeigt eindrücklich, wie die öffentliche Schule neue Herausforderungen stets zu bewältigen vermochte. Das wird ihr auch in Zukunft gelingen, wenn sie offen für Veränderungen bleibt.

Regierungsrätin Regine Aeppli
Bildungsdirektorin des Kantons Zürich

Einleitung

SCHULE – MACHT – GESCHICHTE: EINE DREIDIMENSIONALE GESCHICHTE DER VOLKSSCHULE IM KANTON ZÜRICH

Ein Buch über die Geschichte der Zürcher Volksschule – das klingt vielleicht nach einer unspektakulären, trockenen oder gar langweiligen Lektüre. Dass die meisten Leserinnen und Leser bei einer Schulgeschichte keinen aufregenden Stoff erwarten, liegt zum einen am Thema. Der Schulunterricht verläuft im abgeschiedenen, wohlgeordneten Rahmen des Klassenzimmers und hat damit etwas Unauffälliges.[1] Zum andern fehlt es an guten Beispielen. Die meisten Schulgeschichten sind eindimensional verfasst, beschränken sich auf den lokalhistorischen Rahmen und sprechen kaum ein breites Publikum an.[2]

Um ein attraktives Buch zu schreiben, haben wir uns auf Neuland begeben. Unser Buch will bewusst keine Schulgeschichte sein. Es ist uns wichtig, das Thema Schule in einen grösseren Zusammenhang zu stellen, anstatt es isoliert vom Rest der Gesellschaft zu behandeln. Die folgenden Kapitel beschreiben, welche gesellschaftliche Bedeutung der Volksschule in den jeweiligen historischen Epochen zukam.

Der Buchtitel bringt dieses Anliegen mit einem versteckten Wortspiel auf den Punkt. SCHULE MACHT GESCHICHTE bedeutet einerseits, dass das Schulwesen in den Rahmen der allgemeinen Geschichte eingebettet werden soll. Anderseits spricht der Titel programmatisch drei thematische Ebenen an, die sich wie ein roter Faden durch die folgenden Kapitel ziehen: SCHULE, MACHT und GESCHICHTE. Unser Buch wird damit zur dreidimensionalen Geschichte der Volksschule im Kanton Zürich.

Was ist unter den drei Dimensionen zu verstehen? SCHULE steht für den Hauptgegenstand des Buches, die Zürcher Volksschule, deren Entwicklung auf verschiedenen Ebenen untersucht wird. Zur Darstellung kommen etwa die Lehrpläne und die Unterrichtspraxis, die Zusammensetzung der Schüler- und der Lehrerschaft sowie die Entwicklung der kommunalen und der kantonalen Schul- und Bildungspolitik.

Der Begriff der MACHT bezeichnet die zweite zentrale Dimension. Unser Anliegen ist es, die Vielfalt der Personen, Gruppen und Organisationen darzulegen, die letztlich die Geschichte der Volksschule bestimmte. Dazu gehören neben den Lehrerinnen und Lehrern, den Schulkindern und deren Eltern auch die staatlichen und die kommunalen Behörden, die Kirchen sowie die politischen Parteien. Diese Gruppen verfolgten unterschiedliche Interessen und gerieten nicht selten miteinander in Konflikt. Aufzuzeigen ist, wie sich die Machtverhältnisse zwischen den verschiedenen Interessengruppen, etwa zwischen Schule, Staat und Kirche, im historischen Verlauf entwickelten.

GESCHICHTE, die dritte Dimension, steht für das Anliegen, die Geschichte des Schulwesens in den grösseren historischen Kontext einzubetten und die Wechselwirkungen zwischen der Schule und dem gesellschaftlichen Umfeld zu beleuchten. Dabei geht es zunächst um die Frage, wie die historischen Epochen auf das zeitgenössische Schulsystem einwirkten. Welche Folgen hatten etwa die soziale Not im Ersten Weltkrieg, die geistige Landesverteidigung der 1930er- und 40er-Jahre oder der Wirtschaftsaufschwung nach 1945 auf die Entwicklung der Volksschule? Zur Wechselwirkung zwischen Schule und historischem Kontext gehört umgekehrt der Einfluss, den die Schule auf das gesellschaftliche Umfeld ausübte. In welcher Weise erzog die Volksschule im 19. Jahrhundert die Knaben zu republikanischen Staatsbürgern? Wie wirkten geschlechtsspezifische Unterrichtsfächer wie Hausarbeit oder Handarbeit auf die unterschiedlichen Geschlechterrollen von erwachsenen Männern und Frauen ein? Welchen Beitrag lieferte der Spezialunterricht für fremdsprachige Kinder zur gesellschaftlichen

Verständigung zwischen schweizerischen und ausländischen Bevölkerungsgruppen?

GESCHICHTE VON UNTEN UND VON OBEN

Die drei Dimensionen werden jeweils aus einer lokalen und einer kantonalen Perspektive beleuchtet. Aus alltäglicher Perspektive kommen vor allem die konkreten Unterrichtsverhältnisse in ausgewählten Schulgemeinden zur Darstellung. Die kantonale Perspektive behandelt dagegen primär die Schul- und Bildungspolitik. Diese parallele Sicht auf Schulalltag und Bildungspolitik erlaubt es, die regionale und kommunale Ebene mit derjenigen des Kantons in Beziehung zu setzen und somit Veränderungen im Schulwesen von der politischen Planung bis zur praktischen Umsetzung zu verfolgen. Zudem ermöglicht es diese doppelte Perspektive, die Geschichte der Volksschule umfassend zu untersuchen, ohne die charakteristische Vielfalt der Zürcher Schulverhältnisse zu vernachlässigen.

Um dem Föderalismus des Zürcher Schulwesens gerecht zu werden, sind die Kapitel nach den geografischen Regionen des Kantons gegliedert. Jede der elf Regionen wird in einem der Kapitel genauer dargestellt. Die Verteilung der Regionen auf die Kapitel folgt dem Grundsatz, dass die ausgewählten Gebiete exemplarisch zur beschriebenen Epoche passen. So kommen nacheinander die folgenden Regionen und Zeiträume zur Darstellung:
Knonaueramt (1798–1803), Zürichsee (1803–1833), Oberland (1833–1846), Zimmerberg (1846–1859), Winterthur (1859–1899), Unterland (1874–1905), Zürich (1900–1918), Weinland (1918–1945), Limmattal (1945–1975), Furttal (1960–1995), Glattal (1995–2007).

AUTOR UND AUTORINNEN

Zum Schluss eine Bemerkung zur Autorschaft. Die Kapitel wurden in enger Zusammenarbeit der beiden Autorinnen und dem Autor geschrieben, letztlich jedoch in individueller Verantwortung. Für die Kapitel 1 bis 5 zeichnet Verena Rothenbühler verantwortlich. Die Kapitel 6 bis 11 sowie die Einleitung und den Schluss verfasste Martin Lengwiler unter Mitarbeit von Cemile Ivedi.

CD-ROM

Dem Buch ist schliesslich eine CD-ROM beigefügt. Darauf finden sich eine Vielzahl attraktiver Bild-, Ton- und Filmdokumente aus der 175-jährigen Volksschulgeschichte (vgl. detailliertes Inhaltsverzeichnis S. 332–335). Dazu gehören sowohl ein Querschnitt durch die Geschichte der Schulhausbauten wie ein Überblick über die wichtigsten Utensilien im Klassenzimmer seit 1850 – von der Wandtafel über die Schreibgeräte bis zum Tornister. Die CD-ROM umfasst weiter zahlreiche Beispiele von Schulwandbildern und Lehrmitteln sowie von Kinderzeichnungen und Kinderliedern. Abgerundet wird die Beilage mit einer Auswahl zeittypischer Klassenfotos seit 1900, einer Reihe illustrativer Erinnerungsdokumente bekannter Zeitzeuginnen und Zeitzeugen sowie sieben historischen Kurzfilmen über brisante schulpolitische Tagesthemen wie «Darf man prügeln?», «Schulprobleme von Gastarbeiterkindern» und «Lehrergejammer».

1798–1803

Kirche oder Staat:
Die Volksschule am Übergang zum 19. Jahrhundert
Region Knonaueramt

Lesen und Beten, das waren die beiden Hauptfächer, die seit der Reformation im 16. Jahrhundert in den Landschulen unterrichtet wurden. Letztlich diente die Schule der religiösen Unterweisung der Untertanen. Mit der helvetischen Revolution von 1798 wurde in der Schweiz erstmals eine umfassende Bildung für alle Bevölkerungsschichten gefordert. Die Menschen sollten zu mündigen Bürgern mit «wirtschaftlicher Lebenskraft» und «politischem Sachverstand» erzogen und die Schule dem Einfluss der Kirche entzogen werden. Die neuen Freiheiten und Rechte, welche die Helvetik verkündete, fielen bei der Landbevölkerung auf fruchtbaren Boden. Diese forderte allerdings keine Bildungsreform, sondern mehr Mitsprache im Schulwesen. Schliesslich scheiterten die hochtrabenden Reformpläne am Freiheitsdrang der Gemeinden und an der chronischen Geldnot der Helvetischen Republik. Dennoch hatten die neuen Ideen längerfristig einen erheblichen Einfluss auf die Entwicklung der modernen Volksschule.

Der Ausbruch der Französischen Revolution 1789 in Paris und die Erklärung der Menschen- und Bürgerrechte besiegelten den Untergang der absolutistischen Monarchien und der ständischen Gesellschaftsordnung.[1] Die politische Landschaft Europas änderte sich in der Folge grundlegend. Die Ereignisse in Frankreich entfachten auch in der Schweiz öffentliche politische Debatten, wie es sie zuvor kaum gegeben hatte. Die Untertanengebiete, die ihre politische und wirtschaftliche Zurücksetzung zunehmend schwer ertrugen, nahmen die Gedanken von Freiheit und Gleichheit mit Begeisterung auf. Protestbewegungen und Revolten erschütterten das Ancien Régime in der Schweiz. Während die neuen Ideen viele Zeitgenossen begeisterten, erfüllten sie vor allem die Obrigkeiten mit Sorge. Das von der Lesegesellschaft Stäfa 1794 verfasste Memorial mit der Forderung nach mehr Freiheiten und Rechten für die Landbevölkerung löste den «Stäfner Handel» aus.[2] Die Zürcher Regierung ging mit äusserster Härte gegen die Stäfner vor. Sie liess die Gemeinde militärisch besetzen und die Einwohner entwaffnen. Als Ende Januar 1798 die französische Armee in die Waadt einfiel und bald darauf vor den Toren Berns stand, geriet in der Schweiz das Herrschaftsgefüge endgültig ins Wanken. Für eine sanfte Reform der alten, ständischen Ordnung war es bereits zu spät. Am 13. März 1798 trat in Zürich der Grosse Rat ein letztes Mal zusammen – auf dem Münsterhof wurde bereits ein Freiheitsbaum errichtet. Innerhalb von zwei Monaten war die alte Ordnung wie ein Kartenhaus in sich zusammengefallen. Am 12. April rief der Präsident des helvetischen Senats, Peter Ochs (1752–1821), in Aarau offiziell die Helvetische Republik aus.

Mit der helvetischen Verfassung von 1798 entstand ein Einheitsstaat nach französischem Vorbild. Die neuen Eliten machten sich an die Aufgabe, das Staatswesen in der Schweiz nach den Grundsätzen von Freiheit und Gleichheit neu zu ordnen. Mit der Helvetik wurde in der Schweiz erstmals eine umfassende Bildung für das ganze Volk gefordert. Die Landschulen sollten der bisherigen Aufsicht der Kirche entzogen und verstaatlicht werden. Gleichzeitig sollten sich die Bildungsinhalte radikal ändern. Anstelle der religiösen Unterweisung sollten den Kindern nun moderne weltliche und bürgerliche Wertvorstellungen und Bildungsinhalte vermittelt werden.

Das Schulwesen wurde in der Helvetischen Republik zu einem Schauplatz, auf dem es zwischen den freiheitsdurstigen Gemeindebürgerschaften sowie den kirchlichen und staatlichen Behörden zu heftigen Auseinandersetzungen kam. Dabei standen weniger die neuen weltlichen Bildungsinhalte im Zentrum der Konflikte als das von den Gemeinden geforderte Mitbestimmungsrecht im Schulwesen. Dieser Schritt zur Partizipation von unten war von der neuen Obrigkeit nicht beabsichtigt. Doch im chronischen Vollzugsnotstand der Helvetik witterten die Gemeinden Morgenluft und meldeten ihre Machtansprüche an. In der Mediationszeit nach 1803 wurden die aufmüpfigen Gemeinden allerdings wieder in die Schranken gewiesen. Die alten Herrschaftsträger, Staat und Kirche, teilten sich die Aufsicht über das Schulwesen ähnlich wie im Ancien Régime wieder auf; diesmal jedoch mit einer Gewichtsverlagerung von den kirchlichen hin zu den staatlichen Instanzen.

Die Zeichen der neuen Zeit: Wilhelm Tell, der Urvater der alten Schweizer Freiheit, und sein Sohn Walter werden zum Symbol der Helvetischen Republik.

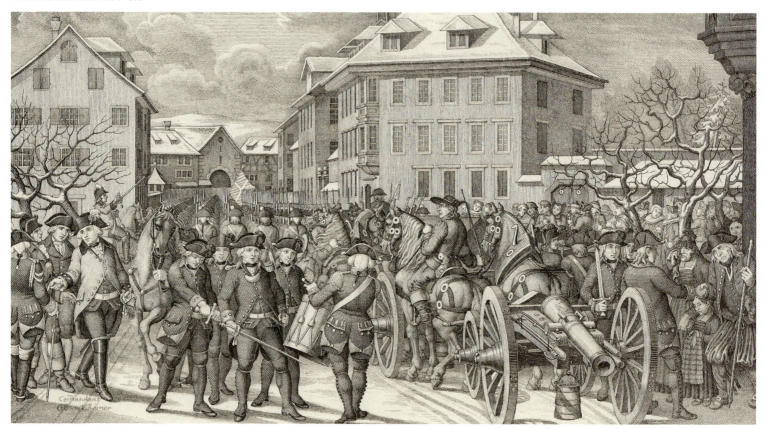

Das Ende des Ancien Régime. Am 5. Februar 1798 machte sich das erste Kontingent zürcherischer Hilfstruppen im Talacker bereit, um das von französischen Truppen bedrohte Bern zu unterstützen. Genau einen Monat später, am 5. März 1798, eroberten die Franzosen Bern.

DIE STAPFERSCHE SCHULUMFRAGE VON 1799

Im Juli 1798 unterstellte das helvetische Direktorium das Schulwesen der Staatsaufsicht.[3] Als oberstes Organ wurde ein Ministerium der Künste und Wissenschaften geschaffen. Der neue Minister, Philipp Albert Stapfer (1766–1840), erhielt den Auftrag, ein Schulgesetz zu entwerfen.[4] Nachdem er bereits im Oktober 1798 dem helvetischen Direktorium eine Gesetzesvorlage über die Volks- und Elementarschulen unterbreitet hatte, ging er daran, sich mittels einer Umfrage ein genaues Bild über die Schulverhältnisse in der Schweiz zu verschaffen.[5] Zu Beginn des Jahres 1799 liess Stapfer allen Lehrern einen Fragebogen zukommen, den diese innert nützlicher Frist ausgefüllt zurückzuschicken hatten. Der Minister bat die angeschriebenen Lehrer um Auskunft über die Schullokale, den Unterrichtsstoff, die Unterrichtszeiten, die Lehrmittel, die Klasseneinteilung, ihre Ausbildung und ihren Lohn.[6] Mitte April 1799 trafen 364 Berichte aus dem Kanton Zürich in Aarau, dem Sitz der helvetischen Regierung, ein.[7] Aus dem neuen helvetischen Distrikt Mettmenstetten, der in etwa das Gebiet des heutigen Bezirks Affoltern umfasste, schickten 27 Lehrer den ausgefüllten Fragebogen an Stapfer zurück. Die Antworten aus dem Knonauer Amt bieten einen einzigartigen Einblick in den Schulbetrieb auf der Zürcher Landschaft um 1800.[8]

DIE LEHRER: SCHLECHTER LOHN UND GERINGES ANSEHEN

Einer der Lehrer, der den Fragebogen ausfüllte, war der 35-jährige Heinrich Grob. Er unterrichtete in Knonau bis zu 110 Schülerinnen und Schüler in einer alten und «baufälligen» Schulstube im Gemeindehaus.[9] Während die «Alltagsschüler», die Kinder im Alter von etwa fünf bis zehn Jahren, den Unterricht im Winter von Montag bis Samstag besuchten, gingen die elf- bis etwa 15-jährigen «Repetierschüler» lediglich am Montag zur Schule. Im Sommerhalbjahr war die Unterrichtszeit bedeutend kürzer, und Heinrich Grob unterrichtete nur am Montag und Samstag. Im Sommer und während der Erntezeit besuchten etwa 40 Kinder den Unterricht, manchmal mehr, manchmal weniger. Die Schülerzahl hing stark davon ab, welche Arbeiten, bei denen die Kinder mithelfen mussten, auf Feld und Hof anstanden.

Heinrich Grob, der Bürger von Knonau war, unterrichtete seit 14 Jahren in der Gemeinde. Zuerst hatte er seinem Vater in der Landwirtschaft geholfen und sich

Philipp Albert Stapfer:
Glückloser Erziehungsminister der Helvetik

Philipp Albert Stapfer wurde 1766 in eine reformierte Theologenfamilie in Bern hineingeboren und genoss eine umfassende, höhere Bildung.[1] Nach dem Theologiestudium in Bern und Göttingen berief ihn die helvetische Regierung 1798 zum Minister «der Wissenschaften und Künste, der öffentlichen Bauten und Strassen». In dieser Funktion formulierte er eine zukunftsweisende gesamtschweizerische Bildungs- und Kulturpolitik. Kaum zum Minister ernannt, nahm Stapfer die Reform der Volksbildung an die Hand. Die Umgestaltung der Landschule war ihm ein zentrales Anliegen, «weil unser kraftvolles, aber bisher vernachlässigtes Volk leicht in Verwilderung übergehen könnte, und weil wir nicht, wie Frankreich, der Dorfschulen entbehren wollten».[2] Die Volksschule bekam die Aufgabe, alle Menschen zu geistiger Eigenständigkeit, «zum Selbstdenken, Selbsturtheilen, Selbsthandeln und zur Selbstachtung» zu erziehen.[3] Da nun alle Bürger theoretisch in ein politisches Amt gewählt werden konnten, brauchten sie eine entsprechende Bildung. Im Herbst 1798 stellte Erziehungsminister Stapfer seinen «Entwurf für ein Gesetz über die Volks- oder Elementarschule» vor.[4] Darin schlug er eine von der Kirche unabhängige, sechsjährige Schweizer Volksschule für Knaben wie für Mädchen vor. Die Ziele der neuen Schule waren die Vermittlung «wirtschaftlicher Lebenstüchtigkeit» und «politischen Sachverstandes».[5] Daher sollten die Kinder in den Fächern Rechnen, Schreiben und Lesen sowie in Geografie, Französisch, Verfassungskunde, Hauswirtschaft und Ackerbau unterrichtet werden. Bis zum zehnten Altersjahr gingen die Mädchen und die Knaben gemeinsam zur Schule, anschliessend in getrennte Klassen. Während die Knaben für ihre spätere Rolle als Bürger und Berufsleute ausgebildet werden sollten, bereitete man die Mädchen auf ihre Aufgabe als Hausfrau, Gattin und Mutter vor. Für die Mädchen waren deshalb Fächer wie Hauswirtschaft und Handarbeiten vorgesehen.[6] Nachdem Stapfers Reformpläne zuerst verwässert, dann verschleppt und schliesslich vom helvetischen Senat verworfen worden waren, trat er 1800 als Minister zurück und wurde schweizerischer Gesandter in Paris. Nach dem Ende der Helvetik zog sich Stapfer aus der Politik zurück und verbrachte den Rest seines Lebens in Frankreich, wo er 1840 starb. Die Ideen Stapfers wurden zwar nie umgesetzt, dennoch beeinflussten sie die weitere Entwicklung der Schweizer Volksschule massgeblich.

Der Pfarrerssohn Philipp Albert Stapfer (1766–1840) gehörte zu den wichtigsten Protagonisten der Helvetischen Republik. Als Minister der Künste und Wissenschaften schuf er die Grundlagen der modernen Volksschule.

Bis 1798 residierten die vom Zürcher Rat ernannten Knonauer Landvögte als oberste juristische und verwaltungsrechtliche Behörde im Landvogteischloss Knonau.

dann bei einem Kaufmann weitergebildet. Ohne weitere Vorbereitung wechselte er 1785 in den Schuldienst und trat als 21-Jähriger seine erste Stelle in Knonau an. Für seine Tätigkeit erhielt er jährlich rund 50 Gulden in bar sowie Naturalleistungen im Wert von rund 10 Gulden. Damit lag sein Lohn leicht über dem durchschnittlichen Salär seiner Lehrerkollegen. Ende des 18. Jahrhunderts belief sich der jährliche Barlohn eines Schulmeisters auf etwa 30 Gulden, was demjenigen eines Tagelöhners entsprach.[10] Hinzu kamen Naturalentschädigungen. Je nach Gemeinde konnten dies Holzlieferungen, Pflanzland oder eine freie Wohnung sein.[11] Weil Knonau eine sogenannte Freischule hatte, mussten die Eltern für ihre Kinder kein Schulgeld bezahlen. Grobs Lohn wurde ausschliesslich aus dem Kirchen-, Armen- und Gemeindegut bestritten. Wesentlich unsicherer waren die ökonomischen Verhältnisse des Lehrers Hans Weber, der 1799 in Ebertswil 119 Kinder unterrichtete. Er bekam nur gerade 16 Gulden als fixes Gehalt aus Fonds und Gütern.[12] Der Lehrer musste deshalb seinen Lohn mit einem Schulgeld aufbessern. Es betrug pro Kind und Jahr 2 Schilling, hinzu kamen jährlich 3 Schilling pro Haushaltung.[13] Weber beklagte sich bei Stapfer denn auch über seine schlechten und unsicheren Lebensverhältnisse: «[...] was das Einziehen des Löhndli's der Haushaltungen und den Kindern betrifft, so ist es eine arme Bäteley, man bringt es mit grossem Verdruss von einem Jahr zum anderen kaum zusammen.»[14]

Im Knonauer Amt verdienten nur zwei Lehrer, nämlich Heinrich Grob und Heinrich Trüeb in Aesch, ihren Lebensunterhalt ausschliesslich als Lehrer. Alle 25 anderen Lehrer gingen einer weiteren Beschäftigung nach. Solche Lehrerstellen mit Nebenerwerb waren im Ancien Régime auf der Zürcher Landschaft die Regel. Die Lehrer betätigten sich häufig als Sigrist und Vorsänger in der Kirche, betrieben Landwirtschaft oder waren Heimarbeiter.[15] Aus Hausen berichtete der 56-jährige Lehrer Jakob Huber:

«Habe nebst diesem Dienst [Schuldienst] ein klein Gütergewerblein, Sommerzeit noch etwas mit Leinnweben beschäftiget – denn bey dem Schul Einkommen verdiente man nicht viel über Brod und Wasser.»[16]

Die schlechte Entlöhnung der Lehrer spiegelt die geringe soziale Wertschätzung, die sowohl die Obrigkeit wie die ländliche Gesellschaft der Schule entgegenbrachten. Die Lehrer unterstanden dem Dorfpfarrer, der als Stadtbürger und verlängerter Arm der Obrigkeit die Aufsicht über den Lehrer und die Dorfschule innehatte. Die Antworten der Schulmeister auf die Stapfersche Umfrage sind denn auch voll von Klagen über ihre schlechte finanzielle Lage. Die Lehrer, die wie viele Dorfbewohner die neuen Freiheiten und Rechte stürmisch

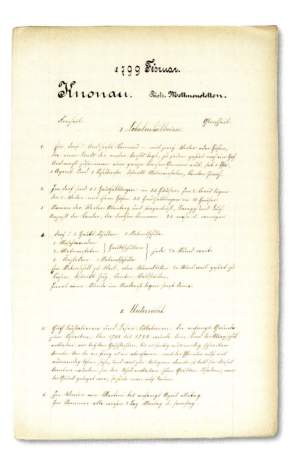

Bild links: Abschrift des Berichts, in dem der Schulmeister Heinrich Grob die Verhältnisse an der Schule Knonau im Jahr 1799 beschreibt.

Bild rechts: Überwachen und strafen. Der Lehrer mit der Rute in der Hand hält einigen reumütigen Schülerinnen und Schülern eine Strafpredigt. Vorne links kniet der bestrafte Junge, der sich weinend den schmerzenden Hintern hält.

begrüsst hatten, versprachen sich von der helvetischen Schulreform das Ende der pfarrherrlichen Kontrolle und eine bessere Entlöhnung. Heinrich Grob schrieb dazu hoffnungsvoll an Stapfer: «Sehe ich im Geiste auch die Zeiten [...], wo im ganzen die Schulen besser eingerichtet, und die Schulmeister auch billich bezahlt» werden.[17]

DIE LANDSCHULE UM 1800: LESEN UND BETEN

Die enge Verbindung zwischen Kirche und Schule geht im Kanton Zürich auf die Reformationszeit zurück. Mit der Reformation wurde die Bibel erstmals in die deutsche Sprache übersetzt. Damit jedoch die Menschen die Heilige Schrift selbst erfahren konnten, mussten sie über eine bestimmte Lesefertigkeit verfügen.[18] Diese zu vermitteln war Sache der Landschule. Die Obrigkeit von «Gottes Gnaden» hatte mit der Reformation die Schulaufsicht an die Hand genommen und der Kirche als Vollzugsinstanz übertragen. Die Aufgabe der Schule war es folglich, die Landbevölkerung zu «guten Christen» und zu gehorsamen Untertanen zu erziehen. Die Unterrichtsinhalte beschränkten sich daher auf das Lesen und Auswendiglernen.

Die Kinder lernten zuerst die einzelnen Buchstaben kennen. Als Lehrmittel diente dazu das «Nammen-Büchlein» oder «ABC-Büchlein».[19] Das «Nammen-Büchlein» vermittelte den Kindern zunächst Buchstaben, dann Silben und schliesslich ganze Wörter. Auf einer Bildtafel mit 24 Bildchen waren die einzelnen Buchstaben abgebildet. Jeder Buchstabe war mit einem Tier dargestellt: «A» wie «Adler», «Be» wie «Bär», «Ce» wie «Camel», «De» wie «Distelfink», «E» wie «Esel» und so weiter.[20] Mit dieser Buchstabiermethode lernten die Kinder nicht wie heute den Lautwert eines Buchstabens, sondern seinen Namen. Dementsprechend lasen sie das Wort «Zahn» als Zett-a-ha-enn.[21]

Wenn die Kinder die Namen der Buchstaben beherrschten, lernten sie diese zu Silben zusammenzuziehen. Dazu gab es im «Nammen-Büchlein» verschiedene Silbenfolgen: Reihen, die mit Vokalen, zum Beispiel «ab, eb, ib, ob, ub» oder solche, die mit Konsonanten begannen, etwa «fa, fe, fi, fo, fu».[22] In einem nächsten Schritt wurden einsilbige Wörter mit «a» wie «abt, ach, als, arg» oder mit «d» wie «der, dir, dorf» gelesen. Solche Reihen wurden mit allen Buchstaben des Alphabets im Anlaut geübt. Ziel war es, dass die Kinder jedes Wort auswendig buchstabieren konnten. Diese Lerntechnik erscheint im Rückblick sehr mechanisch und repetitiv.

Die Schulbücher des 18. Jahrhunderts sind kaum illustriert. In diesem ABC-Büchlein jedoch sind die Buchstaben mit entsprechenden Bildern veranschaulicht.

Schwieriger noch als der gedankliche Schritt von Buchstabennamen zu Silben war jener von Silben zu Wörtern. Der Lehrer sprach die Zusammensetzung so oft vor, bis sich die Buchstabennamen mit dem Lautbild beziehungsweise Gesichtsbild der Silbe verbunden hatten. Das Wort «buchstabiren» hatten die Kinder aus den Silben «buch» «sta» «bi» «ren» zusammenzusetzen. In diesen Übungen begannen die Kinder allmählich, aus dem Buchstabennamen unbewusst den Lautwert zu abstrahieren und danach die Synthese zu vollziehen.[23] Oft war das eigenständige Lesen nur dann möglich, wenn die Schülerinnen und Schüler sich unbewusst von der Methode des Lehrers lösten und ein Wort nicht mehr buchstabierten oder in Silben zerlegten, sondern lautierten. Der Winterthurer Landwirt und Geometer Heinrich Bosshard (1748–1815) schreibt in seiner Autobiografie, dass er mit seinem Vater auf diese Art lesen lernte:

> «Da er [der Vater] an den Sonntagen sehr viel und überlaut in der Bibel las, sah ich den Worten nach und wiederholte jedesmal sein Gelesenes. So lernte ich lesen, ohne buchstabiren zu können.»[24]

Erst, wenn die Kinder alle Buchstaben kannten, und erst, wenn sie Silben und erste Wörter lesen konnten, durften sie den zweiten Teil des «Nammen-Büchleins» bearbeiten. Dieser Teil enthielt neben den Zehn Geboten das «Unser Vater» sowie verschiedene weitere Gebete in Prosa- und in Versform.[25] Als Kopfzeile stand auf jeder Doppelseite das ganze Alphabet, sodass die Kinder nachsehen konnten, wenn ihnen der Name eines Buchstabens entfallen war. Trotz dieser Hilfestellung war das Lesenlernen nach dieser Methode für die Kinder alles andere als einfach. Durchschnittlich begabte Kinder benötigten zwei bis drei Winter, bis sie einigermassen buchstabieren konnten.[26] Täglich mussten sie mehrere Stunden, meist sich selbst überlassen, hinter ihrem «Nammen-Büchlein» sitzen und Buchstaben oder Silbenfolgen büffeln. Diese Art des Lesens war kein freies Lesenkönnen und diente auch nicht der Wissensaneignung: Lesen bedeutete praktisch beten.

DER KATECHISMUS ALS SCHULBUCH

Wenn die Kinder buchstabieren, Silben und erste Wörter lesen konnten, erhielten sie den Katechismus.[27] Dieses Lehrmittel stand noch um 1800 im Mittelpunkt des Zürcher Schulalltags. Der Katechismus war kein eigentliches Schulbuch, sondern eine erbauliche Lektüre, die sich sowohl an Erwachsene wie auch an Kinder richtete und die Grundlagen des christlichen Glaubens zu vermitteln suchte. Obwohl der Katechismusunterricht

«Nammen-Büchlein» aus dem 18. Jahrhundert. Titelblatt (links), illustriertes Alphabet (Mitte) und in Silben aufgelöste Wörter (rechts).

Mit dem «Nammen-Büchlein» oder dem «ABC-Büchlein» lernten die Kinder in den Landschulen des 18. Jahrhunderts buchstabieren, «syllabieren» und schliesslich lesen.

darauf abzielte, die Gläubigen zu mündigen Christen zu erziehen, ging es nicht um das Verstehen der Glaubensinhalte. Die Haupttätigkeit des Lehrers bestand vielmehr darin, die Kinder die Glaubenssätze auswendig lernen zu lassen und sie dann zu prüfen.[28]

Der Katechismus, der in den Zürcher Landschulen verwendet wurde, bestand streng genommen aus drei verschiedenen Büchern: dem grossen Katechismus (dem «Zeugnuss»), dem «Lehrmeister» und dem kleinen Katechismus (dem «Fragstücklein»). Der am leichtesten verständliche Teil war das «Fragstücklein». Die Kinder, die das «Nammen-Büchlein» hinter sich gebracht hatten, fingen deshalb zuerst damit an, das «Fragstücklein» durchzubuchstabieren und das Zerlegen der Wörter in Silben zu üben. Im kleinen Katechismus, der aus 93 Fragen und Antworten bestand, waren die auswendig zu lernenden Antworten kurz und knapp gehalten. Auf die Frage «Was ist dein einiger trost im leben und im sterben?» hatten die Kinder zu antworten: «Das ewige leben».[29] Im zweiten Teil des Katechismus, dem «Lehrmeister», war der auf 110 Fragen angewachsene Katalog des Katechismus in komprimierter Form wiedergegeben. Auf die obige Frage hatten die Schülerinnen und Schüler bereits ausführlicher zu antworten: «Dass ich nach disem trübseligen leben ewige freud und seligkeit ererben, und ewiglich bey Gott meinem Vatter wohnen, und seiner himlischen güteren theilhafftig werden sol.»[30] Erst wenn die Kinder die religiösen Lehrsätze aus dem «Fragstücklein» und dem «Lehrmeister» beherrschten, kamen sie gegen Ende der Schulzeit zum grossen Katechismus. Dieses Buch enthielt in 48 Kapiteln die 110 Fragen und Antworten, die nun mit den entsprechenden «Zeugnussen», den biblischen Stellen, belegt waren.[31] In die einzelnen Kapitel waren als Auflockerung Psalmengesänge mit dazugehörigen Notenschriften eingeflochten.[32]

Fertigkeiten wie Schreiben und Rechnen wurden in den Landschulen, wenn überhaupt, erst nach dem Katechismus unterrichtet. Das Schreiben war ein Privileg einer Minderheit – jenes von Knaben aus wohlhabenden Familien. Bei den Mädchen wurde die Fähigkeit, zu schreiben und zu rechnen als unnütz erachtet, da sie als berufliche Qualifikation galt, die für Mädchen nicht vorgesehen war. Schreiben lernen durften nur die Schüler, deren Eltern dies ausdrücklich wünschten. Noch weniger Kinder kamen in den Genuss des Rechenunterrichts. Im Knonaueramt wurde in den meisten Schulen gar kein Rechenunterricht erteilt, da viele Lehrer selbst nicht rechnen konnten. Abgesehen davon hielten es die meisten Eltern nicht für nötig, dass ihre Kinder Dinge lernten, die für ihr späteres Arbeitsleben keinen Nutzen brachten.[33] Der Umstand, dass dem Lehrer für

Die im 18. Jahrhundert gebräuchlichen Schulbücher vermittelten ausnahmslos religiöse Inhalte. Dazu gehörte der Katechismus, der in kaum einer Schulstube fehlte. Titelblatt des Katechismus von 1773.

Rechenaufgaben und Schreibübungen sowie für Federn, Tinte und Papier eine besondere Entschädigung bezahlt werden musste, bewegte viele Eltern dazu, ihre Kinder nicht im Schreiben und Rechnen unterrichten zu lassen.

In den Zürcher Landschulen blieb es den Eltern überlassen, ab welchem Alter sie ihre Kinder in die Schule schickten. Meistens geschah dies ab dem fünften oder sechsten Altersjahr. Die Schulzeit der Kinder war für viele Eltern verlorene Arbeitszeit. Mit zehn Jahren galten die Kinder bereits als Arbeitskraft, denn sie konnten auf dem Hof oder in der Fabrik arbeiten. Mit ihrer Arbeit leisteten sie einen wichtigen Beitrag zum Familieneinkommen. Aus diesen Gründen waren viele Eltern an einer langen Schulzeit ihrer Kinder nicht interessiert. Der Schulaustritt erfolgte nicht nach einer vorgeschriebenen Anzahl Schuljahre, sondern wenn die Kinder ein bestimmtes Mass an Kenntnissen besassen. Die Zürcher Landschulordnung von 1778 besagte, dass die Kinder erst aus der Schule entlassen werden durften, wenn sie «wenigstens verständlich lesen» konnten sowie «den Catechismus, einige Psalmen, schöne Gebete, biblische Sprüche und einige geistliche Lieder» auswendig gelernt hatten.[34] Den Beweis für diese Kenntnisse hatten die Kinder beim Examen am Ende des Schuljahres in Anwesenheit des Pfarrers und der Kirchenpfleger zu erbringen. Der Entscheid über die Entlassung aus der Schule lag dabei nicht beim Lehrer, sondern beim Pfarrer.

Die Ausweitung der Volksbildung über den Katechismus hinaus lag im Ancien Régime nicht im Interesse der Obrigkeit.[35] Der Bildungsstand der Bevölkerung blieb, abgesehen von den städtischen Eliten, bis weit ins 19. Jahrhundert vergleichsweise tief. Mehr als eine elementare Ausbildung im Lesen und eine oberflächliche Einführung in die christliche Glaubenslehre erhielt die Landbevölkerung nicht. Eine bessere Schulbildung der untertänigen Landbevölkerung hätte die gnädigen Herren schliesslich um ihre Autorität bringen und die ständische Sozialordnung gefährden können. Deshalb änderte sich am Lehrstoff und an den Lehrzielen in den Landschulen bis zum Ende des 18. Jahrhunderts kaum etwas.

Die Stapfersche Umfrage dokumentierte ein in mancher Beziehung mangelhaftes Schulsystem. Die eingesandten Antworten zeugen von einer eigentlichen Krisenstimmung unter der ländlichen Lehrerschaft. Beklagt wurden die ungenügende Lehrerausbildung, überfüllte Schulstuben, überbordende Absenzen und religiös-dogmatisch verbrämte Schulbücher. In dieser Situation wagte Stapfer als verantwortlicher Minister des helvetischen Direktoriums mit seiner Schulreform einen grossen Wurf.

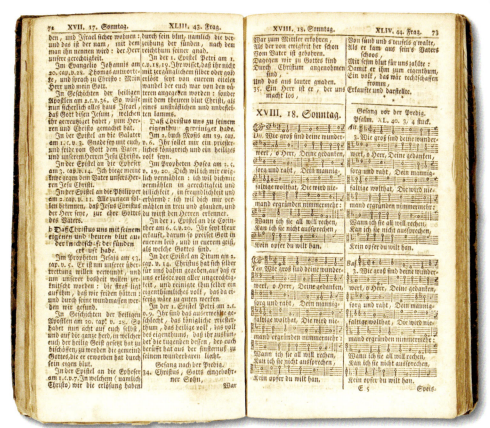

Doppelseite aus dem Katechismus von 1773. Das Buch enthält mehrere Psalmengesänge, die zur Auflockerung des Textes dienten.

DIE HELVETISCHEN SCHULPLÄNE

Der Gesetzesentwurf, den Philipp Albert Stapfer 1798 den Räten der Helvetischen Republik vorlegte, formulierte eine umfassende Schulreform, neben der alle bisherigen Reformversuche verblassten. Das Gesetz sah vor, die Standesschranken im Erziehungswesen aufzuheben. Der Kirche sollte ihr bisher bestimmender Einfluss im Schulwesen entzogen und Bildung eine weltliche Angelegenheit werden.[36] Die ambitionierten Reformpläne Stapfers scheiterten allerdings. Einerseits fehlte es an den notwendigen Geldern zur Finanzierung der Schulreform – die Helvetik schaffte es in der kurzen Zeit ihrer Existenz nicht, ein tragfähiges Steuersystem einzurichten, die finanzielle Lage des Staats war deshalb chronisch prekär. Andererseits wurde die Umsetzung der Reformen durch Kriegshandlungen und Einquartierungen im Zuge des zweiten Koalitionskriegs (1799–1802) zwischen Frankreich und den Monarchien Österreich und Russland fortwährend unterbrochen. Die Behandlung der Stapferschen Gesetzesentwürfe verzögerte sich zunächst, schliesslich wurde das Vorhaben insgesamt abgelehnt.[37]

Das Scheitern der helvetischen Schulreform darf nicht darüber hinwegtäuschen, dass sich im Schulwesen einiges änderte. Unabhängig von den staatlichen Behörden ergriffen nach 1798 mehrere Landbürger private Bildungsinitiativen. Erst mit dem Ende der alten Ordnung war es für Landbewohner überhaupt möglich geworden, in den Genuss einer höheren Bildung zu kommen. 1798 richteten in Mettmenstetten 17 vermögende Gemeindebürger ein privates Institut für die Weiterbildung ihrer Söhne ein.[38] Die Knaben wurden im Lesen, in der Grammatik, der französischen Sprache, in Moral und Staatskunde unterrichtet. Der Besuch der Schule sollte drei Jahre dauern. Im benachbarten Affoltern am Albis plante im Jahr 1800 Pfarrer Murer, eine Weiterbildungsanstalt für die männliche Landjugend einzurichten.[39] Neben einer allgemeinen weiterführenden Bildung sollten die Knaben Unterricht in Volkswirtschaft und Landwirtschaft erhalten. Murers Projekt blieb jedoch Papier, da die wirtschaftliche Not während der Kriegszeit die Landbevölkerung kaum an eine Weiterbildung ihrer Söhne denken liess.

EINE HELVETISCHE LÖSUNG: DER ERZIEHUNGSRAT

Im Juli 1798 wurde auf Betreiben von Philipp Albert Stapfer per Dekret verordnet, dass als Zwischenlösung bis zum Erlass eines neuen Unterrichtsgesetzes in

Die Mitarbeit der Kinder in der Landwirtschaft und in der Heimarbeit war bis ins 20. Jahrhundert selbstverständlich und trug wesentlich zum Familieneinkommen bei.
Heuernte in Affoltern am Albis. Fotografie um 1900.

jedem Kanton ein Erziehungsrat einzusetzen sei, der das öffentliche Schulwesen leiten solle.⁴⁰ Im Kanton Zürich ersetzte der Erziehungsrat den bisherigen Examinatorenkonvent. Dieses kirchliche Gremium aus der Zeit des Ancien Régime hatte auf Geheiss der helvetischen Behörden das Schulwesen nach dem Zusammenbruch der alten Ordnung weiterhin beaufsichtigt.⁴¹ Nun aber ging die Leitung der Schule an eine weltliche Behörde über. Dem vom helvetischen Direktorium bestellten ersten zürcherischen Erziehungsrat gehörten neun bekannte Männer aus der politischen und kulturellen Führungsschicht der Stadt Zürich an. Die meisten von ihnen waren als Professoren im höheren städtischen Bildungswesen tätig. Eine von Stapfer verfasste und 1799 veröffentlichte Wegleitung umschrieb den Aufgabenkreis des Erziehungsrats. Das neu geschaffene Gremium hatte die Ausführung von Gesetzeserlassen aus dem Bereich des Erziehungswesens zu überwachen. Der Rat musste sich über den Stand des kantonalen Schulwesens auf dem Laufenden halten und den Minister darüber informieren. Der Erziehungsrat wählte ausserdem die Lehrer, war für deren Prüfung besorgt und ergriff Massnahmen gegen unbotmässige Lehrer und Eltern. Eines der dringlichsten Geschäfte, das der Erziehungsrat bei der Aufnahme seiner Tätigkeit im November 1798 in Angriff nahm, war die Wahl von 15 Schulinspektoren und deren Suppleanten. Ihnen war in den 15 Distrikten des Kantons die unmittelbare Aufsicht über die Schule anvertraut. Sie hatten dem Erziehungsrat regelmässig über den Zustand der Landschulen zu berichten.

Der zürcherische Erziehungsrat war schon zu Beginn seiner Tätigkeit mit zahlreichen Schwierigkeiten konfrontiert. Der Zusammenbruch der alten Ordnung, die Wirren und Krisen im Zuge der Helvetischen Revolution machten sich auch im Schulwesen bemerkbar. Bereits im Mai 1798 hatte der interimistisch tätige Examinatorenkonvent in einem Schreiben die kantonale Behörde auf die chaotischen Zustände in den Zürcher Landgemeinden aufmerksam gemacht:

«Was insbesondere die Schulangelegenheiten betrifft; so nähern sich dieselben auf der Landschaft hie und da einer gänzlichen Anarchie. Von eigenmächtigen Ein- und Absetzungen der Schulmeister gab es seit unserer letzten Weisung immer häufigere Beyspiele.»⁴²

Die neuen Freiheiten und Rechte, welche die Helvetik verkündet hatte, waren bei der Landbevölkerung auf fruchtbaren Boden gefallen. Im Gegensatz zu den hochtrabenden Ideen der Stapferschen Schulreform standen auf dem Land pragmatischere Anliegen im Vordergrund. Nicht die Bildungsziele sollten reformiert werden; die Gemeindebürgerschaften verlangten viel-

Staatsaufbau und Schulaufsicht während der Helvetischen Republik 1798–1803[1]

	EXEKUTIVE	VERWALTUNG	LEGISLATIVE	JUDIKATIVE	SCHULE
Zentralstaat	Direktorium (Vollziehungsdirektorium)	Ministerien	Senat und Grosser Rat	Gerichtshof	Minister der Künste und Wissenschaften
	Fünf Mitglieder, durch die beiden legislativen Kammern (Senat und Grosser Rat) gewählt		Senat: vier Abgeordnete pro Kanton und ehemalige Direktoren. Grosser Rat: acht Mitglieder pro Kanton	Ein Mitglied pro Kanton. Der Präsident wird vom Direktorium ernannt.	
Kanton	Statthalter (Regierungsstatthalter)	Verwaltungskammer		Kantonsgericht	Erziehungsrat
	Vom Direktorium ernannt. Oberster Beamter des Kantons und Vertreter der Exekutive	Oberste kantonale Behörde. Ihr obliegt der Vollzug der Gesetze.		Dreizehn Mitglieder. Der Präsident wird vom Statthalter ernannt.	Neun Mitglieder. Er hat die Aufsicht über die Schulen und wählt die Schulmeister.
Distrikt Fünfzehn Distrikte[2]	Unterstatthalter oder Distriktsstatthalter			Distriktsgericht	Inspektoren
	Sie leiten die Distriktsverwaltung. Die Unterstatthalter sind die Vollzugsbeamten auf Distriktsebene.			Urteilt in erster Instanz über Zivil- und Strafsachen	Haben die unmittelbare Aufsicht über die Schulen
Gemeinde	Agent	Gemeindekammer und Munizipalität			
	Die Agenten sind die Vollzugsbeamten auf Gemeindeebene.	Die Gemeindekammer wird von der Bürgergemeinde gewählt, die Munizipalität von der Einwohnergemeinde. Die Gemeindekammern verwalten das Gemeindegut. Die Munizipalitäten nehmen polizeilich-administrative Aufgaben wahr.			

Die Gemeinden im Knonaueramt behaupteten viele Rechte
gegenüber der städtischen
Herrschaft. In der sogenannten
Amtsgemeinde wählten sie ihre
militärischen und politischen
Würdenträger weitgehend ohne
städtische Einmischung.

mehr ein Mitspracherecht im Schulwesen. Dieser Schritt zur Mitbestimmung der Bürger war im helvetischen Zentralstaat jedoch nicht vorgesehen, sondern das Resultat des fortgesetzten Vollzugsnotstands der Helvetik. Heftige Konflikte zwischen der Regierung und den Gemeinden waren die Folge. In Knonau und in Mettmenstetten kam es zum Streit, als eine Lehrerwahl anstand. Die beiden Gemeinden verweigerten dem Erziehungsrat die Anerkennung als oberste Autorität in Schulsachen und wagten den Aufstand gegen die neue Obrigkeit. Der Streit eskalierte schliesslich dermassen, dass der kantonale Erziehungsrat im März 1801 aus Protest sein Amt niederlegte. Der Erziehungsrat geriet damit schon kurz nach seiner Gründung in eine erste existenzielle Krise.

KNONAU UND METTMENSTETTEN IM STREIT MIT DEM ERZIEHUNGSRAT

Wie andere Landgemeinden nahm Knonau zu Beginn der Helvetik die Organisation des Schulwesens selbst in die Hand. Bereits im März 1798 wählte die Gemeindeversammlung ihren Lehrer Heinrich Grob, der 1785 vom ehemaligen Examinatorenkonvent zum Lehrer von Knonau bestimmt worden war, für weitere zwei Jahre,

dies, obwohl der Gemeindeversammlung das Recht dazu gar nicht zustand.[43] Im Frühling 1800 stand an der Gemeindeversammlung die Wiederwahl des Lehrers erneut auf der Traktandenliste. Doch nun stellten sich Probleme ein. Grob war mit dem Prozedere nicht einverstanden und pochte darauf, dass die Lehrerwahl nicht Sache der Gemeinde, sondern des neuen Erziehungsrats sei. Zusammen mit dem Pfarrer Ludwig Holzhalb, der sein Anliegen unterstützte, wandte er sich an den Schulinspektor des Distrikts Mettmenstetten, Pfarrer Leonhard Brennwald, und ersuchte ihn um Rat. Brennwald teilte ebenfalls die Position Grobs und verfasste zuhanden der Gemeinde Knonau eine «offizielle Protestation gegen eine vorzunehmende Wahl».[44] Das Schreiben gab Brennwald dem Knonauer Lehrer mit, damit dieser es am Abend an der Gemeindeversammlung verlesen konnte.

Als Heinrich Grob mit dem Schreiben in Knonau ankam, hatte die Gemeindeversammlung bereits begonnen. Der Präsident der Gemeindekammer, Bürger Walder, fragte Grob, «ob er sich wieder von neüem um den Schulmeister-Posten anmelden wolle».[45] Grob protestierte gegen das Vorgehen und erklärte, «dass er seine Stelle nicht niederlege, weil nach bestehenden Gesetzen einzig der Erziehungsrat die Resignation annehmen und einen Schulmeister entlassen könne».[46]

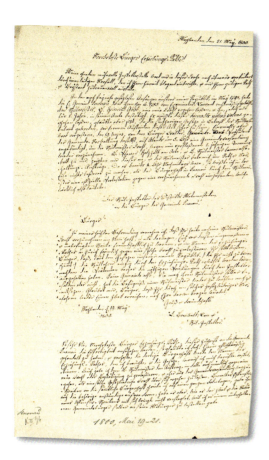

Da sein Protest erwartungsgemäss nichts nützte, liess er das Schreiben von Inspektor Brennwald der Gemeindeversammlung vorlesen. Als der Sekretär der Gemeinde, Caspar Syz, den Brief vorlas, kam es «zu einem grässlichen u[nd] höchst unanständigen Tumult».[47] Während Syz der Versammlung zurief: «Wir bezahlen unsern Schulmeister selber, brauchen folglich keinen Erziehungsrat zu fragen!», schimpften Walder und der Vieharzt Hans Ulrich Grob (nicht zu verwechseln mit dem Lehrer Grob), dass man die Zuschrift von Inspektor Brennwald zerreissen solle. Brennwald selbst wurde vom Vieharzt «mit den pöbelhaftesten Schimpfnamen besudelt».[48] «Agent Syz» und der Präsident der Munizipalität, «Hauptman Frik ob Altenberg» versuchten, «den Sturm zu stillen». Die Aufregung war jedoch zu gross, und die «Gemeinde lof stürmisch auseinander», ohne dass ein Schulmeister gewählt worden war. Der einzige Beschluss, den die Versammlung an diesem Abend gefällt hatte und der einer Strafaktion gegenüber dem Lehrer gleichkam, war die Kürzung seines Lohns.[49]

Inspektor Brennwald verlangte nun, «dass sich der Erziehungsrat, dessen Authorität nicht weniger als die Ehre des Schulinspektors compromittiert sey», Genugtuung verschaffe.[50] Der Erziehungsrat wandte sich daraufhin an den höchsten helvetischen Beamten im Kanton Zürich, an den Regierungsstatthalter Johann Konrad Ulrich (1761–1828) und verlangte, dass dieser einschreite. Ulrich liess darauf die renitenten Knonauer Bürger Walder, Syz und Grob vorladen, um sie unter Androhung einer strengen Strafe zum Einlenken zu bringen.

Anschliessend sollten die drei Knonauer vor dem Erziehungsrat erscheinen und sich für ihr widerrechtliches Verhalten entschuldigen.[51] Selbst Minister Stapfer schaltete sich in den Konflikt ein und verlangte ebenfalls eine Entschuldigung der drei Männer.[52] «Sollte sich jemand der genannten Personen zu gehorchen verweigern», so Stapfer an den Regierungsstatthalter Johann Konrad Ulrich, «so werden Sie jeden derselben als Ruhestörer und den B[ürger] Grob noch wegen seiner Schimpfreden durch den öffentlichen Ankläger verfolgen lassen.» Doch die Vermittlungsversuche der Aufsichtsverantwortlichen scheiterten. Die Angeklagten beharrten darauf, dass sie «nichts ungebührliches gegen den Erziehungsrath geredet» hätten. Und Syz fügte an, «er glaube, weil die Gemeinde den Schulmeister bezahle, so habe sie auch desto eher das Wahlrecht».[53] Die drei Knonauer wurden daraufhin vom Erziehungsrat beim Distriktsgericht verklagt; ob sie verurteilt wurden, ist nicht bekannt.

Bevor der Prozess zur Entscheidung gelangte, trat ein neuer Streitfall ein, der die Nachbargemeinde

Bild links: Die Akten über den Knonauer Schulstreit werden im Staatsarchiv aufbewahrt. Auf dem Aktenstück sind Abschriften von drei Schreiben erhalten, die der Pfarrer und Schulinspektor Leonhard Brennwald an die verschiedenen Konfliktparteien richtete.

Bild rechts: Protokoll des Verhörs, das Regierungsstatthalter Johann Konrad Ulrich im Juni 1800 mit den drei aufsässigen Knonauer Bürgern Walder, Syz und Grob führte. Alle drei beteuerten, dass «sie nichts ungebührliches gegen den Erziehungsrath geredet» hätten.

Die Kirche und das Pfarrhaus von Hausen am Albis um 1820.

Mettmenstetten betraf. Am 13. November 1800 teilte der Erziehungsrat dem Regierungsstatthalter Johann Konrad Ulrich mit, dass «die Majorität des Erziehungsrathes» den Lehrer Heinrich Weiss zum neuen Schulmeister in Mettmenstetten gewählt habe, «weil sie ihn in mancherley Rücksicht für den tüchtigeren» halte.[54] Die Gemeinde wünschte sich jedoch einen anderen Kandidaten, Jakob Orell, als neuen Lehrer und reichte beim Erziehungsrat eine Petition ein, die verlangte, dass Heinrich Weiss zum Rücktritt aufgefordert und an seiner Stelle Jakob Orell eingesetzt werde.[55] Als Weiss nicht auf seine Stelle verzichtete, setzte ihn die Gemeinde kurzerhand ab und ernannte im Dezember 1800 Orell zum Lehrer. Wie im Fall von Knonau eskalierte der Konflikt in Mettmenstetten. Auch hier verwarnte der Schulinspektor Leonhard Brennwald die Gemeinde wegen rechtswidrigen Vorgehens.[56] Doch diese zeigte sich nicht zimperlich und wies Brennwald in die Schranken:

«Auf Euer gestriges Schreiben und Zuschrift hin, finden wir nicht nöthig weitläufig zu antworten, sondern melden Euch hiermit kürzlich, dass unsere Schulordnung in Ansehung eines neü zu wählenden Schulmeisters, laut Constitution, Ihn [Brennwald] nichts angehe, weil diese Wahl gänzlich in der Souverainität der Gemeinds Bürger steht, und Sie Bürger Pfarrer selbst der Polizey und allen Authoritäten untergeordnet sind, wie alle anderen Bürger in ganz Helvetien […].»[57]

Leonhard Brennwald fühlte sich von der Gemeinde derart bedroht, dass er den Erziehungsrat schliesslich bat, ihn vor weiteren Verhandlungen mit Mettmenstetten zu verschonen.[58] Die Mettmenstetter wandten sich daraufhin mit einer Beschwerde an den Minister der Künste und Wissenschaften. Der neue Minister und Nachfolger Stapfers, Johann Melchior Mohr (1762–1846), erteilte der Gemeinde erneut einen Verweis, verfügte aber zugleich die Entlassung von Heinrich Weiss.[59] Ausserdem forderte Mohr, dass der Erziehungsrat dem Willen der Gemeinde Mettmenstetten entspreche und Jakob Orell vorläufig als Lehrer in die vakante Stelle einsetze.[60] Mohr bemühte sich angesichts der völlig verfahrenen Situation darum, den Streit zu schlichten und dem Wunsch der Gemeinde entgegenzukommen, dies, weil er wohl einsah, dass sich in diesem Fall der Machtanspruch des Erziehungsrats nicht durchsetzen liess. Der Entscheid des Ministers bedeutete für den Erziehungsrat eine derartige «Kränkung», dass er im Januar 1801 beim Regierungsstatthalter Johann Konrad Ulrich kollektiv seinen Rücktritt einreichte:

«Von dem herzlichsten Interesse für die Ordnung im Schulwesen beseelt sehen wir die Authorität des Erziehungsrathes in einem Distrikte zernichtet, der nur auf den Ausgang dieser Sache lauerte, um mit einem Mahle die schon lockere Bande zu zerreissen: und was in einem Distrikte geschieht, wird sich mit der Schnelligkeit eines Lauffeuers in allen verbreiten. So sehr wir also aus Eifer für die gute Sache an unsere Stellen attackiert sind, so sehen wir doch um der nemlichen guten Sache willen uns gedrungen, abzutreten, und unser Amt in die Hände der Höchsten Regierung zurückzugeben.»[61]

Minister Johann Melchior Mohr liess darauf durch den Regierungsstatthalter den Erziehungsrat beauftragen, die Schulmeisterstelle in Mettmenstetten als vakant auszuschreiben und aufgrund der bestehenden Vorschriften eine neue Wahl vorzunehmen. Falls die Gemeinde Weiss nicht zum Lehrer annehmen wolle, habe sie ihm ein ganzes Jahresgehalt auszubezahlen. Weiter forderte der Minister die Gemeinde auf, «wegen ihres bezeugten formalen Ungehorsams eine Deputation abzuordnen», die sich im Namen der Gemeinde beim Regierungsstatthalter und beim Erziehungsrat entschuldige und Gehorsam schwöre.[62]

Das genügte dem Erziehungsrat jedoch nicht. Er verlangte, dass Jakob Orell, «welcher sich so habe missbrauchen lassen», von der Wahl ausgeschlossen und die Gemeinde Mettmenstetten bestraft werde. Wenn dies nicht geschehe, beharre der Erziehungsrat auf seinem Rücktritt. Doch der helvetische Minister blieb hart und wies die neuen Forderungen des Erziehungsrats ab. In dieser verfahrenen Situation stand der Erziehungsrat völlig isoliert da. Ihm blieb nichts anderes übrig, als seine Drohung wahrzumachen und im März 1801 das Amt kollektiv niederzulegen.

Proklamation vom 4. Juni 1801, mit der Regierungsstatthalter Johann Konrad Ulrich die Zürcher Gemeinden ermahnt, den Beschlüssen des Erziehungsrats zu gehorchen.

DER NEUE ERZIEHUNGSRAT SETZT SICH NUR MÜHSAM DURCH

Einen Monat nach der kollektiven Demission, im April 1801, wählte die helvetische Behörde einen neuen Erziehungsrat. Er zählte wiederum neun Mitglieder. Aus dem früheren Kollegium hatten sich nur zwei Männer für die weitere Mitarbeit entschliessen können.[63] Die neuen Erziehungsräte waren sich allerdings der Vorgeschichte ihrer Wahl bewusst und bemühten sich zunächst um eine vorgängige Vertrauensgarantie der Aufsichtsbehörden. Sie verlangten, dass die helvetische Regierung den Erziehungsrat dabei unterstütze, die Gemeinden zur strengen Befolgung der obrigkeitlichen Verordnungen anzuhalten. In einer eigens verfassten Proklamation hielt der neue Erziehungsrat seine Rechte und seine Stellung im Schulwesen fest. Dazu gehörte die Kompetenz bei der Besetzung von Lehrerstellen:

«Die Wahlen der Schulmeister stehen ganz bey dem Erziehungsrath, und werden von dem Minister der Wissenschaften [...] bestätigt. Dies ist so zu verstehen: dass diejenigen, welche sich um einen Schuldienst melden, von dem Schulinspektor, dem Pfarrer und dem Agenten des Ortes examiniert, und dann vom Erziehungsrath einer aus ihnen gewählt werde.»[64]

Obwohl die Proklamation mit den Befugnissen des Erziehungsrats im Juni 1801 vom Regierungsstatthalter veröffentlicht wurde und sich der designierte Erziehungsrat bereit erklärte, sein Amt anzutreten, blieb die Aufgabe des Gremiums schwierig. Die Vorfälle in Mettmenstetten und Knonau hatten nicht dazu beizutragen, die Stellung und das Ansehen des Erziehungsrats unter den Gemeinden zu stärken. Die Fälle von willkürlichem und gesetzeswidrigem Verhalten der Gemeinden gegenüber der obersten kantonalen Schulbehörde nahmen nicht ab, sondern eher noch zu.[65] Zu einer Entspannung der Lage zwischen den Gemeinden und dem Erziehungsrat trug die kompromisslose Gangart der neu gewählten Behörde ebenfalls nicht bei. Die Skepsis der Lokalbehörden wurde zudem durch die Restauration des kirchlichen Einflusses im Schulwesen verstärkt.

Die Forderung nach einer Stärkung der kirchlichen Autorität im Schulwesen war an der ersten Zusammenkunft aller Schulinspektoren mit dem neuen Erziehungsrat das grosse Thema.[66] Dies ist wenig erstaunlich, denn die grosse Mehrheit der Inspektoren waren Pfarrer. An der Konferenz übten sie heftige Kritik an der «Zügellosigkeit und der Verwilderung», die unter der heranwachsenden Generation zunehme. Die Ursache dafür sahen die Geistlichen durchwegs in der Trennung von Kirche und Schule. Vor allem der Ausschluss der Ortsgeistlichen von der Schulaufsicht wurde als Missgriff kritisiert.

《Es steht so trüb ums Vaterland, weil der Geist wahrer christlicher Religion allgemein so sehr gesunken ist. Wenn Religion und Christentum nicht bei den Regenten und Eltern sind, so ist alles Unterrichten und Erziehen umsonst》, klagte Pfarrer Bosshard.

Pfarrer Eberhard meinte verärgert, es sei überhaupt nicht zu begreifen, «wie die Regierung auf den unseligen Einfall gekommen sei, den Religionsunterricht als nicht dahin gehörig aus den Schulen wegzunehmen» und den Pfarrern die Lokalaufsicht über die Schulen zu entziehen; es müsse dem Volk wieder deutlich gesagt werden, dass die Pfarrer von Amtes wegen bei den Schulen mitzuwirken hätten.

Die konservativ-klerikale Kritik am helvetischen Reformeifer war schliesslich erfolgreich. Auf Wunsch der Konferenz setzte der Erziehungsrat die Pfarrer auf Gemeindeebene als Aufsichtspersonen über das Schulwesen ein:

《Fällt daher etwas den Schulmeister oder die Schule betreffendes vor, das höhere Verfügung erfordert, so muss es dem Pfarrer, von diesem dem Schulinspektor und von diesem dem Erziehungsrat berichtet werden.》[67]

Damit war der erste Schritt zur Restauration der kirchlichen Autorität im Schulwesen getan.

Die Auseinandersetzungen um die Schule drehten sich in der Helvetik, wie die Beispiele von Knonau und Mettmenstetten zeigen, kaum um Bildungsinhalte. Vielmehr ging es um die institutionellen Machtverhältnisse zwischen Gemeindebehörden, Kirche und staatlichen Aufsichtsgremien. Die Helvetik hatte eine radikale Strategie eingeschlagen und die Schule aus der Herrschaft der Kirche gelöst. Eigentlich sollten nun die Inspektoren und der Erziehungsrat als weltliche Behörde die Kontrolle über die Schule ausüben. Doch diese durchzusetzen war nicht leicht. Einerseits verlangten die Gemeinden neue Rechte und die Aufsicht über die Schule, anderseits forderten die Pfarrherren ihre alten Aufsichtsrechte zurück. Die Restauration der kirchlichen Autorität wurde in den krisenhaften Zeiten der Helvetik gegen den Widerstand der Gemeinden vom Erziehungsrat mehr oder weniger vorbehaltlos unterstützt. Über den Dorfpfarrer und die Inspektoren blieb die Kirche informell weiterhin wichtig und einflussreich. Die Trennung von Kirche und Schule, eine der zentralen Forderungen der Helvetischen Revolution, blieb in dieser Zeit weitgehend unerfüllt.

DIE NEUE LANDSCHULORDNUNG VON 1803

Nach dem Ende des helvetischen Experiments und der durch Napoleon Bonaparte verordneten Annahme der Mediationsverfassung vom 19. Februar 1803 wurde auch im Kanton Zürich eine neue Verfassung eingeführt, welche die kantonale Hoheit stärkte und eine konservative Regierung brachte. Der Erziehungsrat und die Inspektoren blieben allerdings trotz ihrer helvetischen Ursprünge als Aufsichtsorgane im Schulwesen bestehen. Am 4. Juni 1803 wurden die neuen Mitglieder des Erziehungsrats durch den Grossen Rat gewählt.[68]

Der neue Erziehungsrat führte die in der Helvetik eingeführte Tradition der Inspektorenkonferenzen weiter. Ein erstes Gespräch fand Ende September 1803 statt.[69] An dieser Zusammenkunft konnten die Inspektoren, die nach wie vor mehrheitlich Pfarrer waren, ihre Anregungen für das geplante neue Schulgesetz und sonstige Wünsche und Kritik anbringen. Die Forderungen der Inspektoren liefen darauf hinaus, die alte Ordnung wiederherzustellen. So wurde verlangt, «dass die neue Schulordnung ganz kurz abgefasst werde und nichts enthalte als was ausführbar» sei. Auch sollte unbedingt «der fatalen Wisserei» entgegengewirkt werden. Ausserdem drängten die Inspektoren darauf, die Lehrer wieder in ihre Schranken zu weisen und sie unter die Aufsicht des Dorfpfarrers zu stellen. Ein Anwesender verlangte, dass man nur noch solche Lehrer anstelle, «die bey bescheidenem Wesen verstehen was Not» sei, und «nicht mit neubildischem Sinne vielerley halb» wüssten. Gleichzeitig sollten die Ortspfarrer nicht zu viele Rechte bekommen – eine Rückkehr zur Schulordnung des Ancien Régime hätte die Rolle der staatlichen Inspektion zu stark infrage gestellt. Die Inspektoren forderten deshalb nachdrücklich, dass ihre Autorität und ihre Rechte als staatliche Aufsichtsbehörde gegenüber den kirchlich-lokalen Behörden und den Pfarrherren geschützt würden.

Die Landschulordnung, die Ende 1803 vom Grossen Rat oppositionslos verabschiedet wurde, war ein Kompromiss zwischen staatlichen und kirchlichen Interessen.[70] Der Einfluss der Kirche auf das Schulwesen wurde zu einem grossen Teil wiederhergestellt. Garantiert wurde dieses enge Verhältnis zwischen Schule und Kirche dadurch, dass der Antistes, der Kirchenratspräsident, Einsitz in die oberste Schulbehörde nahm.[71] Die lokale Schulaufsicht – sowohl über die Schülerinnen und Schüler wie auch über die Lehrer – lag in den Händen des Ortspfarrers. Die Leitung des Schulwesens blieb jedoch in staatlichen Händen. Mit dem Erziehungsrat und den Inspektoren blieben zwei wichtige helvetische Errungenschaften bestehen. Die eigentlichen Verlierer bei dieser Neuverteilung der Macht waren die Gemeinden. Der von ihnen während der Helvetik beanspruchte und oft durchgesetzte Einfluss auf das Schulwesen fand in der Landschulordnung von 1803 keinen Niederschlag. Die Lehrer wurden nach einer Prüfung durch den Ortspfarrer und den Inspektor auf deren Vorschlag hin vom Erziehungsrat gewählt. Die Mediation war für die Gemeinden ein Rückschlag.

1803–1833

Revolution in der Schule:
Die Entstehung des Schulgesetzes von 1832
Region Zürichsee

Die liberale Revolution von 1830/31 fegte im Kanton Zürich die Herrschaft der städtischen Aristokratie endgültig hinweg. Ganz oben auf dem Programm der neuen bürgerlichen Elite stand eine radikale Reform der Volksbildung: Die moderne Volksschule sollte der demokratischen Gesellschaftsordnung entsprechen. Am 28. September 1832 erliess der Grosse Rat des Kantons Zürich das neue Volksschulgesetz, ein im europäischen Vergleich wegweisendes Projekt. Unabhängig von ihrer sozialen Herkunft erhielten Mädchen und Knaben gleichermassen eine elementare und säkularisierte Schulbildung. Weltliche Lehrmittel wurden eingeführt und der Lehrerberuf zu einer qualifizierten Beschäftigung aufgewertet. Die neue, liberale Führungsschicht legte 1832 den Grundstein für ein modernes, von den Ideen der Aufklärung geprägtes Schulsystem und brach damit radikal mit der Tradition der alten, kirchlich-religiös bestimmten Landschulen.

In der Nacht vom 24. auf den 25. März 1804 zündeten die Aufständischen das unbewohnte Landvogteischloss in Wädenswil an. Mit der Brandstiftung wurde der Beginn des bewaffneten Aufstands der Landbevölkerung symbolträchtig in Szene gesetzt.

Im Mai 1803 wurde in Zürich die Herrschaft der städtischen Aristokratie wiederhergestellt.[1] Nicht nur im Schulwesen, auch in politischen und wirtschaftlichen Bereichen erliess die Obrigkeit Gesetze und Verordnungen, die das Rad der Geschichte zurückdrehten. Die Wiederherstellung der vorrevolutionären Zustände löste bei der Landbevölkerung grosse Unzufriedenheit aus. Ein Brandanschlag auf das leer stehende Landvogteischloss Wädenswil gab im März 1804 das Signal zum Aufstand einiger Zürcher Landbewohner. Den Aufstand, angeführt vom Horgener Schuster Jakob Willi, schlugen die Regierungstruppen im sogenannten Bockenkrieg bald nieder.[2] Im Kanton Zürich waren nach dieser militärischen Machtdemonstration die Privilegienherrschaft der städtischen Aristokratie und die Vorherrschaft der Stadt über die Landschaft gesichert. Die alte obrigkeitliche Bevormundungspolitik der Stadt wurde – nach der kurzen Unterbrechung durch die Helvetik – fortgesetzt.

Politisch gilt die Mediations- und Restaurationszeit von 1803–1830 gemeinhin als eine Phase der politischen Stagnation und der Blockade. Beschäftigt man sich jedoch näher mit dieser Epoche, so wird es deutlich, dass sich im wirtschaftlichen und gesellschaflichen Leben einiges bewegte. Die einsetzende Industrialisierung auf der Landschaft brachte vielen ländlichen Unternehmern wirtschaftlichen Erfolg und eröffnete ihnen die Möglichkeit, in die führende Schicht der ländlichen Gesellschaft aufzusteigen. Diese selbstbewusste Oberschicht der Landschaft stand im wirtschaftlichen und kulturellen Bereich dem städtischen Bürgertum kaum mehr nach. Sie traf sich in Lesegesellschaften und später in Gesangvereinen, die als Sammelbecken der ländlichen Bildungs- und Wirtschaftselite die gesellige Diskussion und den politischen Gedankenaustausch pflegten.

Die Diskrepanz zwischen der politischen Stagnation und der gesellschaftlichen Dynamik offenbarte sich auch im Landschulwesen. Der neuen Elite genügte der rudimentäre Unterricht, der ihren Kindern in den Landschulen geboten wurde, nicht mehr. Parallel zur Kritik an den öffentlichen Schulen entwickelte sich nach 1803 auf der Landschaft der Privatunterricht. Die Fabrikanten, Händler oder Kaufleute der aufblühenden Textilindustrie schufen spezialisierte Bildungsanstalten, in denen ihre Söhne eine vertiefte, auf die spätere Berufstätigkeit ausgerichtete Ausbildung erhielten. Der Aufschwung der Privatschulen führte zum Beispiel in Wädenswil dazu, dass die öffentliche Dorfschule zu einer Schule der Armen wurde.

Die Gründung von Privatschulen als Kritik an der Landschule kam nur für eine schmale, vermögende

Bild links: Im Bockenkrieg 1804 bot die Zürcher Regierung Truppen auf, um den Aufstand der Landbevölkerung niederzuschlagen. Zum Einsatz kamen auch Kriegsschiffe, die das Dorf Horgen vom See aus beschossen.

Bild rechts: Im 19. Jahrhundert veränderte sich das Wirtschaftsleben tief greifend. Diese «industrielle Revolution» liess auf der Zürcher Landschaft die ersten Textilfabriken entstehen. Ansicht der 1827 in Hombrechtikon eröffneten Seidenspinnfabrik.

Oberschicht in Frage. Auf der anderen Seite zählten in dieser Zeit viele Schulgemeinden zu den veränderungswilligen Kräften. Es ging ihnen dabei weniger um pädagogische Reformen als um die bauliche und die organisatorische Verbesserung der Landschulen. Die Gemeinden nahmen oft grosse Kosten auf sich, um neue Schulhäuser zu errichten und zusätzliche Lehrerstellen zu schaffen. Einige Schulgemeinden bemühten sich explizit darum, Lehrer anzustellen, die sich bei Johann Heinrich Pestalozzi (1746–1827) weitergebildet hatten. Die Wahl solcher Lehrer besass nicht nur pädagogische, sondern auch politische Sprengkraft.

Mit der liberalen Schulreform von 1832 wurden die Reformen im Schulwesen, die in der Helvetik angelegt worden waren, endlich umgesetzt. Dazu zählte, dass die Bildungsinhalte der Schule einer wirtschaftlich aktiven und demokratischen Bevölkerung zu dienen hatten und die Mitbestimmungsmöglichkeiten der Gemeinden im Schulwesen stark ausgebaut wurden.

AUFSCHWUNG DES PRIVATUNTERRICHTS

Vielen arrivierten Familien der ländlichen Oberschicht genügte das Bildungsangebot in den öffentlichen Landschulen nicht mehr, und sie schickten ihre Kinder in Privatschulen. Neben dem Wunsch nach einer besseren Schulbildung dürfte das neue Standesbewusstsein der ländlichen Elite eine Rolle gespielt haben. Ihre Kinder sollten nicht mehr gemeinsam mit den Armen die öffentliche Schule besuchen. Seit 1803 wurde der Erziehungsrat mit Gesuchen von Landbürgern konfrontiert, die um Bewilligung für einen Privatunterricht für ihre Kinder nachsuchten. Im Herbst 1806 erhielt der Erziehungsrat Nachricht davon, dass ein gewisser Lieb aus dem thurgauischen Bischofszell in Stäfa eine Privatschule eröffnen wolle.[3] Lieb war Kaufmann und hatte sich von vier Stäfner Familien als Privatlehrer anstellen lassen. Die Kinder, die noch die Alltagsschule besuchten, sollten nach dem Willen ihrer Eltern einen besseren Unterricht als in der Dorfschule erhalten. Die Auswahl der Unterrichtsfächer zeigt, dass sich die Privatschule an die bildungsorientierte dörfliche Oberschicht wandte. Unterrichtet wurden «Deutsch- und Französisch-Lesen, Schreiben und Rechnen, Naturgeschichte und Historie». Weil die Familienväter beim Erziehungsrat kein Bewilligungsgesuch gestellt hatten, entspann sich ein längeres Hin und Her zwischen Zürich und Stäfa. Entsprechend verzögerte sich der Beginn des Unterrichts. Im November 1806 besuchte eine obrigkeitliche Expertenkommission den Stäfner Privatlehrer. Die Examinatoren kamen zu dem

Ein neuer Lebensabschnitt beginnt. Eine Mutter verabschiedet sich von ihrem Sohn, der in die 1824 von Pfarrer Leonhard Pfenninger gegründete «Knaben-Erziehungsanstalt» in Stäfa eintritt.

Schluss, dass Lieb von seinem Metier als Kaufmann zwar einiges verstehe, von «den erforderlichen Talenten» für den Lehrerberuf aber wenige oder gar keine mitbringe.[4] Die Bewilligung zu unterrichten wurde dem Privatlehrer dennoch erteilt. Er habe einen guten Leumund, hiess es, und ausserdem mochte die Kommission den Wunsch der Stäfner Bürger nicht ablehnen.

Die Stäfner Privatschule war kein Einzelfall. Allein zwischen 1806 und 1808 bewilligte der Erziehungsrat 14 Gesuche für Privatunterricht oder -schulen.[5] Diese grosse Nachfrage hielt die ganze Mediations- und Restaurationszeit hindurch an. Vor allem in den wirtschaftlich aufstrebenden Gegenden am Zürichsee sowie in Stadtnähe wurden zahlreiche kleinere und grössere private Bildungseinrichtungen eröffnet.[6] Der Trend zum Privatunterricht war so stark, dass sich der Erziehungsrat wenige Jahre später zum Handeln gezwungen sah und 1812 eine Verordnung erliess, um die Einrichtung von Privatschulen zu regeln.[7] Der Erziehungsrat legte darin fest, dass die Privatschulen die öffentlichen Schulen nicht ersetzen, sondern höchstens ergänzen könnten. Waren diese Bedingungen garantiert, schien die Obrigkeit gegen die privaten Bildungsangebote keine grundsätzlichen Vorbehalte zu haben. Nach einer Prüfung des Lehrplans, der Lehrmittel sowie der Fähigkeiten und des Charakters des Lehrers bewilligte der Erziehungsrat die Gesuche der Privatschulgründer in der Regel.[8] Schliesslich unterstanden alle privaten Bildungseinrichtungen wie die öffentlichen Schulen der Aufsicht der erziehungsrätlichen Inspektoren und der regionalen Pfarrämter.

Die liberale Bewilligungspraxis des Erziehungsrats fusste auf dem Grundsatz, dass die Schulpflicht weiterhin in den staatlichen Einrichtungen zu erfüllen war. Dahinter standen finanzielle sowie politische Überlegungen. Der private Unterricht wurde erlaubt, wenn dadurch den öffentlichen Schulen nicht das Schulgeld entzogen wurde.[9] So wurde der Stäfner Privatschule von Lieb die erziehungsrätliche Bewilligung nur unter der Bedingung erteilt, dass die Eltern weiterhin den «bestimmten Schullohn ihres Ortes an den ordentlichen Schullehrer» zahlten.[10] Mit solchen Auflagen versuchte der Erziehungsrat in erster Linie das Einkommen der Dorflehrer zu schützen. Immerhin war das Schulgeld ein wichtiger Bestandteil des Lehrerlohns. Die Obrigkeit machte für die Bewilligung des Privatunterrichts nicht nur finanzielle, sondern auch inhaltliche Forderungen geltend. So wie in den Landschulen sollte auch in den privaten Unterrichtsanstalten der Religionsunterricht im Zentrum stehen. Um dies zu kontrollieren, waren die Kinder der Stäfner Privatschule verpflichtet, zu den jährlichen Prüfungen «der öffentlichen Schule mit andern

Ansicht von Stäfa um 1830. Die herrschaftlichen Wohnhäuser zeugen vom Reichtum des ländlichen Bürgertums.

ihres Alters» zu erscheinen.[11] Solange die religiös ausgerichteten Bildungsinhalte der öffentlichen Schulen vermittelt wurden, hatte die Obrigkeit nichts gegen eine zusätzliche Bildung der Landbevölkerung einzuwenden.

Die Initiative für Privatunterricht wurde auf der Zürcher Landschaft nicht nur von der Oberschicht ergriffen, auch Heimarbeiterfamilien liessen ihre Kinder von Privatlehrern unterrichten. Die Gründe dafür waren jedoch nicht bildungsorientierter, sondern rein ökonomischer Natur. Für den Lebensunterhalt der Heimarbeiterfamilien waren die Mitarbeit und der Verdienst der Kinder unverzichtbar, denn bereits Sechsjährige mussten an den Spinnrädern Baumwollgarn spinnen.[12] Aus diesen Überlegungen schickten viele Eltern ihre Kinder nicht zur Schule. Das Einkommen, das durch die Kinderarbeit erzielt wurde, wog auch das zu entrichtende Schulgeld auf. Damit die Kinder aber das jährliche Examen vor dem Dorfpfarrer und der Kirchenpflege bestehen konnten, wurden sie abends von einem Privatlehrer unterrichtet, der ihnen den notwendigen Lehrstoff der Alltagsschule beibrachte.

EINE PRIVATE PRIMARSCHULE IN WÄDENSWIL

Im Dezember 1813 hatte sich der Erziehungsrat mit dem Gesuch zur Gründung einer Privatschule in Wädenswil zu befassen.[13] Das Begehren brachte die Behörde in grosse Verlegenheit. Der Rat war zwar vertraut mit Gesuchen von Familienvätern, die für ihre Kinder einen weiterführenden Unterricht als den der öffentlichen Schule forderten. Neu in diesem Fall war jedoch, dass mehrere Wädenswiler Familien keinen zusätzlichen Unterricht forderten, sondern mit der öffentlichen Primarschule dermassen unzufrieden waren, dass sie ihre Kinder in eine private Schule schicken wollten. Eine solche Schule stand eindeutig in Konkurrenz zur öffentlichen Dorfschule.

Die Motive der Wädenswiler wurden bald darauf klar. Es war das schlechte Schullokal, das der Auslöser für das Gesuch gewesen war. Wegen der «üblen Beschaffenheit» der öffentlichen Schule wollten die Eltern ihre Kinder nicht mehr dorthin schicken. Der Erziehungsrat nahm die Klage der Wädenswiler ernst und liess den Fall von einer Sonderkommission untersuchen. Die Erkundigungen, die diese Kommission beim «Stillstand», das heisst der Kirchenpflege, der Gemeinde Wädenswil einholte, bestätigten die Kritik der Eltern.

Ansicht von Wädenswil um 1830. Die idealisierte Darstellung des Dorfs täuscht darüber hinweg, dass der Wandel vom Bauerndorf zur Industriegemeinde bereits begonnen hatte.

Das Schulzimmer sei «morsch», «baufällig» und «viel zu klein». Wenn alle schulpflichtigen Kinder den Unterricht besuchen würden, so der «Stillstand», hätten diese «unmöglich Raum» im Zimmer. Auch würden die Kinder im Schulzimmer «beynahe ersticken». Schlechte Zensuren erhielten die beiden Lehrer: Während der eine viel zu alt sei, verfüge der andere weder über die erforderlichen Charaktereigenschaften noch über genügend Kenntnisse, um einen guten Unterricht zu erteilen.

Der schlechte Zustand der Wädenswiler Dorfschule war kein Zufall. Bereits sieben Jahre zuvor, im Jahr 1806, war im Dorf eine private Primarschule gegründet worden, an die bald nach ihrer Eröffnung eine weiterführende Oberstufe angeschlossen worden war.[14] Diese vom Erziehungsrat bewilligte Privatschule richtete sich wegen des hohen Schulgelds ausschliesslich an vermögende Eltern.[15] Deshalb war es in Wädenswil zu einer Segregation der Kinder in zwei Schulen gekommen. Sogar der Pfarrer von Wädenswil und der «Stillstand», die sich um das Wohl der öffentlichen Schule zu kümmern hatten, sympathisierten offen mit der Privatschule.[16]

Angesichts dieser offenkundigen Mängel bewilligte der Erziehungsrat 1813 den 15 Wädenswiler Familien, für insgesamt 22 Kinder eine private Primarschule einzurichten, allerdings unter der Bedingung, dass die Kinder wieder in die öffentliche Schule geschickt würden, wenn die Mängel in der Dorfschule behoben seien. Der Erziehungsrat forderte darauf die Gemeinde Wädenswil auf, ihre Schule umgehend zu verbessern. Neben der Einrichtung eines neuen und grösseren Schulzimmers empfahl der Erziehungsrat, den alten Schulmeister mit einer Pension in den Ruhestand zu schicken und die Besoldung der Lehrer zu erhöhen. Aufgrund dieser Massnahme könne die Gemeinde erwarten, «tüchtige und würdige Männer zur Bedienung der Schule nach dem Bedürfnis unserer Zeit zu finden».

Der Erziehungsrat schritt in Wädenswil ein, weil er die Tendenz in Richtung einer Zweiklassenschule auf der Landschaft nicht dulden konnte. Den Landschulen kam, wie im Ancien Régime, die Aufgabe zu, die Bevölkerung mit den staatskirchlichen Dogmen vertraut zu machen und dadurch die politische Stabilität des Systems zu sichern.[17] Der Erziehungsrat argumentierte, dass durch diese Zweiklassenschule dem «aufwachsenden Geschlechte nicht bürgerliche Freundschaft und Einigkeit, kein Gemeinsinn angewöhnt, sondern vielmehr der Gemeinde, ja dem ganzen Staate nachtheilige Entfremdung und Partheyungen schon in der zarten Kindheit eingepflanzt» würden.[18] Hinter dieser Rhetorik verbirgt sich der Wille der Obrigkeit, die aufstrebende ländliche Elite in die Schranken zu weisen und die Unter-

Ansicht des unterhalb der Kirche gelegenen ältesten Schulhauses in Wädenswil. Auf dem Pausenplatz sind sich zwei Schüler in die Haare geraten, während andere Kinder artig das «Alphabeth» lernen.

tanenverhältnisse zwischen Stadt und Land anhand des gemeinsamen Schulbesuchs aller Schichten auf dem Land zu zementieren.

Der Erziehungsrat versprach den Wädenswilern kein Geld, sondern appellierte an die Ehre der Gemeinde. Es sei unrühmlich, wenn in Wädenswil «für die Zulänglichkeit und Brauchbarkeit des Schul-Lokals» nicht einmal so viel geschehe, wie «manches arme und geringe Dorf und Nebendorf aus eigenem Trieb in den letzten sechs Jahren gethan habe». Trotz dieser ernsten Ermahnung zog sich der Bau des neuen Schulhauses in Wädenswil noch lange hin. Nachdem sich in der Gemeinde eine starke Opposition gegen den Schulhausbau formiert hatte, war das Projekt zunächst blockiert. Erst 1819 konnte sich die Gemeinde dazu entschliessen, ein neues Schulhaus zu errichten.[19]

DIE GEMEINDEN ALS AKTEURE IM SCHULWESEN

Das Beispiel von Wädenswil zeigt, dass der Ausbau der Volksschule in erster Linie Sache der Gemeinden war. Je nach deren finanziellen Möglichkeiten und Interesse an der Dorfschule befanden sich die Landschulen im Kanton Zürich auf einem sehr unterschiedlichen Stand.

Der Erziehungsrat, der die schlechte Einrichtung der öffentlichen Schulen durchaus erkannte, verfügte weder über die nötigen Finanzmittel noch war sein Reformeifer in diesen konservativen Jahren besonders ausgeprägt.[20] So forderte er zwar eine funktionierende Volksschule, überliess die Finanzierung der verlangten Massnahmen aber den Gemeinden.

Trotz der passiven, ja oft erneuerungsfeindlichen Haltung des Erziehungsrats begannen sich viele ländliche Schulgemeinden um die Verbesserung ihrer Schulen zu kümmern. Dies zeigen schon die zahlreichen Schulhausbauten, die nach 1803 entstanden. Bis 1830 wurden im Kanton Zürich rund 188 Schulhäuser erstellt, angekauft oder neu eingerichtet; die meisten davon ab 1815.[21] Neben der Errichtung von Schullokalen schufen die Gemeinden zusätzliche Lehrerstellen, um die Klassengrössen zu reduzieren. Mit den sogenannten Sukzessivschulen, in denen zwei Lehrer statt einem dieselbe Anzahl Schulkinder unterrichteten, wurde die Qualität des Unterrichts verbessert. Als Stäfa 1806 eine solche Sukzessivschule einrichtete, begrüsste der Erziehungsrat die Massnahme ausdrücklich.[22] Zur Finanzierung der zusätzlichen Lehrerstelle trug die Obrigkeit jedoch nichts bei; dafür war die Gemeinde zuständig. Diese deckte die Kosten entweder aus dem Ertrag des Schulfonds (das heisst dem Vermögen der Schulgemeinde),

Doppelseite aus dem Poesiealbum von Benjamin Ryffel aus Stäfa. «Oh, zeichne in Jugend Dich aus, wie Du als Schüler gethan, so wird dann die Gottheit Dich segnen – und Menschen Dein Wohlseyn erhöhen.» Diese Worte gab der Lehrer Johann Jakob Dändliker seinem Schüler Benjamin Ryffel 1813 mit auf den Lebensweg.

durch eine Erhöhung des Schulgelds (also den Gebühren für den Schulbesuch) oder durch die Besteuerung ihrer Mitglieder.[23] Nicht nur aus finanziellen Gründen war eine Verbesserung der Landschulen nicht immer leicht zu realisieren. Sogar in wohlhabenden Gemeinden, wie im Fall von Wädenswil, vergingen oft Jahre, bis sich die Mehrheit der Bevölkerung zu einem solchen Unterfangen entscheiden konnte – oder das Projekt ganz zum Erliegen kam.

Während der Erziehungsrat den Bau von neuen Schulhäusern ideell durchaus unterstützte, reagierte er auf inhaltliche und pädagogische Reformen des Unterrichts kritisch bis ablehnend. Äusserst skeptisch stand die Regierung allem gegenüber, was mit Johann Heinrich Pestalozzi (1746–1827) in Verbindung gebracht wurde. Pestalozzi, der zuerst in Burgdorf und seit 1805 im Schloss Yverdon ein Erziehungsinstitut führte, besass bereits zu Lebzeiten internationale Berühmtheit.[24] Der sozialkritische Publizist und Pädagoge, der sich für die Ideale der Französischen Revolution begeisterte und eine bessere Bildung für die Landbevölkerung forderte, genoss bei der konservativen Mehrheit des Erziehungsrats wenig Ansehen.[25] Mit seiner pädagogischen Elementarmethode, die davon ausging, dass alle Erkenntnis nur auf Anschauung beruhen konnte, kritisierte er das mechanische und geistlose Auswendiglernen in den öffentlichen Schulen.[26] Seine Unterrichtsmethode und vor allem seine Schriften besassen in der Mediations- und Restaurationszeit ein herrschaftskritisches Potenzial.[27] Die Anstellung von Pestalozzianern an Landschulen war deshalb auch ein Zeichen für eine radikal-liberale Haltung der Gemeinde.

Dass die Gemeinden die Lehren Pestalozzis in durchaus herrschaftskritischer Absicht zu nutzen verstanden, zeigt die Anstellung von Johann Jakob Dändliker (1780–1859) als Lehrer in Stäfa. Dändliker übernahm nach einer dreijährigen Lehrerausbildung und einigen Anstellungen als Privatlehrer 1795 im Alter von 15 Jahren die Schulmeisterstelle an der Schule Uelikon in Stäfa.[28] Nach einigen Jahren im Schuldienst verliess er 1800 vorübergehend Stäfa, um sich für sechs Wochen bei Pestalozzi in Burgdorf pädagogisch weiterzubilden.[29] Als begeisterter Pestalozzianer kehrte Dändliker zurück und begann mit «Mut und Begeisterung» Privatunterricht zu erteilen.[30] Bald begann sich die Schulgemeinde Stäfa für den Unterricht des jungen Lehrers zu interessieren und versuchte, ihn für die Schule im Kirchbühl zu gewinnen. Doch die Mehrheit des Erziehungsrats und der Stäfner Pfarrer Felix Schneider waren mit dem Vorschlag der Schulgenossen aus politischen und pädagogischen Gründen vorerst nicht einverstanden. Der Erziehungsrat Pfarrer Georg Gessner (1765–1843),

Bild links: Pestalozzi formulierte seine Erziehungsmethode, die in der Kurzformel «Kopf, Herz und Hand» bis heute überlebt hat, zur Zeit der Französischen Revolution und der Helvetik. Statt wie bisher zu Untertanen, wollte Pestalozzi die Jugend zu selbstständig denkenden und verantwortungsbewussten Bürgern erziehen.

Bild rechts: Von 1798–1799 leitete Pestalozzi eine Waisenanstalt in Stans. Im karg eingerichteten Schulzimmer sitzen die Kinder dicht gedrängt auf dem Fussboden und hören ihrem Lehrer Pestalozzi zu.

der daraufhin den Unterricht von Dändliker in Stäfa besuchte, konnte jedoch nichts Anstössiges entdecken. Nachdem auch Schulinspektor Fäsi dem Lehrer ein hervorragendes Zeugnis ausgestellt hatte, erhielt Johann Jakob Dändliker 1804 die Bewilligung des Erziehungsrats und trat die Stelle an der Schule Kirchbühl in Stäfa an. Die Skepsis des Erziehungsrats gegenüber der Methode Pestalozzis blieb jedoch bestehen.[31]

DIE REFORMEN BLEIBEN MAKULATUR

Der Erziehungsrat hatte sich bereits vor der Mediation 1803 wieder auf die konservative Seite geschlagen. Einerseits bestrafte er systematisch jene Gemeinden, die im Schulwesen nach mehr Selbstständigkeit strebten, andererseits liess er es zu, dass die Kirche wieder ein grösseres schulpolitisches Gewicht erlangte. Der Machtwechsel von 1803 mit der endgültigen Abkehr von den weitreichenden Reformvorhaben der Helvetik und noch in stärkerem Masse die Restauration nach 1815 verstärkten die konservativen Tendenzen weiter.[32]

In dieser Situation gingen Reformbestrebungen eher von privaten oder kommunalen Akteuren sowie von Einzelpersonen aus. Zu den veränderungswilligen Kräften zählten reformierte Geistliche, nach 1820 auch liberale Lehrer, akademisch gebildete Beamte, Politiker und Ärzte.[33] Ein wichtiges Forum dieser Reformstimmen bildete die 1810 gegründete Schweizerische Gemeinnützige Gesellschaft (SGG), eine nationale Vereinigung der liberalen, besitz- und bildungsbürgerlichen Elite mit dem Ziel, politische Strategien gegen die ökonomischen und sozialen Folgeprobleme der Industrialisierung zu entwickeln. Vor allem in den 1820er-Jahren standen schulpolitische Fragen ganz oben auf der Traktandenliste der SGG.[34] Die Gesellschaft trug wie andere nach 1803 gegründete bürgerliche Vereinigungen dazu bei, den Boden für die Revolution von 1830/31 vorzubereiten und die Forderung nach Schulreformen zu einem zentralen Postulat der 1830er-Jahre zu machen.[35]

In Zürich kam es kurz vor dem liberalen Umschwung noch zu einem Reformversuch der Obrigkeit. 1828 verlangte der Grosse Rat einen Bericht über den Stand des Schulwesens. Der Erziehungsrat, der den Bericht ausarbeiten sollte, forderte daraufhin von den Inspektoren und Pfarrherren Auskunft über die Landschulen.[36] Die eingegangenen Berichte zeichneten ein erbärmliches Bild. Die Landschulen schienen durchwegs unter grossen Klassen, schlechten Lehrern, bescheidenen Lehrmitteln und baufälligen Schullokalen zu leiden. Der Bericht des Erziehungsrats, der 1830 unter dem Titel «Bericht über den Zustand des Landschul-

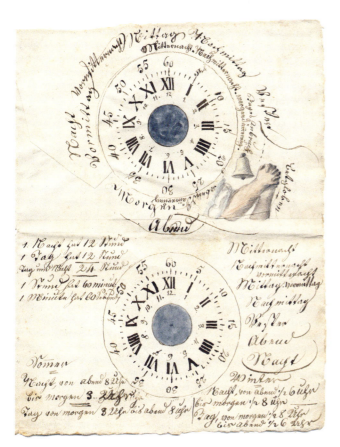

Im Gegensatz zu den kaum bebilderten Schulbüchern des 19. Jahrhunderts entspricht dieses reich illustrierte Sprachbuch, das J. J. Schulthess in den 1820er-Jahren für seine taubstumme Tochter schuf, einem modernen und kindgerechten Lehrmittel.

wesens im Canton Zürich» publiziert wurde, blieb nicht die einzige kritische Stimme aus regierungsnahen Kreisen.[37] Zu diesen Reformbestrebungen zählt auch der Bericht von Conrad Melchior Hirzel (1793–1843), der als Oberamtmann des Knonaueramts dem Grossen Rat eine Denkschrift mit «Wünschen zur Verbesserung der Zürcher Landschulen» vorlegte.[38] Beide Berichte, jener des Erziehungsrats und derjenige von Hirzel, kamen zu den gleichen Einsichten und schlugen sehr ähnliche Massnahmen zur Verbesserung der Schulen vor. Sie forderten unter anderem eine Ausbildung der Lehrer, eine Begrenzung der Klassengrössen, eine längere Schulzeit sowie eine Verbesserung der finanziellen Situation der Schulen.[39]

Die Vorschläge zur Reformierung des Landschulwesens, die Ende der 1820er-Jahre im Kanton Zürich Pfarrer, liberale Lehrer oder Angehörige der städtischen Oberschicht formulierten, wurden nicht umgesetzt. An der kirchlichen Aufsicht über die Dorfschulen wurde bis zur liberalen Revolution von 1830 ebenso wenig gerüttelt wie an der Trennung von Stadt und Land. Die Herkunft blieb entscheidend für den Zugang zur Bildung. Nach wie vor besassen nur die regierenden Familien und überhaupt die städtische Bürgerschaft den Zugang zu einer weiterführenden Ausbildung. Bei allem Reformeifer wagte es kaum jemand, an den nach 1803 wieder errichteten Grundfesten der Vorherrschaft der Stadt über die Landschaft zu rühren. Eine elementare und säkularisierte Schulbildung, die für beide Geschlechter und alle sozialen Schichten offenstand, war bis zum Sieg der liberalen Bewegung von 1830/31 nicht möglich.

DIE BÜRGERLICHE REVOLUTION VON 1830/31

Die Julirevolution von 1830 in Frankreich, die das konservative europäische Allianzsystem von 1814/15 nachhaltig erschütterte, verschaffte der liberalen Opposition in der Schweiz Auftrieb und beschleunigte im Kanton Zürich die Ablösung der städtischen Herrschaft.[40] Wie in anderen Kantonen ging auch in Zürich die Veränderung von der Landschaft aus, deren wirtschaftliche Bedeutung seit 1798 weiter zugenommen hatte. Die bürgerliche Bewegung konzentrierte sich auf die prosperierenden Gemeinden am See, wobei Stäfa die Führungsrolle einnahm. Träger der revolutionären Bestrebungen war wie in der Helvetik das aus Fabrikanten, Gewerbetreibenden, höheren Beamten und Ärzten bestehende ländliche Besitz- und Bildungsbürgertum. Dieses strebte nach der wirtschaftlich-kulturellen

Bild links: Das ehemalige Schulhaus Kirchbühl in Stäfa.

Bild rechts: In seiner 1829 erschienenen Schrift «Wünsche zur Verbesserung der Landschulen des Cantons Zürich» kritisierte Conrad Melchior Hirzel das Landschulwesen und verlangte einen Bruch mit dem Bestehenden. Unter anderem forderte er die Errichtung einer «Schulmeisterschule», in der die Lehrer auf ihren Beruf vorbereitet werden.

Emanzipation der Mediations- und Restaurationszeit nun auch nach politischer Beteiligung.

Am Montag, dem 22. November 1830, versammelten sich in Uster über 10 000 Landbewohner aus dem ganzen Kanton, um im gemeinsam verabschiedeten «Uster-Memorial» die wirtschaftliche und politische Gleichberechtigung der Landbevölkerung zu fordern. Die grosse Volksversammlung zeigte Wirkung. Die Liberalen erreichten zusammen mit der gewerblichen und bäuerlichen Landbevölkerung, der eine wirtschaftliche Besserstellung versprochen wurde, den Sturz des städtisch-patrizischen Regimes. Die neu gewählte Volksvertretung, in der die ländliche Bevölkerungsmehrheit zwei Drittel der Abgeordneten stellte, ging daran, eine Kantonsverfassung auszuarbeiten. Das Machtgefälle zwischen Stadt und Land wurde aufgehoben. Der Kanton Zürich wurde zu einer Repräsentativdemokratie mit dem Grossen Rat als höchstem Organ. Die Bevölkerung machte von dem neuen Recht, durch Petitionen ihre Wünsche und Forderungen an die verfassunggebende Versammlung einzureichen, ausgiebig Gebrauch.[41] Neben politischen Forderungen nach Volkssouveränität oder Neuorganisation der Behörden betrafen die meisten Anregungen und Wünsche wirtschaftliche Fragen. Dazu gehörten Forderungen nach Steuerentlastungen, der Einführung der Gewerbefreiheit oder der Garantierung von agrarwirtschaftlichen Freiheiten. Zum Schul- und Kirchenwesen wurden ebenfalls zahlreiche Vorschläge eingereicht.[42]

PETITIONEN ZUR SCHULREFORM

Unter den von Gemeinden, Bürgergruppen oder Einzelpersonen formulierten Eingaben verlangten viele eine Reform des Kirchen- und Schulwesens. Über die konkreten Umrisse der neuen Schulorganisation gingen die Vorstellungen in der Bevölkerung jedoch weit auseinander. Das Grundanliegen der ländlichen Bevölkerung war, neben dem Zugang zur Bildung, die Erweiterung der Mitbestimmungsrechte im Schulwesen. Dies zeigte sich etwa in den Eingaben der Gemeinden des rechten Zürichseeufers, die im Januar 1831 verfasst wurden. Verbreitet war der Wunsch nach einer Schule, die der neuen demokratischen Ordnung entspreche, wie dies etwa die Bürger der Gemeinde Uetikon am See forderten:

«Unterschriebene führen noch mit dem wärmsten Gefühl folgenden Artikel bey, welcher als erster Zweck beobachtet werden soll. Es möchte wo möglich durch eine Verfassung eine Schulordnung begründet werden, wodurch der Souverain des Landes, das Volk, eine

Am 22. November 1830 trafen sich in Uster über 10 000 Landbewohner, um in einer Petition die politische und wirtschaftliche Gleichberechtigung zu fordern. Der «Ustertag» bewirkte den Sturz des alten Regimes und markierte den Weg zu einer demokratischen Gesellschaftsordnung.

umfassendre und gründlichere Bildung als bis anhin erlangen könte, denn in diesem Glauben wir das beste Fundament des wahren Staadsglükes zu finden.»[43]

Ein grosses Anliegen der Gemeinden war die «freye Entwicklung» der öffentlichen Schulen und die Wahl und Absetzung von Lehrern eigenständig regeln zu können, zumal Letzteres nach heftigen Konflikten zwischen dem Erziehungsrat und den Gemeinden im Knonaueramt 1803 zur alleinigen Kompetenz des Erziehungsrats erklärt worden war:

«Die Gemeinden sollen das Recht haben, erwiesen untüchtige Schullehrer abzusetzen, die vakante Stelle auszuschreiben und von den sich meldenden Candidaten nach gehaltener unpartheiyscher Prüfung denjenigen zu wählen, welcher sich als der tüchtigste bewährte.»[44]

Aus Küsnacht reichte der Lehrer Johann Heinrich Egli eine Eingabe an die Verfassungskommission ein.[45] Egli war überzeugter Demokrat und leitete seit 1830 die «Realanstalt», eine an die Alltagsschule anschliessende Privatschule im Dorf.[46] Als Gegner von Klerus und Aristokratie verlangte Egli die Trennung von Kirche und Schule und die Einrichtung einer liberalen und staatlich institutionalisierten Volksschule:

«Sorgen Sie schon bey Einrichtung der neuen Kantonsverfassung dafür, dass die Grundsätze einer republikanischen Erziehung unserer Jugend einmal als Grundgesetz in das neue Staatleben aufgenommen werde; denn ohne eine durchgreifende Volks- und Jugendbildung finden unsere Bürger, findet das Volk, keine feste Gewährleistung für seine Rechte [und] Freyheiten.»[47]

Neben einer besseren Ausbildung und Entlöhnung der Lehrer forderte Egli den Aufbau eines Schulsystems, das eine eigenständige Organisation innerhalb des Staats bilden sollte. Einige Gemeinden stellten sich jedoch implizit oder explizit gegen den Reformkurs. Eine traditionell-konservative Vorstellung vom Zweck der Schule äusserten mehrere Horgener Bürger.[48] In ihrer Eingabe forderten sie, dass der Religionsunterricht im Mittelpunkt des schulischen Unterrichts stehen solle. Sie verlangten, dass in der Volksschule das Alte und das Neue Testament die Grundlehrmittel sein sollten. Sie waren überzeugt, dass der Katechismus in den Schulen durch nichts Besseres ersetzt werden könne.[49]

DIE BILDUNGSREFORM VON IGNAZ THOMAS SCHERR

Mit dem liberalen Umschwung von 1830/31 trat Ignaz Thomas Scherr (1801–1870) auf das politische Parkett.[50] Scherr gilt in der Geschichtsschreibung als Architekt des modernen Volksschulwesens in der Schweiz. 1831 wurde er in den Erziehungsrat gewählt und erlangte in der Folge einen enormen schulpolitischen Einfluss. In seiner 1831 erschienenen Schrift «Ansichten über den Zustand des Volksschulwesens im Kanton Zürich» kritisierte er die miserablen Zustände in den Landschulen. Gleichzeitig formulierte er in seinem Bericht Reformvorschläge. Dabei ging er weit über die bis dahin aufgestellten Forderungen hinaus. Der Zweck der Volksschule sollte seiner Ansicht nach die Ausbildung der Kinder zu «brauchbaren» Mitgliedern der bürgerlichen Gesellschaft sein. Die Schule sollte dem Weltlichen dienen und alles Wissen vermitteln, das zur Ausübung der bürgerlichen Rechte und Pflichten sowie zur Ergreifung eines Berufs notwendig war. Dieses von Scherr formulierte, antiklerikale Bildungskonzept fiel bei der radikal-liberalen Grossratsmehrheit auf fruchtbaren Boden. Das Projekt einer umfassenden Staatsschule wurde nach der Annahme der neuen liberalen Kantonsverfassung vom 20. März 1831 noch im gleichen Jahr in Angriff genommen.

Die neue Verfassung forderte nicht nur in allgemeinen Worten eine Verbesserung des Schulwesens, sondern benannte auch gleich die verantwortlichen Organe. Als zentrale Institution des Erziehungswesens wurde der Erziehungsrat bestimmt.[51] Ihm wurde die Aufsicht über «sämmtliche Schulanstalten des Cantons, die Förderung der wissenschaftlichen sowohl als der Volksbildung» übertragen.[52] Dieses Gremium bestand aus 15 Männern, gewählt vom Grossen Rat für eine Amtszeit von sechs Jahren.[53] Der Erziehungsrat setzte sich aus Politikern, Lehrern und Pfarrern zusammen und arbeitete als Fachgremium neue Gesetzesvorschläge zum Schulwesen aus. Zwischen 1831 und 1833 verabschiedete der Grosse Rat die vom Erziehungsrat vorbereiteten Gesetze über die Organisation der Bezirks- und Gemeindeschulpflegen, über die Errichtung eines Lehrerseminars, die Gründung der Schulsynode, einer staatlich organisierten Vertretung der Volksschullehrerschaft, das Unterrichtsgesetz und das Gesetz über die Einrichtung von Sekundarschulen.[54]

In vielen inhaltlichen und organisatorischen Punkten knüpfte die liberale Schulreform am bereits 1798 verkündeten Programm einer demokratischen Volksschule an. Stapfers Plan für eine umfassende Bildung aller Schichten sollte endlich umgesetzt werden. Gleichzeitig wurden mit der Einrichtung der Gemeinde- und Bezirksschulpflegen typisch radikal-liberale Forderungen nach mehr Mitbestimmung im Schulwesen realisiert. Das Bildungsprogramm von Scherr, das eine von der Kirche getrennte, staatliche Schule vorsah, enthielt entgegen dieser Rhetorik auch eine starke christlich-religiöse Stossrichtung. Die Schule hatte nicht nur die Aufgabe, republikanische Bürger, sondern auch «sittlich-religiöse» Menschen zu bilden. Diesbezüglich wurde die christlich-dogmatische Zielsetzung der Landschule in der liberalen Volksschule durch eine christlich-moralische ersetzt.[55] Die Schulreform der 1830er-Jahre war kein einheitlicher Wurf, sondern enthielt zahlreiche Widersprüche und Kompromisse zwischen den unterschiedlichen bildungspolitischen Positionen.

Hinter dem hektisch betriebenen Gesetzgebungsprozess der liberalen Regierung stand ein bildungspolitischer Erdrutsch, dessen langfristige Folgen kaum zu überschätzen sind. Innerhalb dreier Jahre wurden die meisten der Reformpostulate, die in den vergangenen vier Jahrzehnten im Kanton Zürich diskutiert worden waren, verwirklicht. Damit war der Grundstein für die Volksschule des 19. und 20. Jahrhunderts gelegt.

Ignaz Thomas Scherr:
Ein Theologe als Vordenker der Schulreformen

Der aus Württemberg stammende Ignaz Thomas Scherr, erster Seminardirektor am 1832 eröffneten Küsnachter Lehrerseminar, Bildungspolitiker und Lehrmittelautor, dominierte die Bildungsreform der liberalen Epoche im 19. Jahrhundert.[1] Seit 1825 war Scherr mit grossem Erfolg als Oberlehrer an der Blindenanstalt in Zürich tätig, der zwei Jahre später eine Taubstummenabteilung angegliedert wurde. Der ausgebildete katholische Theologe konvertierte zum reformierten Glauben und fand schnell Zugang zu den gesellschaftlich wichtigen Kreisen der Stadt Zürich. Obgleich Scherr sich nie politisch zu profilieren versuchte, entwickelte er sich allmählich zum Protagonisten der Liberalen und Radikalen, da das staatliche Schulwesen eine der wichtigsten und umstrittensten Neuerungen und Stützen der liberalen Regierung darstellte.

Seine «Elementarsprachbildungslehre» erregte Aufmerksamkeit und fand ab 1829 vereinzelt Anwendung in Volksschulen. Er entwickelte eine Unterrichtsmethode, die das «geistlose Buchstabieren» und Auswendiglernen durch das bewusste Denken-, Sprechen- und erst dann Schreiben- und damit Lesenlernen ablöste. Diese übrigens nicht nur von Scherr entwickelte Reihenfolge stellte den Schulbetrieb auf die völlig neue Grundlage des selbstständigen Denkens. Aufgrund seiner Kompetenz und Tatkraft schuf Scherr in der Volksschule und der Lehrerbildung neue Strukturen, die der radikalen Neubestimmung der Schule durch den liberalen Staat entsprachen. Weil Scherr seine Vorstellungen in Bezug auf die Schaffung und Leitung des Volksschulwesens und des Seminars gegen opponierende Haltungen durchsetzte und dies auf Grund seiner Machtfülle und Ämterkumulation auch konnte, setzte er sich verschiedentlich kritischen Stimmen und Neidern aus.

Scherrs Wirkungskreis wurde allerdings mit dem «Züriputsch» von 1839, dem politischen Umsturz nach der Ernennung des deutschen David Friedrich Strauss (1808–1874) zum Professor für Kirchengeschichte und Dogmatik an der Universität Zürich, eingedämmt. Das neu errichtete konservative «September-Regiment» nahm einige pädagogische Reformentscheidungen zurück, entliess Scherr als Seminardirektor, schwächte den Einfluss der Schulsynode und änderte den Unterricht in den Volksschulen insofern, als es die Realien reduzierte und dem Religionsunterricht mehr Platz einräumte.

Ignaz Thomas Scherr (1801–1870), erster Küsnachter Seminardirektor, Bildungspolitiker und Lehrmittelautor, war der dominierende Exponent der liberalen Bildungsreform der 1830er-Jahre.

Bild links: In diesem Rebhäuschen in Stäfa wurde 1834 die Sekundarschule Stäfa-Hombrechtikon eröffnet.

Bild rechts: Titelseite des 1832 erlassenen «Gesetzes über die Organisation des gesammten Unterrichtswesens im Canton Zürich».

DAS NEUE UNTERRICHTSGESETZ VON 1832

Das am 28. September 1832 verabschiedete Unterrichtsgesetz bildete das Kernstück der liberalen Schulreform.[56] Damit erfuhr der Verfassungsauftrag, dass die «Sorge für [die] Vervollkommnung des Jugendunterrichts […] Pflicht des Volkes und seiner Stellvertreter» sei, seine gesetzliche Ausführung.[57] Mit dem Unterrichtsgesetz von 1832 schuf der Grosse Rat ein für die zeitgenössischen europäischen Verhältnisse wegweisendes Unterrichtswesen, das für Knaben und Mädchen die gleiche Elementarbildung gewährleistete.[58]

Basis des neuen Systems war die sechsjährige Primarschule, die von allen Kindern vom sechsten bis zum zwölften Altersjahr besucht werden musste. Die Elementarschule umfasste in der Regel die erste bis dritte Klasse, die Realschule die vierte bis sechste Klasse. Die Zahl der wöchentlichen Schulstunden betrug in der Primarschule im Winter 27 und im Sommer 23. Danach folgte die dreijährige Repetierschule für die zwölf- bis 15-jährigen Schülerinnen und Schüler. In dieser Schulstufe wurde der wöchentliche Unterricht im Winter auf sechs und im Sommer auf drei Stunden festgesetzt. Die Volksschule erhielt einen abgestuften Lehrplan, einheitliche obligatorische Lehrmittel und eine systematische Unterrichtsmethode. Der Schulstoff wurde weitgehend säkularisiert und neue Realienfächer wie Geografie, Geschichte sowie Naturkunde hielten in der Volksschule Einzug.

Im Herbst 1833 wurden die Sekundarschulen als weiterführende Schulen auf der Landschaft gesetzlich verankert.[59] Die Gründung der Sekundarschulen war ein grosses Anliegen des ländlichen Wirtschafts- und Bildungsbürgertums. Die bis dahin ausschliesslich privat organisierte Weiterbildung der ländlichen Elite wurde nun staatlich institutionalisiert. Die Sekundarschule, deren Einrichtung freiwillig und den Gemeinden überlassen war, dauerte drei Jahre und bot wöchentlich 33 Stunden an. Die Schule sollte jedem Kind aus der Alltagsschule offenstehen, das die Aufnahmeprüfung bestand und dessen Eltern das jährliche Schulgeld von 16 Franken zahlen konnten. Die Sekundarschulen eröffneten den ländlichen Eliten über Bildung den Weg zu Führungspositionen und gewährleisteten den Anschluss an die höheren Bildungsanstalten in der Stadt, die Kantonsschule und die Universität.[60]

In den meisten Punkten fand das von Scherr entworfene Unterrichtsgesetz die Zustimmung des radikalliberalen Grossen Rats.[61] Umstritten waren jedoch die allgemeine Schulpflicht und das Verbot der Kinderarbeit. In diesen Fragen tat sich ein Graben auf zwischen dem Bildungsprogramm Scherrs und den Vorstellungen

Seehof in Küsnach.

Das Lehrerseminar in Küsnacht

In den Reigen der Gesetzeserlasse zum Bildungswesen in den 1830er-Jahren gehörte auch die Eröffnung eines Seminars. Das im September 1831 verfügte «Gesetz betreffend die Errichtung einer Bildungsanstalt für Schullehrer» bedeutete einen klaren Bruch mit der konservativen Epoche. Die Institutionalisierung der Lehrerbildung war bereits in der Helvetik gefordert und eine bessere Ausbildung der Lehrkräfte in der Mediations- und Restaurationszeit diskutiert worden. Die zaghaften Reformversuche blieben jedoch folgenlos. Das alte Regiment begegnete der Professionalisierung des Lehrerberufs und der Einrichtung von Ausbildungsanstalten mit besonders grosser Skepsis. Erst die liberale Schulreform machte Ernst mit der Lehrerbildung und deren Befreiung aus der Vormundschaft der Dorfpfarrer.

Am 7. Mai 1832 wurde im Küsnachter Seehof das neue «Schullehrer-Institut» unter der Leitung von Ignaz Thomas Scherr feierlich eröffnet. Während die Errichtung einer Lehrerbildungsanstalt im Grossen Rat unbestritten war, war die Frage des Standorts Gegenstand von Auseinandersetzungen. Dabei ging es vor allem darum, ob das Seminar in der Stadt Zürich oder auf der Landschaft stehen sollte. Die Wahl des Regierungsrats fiel schliesslich auf Küsnacht. Bei der Standortentscheidung scheinen politische Erwägungen den Ausschlag gegeben zu haben. Die radikale Gemeinde Küsnacht sollte wohl für ihre politische Gesinnung von der Regierung belohnt werden.[1]

Als Ausbildungsziele hielt das erste Seminargesetz von 1831 fest: Tüchtigkeit, Verstandes- und Gemütsbildung.[2] Voraussetzungen zur Aufnahme an das Seminar waren Gesundheit, Anstand, Fleiss und das Bestehen einer Aufnahmeprüfung. Die Anstalt sollte die Zöglinge zwei Jahre lang ausbilden, damit diese anschliessend als Schulmeister erfolgreich tätig sein konnten. Seit ihrer Institutionalisierung wurde die zürcherische Lehrerausbildung stetig ausgebaut.[3] Die Ausbildung veränderte sich bezüglich Ausbildungszeit, Lehrinhalten und Fächerangeboten. 1840 stieg die Ausbildungszeit auf drei Jahre, 1859 auf vier Jahre. Dieser seminaristische Ausbildungsgang wurde bis ins 20. Jahrhundert beibehalten. Die Forderungen nach einer Akademisierung der Lehrerinnen- und Lehrerausbildung wurden erst im 20. Jahrhundert erfüllt. Mit dem neuen Lehrerbildungsgesetz von 1938 wurde das Seminar in ein Unterseminar mit Maturitätsabschluss umgewandelt, auf dem das einjährige, berufsspezifische Oberseminar aufbaute.

Im Küsnachter «Seehof» wurde 1832 das kantonale Lehrerseminar eröffnet. Die vier Unterrichtszimmer vermochten jedoch die schnell wachsende Schülerzahl bald nicht mehr zu fassen. Das Seminar wurde 1834 in die einstige Johanniterkomturei in Küsnacht verlegt.

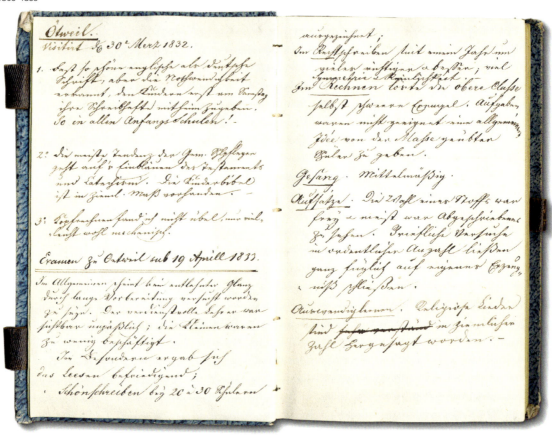

In diesem Notizbuch hielt der Stäfner Bezirksschulpfleger Benjamin Ryffel die Bemerkungen zu seinen Schulbesuchen fest. Im März 1832 und April 1833 besuchte er zum Beispiel die Volksschule in Oetwil am See.

des ländlichen Bildungs- und Wirtschaftsbürgertums. Scherr sah in seinem Entwurf vor, die Nachtarbeit und die Fabrikarbeit von Kindern bis ins zwölfte Altersjahr zugunsten eines geregelten Schulbesuchs zu verbieten. Die ländliche Elite stand diesem Anliegen kritisch gegenüber. Die Fabrikanten setzten sich gegen eine starre Durchsetzung der allgemeinen Schulpflicht zur Wehr, weil diese die lukrative Kinderarbeit unterbunden hätte. Dem ländlichen Bürgertum ging es nicht primär um eine umfassende Schulpflicht, sondern um eine bessere, gegebenenfalls auch gehobene Ausbildung der eigenen Nachkommenschaft.

Bereits im Erziehungsrat setzte sich die Position der Fabrikanten durch.[62] Eine unheilige Allianz von materiell an Kinderarbeit interessierten Votanten und solchen, die einer modernen Volksschule aus religiösen Gründen nicht zu viel Platz in der Gesellschaft einräumen wollten, verhinderte ein Verbot der Kinderarbeit. Damit verbuchten die ländlichen Unternehmer einen Teilerfolg. Die allgemeine Schulpflicht wurde hingegen im Gesetz verankert. Wie es der Verlauf der erziehungsrätlichen Beratungen bereits erahnen lässt, entwickelten sich die Durchsetzung der Schulpflicht und die Einschränkung der Kinderarbeit bei der Einführung der neuen Volksschule nach 1832 zu einem neuralgischen Punkt, an dem sich heftige Konflikte zwischen Fabrikanten und Eltern auf der einen und Gemeinde- und Bezirksschulbehörden auf der anderen Seite entzündeten.

DIE VOLKSAUFSICHT AN DER SCHULE

Bevor das neue Unterrichtsgesetz am 28. September 1832 angenommen wurde, hatte der Grosse Rat bereits zwei wichtige Volksschulgesetze verabschiedet: Im September 1831 waren die Vorlagen über die Organisation der Bezirksschulpflegen und der Gemeindeschulpflegen gesetzlich geregelt worden.[63] Damit wurde die wichtige radikal-liberale Forderung nach mehr Mitbestimmungsmöglichkeiten im Volksschulwesen noch vor dem Unterrichtsgesetz verwirklicht.

Nach dem Erziehungsrat, der praktisch die ganze Verfügungsgewalt über das Volksschulwesen besass, bildeten die Bezirksschulpflege und die Gemeindeschulpflege die nächstfolgenden, niedrigeren Stufen der Schulaufsicht und -verwaltung. Die Bezirksschulpflege wurde 1831 neu geschaffen. Die sieben ehrenamtlichen und nicht entlöhnten Mitglieder waren wie jene des Erziehungsrats auf sechs Jahre gewählt. Die Behörde setzte sich zusammen aus zwei durch das Bezirkskapitel gewählten Pfarrern, zwei von der Lehrerversammlung des Bezirks bestimmten Lehrern sowie aus drei von der

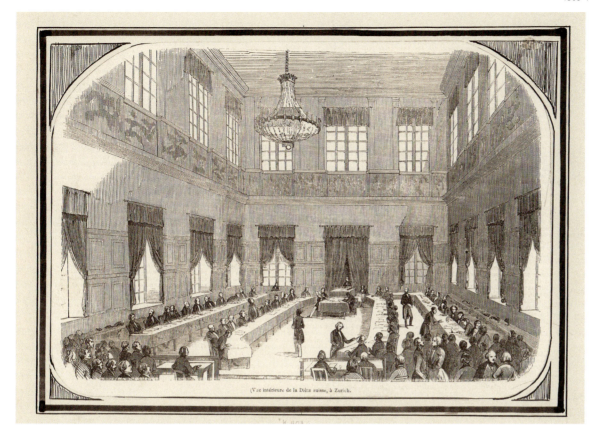

Die Demokratie braucht Platz. Der 212 Mitglieder umfassende Grosse Rat tagte seit 1833 im neuen Kantonsratssaal im Rathaus Zürich. Der Saal entstand aus der Vereinigung der grossen Ratsstube und des darüberliegenden Saals. Holzstich um 1860.

Bezirksversammlung gewählten Einwohnern. Den Präsidenten des Kollegiums bestimmte der Erziehungsrat in eigener Kompetenz. Die Behörde wurde erst nach der Verfassungsrevision der 1860er-Jahre direkt von den Stimmbürgern gewählt.[64]

Die Bezirksschulpflege hatte an der Umsetzung, der Organisation und dem Erfolg der neuen Schulgesetze einen grossen Anteil. Ihre Aufgabe war es, «die Bildung und Erziehung der gesammten Jugend des Bezirks zur Religion, Sittlichkeit, Wissenschaft und Kunst möglichst zu fördern und zu vervollkommnen».[65] Zu ihren Kompetenzen gehörte der Vollzug der Schulgesetze sowie die Beaufsichtigung und Inspektion aller Schulen im Bezirk. Die Bezirksschulpfleger hatten auch die öffentlich abgehaltenen Examen der ihnen zugeteilten Schulen zu besuchen. Ausserdem hatten sie dem Erziehungsrat jährlich einen umfassenden Bericht über den Zustand der Schulen im Bezirk zu liefern. Die Bezirksschulpflegen stellten mit der Gemeindeschulpflege und dem betreffenden Lehrer den Lektionenplan zusammen, wählten die Lehrmittel, sofern diese nicht vom Erziehungsrat vorgeschrieben wurden, überprüften die Absenzen der Schulkinder und die Unterrichtsführung.

Auf der untersten Ebene der Schulbehördenhierarchie wurde die Gemeindeschulpflege geschaffen. Obwohl auch die Gemeindeschulpflege ein neues Gremium war, änderte sich an der bisherigen Schulaufsicht in den Gemeinden durch den «Stillstand» nicht viel. Der Pfarrer war nach dem neuen Gesetz verpflichtet, die Gemeindeschulpflege zu präsidieren. Die Behörde umfasste neben dem Pfarrer als Präsidenten mindestens vier weitere, von der Kirchgemeinde gewählte Behördenmitglieder. Der Lehrer hatte das Recht, den Sitzungen mit beratender Stimme beizuwohnen. Die Gemeindeschulpflege war auf kommunaler Ebene verantwortlich für den Vollzug der Schulgesetze, der Verordnungen der Bezirksschulpflege und des Erziehungsrats. Dazu gehörten die Überwachung des Lehrers, der Absenzenverzeichnisse, der «Ordentlichkeit und Reinlichkeit» der Kinder, die Durchführung des öffentlichen Examens und der jährliche Bericht über den Zustand und den Erfolg der Gemeindeschulen an die Bezirksschulpflege.

Trotz der erweiterten Mitbestimmungsrechte der Bevölkerung blieb auch nach 1831 der kantonale Erziehungsrat die mächtigste Behörde im Schulwesen.[66] Der Erziehungsrat, der zwar selbst über keine richterlichen Befugnisse verfügte, besass das Recht, weitgehende disziplinarische Massnahmen gegenüber den Lehrern zu verfügen. Er bildete die Prüfungskommission für die Abschlussprüfungen am Seminar, er nahm die Anmeldungen der Lehrer und die Stellenausschreibungen der Gemeinden entgegen und bildete Dreiervorschläge für

Geselliges Musizieren. Neben der Pflege der Musik kam im Lehrerkränzchen Uetikon–Meilen–Herrliberg auch dem Gedankenaustausch eine wichtige Rolle zu.

die Gemeinden. Bis 1850 durften die Gemeinden ihre Lehrer nur aus diesem Dreiervorschlag des Erziehungsrats wählen. Des Weiteren war es dem Erziehungsrat beziehungsweise einer von ihm einberufenen und gewählten Kommission vorbehalten, über die Unterrichts- und Lehrpläne sowie die einzuführenden Lehrmittel zu bestimmen.[67] Die Gemeinden hatten zwar neue Rechte in der Organisation und Kontrolle ihrer Volksschulen erhalten, doch wichtige Vorrechte wie etwa die Lehrerwahl oder die Einführung von Lehrmitteln waren nach wie vor Sache des Erziehungsrats. Auch zu einer vollständigen Säkularisierung der Schulaufsicht kam es 1831 – trotz verfassungsmässiger Trennung von Kirche und Staat – nicht. Dank der gesetzlich garantierten Vertretung in der Bezirksschulpflege konnten die Pfarrer ihre Kontrollfunktion nach wie vor wahrnehmen. In der Gemeindeschulpflege war der Einfluss der Kirche, da der Pfarrer das Präsidium übernahm, noch stärker. Dies blieb zumindest bis 1865 garantiert. Erst von diesem Jahr an waren die Pfarrer nicht mehr gesetzlich zum Vorsitz verpflichtet.[68]

Obwohl die Kirche in der Umsetzung des liberalen Unterrichtsgesetzes über die Pfarrer nach wie vor einen grossen Einfluss besass, war der Bruch, der mit der traditionellen, kirchlich-religiös ausgerichteten Schulordnung vollzogen wurde, in der Tat radikal. Mit der Schaffung von weltlichen Lehrmitteln und der Professionalisierung des Lehrerberufs beschritt die radikalliberale Führungsschicht in der Volksbildung neue Wege. Die Verstaatlichung der Schule brachte eine weitreichende Säkularisierung des Elementarunterrichts. Als die Kritik an der Landschule in den 1830er-Jahren mit einem Ausbau der Mitwirkungsmöglichkeiten aufgenommen wurde, erfüllte sich eine zentrale Forderung der Landbevölkerung. Hinter der Demokratisierung der Schulaufsicht mochte auch die Hoffnung der Liberalen stehen, dass dadurch das eigene politische Projekt einer liberalen und demokratischen Gesellschaft Unterstützung und Verstärkung erhalte. Die Ironie der Geschichte liegt jedoch darin, dass weite Teile der Bevölkerung wegen der neuen Lehrmittel und der grossen Kosten der Schulreform die neuen Rechte nicht zur Unterstützung, sondern zur Opposition gegen das radikal-liberale Regiment in Zürich nutzten.

Staatsaufbau und Schulaufsicht 1831–1839[1]

	EXEKUTIVE	LEGISLATIVE	JUDIKATIVE	SCHULE
Kanton	Regierungsrat (ersetzt die Bezeichnung Kleiner Rat)	Grosser Rat (ab 1869 Kantonsrat)	Obergericht	Erziehungsrat (ab 1849 Direktorialsystem: Erziehungsdirektor und Erziehungsrat)
	Neunzehn Mitglieder (ab 1849 neun Mitglieder), gewählt vom Grossen Rat. Besitzt die Oberaufsicht über den Kirchen- und den Erziehungsrat	212 Mitglieder, gewählt von den kantonalen Stimmbürgern		Fünfzehn Mitglieder (ab 1849 sieben Mitglieder), gewählt vom Grossen Rat
Bezirk Elf Bezirke (Zürich, Affoltern, Horgen, Meilen, Hinwil, Uster, Pfäffikon, Winterthur, Andelfingen, Bülach, Regensberg)	Bezirksrat		Bezirksgericht	Bezirksschulpflege
	Der Präsident des Bezirksrats ist zugleich der Statthalter.			Sieben Mitglieder: zwei Pfarrer (gewählt vom Pfarrkapitel), zwei Lehrer (gewählt vom Kapitel), drei Bürger (gewählt von der Bezirksversammlung). Der Präsident wird vom Erziehungsrat bestimmt (ab 1866 direkt von den Stimmbürgern gewählt, abgesehen von den Lehrern).
Gemeinde (Politische Gemeinde) Andere Gemeinden: Zivilgemeinde, Kirchgemeinde, Primarschulgemeinde, Sekundarschulgemeinde	Gemeinderat mit Gemeindepräsident	Gemeindeversammlung	Friedensrichter	Gemeindeschulpflege
	Von der Gemeindeversammlung gewählt			Mindestens vier Mitglieder (gewählt von der Kirchgemeinde). Präsident ist von Amtes wegen der Ortspfarrer (bis 1865). Der Lehrer hat das Recht, den Sitzungen beratend beizuwohnen.

Examen

Die Eltern, die Mitglieder der Schulpflege, der Visitator drängen ins Schulzimmer, um die Künste der Lehrerin oder des Lehrers zu begutachten und das Wissen der Kinder zu prüfen. Von 1892 bis in die 1980er-Jahre hatten die Schülerinnen und Schüler an diesem Morgen die kantonalen Examensaufgaben zu lösen. Am Examen wurde aber auch gesungen, getanzt und Theater gespielt. Zum Schluss erhielten die Kinder das Zeugnis und den Examenweggen, der die Noten etwas versüsste. Das Examen wurde Ende der 1980er-Jahre in den meisten Schulgemeinden durch Besuchstage abgelöst.

4. Richi bringt die Milch im Kesseli heim und will sie sogleich in die Pfanne umgiessen. «Halt!» ruft die Mutter, «die Pfanne ist zu klein! Nimm die grosse!»
a) Hat sie recht? ($\pi = 3{,}14$)

Kesselidurchmesser : 16 cm Pfannendurchmesser : 19 cm
Höhe der Milch : 14 cm Pfannenhöhe : 10 cm

b) Wie hoch steht die Milch in einer Pfanne von 25 cm Durchmesser?

5. Berechne die Oberfläche der rechteckigen Pyramide!

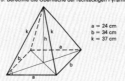

a = 24 cm
b = 34 cm
k = 37 cm

6. Was ist schwerer: Eine Kugel aus Blei mit einem Durchmesser von 9 cm, oder eine Kugel aus Buchenholz mit einem Durchmesser von 22 cm?
(1 cm³ Blei wiegt 11,3 gr, 1 cm³ Buchenholz wiegt 0,7 gr.)
($\pi = 3{,}14$)

Geometrie 3. Klasse

1. Konstruiere aus einem Rechteck (l = 64 mm, b = 36 mm) ein flächengleiches Quadrat, und berechne die Differenz der beiden Umfänge!

2. Berechne Oberfläche und Volumen einer hohlen Halbkugel mit einem Durchmesser von 12 cm und einer Wandstärke von 3 cm!

3. Ein pyramidenförmiges Turmdach, dessen Grundriss ein regelmässiges Sechseck ist (h = 7 m, s = 1,5 m), soll mit Kupferblech gedeckt werden. Wie viele m² Kupferblech sind notwendig, wenn für Falze und Verschnitte ein Zuschlag von 15% erforderlich ist?

4. Ein Kreis mit der Fläche F = 78,5 cm² ist Umkreis eines 6 cm breiten Rechtecks. Berechne die Rechtecksfläche!

5. Ein Modellschreiner stellt aus einem Lindenholzquader mit quadratischem Grundriss (s = 160 mm, h = 255 mm, spez. Gew. von Lindenholz = 0,47 g/cm³) den grösstmöglichen Kegel her. Berechne das Gewicht dieses Kegels!

6. Berechne den Preis für das abgebildete Haus! Preis/m³ 350 Fr.

54 GEGEN DIE «UNCHRISTLICHE VOLKSSCHULE» 1833–1846

1833–1846

Gegen die «unchristliche Volksschule»: Der «Züriputsch» und die konservative Wende
Region Oberland

Der Start der jungen Volksschule war mühevoll. Die modernen Schulbücher, in denen die religiösen Geschichten fehlten, empörten die traditionsverbundene ländliche Bevölkerung. Nicht nur das liberale Schulprogramm weckte Widerstand, auch die neue, selbstbewusste Lehrergeneration stiess auf eine misstrauische Bevölkerung. Grosses Unverständnis und Widerstand löste der staatliche Schulzwang aus. Viele Kinder wurden anstatt zur Schule in die Fabrik geschickt – Kinderarbeit war damals eine Selbstverständlichkeit. Schnell bildeten sich unheilige Allianzen: Das Schulobligatorium wurde sowohl von Fabrikherren als auch von Arbeiterfamilien unterlaufen. Die obrigkeitlich diktierte Schulpolitik führte im Herbst 1839 zu einer lautstarken Protestbewegung der Oberländer Bevölkerung gegen die Regierung in Zürich und zum «Züriputsch».

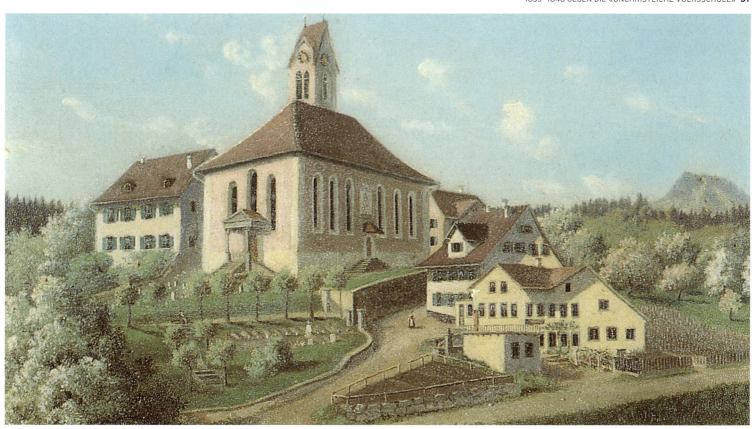

Das Zürcher Oberländer Dorf Hinwil im 19. Jahrhundert. Im Vordergrund ist das 1774 erbaute Schulhaus zu sehen.

In der Zürcher Oberländer Gemeinde Hittnau brach im Herbst 1839 ein offener Streit zwischen der Schulbehörde, den Lehrern und der Bevölkerung aus. Entzündet hatte sich der Konflikt an den neuen Volksschullehrmitteln. Die Bevölkerung forderte, dass die Bücher aus der Schule entfernt werden und die Kinder wieder im «Neuen Testament» lesen sollten.[1] Der Präsident der Gemeindeschulpflege, Pfarrer Hans Jakob Denzler (1794–1861), befand sich in derartiger Bedrängnis, dass er keinen anderen Weg mehr wusste, als sich Rat suchend an den Erziehungsrat zu wenden.[2]

«Schon seit längerer Zeit herrschte in der hiesigen Gemeinde gegen die neuen Lehrmittel in den Schulen im Allgemeinen, und gegen das Realbuch und die naturhistorischen Abbildungen im besondren eine entschiedene Abneigung.»[3]

Die Lehrmittel, gegen die sich der Zorn der Landbevölkerung richtete, waren mit der liberalen Schulreform eingeführt worden. 1833 wurde das von Ignaz Thomas Scherr geschaffene «Erste Lesebuch» für die unteren Klassen der Volksschule publiziert, und das «Realbuch für die Zürcherische allgemeine Volksschule» wurde 1837 zum obligatorischen Lesebuch der vierten bis sechsten Klasse bestimmt.[4] Vor allem das Realbuch empörte die Bevölkerung. Dieses Schulbuch, das im Wesentlichen ebenfalls aus Scherrs Feder stammte, bestand aus drei Teilen.[5] Der erste enthielt eine chronologische Tabelle der Welt- und Schweizer Geschichte, die mit Lesestücken zu einzelnen historischen, vor allem kriegerischen Ereignissen und bedeutenden Personen ergänzt wurde. Im zweiten, naturkundlichen Teil wurden die Kinder in das «Thierreich», «Pflanzenreich» und «Mineralreich» eingeführt. Abgeschlossen wurde das Buch mit «Mittheilungen aus der Naturlehre, aus dem Gebiete des Gewerbswesens und der Erfindungen, aus der Himmelskunde und Zeitrechnung».[6] Zusammen mit dem Realbuch erschien 1837 eine Bildersammlung, die den naturhistorischen Teil illustrierte.[7]

Die neuen Lehrmittel unterschieden sich deutlich von den früheren, religiös ausgerichteten Schulbüchern. Es waren didaktisch aufgebaute und weltliche Lehrbücher, mit denen die Kinder Lesen und Schreiben lernten. Die Bevölkerung protestierte gegen diese Schulbücher, weil sie darin nicht mehr den seit Generationen überlieferten religiösen Stoff fanden.[8] Die Schule war traditionellerweise der Ort, der den Kindern – zusammen mit dem Elternhaus und der Kirche – das religiöse Wissen vermittelte. Diesem Zweck hatten selbstverständlich die Lesebücher zu dienen. Doch in den modernen Schulbüchern fanden sich ganz neue Themen wie Geschichte, Geografie oder Sprachlehre. Nach einem

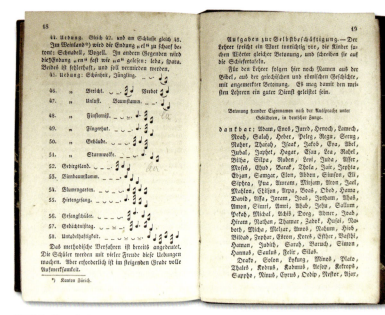
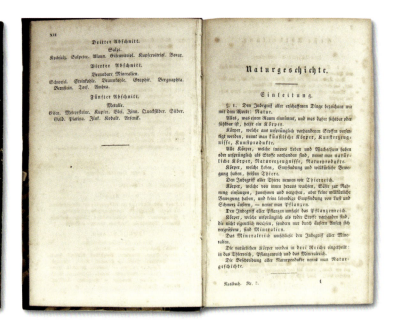

Bild links: Das «Erste Lesebuch» wurde 1833 als obligatorisches Lehrmittel für die erste bis dritte Klasse eingeführt.

Bild rechts: «Den Inbegriff aller erschaffenen Dinge bezeichnen wir mit dem Worte: Natur». Es war vor allem der naturgeschichtliche Teil des «Realbuchs», der die religiösen Empfindungen der Bevölkerung verletzte. Das Buch wurde 1837 als Lesebuch für die vierte bis sechste Klasse der Volksschule eingeführt.

streng reformierten Verständnis gehörten solche «natürlichen Dinge», seien es Mineralien, Tiere oder Pflanzen, nicht in ein Lesebuch. Sie waren nicht nur profan und gewöhnlich, sondern galten auch als hässlich. Die Landbevölkerung schimpfte, dass alles «auf die Natur bezogen werde» und man Schulbücher einführen wolle, «wo von einer Geiss und einem Gitzi die Rede sei und nicht von Jesus Christus».[9] Die Volksschule stellte ein seit Generationen überliefertes religiöses Wissen in Frage. Viele hatten Angst, dass die Kinder in der Schule nun Dinge lernten, von denen die Eltern keine Ahnung hatten. In Hittnau griffen die Eltern schliesslich zur Selbsthilfe und boykottierten die Scherrschen Lehrmittel. Im Herbst 1839 brachten die Kinder anstelle der obligatorischen Lehrmittel die alten religiösen Bücher in die Schule mit.[10]

WIDERSTAND GEGEN DIE NEUE VOLKSSCHULE

Es war das Anliegen der liberalen Revolution, das Schulwesen grundlegend zu verändern – doch die Umsetzung der Reform in den ländlichen Gemeinden war alles andere als einfach. Die Fabrik- und Heimarbeiterfamilien im Zürcher Oberland lebten unter anderen wirtschaftlichen, sozialen und kulturellen Bedingungen als die Eliten in der Stadt und am See. Für die Landbevölkerung war die Volksschule keine Forderung der 1830er-Revolution gewesen. Im Gegenteil: Die neuen Lehrmittel und die hohen Kosten der Schulreform lösten heftige Proteste aus. Obwohl der radikal-liberale Staat die finanzielle Unterstützung für das Schulwesen ausbaute, blieben die meisten Lasten nach wie vor Sache der Kommunen. In vielen Gemeinden mussten auf Verordnung von oben neue Schulzimmer oder Schulhäuser erstellt werden. Dies war gerade für die finanzschwachen Schulgemeinden nicht leicht, da sie bereits die Lehrerbesoldungen schwer belasteten. Schliesslich symbolisierten die neuen, säkularisierten Lehrmittel, die den Katechismus und die Bibel ablösten, für viele Menschen die moderne Bedrohung traditioneller religiöser Werte. Die Angst vor einer «unchristlichen Volksschule» verband die ländliche Bevölkerung mit den konservativen Dorfpfarrern. Die Pfarrer in den Zürcher Landgemeinden hatten nach der liberalen Revolution von 1830 Einbussen an Macht und Ansehen hinnehmen müssen. Die Aufsicht über die lokalen Schulen hatte die Verfassung den staatlichen Behörden, den Gemeinde- und Bezirksschulpflegen, übergeben. Nicht nur das liberale Schulprogramm weckte ihren Widerstand, auch die neue,

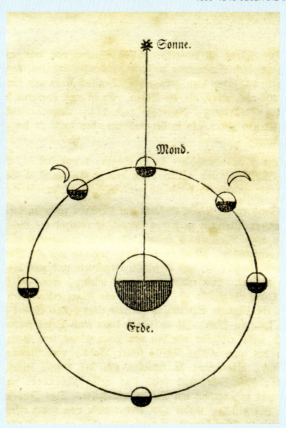

Die Darstellung der Mondphasen in Scherrs Realbuch.

Die Volksschule und ihre Lehrmittel

Die Scherrschen Lehrmittel bedrohten nicht nur das religiöse Weltbild der ländlichen Bevölkerung. Hinter dem Protest stand auch die Befürchtung, dass sich die Kinder durch ein neues Wissen von ihren Eltern und Grosseltern entfremdeten. Diese Angst macht eine Kritik an den neuen Sprach- und Lesebüchern deutlich, die 1851 in der Thurgauer Zeitung erschien:

«Kein anderer Pädagoge [wie Ignaz Thomas Scherr] hat den Sprachstoff so geschickt und vielseitig durchgearbeitet, sodass Anschauung und Denken so klar und vielseitig geübt wird, wie durch seine Lehrmittel. Durch die Scherrsche ‹Elementarsprachbildung› wird die ganze Welt der Anschauung und der Begriffe des Kindes systematisch zerlegt; allein diese seine Welt wird ihm durch die Reihenfolge der Sprachübungen auch zum blossen Stoffe zersetzt, unter dieser nur zu oft dürren Verstandesoperation leidet die kindliche Naivität und Gemüthlichkeit, und diese Sprach- und Urtheilsfähigkeit gibt leicht ein unkindliches, vorlautes und absprecherisches Wesen. Wir führen davon unter vielen nur ein Beispiel an. Ein Vater besuchte mit seinem Knaben einen Freund. Der Abend brach ein und der Mond ging auf. Nun freute sich der Vater des schönen Anblicks. Der Junge aber kramte gleich seine Schulweisheit aus und sprach: ‹Der Mond ist schön. Der Mond ist ein Planet. Der schön aufgehende Mond erleuchtet die Erde.› Beim Freunde angelangt, fühlte sich der Knabe wohl und fieng an, denselben über die Gegenstände im Zimmer, Haus und Garten zu fragen: ‹Was ist das?› Und als der Mann die Bezeichnungen: Zimmertheil, Hausgeräth, Pflanzentheil etc. nicht anzugeben wusste, verwunderte sich der Knabe sehr und lachte ihn über seine Unwissenheit aus. [...] es ist nicht natürlich, dass das Kind seine heimatliche Welt, sein Elternhaus, woran die Erinnerung mit Liebe und Pietät haftet, nur so verständig zerreisse und anatomiere, sondern die Anhänglichkeit und Treue am Elternhause soll auch durch die Schule gemüthlich belebt und geistig gestärkt werden.»[1]

Titelblatt und zwei Bildtafeln aus dem 1830/40 erschienenen naturgeschichtlichen Bilderbuch des Arztes und Zoologen Heinrich Rudolf Schinz (1777–1861). Die naturhistorische Bildersammlung, die 1837 zusammen mit dem Realbuch erschien, dürfte im gleichen naturgetreuen Stil gemalt gewesen sein.

selbstständige und selbstbewusste Lehrergeneration war ihnen ein Dorn im Auge.[11] Die von oben diktierte Reformpolitik führte im Herbst 1839 zu einer lautstarken Protestbewegung und zum Putsch der Oberländer Bevölkerung gegen die liberalradikale Regierung in Zürich.

Weniger heftig, dafür umso hartnäckiger, wehrte sich die Landbevölkerung gegen den staatlichen Schulzwang. Mit der Einführung der Volksschule wurde die allgemeine Schulpflicht festgelegt. Zwar waren die Schulpflicht und die Androhung von Sanktionen bei Absenzen schon in der alten Landschulordnung von 1803 enthalten, doch fehlten zur Kontrolle die nötigen Instrumente. Nach 1832 versuchte die Regierung die Schulpflicht wirklich durchzusetzen, was jedoch im Widerspruch zur verbreiteten Kinderarbeit stand. Als 1837 eine neue kantonale Verordnung die Fabrikarbeit für Alltagsschülerinnen und -schüler zugunsten eines geregelten Schulbesuchs verbot, lehnten sich sowohl Fabrikbesitzer wie Fabrikarbeiter gegen das Arbeitsverbot auf. Das Hin und Her zwischen dem forschen kantonalen Reformtempo und den lokalen Bremsmanövern brachte den radikal-liberalen Aufbruch innerhalb kurzer Zeit ins Stocken.

DIE LEHRER ALS ZIELSCHEIBE DER KRITIK

In der Gemeinde Hittnau bekamen die jungen, am Lehrerseminar in Küsnacht bei Ignaz Thomas Scherr ausgebildeten Lehrer den Zorn der Bevölkerung besonders heftig zu spüren. Als Vertreter der staatlichen Bildungspolitik stiessen sie in den Oberländer Dörfern auf Ablehnung und Misstrauen. Der Schulstreit um die neuen Lehrmittel zog in der kleinen Schule Hasel, die etwa zwei Kilometer von Hittnau entfernt liegt, weitere Kreise. Die Eltern griffen den Lehrer Jakob Peter an und beschuldigten ihn, die Kinder nicht im christlichen Glauben zu erziehen. Die Geschichte Jakob Peters illustriert die Kluft, die sich zwischen konservativen Landgemeinden und der reformorientierten Lehrerschaft nach 1832 auftat.

Im Frühling 1839 trat der junge Jakob Peter von Herrliberg seine Stelle als Lehrer an der Schule Hasel in der Gemeinde Hittnau an.[12] Knapp ein Jahr später, im Februar 1840, reichte Peter bei der Bezirksschulpflege Pfäffikon eine Beschwerde gegen die Familienväter von Hasel ein. Peter beklagte sich, dass der Unterricht in Hasel unmöglich geworden sei, weil viele Kinder der Schule fernblieben oder die offiziellen Lehrmittel nicht mitbrächten. Gleichzeitig beschuldigte Peter die

Das ehemalige Schulhaus in Stadel wurde im Jahr 1830 gebaut. Später war darin die Gemeindeverwaltung untergebracht. Fotografie von 1962.

Protest im Unterland: Der Stadler Aufruhr von 1834

Die Schulreform von 1832 stiess in der Bevölkerung schon früh auf Widerstand. Nicht nur die Verletzung des traditionellen religiösen Wertesystems durch die neuen Lehrbücher rief den Protest der Bevölkerung hervor, auch die Tatsache, dass die neue Regierung die Reform von oben verfügt hatte und den Gemeinden keine Mitspracherechte bei der Einführung des Schulgesetzes und der Lehrmittel liess, empörte die Landbevölkerung.[1] Beispielhaft für den Unmut war der «Stadler Aufruhr» im ländlichen Zürcher Unterland von 1834.[2] In Gemeindeversammlungen protestierten die Stimmbürger gegen die Einführung des neuen Schulgesetzes. In einer Volksversammlung im Januar 1834 verfassten die Unterländer eine Petition, in der sie im Wesentlichen die Beibehaltung der bisherigen religiösen Lehrmittel und das Recht der Gemeinden forderten, die Lehrerlöhne selbst zu bestimmen, weil sonst die «Hausväter nicht imstande seien, alles das zu bestreiten».[3] Der radikal-liberale Grosse Rat trat in der Sitzung vom 16. Januar nur kurz auf die Petition ein und fertigte die Sorgen und Klagen der Unterländer Bevölkerung als gesetzeswidrig, grundlos und töricht ab. Der Rat sah in der Petition das Machwerk von verbitterten Pfarrern, die das Volk missbraucht hätten. Die arrogante Antwort der Regierung liess die betroffene Landbevölkerung zur Selbsthilfe greifen. Sie stürmte das Stadler Schulhaus und warf die neuen Lehrmittel kurzerhand auf die Strasse. Daraufhin fackelte die Regierung nicht lange mit den Aufständischen. Sie stellte ein Bataillon Infanterie, eine Kompanie Artillerie, eine Kompanie Scharfschützen und eine halbe Kompanie Kavallerie auf Pikett. Der Tumult in der Unterländer Bevölkerung kam nach dieser Machtdemonstration der Regierung rasch zum Erliegen. Es genügte, dass der Regierungsrat mehrere Landjäger ins Wehntal schickte und die Rädelsführer verhaften liess. Die Verhafteten wurden angeklagt und im September 1834 vor dem Kriminalgericht in Zürich zu Freiheitsstrafen zwischen einer und zehn Wochen verurteilt.[4] Obwohl die Strafen moderat ausfielen, demonstrierte die Regierung im Fall von Stadel ihre kompromisslose Haltung bei der Durchsetzung der Volksschulreform.

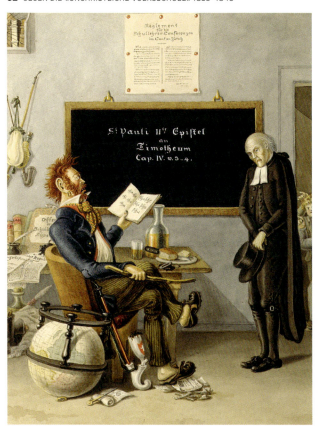

Bild links: Die Welt steht Kopf. Karikatur zur liberalen Schulreform von 1832. Der ungepflegte Schulmeister, der die Religion mit Füssen tritt, unterzieht den Pfarrer einer Prüfung.

Bild rechts: In den 1920er-Jahren wurde in Bauma die «Genossenschaft zur Förderung der Heimarbeit» gegründet. Die gemeinnützige Einrichtung versuchte, die Handweberei in Heimarbeit wieder einzuführen, um den kleinbäuerlichen Familien ein zusätzliches Einkommen zu ermöglichen und die Abwanderung in die Industrieorte zu stoppen. Ein Handweber holt mit seinem Leiterwagen bei der Genossenschaft einen «Zettel», das Rohprodukt aus Baumwolle, Leinen oder Wolle ab. Fotografie um 1930.

Gemeindeschulpflege Hittnau, sich zu wenig engagiert zu haben, um den Boykott der Schule zu unterbinden.[13] Der Konflikt zwischen dem Lehrer, der Bevölkerung und der Gemeindeschulpflege eskalierte, als im Februar 1840 die Familienväter den Unterricht von Jakob Peter zu kontrollieren begannen. Da der Lehrer beim Wirt von Hasel in Untermiete wohnte, kam es vor, dass er sich nicht zurückhalten konnte und «seinem Ärger Luft» machte, wenn die Gäste in der Wirtsstube über die Regierung und insbesondere die Lehrer schimpften.[14] Es dauerte nicht lange, bis sich im Dorf das Gerücht verbreitete, Jakob Peter sei ein Religionsfeind und lasse deshalb die Kinder nicht in der Bibel lesen.

Die Bürger beschlossen deshalb, selbst dafür zu sorgen, dass im Unterricht die christlichen Glaubensinhalte vermittelt würden. Zuerst nahmen sie dem Lehrer den Schlüssel zum Lehrmittelschrank ab und entfernten sogleich alle «naturgeschichtlichen Abbildungen» aus dem Schulhaus. Dann besuchte «abwechselnd jeden Tag ein Bürger die Schule» und achtete darauf, dass die neuen Lehrmittel nicht mehr gebraucht, dafür «fleissiger im neuen Testament gelesen» werde. Bereits der erste Schulbesucher nahm diese Aufgabe ernst und schritt während des Unterrichts ein, indem er «den Lehrer im Angesicht der Schüler zur Abkürzung der Unterrichtsstund im Rechnen aufforderte».[15]

Da sich Jakob Peter von Pfarrer Denzler und der Gemeindeschulpflege im Stich gelassen fühlte, wandte er sich mit seiner Klage über die Zustände in Hasel direkt an die Bezirksschulpflege Pfäffikon. Diese stellte sich hinter den Lehrer und wies den Bezirksstatthalter an, den Fall zu untersuchen und die «fehlbaren» Familienväter von Hasel vor Gericht zu bringen.[16] Inzwischen hatte auch die Gemeindeschulpflege Hittnau mitbekommen, dass der Lehrer in Pfäffikon eine Klage eingereicht hatte. Pfarrer Denzler, der nicht gut auf den jungen Lehrer zu sprechen war, beklagte sich bei der Bezirksschulbehörde und beim Erziehungsrat, dass Jakob Peter seine Beschwerde nicht zuerst an die Gemeindeschulpflege gerichtet habe.[17] Mit diesem Vorgehen, so Pfarrer Denzler, habe Peter den Dienstweg verletzt und die Gemeindebehörde umgangen.

Nun entwickelte sich ein längeres Hin und Her zwischen der Gemeinde-, der Bezirksschulbehörde und dem Erziehungsrat. Da Jakob Peter bereits im April 1840 seine Stelle in Hasel gekündigt hatte – er wollte zur Fortbildung an das Seminar Küsnacht zurückkehren –, verlor der Fall jedoch seine Dringlichkeit.[18] Der Erziehungsrat, der sich darum bemühte, den Konflikt zu beruhigen, entschied, dass die Bezirksschulpflege die Klage beim Bezirksstatthalter gegen die Familienväter von Hasel zurückzuziehen habe. Gleichzeitig

Der wachsende Wohlstand vieler Gemeinden zeigte sich im ausgehenden 19. Jahrhundert auch beim Schulhausbau. Links das 1806 erbaute alte Schulhaus von Hasel in Hittnau, rechts der Neubau von 1893.

beauftragte er die Bezirksschulpflege, «diese Angelegenheit» selbst zu untersuchen und anschliessend dem Erziehungsrat darüber zu berichten.[19] Über diese Untersuchung finden sich in den Quellen keine Hinweise. Im Nachhinein hatten wohl weder der Lehrer noch die Bevölkerung von Hasel Interesse an einem neuerlichen Aufrollen des Konflikts.

Die Bevölkerung von Hittnau wehrte sich teilweise mit massiven Übergriffen gegen die Schulreform. Dies war auch in vielen anderen Oberländer Gemeinden der Fall. Vielfach wetterten die konservativen Pfarrer zusammen mit der Bevölkerung gegen die Gottlosigkeit der neuen Schule. Doch es gab auch Gemeinden, in denen sich reformorientierte Bürger für die neue Volksschule einsetzten. Das war beispielsweise in Bauma der Fall, wo sich Politiker, Gewerbetreibende, Lehrer und Ärzte gegen die Vereinnahmung der Schule durch die Konservativen wehrten.[20] 1838 wurde in Bauma die Sekundarschule eröffnet, für deren Gründung sich die Dorfelite stark engagiert hatte. Als Lehrer konnte die Sekundarschulpflege den jungen Heinrich Grunholzer (1819–1873) gewinnen. Der politisch und journalistisch aktive, radikal gesinnte Grunholzer gehörte später zu den führenden Pädagogen der Schweiz.[21] Im Herbst 1839 kam es auch in Bauma zu Unruhen und Protesten gegen die Volksschule. Grunholzer, der sich begeistert auf die Seite der Schulreform schlug, machte sich in den konservativ-religiösen Kreisen viele Feinde. Oft musste er vor einem halbleeren Schulzimmer unterrichten, weil den Kindern der Schulbesuch verboten worden war. Doch die Sekundarschulpflege, die im Gegensatz zur Gemeindeschulpflege nicht vom Pfarrer dominiert war, liess sich nicht von ihrem Weg abbringen. Im Frühling 1840 wurde Grunholzer, der über hervorragende pädagogische Qualitäten verfügte, von der Sekundarschulpflege ohne Gegenstimme definitiv als Lehrer gewählt.

DIE VOLKSSCHULE ALS AUSLÖSER DES «ZÜRIPUTSCHES»

Die Boykottierung der Volksschullehrmittel und die Angriffe gegen die jungen, im Lehrerseminar Küsnacht ausgebildeten Lehrer waren nach 1832 deutliche Zeichen eines sich anbahnenden Konflikts, der sich im September 1839 im sogenannten «Züriputsch», einem Aufstand der Oberländer Bevölkerung gegen die liberale Regierung entlud. Was waren die Hintergründe für den Gewaltausbruch, der im September 1839 die liberale Regierung in Zürich zum Rücktritt zwang?

Trotz der Führung durch einzelne kirchlich-konservative Kräfte stand hinter dem «Züriputsch» eine

Die Berufung des umstrittenen deutschen Theologen David Friedrich Strauss an die Universität Zürich (Bild links) löste in der Zürcher Bevölkerung eine derartige Empörung aus, dass der Grosse Rat den Theologen unter dem Druck der öffentlichen Meinung pensionierte, bevor dieser sein Amt antrat.

Bild rechts: Karikatur zum Straussenhandel von 1839. Der verfemte David Friedrich Strauss fährt auf dem Wagen direkt in die Hölle, während seine radikalen Schriften verbrannt werden.

breite, sozial und religiös motivierte Protestbewegung der ländlichen Bevölkerung gegen die Zwangsmodernisierung von oben. Die Neugestaltung des Staatswesens nach 1831 umfasste neben dem Aufbau der neuen Volksschule auch die Schaffung eines modernen Rechtssystems. In wenigen Jahren schufen die Liberalen eine neue Gesellschafts- und Staatsordnung. Hinzu kam ein beschleunigtes Wirtschaftswachstum, das mit der Liberalisierung des Handels- und Gewerberechts einsetzte. Doch die wirtschaftliche Expansion und die politische Umgestaltung verursachten in zunehmendem Masse auch soziale Spannungen und lösten in weiten Teilen der Bevölkerung eine konservativ-reaktionäre Abwehrhaltung aus.[22]

Der schwelende Unmut eskalierte, als die Regierung ihre antiklerikale Politik mit einem symbolhaften und provokativen Akt, der Berufung des bibelkritischen und umstrittenen deutschen Theologen David Friedrich Strauss (1808–1874) auf den Lehrstuhl für Neues Testament an der Universität Zürich, krönte.[23] Das Brisante an der Lehre von Strauss war, dass er die Evangelien als blosse Mythen darstellte und die Menschwerdung Christi als vernunftwidrig bezeichnete.[24] Die Berufung löste im ganzen Kanton eine solche Entrüstung aus, dass der Grosse Rat sich gezwungen sah, Strauss noch vor dem Antritt seiner Stelle mit einer Pension in den Ruhestand zu versetzen. Der «Straussenhandel» brachte das Fass zum Überlaufen. Mit der Forderung nach Rechtgläubigkeit richtete sich der Zorn der Unter- und Mittelschichten gegen die reichen und gebildeten Profiteure der neuen Ordnung; gegen Unternehmer, Politiker und Lehrer.[25] Im wirtschaftlich besonders bedrängten Zürcher Oberland wurde im September 1839 der Aufstand vom Pfäffiker Pfarrer Bernhard Hirzel (1807–1847) ausgelöst.

Wie kam es zu diesem Aufstand gegen die liberale Regierung in Zürich? Am Abend des 5. September 1839 liess Hirzel Sturm läuten.[26] Für die Bewohner der umliegenden Gemeinden war dies das Zeichen, gegen die Regierung in Zürich zu ziehen. Am Morgen des 6. September erreichten die Aufständischen Zürich-Oberstrass. Als die Regierung auf ihre Forderungen nicht fristgerecht reagierte, setzten sich 2000 mit Gewehren und Stöcken bewaffnete Demonstranten Richtung Stadtzentrum in Bewegung. Auf dem Münsterhof stiessen sie um 10 Uhr mit Militär zusammen; es kam zu einem Schusswechsel, der 15 Männern, davon 14 Aufständische, das Leben kostete. Die liberale Regierung dankte ab und ein provisorischer Staatsrat konstituierte sich. Am 17. September kam es zur Neuwahl des Grossen Rats. Nur knapp ein Viertel der ehemaligen Mitglieder wurde wiedergewählt. Die neue politische Führungsschicht

Brand der Baumwollweberei Corrodi & Pfister in Uster im November 1832. Aufgebrachte Heimweber aus dem Oberland setzten die Fabrik in Brand, weil sie fürchteten, durch die Verbreitung der mechanischen Webstühle um ihren Verdienst gebracht zu werden.

Maschinensturm in Uster

Die vielen Heimarbeiter und Kleinbauern im Zürcher Oberland, die im November 1830 in Uster Seite an Seite mit dem liberalen Bürgertum gegen das aristokratische Regime demonstriert hatten, gehörten zu den Verlierern der liberalen Revolution. Ihre Forderungen gingen mit der Verfassung von 1831 und den neuen Gesetzen nur teilweise oder gar nicht in Erfüllung. Obwohl die bäuerliche Bevölkerung vordergründig entlastet wurde, lag mit der 1832 eingeführten Vermögens- und Einkommenssteuer die Hauptlast der Staatsfinanzierung weiterhin auf der Landwirtschaft, da der Grundbesitz die wichtigste Bemessungsgrundlage bildete.[1] Die Heimarbeiter hatten in Uster ein Verbot der Webmaschinen gefordert, weil die rasante Industrialisierung sie in ihrer Existenzgrundlage gefährdete. Doch auf diese Forderung ging der Grosse Rat nicht ein. Die Erbitterung darüber war in den armen Bevölkerungsschichten des Zürcher Oberlands entsprechend gross.

Als die Liberalen im November 1832 zu einer Gedenkversammlung in Uster einluden, kam es zur gewaltsamen Aktion.[2] Hunderte von aufgebrachten Heimwebern, Kleinbauern und Arbeitern zogen vor die Spinnerei Corrodi & Pfister und verlangten die Zerstörung der neu eingerichteten Webmaschinen. In der Folge warfen Dutzende die Fenster ein, drangen ins Innere vor, schlugen auf die Maschinen ein und warfen brennende Stroh- und Reisigbündel in die Säle, sodass die Fabrik in Flammen aufging. Die liberale Regierung reagierte mit drakonischer Härte, die sich nur wenig vom Vorgehen der aristokratischen Obrigkeit zu Beginn des Jahrhunderts unterschied. Bürgerwehren und Landjäger nahmen im Oberland Massenverhaftungen vor. Wer schlecht gekleidet war, musste damit rechnen, verprügelt zu werden. Zwar war die Ruhe bald wiederhergestellt. Für die wirtschaftlich Erfolglosen aber hatte sich die Hoffnung auf eine bessere Zukunft zerschlagen.

Im «Züriputsch» von 1839 entlud sich der Protest der Oberländer Landbevölkerung gegen die liberale Führungsschicht und deren Politik. Die mit Stöcken und Gewehren bewaffneten Aufständischen fliehen vor den Regierungstruppen über die Münsterbrücke in Richtung Grossmünster.

bestand nun aus konservativ-aristokratischen Städtern und Exponenten der bäuerlichen Oberschicht. Ein grosser Teil der ländlichen Unternehmer wurde nicht mehr gewählt. Die radikal-liberale Elite musste die Macht an die neue konservative «Septemberregierung» abtreten.

KINDERARBEIT ODER SCHULBESUCH?

Während im «Züriputsch» der Zorn der ländlichen Bevölkerung unmittelbar den Lehrern und den Lehrmitteln galt, waren die Auseinandersetzungen um den Schulzwang und die Limitierung der Kinderarbeit eher Nebenschauplätze. Die Familien im Zürcher Oberland standen jeder Einschränkung der Kinderarbeit skeptisch gegenüber. Von einer Schule, welche die Kinder stärker als bisher in die Pflicht nahm, wollte die Bevölkerung mehrheitlich nichts wissen. In der ländlichen Gesellschaft galten die Kinder in erster Linie als Arbeitskräfte. Im Zürcher Oberland arbeiteten Mädchen und Knaben im frühen 19. Jahrhundert entweder in der Heimarbeit, oder sie waren in den mechanischen Baumwollspinnereien beschäftigt. Mit der Umsetzung der Schulreform kam die Schulpflicht mit der Kinderarbeit in Konflikt. Die zahlreichen Fehltage blieben über das ganze 19. Jahrhundert ein ungelöstes Problem der Volksschule und verloren erst nach dem Ersten Weltkrieg an Bedeutung.

Die Kinder in Heimarbeiterfamilien mussten ab dem Alter von fünf oder sechs Jahren bei der täglichen Arbeit mithelfen und zum Haushaltseinkommen beitragen.[27] In der Baumwollweberei begannen sie als Garnspulerinnen und -spuler. Sobald die Kinder schulpflichtig wurden, hatten sie vor der Schule, über Mittag, nach der Schule und bis in die Nacht hinein ihr Arbeitspensum, den «Rast», zu erfüllen.[28] In seinem autobiografischen Roman «Hans Grünauer» schilderte Jakob Senn (1824–1879), der in einer Fischenthaler Kleinbauern- und Heimarbeiterfamilie aufwuchs, seine Kindheit.[29] Senn wurde schon früh zur Arbeit als Garnspuler herangezogen, eine Arbeit, die er nicht leiden konnte. Aber es blieb ihm nichts anderes übrig, als mitzuhelfen:

«Mit dem siebten Jahr kam ich in die Schule; dass ich aber mit dem achten schon für die Weberei der Mutter Garn spulen musste, ist mir in frischester Erinnerung geblieben, dieweil mir die Spulerei entsetzlich zuwider war. [...] Für jeden Tag war mir eine bestimmte Partie des Garnes zugeteilt, welches unbedingt gespult werden musste; diese Partie nannte man ‹Rast›, ein Wort, das mir so oft den Atem stocken machte.»[30]

Jakob Senn, der ein guter Schüler war, hatte die Lernziele bald erreicht. Der Lehrer wollte den Jungen

Bild links: Der Fischenthaler Schriftsteller Jakob Senn (1824–1879) schildert in seinem Roman «Hans Grünauer» die Jugend in einer armen Kleinbauern- und Heimarbeiterfamilie.

Bild rechts: Eine Heimarbeiterstube in Sternenberg. Die Mutter sitzt am Webstuhl, während der Knabe das Garn spult. Das Mädchen, das neben der Mutter sitzt, ist noch zu klein, um mitzuhelfen. Fotografie um 1930/40.

nicht länger als nötig in der Alltagsschule behalten. Senn wechselte deshalb bereits mit etwa elf Jahren in die Repetierschule. Da die Unterrichtszeit in der Oberstufe nur noch zwischen drei und sechs Stunden in der Woche betrug, musste Senn dafür umso mehr am Spulrad arbeiten. Als er stark genug war, um am Webstuhl zu arbeiten, baute die Familie Senn in der Stube, in der bereits drei Webstühle für die Mutter und die zwei älteren Brüder standen, einen vierten Stuhl für Jakob auf:

«Der Webstuhl war für mich bestimmt, und es stand mir frei, dazu ein saueres oder ein süsses Gesicht zu machen.»[31]

Obwohl Jakob Senn in der Heimarbeit mithelfen musste, besuchte er die Alltagsschule und später die Repetierschule regelmässig. Als Senn jedoch in die Sekundarschule in Fischenthal übertreten wollte, lehnten die Eltern seinen Wunsch ab.[32] Für die Familie stand eine weiterführende Schulbildung der Kinder aus wirtschaftlichen Gründen nicht zur Diskussion. Der Besuch der Sekundarschule scheiterte auch am Schulgeld. Die 16 Franken, die für den Schulbesuch jährlich zu zahlen waren, überstiegen das Budget der Familie.

Viele Kinder aus dem Zürcher Oberland arbeiteten in den 1830er-Jahren nicht mehr in der Heimindustrie, sondern in den überall entstehenden Fabriken.[33] Der Ausbau der staatlichen Volksschule fiel zusammen mit der Expansion der mechanischen Textilindustrie, der Spinnerei und Weberei. Das wirtschaftliche Elend der Eltern zwang die Arbeiterkinder schon früh zur regelmässigen ausserhäuslichen Verdienstarbeit. Der Fabrikverdienst der Kinder ermöglichte überhaupt erst die weitere Existenz gewisser Familien. In den 1830er- und 40er-Jahren arbeiteten die Kinder vor allem in den mechanischen Baumwollspinnereien. In diesen Fabrikbetrieben waren sie billige und begehrte Arbeitskräfte.[34] Die Fabrikarbeit bedeutete für Mädchen und Knaben eine grosse körperliche und psychische Belastung, die nur durch den Schulbesuch unterbrochen wurde.[35]

Anfang des 19. Jahrhunderts arbeiteten bereits sechs- bis zehnjährige Kinder in den Baumwollspinnereien.[36] Die Kinder wurden vor allem als Hilfskräfte an den Feinspinnmaschinen eingesetzt.[37] Die Fabrikarbeit der neu eintretenden Mädchen und Knaben begann unter der Kontrolle und Aufsicht des erwachsenen Spinners als Aufsteckerin und Aufstecker. Als solche hatten sie Vorgarnspulen zu erneuern sowie bei der Abnahme der vollen Garnrollen und bei der Putzarbeit zu helfen. Nach einer gewissen Anlernzeit stiegen sie zum Ansetzer auf, der die gerissenen Fäden anknüpfte.[38]

Uster um 1847, kurz vor dem Bau der Eisenbahnlinie. Die Entwicklung zu einem grossen Fabrikdorf hatte jedoch bereits begonnen. Im Hintergrund am linken Bildrand ist die 1832–1834 errichtete Baumwollspinnerei Kunz in Oberuster zu sehen.

Zweierlei Schulen: Fabrikschule und Bürgerschule

In der Gemeinde Uster kam es mit der Einführung der Volksschule zu einem offenen Streit zwischen den Fabrikherren, der Bevölkerung und den Behörden wegen der Finanzierung eines neuen Schulhauses.[1] Der Konflikt verdeutlicht, dass die Regierung mit der Umsetzung der Volksschule Ernst machte und eine offizielle Zweiklassenschule für Fabrikkinder und Bürgerkinder nicht zulassen wollte.

Anfang der 1830er-Jahre brachten die beiden Unternehmer Heinrich Kunz (1795–1859) und Johann Heinrich Frei kinderreiche Fabrikarbeiterfamilien, die in ihren Spinnereien arbeiteten, in zwei neuen Kosthäusern unter, die sie in Niederuster errichten liessen.[2] Wegen der vielen Zuzügerinnen und Zuzüger wurden die Unterrichts- und Platzverhältnisse in der Dorfschule bald prekär.[3] Der Konflikt brach aus, als im Jahr 1832 die Gemeinde Niederuster von der Gemeindeschulpflege Uster aufgefordert wurde, ein neues Schulhaus zu bauen. Die Niederustermer wollten nicht eher mit dem Bau beginnen, als die Unternehmer Kunz und Frei finanzielle

Die Fabrikarbeiterfamilien lebten meist zur Miete, zum Teil in den sogenannten Kosthäusern, die von den Unternehmern oder von Privaten gebaut wurden. Oft befanden sich die Kosthäuser in unmittelbarer Nähe zur Fabrik, in der die Bewohner arbeiteten. Im Bild das Kosthaus der Spinnerei Kunz in Niederuster aus den 1830er-Jahren.

Beiträge zugesichert hatten. Ihre Forderung begründeten sie damit, dass der Neubau erst durch die Errichtung der Kosthäuser notwendig geworden sei. Die Schulpflege Uster unterstützte das Vorgehen der Gemeinde Niederuster nicht und forderte sie auf, unverzüglich mit dem Neubau zu beginnen. Die Niederustermer beharrten jedoch auf ihrem Standpunkt. Nun nahm die Geschichte eine unerwartete Wende. Die beiden Fabrikanten erklärten sich bereit, auf eigene Kosten für alle bei ihnen arbeitenden Kinder eine Fabrikschule zu errichten und einen geprüften Lehrer einzustellen. Die Bürger von Niederuster begrüssten den Vorschlag. Zuerst weigerte sich die Gemeindeschulpflege Uster zwar, eine Trennung der Schule in Niederuster zu gestatten, schliesslich lenkte sie jedoch ein. Den Fabrikbesitzern wurde die gesonderte Schule bewilligt, allerdings nur für die Kinder aus den Kosthäusern.

In der Zwischenzeit hatten die Fabrikbesitzer aber zusätzliche Bedingungen für ihre Investitionen formuliert: Sie forderten, dass «alle Fabrikkinder samt und sonders» die Fabrikschule zu besuchen hätten. Gleichzeitig verlangten sie, dass sie selbst über die Unterrichtszeiten bestimmen könnten. Angesichts dieser Forderung wechselte die Gemeindeschulpflege Uster wieder ins Lager der Gegner einer Fabrikschule. Der Fall kam vor den Erziehungsrat, an den sich auch die Niederustermer Bürger gewandt hatten. In ihrer Eingabe zogen sie alle Register, um die Trennung von Dorfschule und Fabrikschule zu erreichen. Die vermögenden Gemeindebürger gaben ihrem Ärger über die in ihren Augen unmoralischen und dahergelaufenen Fabrikarbeiterfamilien freien Lauf und beklagten sich, dass sie für diese Zugezogenen auch noch bezahlen sollten. Der folgenschwere Entscheid, ob die Volksschule in Niederuster in eine Bürgerschule und eine Fabrikschule geteilt werde, lag nun bei den kantonalen Behörden. Die Gesuchsteller blitzten schliesslich auch bei der letzten Instanz, dem Grossen Rat, ab. Die Ablehnung erfolgte aus grundsätzlichen Erwägungen. Weil am Prinzip der Volksschule nicht gerüttelt werden dürfe, wurde dem Wunsch der Bürger und Fabrikbesitzer nach getrennten Schulen nicht stattgegeben.

Fischenthal in der zweiten Hälfte des 19. Jahrhunderts. Die Landgemeinde im abgelegenen Tösstal wurde 1839 durch den Bau der Strasse von Bauma nach Wald und 1876 durch die Eisenbahn erschlossen. Entlang dieser Verkehrsverbindungen siedelten sich bald die ersten mechanischen Spinnereien und Webereien an.

SCHICHTARBEIT AUCH FÜR SCHULKINDER

In den 1830er-Jahren wurde in mehreren Spinnereien im Zürcher Oberland in Schichten gearbeitet. Von dieser Schichtarbeit waren auch Schulkinder nicht ausgeschlossen.[39] Gleichzeitig waren die Fabrikkinder zum Schulbesuch verpflichtet. Das Nebeneinander von Arbeit und Schule bedeutete für die Fabrikkinder, dass sie entweder von abends 6 Uhr bis Mitternacht oder von Mitternacht bis morgens um 6 Uhr in den Fabriken arbeiteten.[40] Die Kinder waren häufig so übermüdet, dass sie im Unterricht einschliefen:

» Bereits durch die Arbeit erschöpft kommen sie zur Schule, und so wird ihnen die Schulzeit eine Ruhezeit, in der sie statt zu lernen, sich dem für ihr Alter allzu sehr unterbrochenen Schlafe überlassen. »[41]

Die erwerbstätigen Kinder hatten nicht nur Nachteile im Unterricht, weil sie während der Schulstunden schliefen, sie verpassten wegen der zahlreichen Absenzen auch grosse Teile der Schulbildung. Die Zahl der Schulversäumnisse war nach der Einführung der Volksschule sehr hoch. Im Schuljahr 1832/33 schätzte Ignaz Thomas Scherr die Zahl der Absenzen im Kanton Zürich auf 750 000 Tage, was rund einem Viertel des ganzen Unterrichts entsprach.[42] Ein grosser Teil dieser Absenzen rührte von der Fabrikarbeit der Kinder her. Vor allem in den industrialisierten Gemeinden des Zürcher Oberlands waren die Schulversäumnisse überdurchschnittlich häufig.

DIE VERORDNUNG GEGEN KINDERARBEIT VON 1837

Das gesellschaftliche und wirtschaftliche Interesse an der Kinderarbeit und die obligatorische Schulpflicht standen sich mit der Einführung der Volksschule unvereinbar gegenüber. Die Gemeindeschulpflegen bekamen mit dem Unterrichtsgesetz den Auftrag, die Gesetze und Verordnungen wirksam zu vollziehen.[43] Die lokalen Schulpflegen befanden sich in einer schwierigen Lage. Auf der einen Seite waren sie verpflichtet, die staatlichen Verordnungen durchzusetzen und dafür zu sorgen, dass alle Kinder zur Schule gingen. Auf der anderen Seite waren die Mitglieder der Schulpflege am Fabrikverdienst der Kinder interessiert.[44] Ohne diese Einnahmen wären nämlich zahlreiche Familien der örtlichen Armenpflege zur Last gefallen. Nicht nur die Eltern von Fabrikkindern, auch die Fabrikunternehmer bereiteten den Gemeindebehörden Schwierigkeiten. Die Behörden appellierten immer wieder an die Verantwortung der Fabrikbesitzer, Alltagsschülerinnen und -schüler nicht in

1826/27 liess Johann Rudolf Guyer (1803–1876) in Bauma die grosse Baumwollspinnerei Neuthal errichten. Auf dem Bild ist das Fabrikgebäude (links) mit dem Fabrikantenwohnhaus (Mitte) und dem Ökonomiegebäude (rechts) zu erkennen.

ihren Fabriken zu beschäftigen. Doch die Mahnungen der Behörden bewirkten kaum Veränderungen.

Die Fabrikarbeit von Kindern stiess in bildungsbürgerlichen und reformerischen Kreisen bereits zu Beginn des 19. Jahrhunderts auf Kritik – im Gegensatz etwa zur Kinderarbeit auf Bauernhöfen oder in der Heimindustrie.[45] Die Kritiker, häufig Ärzte und Pfarrer, die in den Gemeinnützigen Gesellschaften organisiert waren, versuchten, verschärfte Schutzbestimmungen für die schulpflichtigen Kinder durchzusetzen.[46] Die Klagen von gemeinnützigen Kreisen und den Schulbehörden über die Fabrikarbeit und die Schulversäumnisse bewegten schliesslich den Grossen Rat 1834 dazu, die Arbeits- und Lebensverhältnisse der Fabrikkinder untersuchen zu lassen und ordnend einzugreifen.[47] Die Regelung, die 1837 als «Verordnungen über die Beschäftigung von Kindern in den Fabriken» zustande kam, brachte den Jugendlichen in der Fabrikindustrie minimale Schutzbestimmungen. So wurde Alltagsschülerinnen und -schülern die Arbeit in Fabrikbetrieben untersagt.[48] Für die älteren Kinder auf der Stufe der Repetierschule galt dagegen kein Arbeitsverbot. In diesen Fällen war der Fabrikbesitzer für einen regelmässigen Schulbesuch verantwortlich. Die Arbeitszeit der Fabrikkinder, die noch nicht konfirmiert waren, wurde 1837 auf «12 bis höchstens 14 Stunden» pro Tag beschränkt – immerhin war dies eine der ersten rechtlichen Arbeitszeitbeschränkungen im 19. Jahrhundert.[49]

ZWIESPÄLTIGE ALLIANZEN: FABRIKANTEN UND FABRIKARBEITER GEGEN EIN ARBEITSVERBOT

Die Umsetzung der neuen Verordnung litt allerdings unter der entschiedenen Opposition des liberalen Wirtschaftsbürgertums, das grundsätzlich jede Reglementierung der Arbeitsverhältnisse und damit auch die Verordnung ablehnte.[50] Die 1830er- und 40er-Jahre waren geprägt von einem harten Konkurrenzkampf in der aufblühenden Textilindustrie, einem weitgehend unbeschränkten Wirtschaftsliberalismus und fehlenden Schutzbestimmungen für die erwachsene Arbeiterschaft. Auf kommunaler Ebene war die politische Unterstützung der Fabrikanten, deren Betriebe willkommene Verdienstmöglichkeiten eröffneten, gross. Das Teilverbot der Kinderarbeit, das die Verordnung von 1837 vorsah, stellte sich als kaum realisierbar heraus. Das Statthalteramt des Bezirks Hinwil verwies in seiner Kritik des Verbots neben standortpolitischen Gründen auch auf die Interessen der betroffenen Arbeiterschaft.

Bild links: Kinderarbeit in einer Baumwollspinnerei in den USA um 1900. Die Kinder, die jüngsten im Alter von neun oder zehn Jahren, besorgten unter anderem das Aufstecken der Spulen und knüpften gerissene Fäden wieder zusammen. In schweizerischen Fabriken war Kinderarbeit von Primarschülern um diese Zeit praktisch nicht mehr anzutreffen.

Bild rechts: Drei Fabrikarbeiterkinder aus Bauma. Fotografie um 1930.

«Man findet aber dabei, es sei eine absolute Nothwendigkeit, die minderjährigen Kinder in den Spinnereien zu verwenden. Einerseits, weil viele Eltern in ihrer Armuth, ohne einen etwelchen Verdienst, ihre Kinder nicht erhalten könnten; anderseits weil erwachsene Personen, die Arbeit nicht so gut und nicht so wohlfeil wie jene zu versehen im Stande wären [...].»[51]

In der Tat: Nicht nur die Industriellen, auch die Fabrikarbeiter brachten dem Kinderarbeitsverbot wenig Verständnis entgegen. Sie sahen darin einen Eingriff in ihre elterlichen Rechte, eine Zurücksetzung gegenüber anderen Arbeitnehmern und eine empfindliche Beeinträchtigung ihrer Existenzsicherung.[52] In einer Bittschrift im Frühling 1838 an den Grossen Rat rekurrierten 44 Hausväter, deren Kinder in der Kunzschen Spinnerei in Uster arbeiteten, gegen das Arbeitsverbot für Alltagsschülerinnen und -schüler.[53] Die Väter, die in dem Schreiben offensichtlich von ihrem Arbeitgeber und Patron, Heinrich Kunz, unterstützt wurden, argumentierten mit der Rechtsgleichheit aller Bürger:

«[Wir sind der] Meinung, [es] müsse jeder Bürger, der unter der gleichen Regierung steht, auch gleich viel Recht und Freiheit haben. Zum Exempel: Wenn mein Nachbar, ein Indiendruker [Indienne-Drucker], sein Kind nach der Schule in die Druckerei nehmen und beschäftigen kann, so kann man mir nicht befehlen, mein Kind nicht in die Spinnerei zu nehmen. Wenn mein Nachbar, der ein eigenes Haus und Feld auch ein Webkeller hat, und seine Kinder mit Spulen, Weben und allerlei beschäftigen kann, so wird man mir wohl auch gönnen mögen, dass meine Kinder einen Schilling verdienen und arbeiten lassen.»[54]

DIE SCHULPFLICHT BLEIBT EIN THEMA

Der Vollzug der Verordnung scheiterte nicht nur an der Allianz zwischen Fabrikbesitzern und Arbeiterschaft. Auch die Zusammensetzung der Vollzugsorgane stand unter keinem guten Stern. Der Vollzug des Schulgesetzes von 1832 sowie der Verordnung von 1837 war an eine Vielzahl bestehender Behörden delegiert, darunter die Gemeinde- und die Bezirksschulpflegen, die Kirchenpflegen, die Gemeindepräsidenten und die Bezirksstatthalter.[55] Viele dieser Behörden waren auf kommunaler Ebene organisiert und standen direkt oder indirekt unter dem Einfluss der mächtigen lokalen Fabrikanten. Eine eigens für die Durchsetzung der Schulpflicht verantwortliche, unabhängige Behörde fehlte dagegen. Endlos sind entsprechend die Klagen, dass die Fabrikbesitzer aktiv und passiv mit den Arbeitern gemeinsame Sache machten und die Gesetze und Ver-

Textilfabrikant Heinrich Kunz (1795–1859). Seine Karriere begann er 1816 mit dem Bau einer ersten Fabrik am Aabach in Oberuster. Der rastlos tätige Kunz wurde bald zum grössten Spinnereiunternehmer auf dem europäischen Kontinent.

Bild oben: Ansicht der ehemaligen Baumwollspinnerei Kunz in Oberuster. Wie Guyer in Aathal liess auch Kunz sein Wohnhaus direkt neben der Fabrik erbauen. Die Jugendstilvilla hinter der Fabrik diente der Fabrikantenfamilie erst seit 1917 als repräsentatives Wohnhaus.

Bild links: Ein junger Seidenbeuteltuchweber aus Walzenhausen (AR) im Webkeller. Links im Bild ist ein zweiter Webstuhl zu sehen. Die heranwachsenden Knaben lernten im 18. und frühen 19. Jahrhundert meist schon im 10. bis 12. Lebensjahr weben. Fotografie um 1909.

Fabrikwohnhäuser der ehemaligen Baumwollspinnerei Kunz in Aathal. Im Volksmund wurden die Kosthäuser, die in den 1850er-Jahren errichtet wurden, als «s chly Aarau» bezeichnet, dies wegen der vielen Zuwanderer aus dem Kanton Aargau.

ordnungen missachteten. Im Januar 1842 berichtete beispielsweise die Bezirksschulpflege Uster, dass trotz mehrmaligen Bitten und Ermahnungen die Fabrikbesitzer sich nicht an die Verordnungen hielten. Die Verurteilung zu Bussen im Jahr 1840 habe ebenfalls nichts genützt.[56] In breiten Bevölkerungsschichten fehlte offenbar das Verständnis für den Sinn der staatlichen Schulpflicht.

Die obligatorische Volksschule, die ein Konzept des liberalen Bildungsbürgertums war, richtete sich an die neuen Oberschichten, die finanziell gut situiert waren und für ihre Kinder eine weltliche und praktische Ausbildung verlangten. Zu den Bedürfnissen der Landbevölkerung und der lokalen Wirtschaft stand sie jedoch völlig quer. Eine Wertschätzung der Bildung war bei der Bevölkerung im Oberland weitgehend inexistent: Lesen, Schreiben und Rechnen galten nicht als erstrebenswerte Kenntnisse, weil sie nicht umgehend in bare Münze umzusetzen waren. Die Kinderarbeit war im 19. Jahrhundert für viele Menschen ein unverzichtbarer Teil der Familienökonomie. Allein schon aus diesem Grund waren die Eltern überzeugt, einen Anspruch auf die Erwerbsarbeit ihrer Kinder zu haben. Angesichts der sich widersprechenden Interessen der Bevölkerung und der liberalen Regierung sowie auf Grund der Machtverhältnisse in den Dörfern begnügten sich die Gemeindeschulpflegen bei den Auseinandersetzungen um die Einhaltung der Schulpflicht mit Verwarnungen. Schwierige Fragen wurden der Bezirksschulpflege, dem Erziehungsrat oder gar dem Regierungsrat vorgelegt. Diese fällten dann klare Entscheide, doch deren Durchführung und die Durchsetzung blieben weiterhin den lokalen Behörden vorbehalten. Diese gingen behutsam vor und liessen vielen Dingen ihren Lauf.[57]

Wetzikon und seine Wahrzeichen in der zweiten Hälfte des 19. Jahrhunderts. Die Bilder am Rand zeigen neben dem Schloss, einem Relikt aus vergangenen Zeiten, mit den blühenden Fabrikbetrieben der Region bereits die ersten Spuren der Industrialisierung. Farblithografie um 1850.

1846–1859

Die Herrschaft des Freisinns:
Die Schule unter dem Vorzeichen
der Industrialisierung
Region Zimmerberg

Nach 1848 stand die Volksschule im Zeichen der Industrialisierung. Die wirtschaftsliberale Führungsschicht des Kantons, allen voran Alfred Escher, verfolgte die Interessen der gesellschaftlichen Eliten und legte den Akzent der Bildungspolitik auf den Ausbau der Gymnasien und der Hochschulen. Eine Erweiterung der Schulpflicht, die der breiten Bevölkerung zugute gekommen wäre, war angesichts der wirtschaftlich bedeutenden Kinderarbeit nicht mehrheitsfähig. Die Reform des Volksschulgesetzes von 1859 begnügte sich mit der Einführung zweier neuer Unterrichtsfächer: des Turnens und der Mädchenhandarbeit. Für die Volksschule war die liberale Epoche eine Phase der Stagnation und der Konsolidierung. Die Lehrer festigten ihr berufsständisches Selbstbewusstsein, und die Schulbehörden begannen sich gegen die Schulaufsicht der vielerorts weiterhin einflussreichen Pfarrherren durchzusetzen.

Im August 1841 versammelten sich in Schwamendingen die Liberalen zu einer Protestveranstaltung, um gegen die klosterfreundliche Politik der konservativen Zürcher Regierung und der Grossratsmehrheit zu demonstrieren.

Die konservative Regierung blieb im Kanton Zürich nur ein politisches Intermezzo. Bereits nach dem «Züriputsch» von 1839 versuchten die Liberalen wieder an die Macht zu gelangen, was ihnen 1846 auch gelang. Dabei profitierten sie von den Erfolgen der liberalen oder der verwandten radikal-demokratischen Bewegungen in anderen Kantonen und auf gesamteidgenössischer Ebene.[1]

Seit 1830/31 besass die Mehrheit der Stände in der Schweiz moderne Repräsentativverfassungen. Diese Kantone drängten nun darauf, den Bundesvertrag von 1815 zu revidieren. Er erschien ihnen als Relikt, das den Anforderungen einer industrialisierten Gesellschaft nicht mehr genügte. Nachdem die ersten Revisionsversuche 1835 im Sand verlaufen waren, begannen sich die Auseinandersetzungen zwischen Befürwortern und Gegnern der festgefahrenen Bundesreform zu verschärfen. Schritt um Schritt kam es in den 1840er-Jahren zu einer Konfessionalisierung des Konflikts. 1841 entschied der Grosse Rat des Kantons Aargau, die acht bestehenden Klöster aufzuheben. In der katholischen Schweiz erhob sich ein Schrei der Empörung. Für eine weitere Zuspitzung sorgte die sogenannte Jesuitenfrage. 1844 beschloss die katholisch-konservative Regierung von Luzern, die höheren Schulen den Jesuiten anzuvertrauen. Dieser Orden galt den Liberalen als Todfeind und als Träger der katholischen Reaktion.

Die Berufung der Jesuiten nach Luzern rief auch im Kanton Zürich bei den Liberalen grosse Entrüstung hervor. Die konservative Zürcher Regierung sprach sich jedoch gegen die Vertreibung der Jesuiten aus, was bald eine Verschiebung der Mehrheiten im Grossen Rat mit sich brachte. Bei den Wahlen von 1846 errang der radikal-liberale Freisinn bei geringer Stimmbeteiligung einen überwältigenden Sieg. Politik war in den 1840er-Jahren Sache der Vermögenden, alle anderen drückte die Sorge ums nackte Überleben. Seit September 1845 wütete die Kraut- und Knollenfäule bei den Kartoffeln, und die Getreidepreise schnellten in die Höhe. Angesichts der sozialen Probleme bot die Bundespolitik eine willkommene Ablenkung. Im Winter 1844 und Frühling 1845 eskalierte der Konflikt auf gesamteidgenössischer Ebene. Die leidenschaftlichen Auseinandersetzungen gipfelten in den bürgerkriegsähnlichen Freischarenzügen von Milizsoldaten der liberalen Kantone gegen die konservativ-katholische Regierung Luzerns. Die Verletzung des eidgenössischen Friedens war offensichtlich, und die Tagsatzung, die Gesandtenkonferenz der Kantone, erliess ein Verbot bewaffneter Freischaren. Trotzdem bildeten die katholisch-konservativen Kantone 1845 einen Sonderbund zur Abwehr

DIE HERRSCHAFT DES FREISINNS 1846–1859

Alfred Escher 1849 im Alter von 30 Jahren.

Bild oben: Das Gefecht von Meierskappel am 23. November 1847 zwischen der eidgenössischen Streitmacht und den Sonderbundstruppen fiel zugunsten der Tagsatzungsarmee aus. Am rechten Bildrand sind die siegreichen Zürcher Truppen mit der Schweizer Fahne zu erkennen.

weiterer Anschläge und zur gegenseitigen Verteidigung ihrer Souveränität. 1847 stimmte die Tagsatzung mit der Unterstützung Zürichs für die militärische Auflösung des Sonderbunds. In einem kurzen Feldzug, zu dessen Erfolg die Zürcher Truppen wesentlich beitrugen, wurden die konservativen Sonderbundskantone zur Kapitulation gezwungen. Der Sieg der Liberalen machte den Weg frei zur Gründung des modernen Bundesstaats von 1848.

BILDUNGSPOLITIK UNTER WIRTSCHAFTSLIBERALEN VORZEICHEN

Die Politik, die der Grosse Rat nach dem Kurswechsel von 1846 im Kanton Zürich verfolgte, war stark von liberalen, wirtschaftsfreisinnigen Überzeugungen geprägt.[2] Das wirtschaftsliberale Bürgertum nahm in den 1850er- und frühen 60er-Jahren eine fast unangefochtene politische und kulturelle Führungsstellung im Kanton wie auf eidgenössischer Ebene ein. Unbestrittenes Haupt dieser neuen Politikergeneration war Alfred Escher (1819–1882), der zum Teil offen, zum Teil verdeckt die Zürcher Politik lenkte. Escher, der aus einer reichen Stadtzürcher Familie stammte, durchlief eine Blitzkarriere. 1844 wurde der frischgebackene Privatdozent der Jurisprudenz als 25-Jähriger in den Grossen Rat gewählt, ein Jahr später war er schon Vizepräsident des Grossen Rats und Erziehungsrat. 1848 wurde er Regierungsrat (ab 1850 Erziehungsdirektor), Nationalrat und ein Jahr später Nationalratspräsident. Nachdem er erst 29-jährig bereits höchste Ämter innehatte, prägte Escher in den folgenden beiden Jahrzehnten wie kein Zweiter die wirtschaftliche und politische Entwicklung Zürichs.

Escher und seine Gesinnungsfreunde neigten ganz selbstverständlich dazu, das allgemeine Wohl des Staats mit den Interessen des Wirtschafts- und Bildungsbürgertums gleichzusetzen.[3] Auch die Bildungspolitik stand im Zeichen der liberalen Wirtschaftspolitik. Escher war noch Erziehungsrat, als er an der Mittelschule die Pflege moderner Sprachen und den Ausbau naturwissenschaftlicher Fächer durchsetzte. Als Nationalrat war er 1854 entscheidend daran beteiligt, dass Zürich zum Standort des Eidgenössischen Polytechnikums (der heutigen ETH Zürich) auserkoren wurde. Die bildungspolitischen Akzente lagen klar bei der höheren, unmittelbar wirtschaftsorientierten Fachausbildung. Die Volksschule war dagegen von sekundärer Bedeutung; grundlegende Reformen blieben daher aus. Der Ausbau der Volksschule scheiterte am fehlenden politischen

Der Kartoffelmarkt in Winterthur um 1844. Ein Jahr später, im September 1845, brachte die verheerende Kraut- und Knollenfäule der Kartoffeln Hunger und Not über die Bevölkerung.

Die Kartoffelnot von 1845

In seinen Lebenserinnerungen schildert Johann Heinrich Staub (1812–1888) die grosse Kartoffelnot von 1845, die er in Oberrieden erlebte.

«Das Jahr 1844 hatte einen ausserordentlichen Kartoffelsegen gebracht und merkwürdig grosse Exemplare. Vielenorts wurden dieselben zu Schnaps verarbeitet, so bei Brunners an der Brugg. 1845 versprach wieder einen reichen Kartoffelertrag. Im Nachsommer, nach ein paar Regentagen, fingen die Stauden zu faulen an, und hie und da zeigten sich an den Knollen faulende, übelstinkende Flecken. Von allen Seiten kamen ähnliche Berichte, und in 2–3 Tagen kam eine Panik über das ganze Land. Die Krankheit war da und frass ca. die Hälfte des Ertrages weg, ja die feinern Sorten wie ‹Afrikaner›, ein feiner, röthlichblauer Erdapfel, gingen gänzlich zu Grunde. Aller Arten Vorschläge zur Verhütung der Krankheit wurden gemacht. Aber umsonst. Sofort steigerten sich die Lebensmittelpreise und erreichten im Frühjahr 1846 eine bedenkliche Höhe. […] Es wurde der Nothlage auf alle Weise gesteuert. Die Schwabenfuhrleute [Fuhrleute, die über die Grenze nach Süddeutschland fuhren] brachten etwas geringeres Brod in grossen Leiben, das billiger war und das man in Horgen bei Kässtünzis beziehen konnte. Die Regierung lieferte den Gemeinden billiges Maismehl, das dann an die Unbemittelten zu gleichem Preise vertheilt wurde. Durch diese Teuerung fand der Mais bei uns Eingang. Dem Brod wurde alles Mögliche und Unmögliche beigemischt, um es billiger zu bekommen: Mais, Rübli, Räben, Runkelrüben [Futterrüben], Kartoffeln etc. Im Schulhaus war ein zimlicher Vorrath von Weizen. Derselbe wurde in der alten Kafemühle gemalen und Brei daraus gekocht. Das Brod wurde erst angeschnitten, wenn es grau und schimmlig [war].»[1]

Bild oben: Ansicht von Horgen um 1860. Horgen entwickelte sich im 19. Jahrhundert zu einem Zentrum der Seidenindustrie. Bereits 1847 waren zehn Fabrikationsbetriebe im Dorf ansässig. Wegen der Bedeutung seiner Seidenindustrie erhielt Horgen den Beinamen «Klein Lyon».

Bild rechts: Die Firma Heer & Co. AG in Thalwil. Um 1900 exportierte die Seidenweberei ihre Produkte in die ganze Welt.

Bild oben: Arbeiterinnen der Wolltuchfabrik Pfenninger & Cie. AG in Wädenswil beim Wollezupfen. Fotografie um 1910.

Bild links: Kinderarbeit in einer Seidenspinnerei in Dornbirn um 1890. Die Verhältnisse in den Schweizer Seidenspinnereien glichen jenen in Vorarlberg.

Die Kindheit in bürgerlichen Familien sah anders aus als das Leben der Fabrikarbeiterkinder. Auf der Terrasse der Villa «Zum Wohlleben» in Kilchberg posieren die Kinder des Seidenindustriellen und Hobbyfotografen Rudolf Zinggeler (1864–1954). Fotografie um 1910.

Willen und an den Finanzen. Aus Angst vor Steuererhöhungen war die Regierung nicht bereit, in die Volksschule zu investieren. Die Liberalen hielten mehr oder weniger am Steuergesetz von 1832 fest, das die Industrie auf Kosten der Landwirtschaft privilegierte. Während die ärmere Bevölkerung durch indirekte Steuern verhältnismässig stark zur Kasse gebeten wurde, nahm die Steuerbelastung für das rasch reicher werdende Wirtschaftsbürgertum tendenziell ab. Die Liberalen taten alles, um ihre dominierende wirtschaftliche und soziale Stellung zu verteidigen.[4]

Die im Dezember 1859 verabschiedete Revision des Volksschulgesetzes begnügte sich mit der Festschreibung des Status quo. Die Unterrichtszeiten wurden nicht verlängert, denn nach wie vor stand dem Ausbau der Volksschule die wirtschaftlich wichtige Kinderarbeit im Weg.[5] Die wirtschaftsliberale Position hatte sich bereits im ersten kantonalen Fabrikgesetz aus dem gleichen Jahr durchgesetzt, das als minimale Verbesserung die Kinderarbeit auf täglich 13 Stunden beschränkte. Die seit Jahren anstehende Reform der Lehrerentlöhnung wurde 1859 ebenfalls aufgeschoben. Die Verbesserung der Besoldung blieb weit hinter den Erwartungen der Lehrerschaft zurück. Die grösste Änderung, die das Gesetz brachte, war die Einführung von neuen Lehrfächern. Neben dem Turnunterricht für Knaben und Mädchen wurde die «Arbeitsschule», also der Handarbeitsunterricht für Mädchen, obligatorisches Schulfach. Solche «Arbeitsschulen» waren seit den 1830er-Jahren von privaten Frauenvereinen betrieben worden. Unter dem Motto «Hilfe zur Selbsthilfe» sollten die Mädchen in der Schule auf ihre zukünftige Rolle als Hausfrauen vorbereitet werden.

DIE SEIDENINDUSTRIE ALS NEUER WIRTSCHAFTSFAKTOR

Nach dem liberalen Machtwechsel von 1846 begannen die Lehrer für eine bessere Entlöhnung zu kämpfen. In der Folge verschärften sich in den 1850er-Jahren die Spannungen zwischen der zunehmend selbstbewussten Lehrerschaft und den Schulbehörden. Die Konflikte spitzten sich auch in der Region Zimmerberg zu.

Am linken Zürichseeufer, in der Region Zimmerberg mit den Seegemeinden Thalwil, Wädenswil und Horgen sowie den kleinbäuerlichen Bergdörfern Hirzel, Schönenberg und Hütten, befand sich im 19. Jahrhundert ein Zentrum der Seidenindustrie.[6] Seit den 1830er-Jahren hatte sich das Zürcher Seidengewerbe zu

Lehrerlöhne:
Ohne Nebenverdienst kein Auskommen

Seit dem 18. Jahrhundert und bis zur Einführung der staatlichen Volksschule 1832 war die Tätigkeit eines Schulmeisters keine vollamtliche.[1] Die Schulmeisterei war eine von mehreren Erwerbszweigen in der ländlichen Ökonomie. Die Lehrer standen bis 1832 unter der Aufsicht der Kirche, also des Dorfpfarrers. Das enge Verhältnis von Kirche und Schule zementierten zusätzlich die kirchlichen Nebenerwerbe der Lehrer. Die Verbindung der Tätigkeit als Schulmeister, Vorsinger in der Kirche und Sigrist hatte im Kanton Zürich seit dem 16. Jahrhundert Tradition. Die liberale Schulreform löste die Schule und die Lehrerschaft aus der Zuständigkeit der Kirche heraus und unterstellte sie dem Staat. Der Beruf des Lehrers wandelte sich zu einer hauptamtlich ausgeübten Tätigkeit, mit welcher der Lehrer den Lebensunterhalt der ganzen Familie bestreiten sollte. Alle anderen, zusätzlichen Tätigkeiten wurden nun als Nebenerwerbe bezeichnet. Entgegen der gesetzlichen Absicht blieben jedoch die Lehrerlöhne bis weit ins 19. Jahrhundert hinein prekär und ein Nebenerwerb war eine ökonomische Notwendigkeit.[2] Die geringe und zudem schwankende Entlöhnung der Lehrer war deshalb seit der Gründung der Volksschule ein Streitpunkt zwischen der Lehrerschaft und den staatlichen Behörden – und zuerst auch mit der Kirche.

Nach der Gründung der Volksschule führte die neue Auffassung von Nebentätigkeiten zu einer Konfrontation mit der Kirche. Die Lehrer nahmen die Neubewertung des Lehrerberufs im liberalen Staat ernst und wehrten sich gegen die Herrschaft der Kirche. Bereits im Mai 1833 wurde die Verbindung der Ämter des Sigristen und des Lehrers aufgehoben. 1838 hob der Grosse Rat die Vorsängerverpflichtung auf, allerdings

Im 19. Jahrhundert bildeten Naturalien einen wichtigen Bestandteil des Lehrerlohns. «Schulmeister» Brunner in Wernetshausen bestätigt im Dezember 1814 auf dieser Quittung, dass er vom Klosteramt Rüti «2 Müt Kernen und 4 Viertel Haffer» bezogen habe.

mit der Einschränkung, dass die Lehrer dazu verpflichtet werden konnten, wenn sich keine andere geeignete Person dazu in der Gemeinde fand. Diese Ämterverbindung war noch bis 1866 gesetzlich möglich.

Der Lehrerlohn setzte sich nach 1832 aus den Beiträgen von Gemeinde und Kanton sowie aus dem Schulgeld der Kinder zusammen. Zwischen 1832 und 1869 nahmen die Anteile von Staat und Gemeinde bei der Entlöhnung zu, derjenige der Eltern verschwand. Der Kanton übernahm 1832 im Durchschnitt aller Gemeinden einen Fünftel der Lehrerlöhne. In den folgenden 40 Jahren, bis 1872, baute er seine durchschnittliche Beteiligung auf über 50 Prozent aus. Bis Mitte des 19. Jahrhunderts bewegten sich die Lehrergehälter eher auf dem Niveau höherer Arbeiterlöhne als im Bereich bürgerlicher Einkommensverhältnisse. Zwar brachte das Unterrichtsgesetz von 1859 eine bescheidene Erhöhung des Lohns und sicherte der Lehrerschaft ausserdem eine Alters- und Hinterbliebenenversicherung zu. Obwohl sich seit 1832 der gesellschaftliche Status und das Prestige der Lehrer schrittweise verbesserten, erreichte die Lehrerschaft erst 1869 mit der Abschaffung des Schulgelds ein Einkommensniveau, das eine bürgerliche Lebensführung ermöglichte.[3]

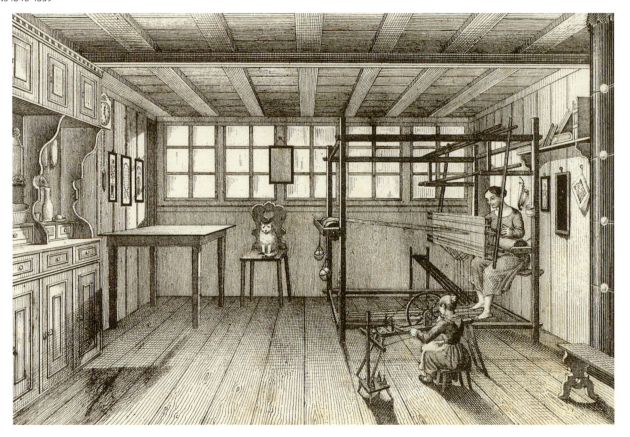

Bild oben: Webstube in Horgen um 1849. Während die Frau am Webstuhl arbeitet, ist ein Mädchen mit Garnspulen beschäftigt.

Bild rechts: Szene aus dem Sonderbundskrieg. Auch die Volksschule war von den kriegerischen Auseinandersetzungen betroffen. Im Bild ist ein zerstörtes Schulzimmer zu sehen, in dem die Kinder über die beschädigten Schulbänke springen.

einer eigentlichen Industrie entwickelt. Mit dem politischen Umbruch der Regeneration 1830/31 fiel das Monopol der städtischen Fabrikanten. Die ländlichen Oberschichten stiegen ins Seidengeschäft ein. Auf der linken und der rechten Zürichseeseite entstanden in rascher Folge neue Firmen. Viele Dörfer erlebten einen rasanten Aufschwung. Für die Kleinbauernfamilien, die mit der Mechanisierung der Baumwollverarbeitung aus der Heimarbeit ausgestiegen waren, bot die hausindustrielle Seidenweberei ein neues, wenn auch mageres Einkommen. Die Löhne waren tief, die Arbeitsbelastung war hoch und die Wohnverhältnisse waren eng.[7] Das Einkommen reichte kaum für das Nötigste.[8] Da Sparen nicht möglich war und Sozialversicherungen fehlten, führten Verdienstausfall, Arbeitslosigkeit oder Krankheit rasch zu Not und Armut.

Zu den ärmeren Gesellschaftsgruppen gehörten auch die Lehrer. Sie waren meistens bäuerlicher oder gewerblicher Herkunft, entwickelten aber seit 1832 ein berufsständisches Selbstbewusstsein, das sich unter anderem in Lohnforderungen manifestierte.[9] Der geringe Lohn schien ihrer gesellschaftlichen Position in der dörflichen Gemeinschaft nicht mehr zu entsprechen. Nach dem Sieg der Liberalen 1846 erhofften sich die Lehrer eine Belohnung für ihre Unterstützung.

DER THALWILER SCHULSTREIT

In Thalwil kam es in den 1850er-Jahren zwischen der Gemeindeschulpflege und der Lehrerschaft zu einem längeren Lohnkonflikt. Der Streit beschränkte sich jedoch nicht nur auf ökonomische Begehrlichkeiten, er entwickelte sich zu einem Kulturkampf zwischen dem liberalen Bürgertum und der konservativen Kirche.

1853 forderten die Thalwiler Primarlehrer Dübendorfer und Meier von der Gemeindeschulpflege eine Lohnerhöhung. Die beiden Lehrer erzielten bis dahin ein Einkommen von etwas über 500 Franken pro Jahr.[10]

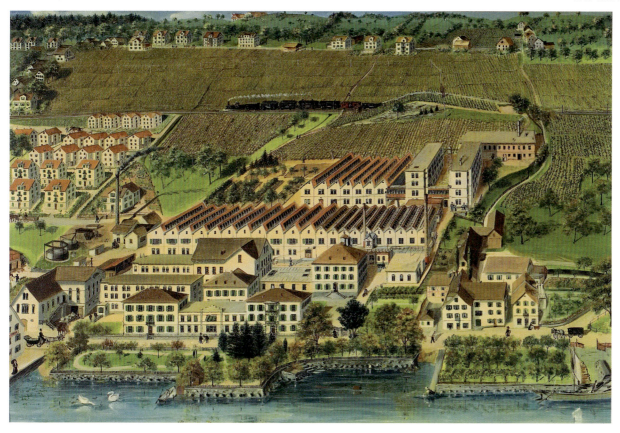

Damit bewegte sich ihr jährlicher Verdienst leicht über dem Durchschnitt eines Arbeiterlohns.[11] Im Kanton Zürich verdienten 1849 nur rund 40 Prozent der Primarlehrer über 500 Franken, 40 Prozent erhielten zwischen 400 und 500 Franken und 20 Prozent weniger als 400 Franken.[12] Im Vergleich dazu gab eine Textilarbeiterfamilie um 1850 im Jahr 480 bis 514 Franken für den Lebensunterhalt aus.[13] Ein schlecht bezahlter Lehrer konnte also mit seinem Lohn kaum eine Familie ernähren. Obwohl mit der Schulreform von 1832 die Lehrer formal in die Lage versetzt wurden, sich ausschliesslich und ohne Existenzsorgen der Schule widmen zu können, entsprach dies in der Mitte des 19. Jahrhunderts vielfach nicht der Realität.[14]

Der Grund für die grossen Lohnunterschiede lag einerseits in der Zusammensetzung der Löhne, anderseits in den finanziellen Möglichkeiten der Gemeinden. Das Einkommen setzte sich aus Beiträgen der Gemeinde, des Kantons und der Eltern zusammen. 1851 erhielt ein Lehrer von der Gemeinde und vom Staat zusammen je nach Dienstjahren eine garantierte jährliche Grundbesoldung von 360 bis 400 Franken.[15] Dazu kam das Schulgeld, das pro Kind in der Alltagsschule jährlich 3 Franken, in der Repetierschule 1.50 Franken betrug.[16] Während Staats- und Gemeindebeiträge fixe Lohnbestandteile waren, schwankte das elterliche Schulgeld je nach Klassengrösse und hing überdies von der Zahlungsmoral der Eltern ab.[17] Ausschlaggebend für die grossen Lohnunterschiede war letztlich die finanzielle Situation der Gemeinde. Reiche Gemeinden, die ein Interesse an ihrer Schule hatten, entrichteten freiwillige Lohnzulagen, um so die besten Lehrer an ihre Schulen zu holen. Arme Gemeinden hingegen hatten viele schlecht bezahlte Stellen.[18] Obwohl die Thalwiler Ansätze im Vergleich mit anderen Lehrerlöhnen gut waren, ja gar zu den Spitzensalären im Kanton zählten, verlangten Dübendorfer und Meier, dass die Schulbehörde das Schulgeld in einen festen Lohnbestandteil umwandle und ihnen ein fixes Salär von jährlich 1000 Franken bezahlen solle.[19] Dieser Lohn entsprach um 1850 dem Lohn eines gut qualifizierten Facharbeiters, beispielsweise eines Typografen.[20] Gleichzeitig verlangten die beiden Lehrer, dass sie von den kirchlichen Hilfsdiensten, der Vorsängerpflicht und dem Verlesen der Bekanntmachungen von der Kanzel, zu befreien seien.[21]

Thalwil, Wädenswil und Horgen gehörten im 19. Jahrhundert zu den aufstrebenden Industriegemeinden am linken Zürichseeufer. Auf dem Bild ist die grosse Fabrikanlage der Seidenweberei Robert Schwarzenbach & Co. in Thalwil um 1900 zu sehen.

Der Thalwiler Pfarrer Johann Jakob Sprüngli war ein begeisterter Sänger. Er gründete mehrere Gesangvereine und komponierte zahlreiche Lieder für Männerchöre.

Bild oben: Blick vom See auf Thalwil um 1860. Die Industrialisierung brachte Thalwil einen grossen Bevölkerungszuwachs. Allein zwischen 1850 und 1880 wuchs die Bevölkerung von rund 1800 auf 3300 Einwohnerinnen und Einwohner.

DER MACHTKAMPF ESKALIERT

Wie antwortete die Gemeindeschulpflege auf die Salärforderungen der Thalwiler Lehrer? Zunächst zeigte sich die Behörde unter dem Präsidium von Dorfpfarrer Johann Jakob Sprüngli (1801–1889) nicht abgeneigt, die Gehaltserhöhung auf 1000 Franken zu bewilligen.[22] Allerdings wollte Sprüngli von einer Befreiung von den kirchlichen Pflichten nichts wissen. Die Behörde formulierte vielmehr eine ganze Liste «Wünsche & Erwartungen» an die Bittsteller. Unter anderem forderte sie, dass die Lehrer für das anständige Benehmen der Schülerinnen und Schüler ausserhalb der Unterrichtszeit zu sorgen hätten. Eine Lohnaufbesserung sollte nur nach der Zustimmung zu diesem Pflichtenheft erfolgen.

Die Lehrer empfanden die Antwort als Misstrauensvotum, ja als eigentliche Erpressung.[23] Sie reklamierten bei der Schulpflege und wiesen Sprüngli darauf hin, dass sie ihre Arbeit immer zur vollen Zufriedenheit der Schulbehörde erfüllt hätten und die Jahresberichte der Schulpflege «nur belobende Zeugnisse über ihre Leistungen & ihr sittliches Verhalten» enthielten.[24] Da sich beide Lehrer standhaft weigerten, das Pflichtenheft zu unterschreiben, lehnte die Schulpflege die Lohnerhöhung ab.[25]

Der Salärstreit schwelte weiter und brach im Februar 1856 erneut aus. Kurz vor der Fasnacht richtete Pfarrer Sprüngli im Namen der Kirchenpflege ein Schreiben an alle Lehrer und forderte sie auf, die Kinder zu einem zurückhaltenden Fasnachtstreiben zu ermahnen. Die Lehrer «möchten den Schülern gemäss Beschlüssen ihrer Schulpflege anzeigen, dass morgen Sonntag bis nach beendigtem Nachmittags-Gottesdienst nicht geschossen werden dürfe».[26] Offenbar hielten sich aber nicht alle Kinder an die pfarrherrliche Weisung. Nach der Fasnacht warf Sprüngli den Lehrern vor, die Schuljugend am Silvestermorgen und am Fasnachtssonntag nicht genügend im Griff gehabt zu haben.[27] Die Schreiben ärgerten die Lehrer und provozierten eine Solidarisierungsaktion, in der sich insbesondere der Thalwiler Sekundarlehrer und Erziehungsrat Kaspar Honegger (1820–1892) für die beiden Lehrer stark machte.[28] Honegger sass als Vertreter der Lehrerschaft im Erziehungsrat und galt als eifriger Vorkämpfer für eine finanzielle und gesellschaftliche Besserstellung der Lehrer.[29] An der Synode von 1849 in Bassersdorf gehörte er zu den Wortführern einer Petition, die vom Kanton höhere Lehrerlöhne verlangte.[30] Honegger setzte sich deshalb bei der Bezirksschulpflege mit einem Unterstützungsschreiben für die Lohnforderungen der beiden Lehrer ein.[31] Pfarrer Sprüngli

Die Synode: Die Lehrerschaft auf dem Weg zu einem eigenständigen Standesbewusstsein

Zur Professionalisierung des Lehrerberufs und zur Festigung eines berufsständischen Selbstbewusstseins trug die seit 1832 bestehende kantonale Lehrersynode wesentlich bei. Auf Bezirksebene waren die Lehrer bereits seit 1831 als einzelne «Schulkapitel» organisiert.[1] Mit dem «Gesetz über die Schulsynode» wurde die Lehrerschaft in einer Berufsorganisation zusammengeschlossen, in der sie durch Diskussionen, Weiterbildungen und gesellige Anlässe schrittweise ein eigenes Standesbewusstsein entwickelte.[2] Als Anhänger der Regeneration bekamen die Lehrer die Folgen des «Züriputsches» unmittelbar zu spüren. Die konservative Regierung ging hart gegen die Synode vor und erliess 1841 ein neues Synodalgesetz. Dieses verbot die Veröffentlichung der Synodalverhandlungen und schloss die Lehrer der Kantonsschule sowie die Professoren der Universität Zürich aus. Die Wahl des Vorstands wurde zur Kompetenz des Erziehungsrats erklärt, und die Schulkapitel wurden aufgehoben.

Doch bereits 1842 erwachte der Widerstandsgeist der Lehrerschaft wieder. Die Synode reichte in den folgenden Jahren verschiedene Petitionen ein. Sie verlangte unter anderem Lohnerhöhungen und das Recht, die Lehrmittel begutachten zu können. Für ihre fordernde Haltung wurde die Synode nach dem politischen Umschwung von 1846 richtiggehend belohnt. Der Erziehungsrat hatte mit drei Mitgliedern der Synode beizuwohnen, die Bezirksschulpflegen erhielten beratende Stimmen, die Verhandlungsgegenstände wurden veröffentlicht und der Vorstand wurde von der Synode selbst gewählt. Ausserdem erhielten die Lehrerkapitel das Recht, neue oder zu ändernde Lehrmittel zu begutachten.

Dies bedeutete bereits eine Stärkung der Lehrerprofession. Weiteres Gewicht gewann sie durch die Verfassungsänderung vom 23. Oktober 1849, die der Synode unter Vorbehalt der Bestätigung durch den Grossen Rat das Recht zur Wahl zweier Vertreter in den Erziehungsrat zusprach. Von diesem Zeitpunkt an kann von einer eigentlichen Berufsorganisation und von einer Standesvertretung die Rede sein. Die wichtige Stellung, die der Staat der Synode zuerkannte, war nicht unbegründet. Das Schulwesen hatte seit den 1830er-Jahren Wurzeln gefasst. Die Lehrer verfügten über Routine und Erfahrung, auch im Umgang mit und in der Beurteilung von Lehrmitteln. Seit 1839 hatten die Institutionen der Schule und der Synode eine eigene, autonome Entwicklung durchlaufen. Das Selbstbewusstsein der Lehrer war durch die Abwehr von kirchlichen und staatlichen Angriffen gewachsen.[3]

1824 baute Thalwil im Oberdorf nahe der Kirche ein neues Gemeindehaus. In den 1830er-Jahren wurde es zum Schulhaus umfunktioniert. Ab 1838 belegten die Sekundarschule und die Elementarschule Räume im Untergeschoss des Gemeindehauses auf der Platte.

reagierte persönlich beleidigt und sah durch das offensive Auftreten der Thalwiler Lehrerschaft die Gemeindeschulpflege in corpore angegriffen.

Als nächste Instanz musste sich die Bezirksschulbehörde Horgen mit dem Konflikt befassen.[32] In der Stellungnahme vom November 1856 versuchte diese zu vermitteln. Sie hielt das Pflichtenheft für eine grundsätzlich legitime Massnahme, lehnte aber den Inhalt der Auflagen ab. Der Lehrerschaft werde eine Rolle zugemutet, die über das übliche Mass hinausreiche und ihre «Mussezeit und Freiheit» beschränke. Ausserdem trete die Schulpflege mit ihren Forderungen der «Pietät und Selbstständigkeit eines Lehrers» eindeutig zu nahe.[33] Auch den Aufruf, den Sprüngli vor der Fasnacht verfasst hatte, hielt die Behörde für grundsätzlich richtig. Sie kritisierte aber, dass der Pfarrer ohne Rücksprache mit der Lehrerschaft gehandelt hatte.

Das konziliante Urteil der Bezirksschulbehörde vermochte die Konfliktparteien nicht zu überzeugen. Sowohl die von Sprüngli präsidierte Gemeindeschulpflege als auch Lehrer Dübendorfer legten beim Erziehungsrat Rekurs ein.[34] Der Erziehungsrat wies beide Beschwerdeschriften zur Beantwortung an den Bezirk zurück.[35] Im zweiten Urteil nahm nun die Bezirksschulbehörde deutlich Partei für die Thalwiler Lehrer. Unterstützung erhielt Sprüngli nur von einer Minderheit der Behörde, von den Pfarrherren Schweizer von Richterswil und Aeberli von Hütten.[36] Als «Missgriff» bezeichnete die Mehrheit der Bezirksschulpflege nun den Umstand, dass die Schulpflege Thalwil die Lohnerhöhung von der Übernahme zusätzlicher Aufgaben und Pflichten abhängig gemacht hatte. Ausserdem erteilte sie Pfarrer Sprüngli eine staatsbürgerliche Lektion, indem sie ihn ermahnte, dass der Protest der Lehrer gegen die ursprüngliche Verfügung kein «Majestätsverbrechen» sei:

«Bei unsern republikanischen Institutionen ist es jedem Bürger, sogar gegenüber seiner vorgesetzten Behörde, erlaubt, seine besondere Ansicht & Überzeugung auszusprechen, & zu erklären, dass er etwas für richtig oder unrichtig halte.»[37]

Leider ist über den weiteren Verlauf des Thalwiler Sälarstreits nichts bekannt. Dass es bei diesem Konflikt nicht nur um die Aufsichtspflicht, sondern auch um die Behauptung des Berufsprestiges und die Unabhängigkeit der Lehrer von der Kirche ging, machte der Verlauf des Konflikts deutlich. Überraschenderweise unterstützte die Mehrheit der Bezirksschulpflege die Thalwiler Lehrer, nur die beiden Pfarrherren verteidigten ihren Amtskollegen. Die Aufsicht über die Schule, dies zeigte sich in diesem Fall deutlich, wurde immer mehr als staatsbürgerliche Aufgabe wahrgenommen,

Die Thalwiler Schule veranstaltete alljährlich im Vorsommer ein Jugendfest. Eines der grössten Feste, an dem auch die Schulen der umliegenden Gemeinden teilnahmen, fand 1837 in Rüschlikon statt.

die es gegen den Einfluss der Kirche zu verteidigen galt. Auf kantonaler Ebene spielten kulturkämpferische Überzeugungen bei der Lehrerbesoldung eine wesentlich kleinere Rolle. Die Regierung verhielt sich aus politischen Überzeugungen gegenüber einer Anpassung der Lehrerlöhne passiv. Dies zeigte sich zum Beispiel bei der Revision des Unterrichtsgesetzes, das im Jahr 1850 von Erziehungsdirektor Alfred Escher eingeleitet, aber erst 1859 von seinem Parteifreund und Nachfolger Jakob Dubs (1822–1879) umgesetzt wurde.[38]

DAS UNTERRICHTSGESETZ VON 1859

Den Ausschlag für die Revision gaben nicht inhaltliche, sondern formale Gründe. Die Schulbehörden beklagten, dass die Übersicht über die geltenden gesetzlichen Schulbestimmungen immer schwieriger werde.[39] Alfred Escher liess deshalb im Juni 1850 bei allen Schulbehörden nachfragen, ob neben einer neuen Zusammenstellung der gültigen Gesetze weitere Revisionen des Schulgesetzes erwünscht seien. Die Antworten gingen weit auseinander. Allein in der Region Zimmerberg trafen die unterschiedlichsten Anliegen aufeinander.[40]

Die Schulbehörden Schönenberg, Horgen, Langnau, Thalwil, Rüschlikon und Kilchberg wünschten eine bessere Entlöhnung der Lehrer. Langnau verlangte darüber hinaus, dass der Staat die Lehrerbesoldung ganz übernehmen solle. Ein Anliegen war auch die Verbilligung der Lehrmittel. Hirzel, Wädenswil, Thalwil und Rüschlikon forderten, «dass zur Erleichterung der Anschaffung der Lehrmittel der Erziehungsrath den Verlag derselben übernehmen möchte». In Bezug auf den Unterricht setzten die Gemeinden unterschiedliche Prioritäten. Mehrere Gemeinden wünschten längere Unterrichtszeiten an der Repetierschule. Die Gemeindeschulpflegen Wädenswil und Langnau forderten zudem, «dass das Arbeiten der Kinder in den Fabriken an den Repetierschultagen gesetzlich untersagt werden möchte».

Die Revisionsbemühungen versandeten jedoch schnell. Der Erziehungsrat wollte auf die Beratung der Vorschläge gar nicht eintreten. Die von Escher veranstaltete Umfrage erwies sich als Alibiübung, denn offenbar verhinderte er persönlich, dass die Revisionspläne bis zu seinem Rücktritt aus ihrem Dornröschenschlaf geweckt wurden.[41] Im Frühling 1854 wurde der 32-jährige Jakob Dubs, ein Parteifreund Eschers, in den Regierungsrat gewählt.[42] Nach Eschers Rücktritt im Herbst 1855 übernahm Dubs die Erziehungsdirektion. Er legte

Knaben beim Barrenturnen in Meilen. Fotografie um 1900.

1857 einen eigenen Entwurf für ein neues Schulgesetz vor, das der Grosse Rat drei Jahre später verabschiedete.

Das neue Gesetz war alles andere als ein grosser Wurf und entsprach dem Weltbild und den Normen des liberalen Wirtschafts- und Bildungsbürgertums. Der Lohn der Lehrer wurde nur leicht angehoben. Das minimale Entgelt für Berufseinsteiger bis zum 4. Dienstjahr betrug 520 Franken und stieg bis zum 25. Dienstjahr auf 1120 Franken an.[43] Der Anfangslohn schien dem Regierungsrat «ganz anständig» zu sein, «denn in den ersten Jahren hat der Lehrer selbst noch viel zu lernen und es ist auch nicht nötig, dass er sich schon in den ersten Jahren verheiratet».[44]

Die Unterrichtszeit an der Repetierschule, die man bei dieser Gelegenheit in Ergänzungsschule umbenannte, wurde um 2 Stunden von 6 auf 8 Stunden pro Woche erhöht. Ein grösserer Ausbau der Volksschule wäre mit der Fabrikarbeit der Kinder nicht vereinbar gewesen. Die Unternehmer setzten sich weitgehend durch und blockten jede Einschränkung der Fabrikarbeit ab. Mit der Einrichtung neuer Fächer war immerhin eine substanzielle Neuerung zu verzeichnen. Neben dem Turnunterricht wurde die «Arbeitsschule», der Handarbeitsunterricht für Mädchen, obligatorisches Unterrichtsfach.

KOEDUKATION ODER MÄDCHENSPEZIFISCHER UNTERRICHT?

Mit der Einführung der allgemeinen und obligatorischen Volksschule 1832 wurden die Mädchen und Knaben in der Regel gemeinsam in den Fächern Religion, Rechnen, Schreiben, Lesen und Realien unterrichtet. Erst mit der Volksschule kamen in der Bildungsdiskussion des 19. Jahrhunderts zwei Themenbereiche auf, die an die damaligen Vorstellungen der Geschlechterrollen anknüpften. Zum einen die Diskussion um den geschlechtergetrennten oder den gemeinsamen Unterricht von Knaben und Mädchen, zum anderen die Forderung nach einem speziellen Unterricht der Mädchen in Handarbeiten.[45] Die erste Debatte drehte sich nicht nur um die von kirchlichen Kreisen befürchtete Gefährdung der Sittlichkeit in geschlechtergemischten Klassen, sondern auch um die Frage, ob die angeblich unterschiedlichen intellektuellen Fähigkeiten und die künftigen Aufgaben der Geschlechter einen getrennten Unterricht erforderten. Letztlich behielt man aus pragmatischen Gründen die Koedukation bei. Die Disziplin in geschlechtergemischten Schulklassen wurde von den Lehrern als klar besser beurteilt als in getrennten Schulen.[46]

Die Gründung des staatlichen Lehrmittelverlages 1851

Das Volksschulgesetz von 1832 führte unter anderem obligatorische Lehrmittel in der Schule ein.[1] Die Anschaffung der Schulbücher wurde für die Gemeinden und Eltern zu einem grossen finanziellen Problem. Bereits 1833 hatte Höngg den Grossen Rat ersucht, die Lehrmittel aus dem kantonalen Haushalt zu bezahlen oder sie zumindest vergünstigt abzugeben. Gewisse Gemeinden schlugen vor, die Kosten für die Lehrmittel dadurch zu senken, dass der Staat diese selbst produziere. Die Lehrmittelfrage wurde an der Zürcher Schulsynode vom 26. August 1850 in Küsnacht ebenfalls besprochen. Dabei fasste die Lehrerschaft den Beschluss, es sei «der Erziehungsrat zu bitten, dahin zu wirken, dass die Staatsbehörden resp[ektive] der Erziehungsrat den Verlag der Lehrmittel in Zukunft übernehmen».

Für die Lehrer sprachen drei zentrale Punkte für die Gründung eines staatlichen Lehrmittelverlages: In allen Schulen wurden die gleichen Lehrmittel verwendet, die Lehrer konnten bei der Schaffung der Lehrmittel mitreden und durch die Verbilligung der Lehrmittel bei der Produktion in einem staatlichen Verlag erhoffte sich die Lehrerschaft eine grössere Unterstützung der Volksschule durch die Bevölkerung.

Nach der konservativen Wende von 1839 hatten viele Gemeinden begonnen, die umstrittenen Scherrschen Lehrmittel zu ersetzen. Eine solche Entwicklung konnten die Liberalen aus politischen Gründen nicht dulden. Nur die staatliche Produktion, Kontrolle und Einführung von Lehrmitteln garantierte, dass überall im Kanton Lehrbücher verwendet wurden, die liberale, weltliche und keine religiös-dogmatischen Werte vermittelten. Um die Bevölkerung im rechten politischen Sinn zu erziehen, war ein finanzieller Aufwand durchaus gerechtfertigt. Mit der Gründung des Lehrmittelverlages erhielten der Kanton und die Lehrerschaft die Kontrolle über die Schulbücher, die an der Volksschule verwendet wurden.

Bereits ein halbes Jahr später, am 26. Februar 1851, entschied der Regierungsrat, dem Alfred Escher als Erziehungsdirektor angehörte, dass der Erziehungsrat die Produktion von Lehrmitteln übernehmen solle. Der Regierungsrat unterstützte die Schaffung des Verlags vor allem aus finanziellen Gründen. Die Lehrmittel konnten im Eigenverlag günstiger abgegeben werden. Bereits im Gründungsjahr 1851 erschien im Lehrmittelverlag unter dem nebenamtlichen Leiter David Wissmann das erste Lehrmittel, das aus vier Heften bestehende «Hugsche Rechenbuch». Damit war die Volksschule definitiv zu einem staatlichen Bildungssystem geworden. Noch nach der Verlagsgründung blieben die Lehrmittel während Jahrzehnten kostenpflichtig. Obwohl das Schulgeld 1869 abgeschafft worden war und der Schulbesuch erleichtert wurde, stellten die Lehrmittelkosten für kinderreiche Arbeiterfamilien immer noch eine erhebliche Belastung dar. Erst das Volksschulgesetz von 1899 schrieb vor, dass die Lehrmittel an der Volksschule durch die Gemeinden unentgeltlich abgegeben werden mussten. Damit war die Voraussetzung für einen Schulbesuch aller sozialen Schichten geschaffen.

Als erstes offizielles Lehrmittel erschien 1851 das Hugsche Rechenbuch im Zürcher Lehrmittelverlag.

Im Kleinbauerndorf Hirzel lebte die Bevölkerung im 19. Jahrhundert von der Landwirtschaft und der hausindustriellen Seidenweberei. Fotografie von 1947.

Neben der zu dieser Zeit verhalten geführten Debatte über die Koedukation kam die Forderung nach einem spezifischen Unterricht für Mädchen aufs Tapet. Angeregt von Männern aus den Gemeinnützigen Gesellschaften gründeten lokale Frauenvereine in den 1830er-Jahren die ersten «Arbeitsschulen» für Mädchen. Dahinter standen in erster Linie sozialreformerische Ziele. Mit dem Handarbeitsunterricht sollten die Mädchen zu sparsamen Hausfrauen erzogen werden, die es verstanden, eine Familie trotz geringen Einkommens durchzubringen. Durch die Integration der «Arbeitsschule» in die Primar- und die Ergänzungsschule wurde 1859, also 27 Jahre nach der Einführung der Volksschule, erstmals eine Differenzierung der Unterrichtsinhalte nach dem Geschlecht vollzogen.[47]

MÄDCHEN UND KNABEN IN EINER KLASSE

1849 wurde die Schulpflege Richterswil von der Bezirksschulpflege Horgen aufgefordert, die erste und die zweite Klasse der Primarschule, die insgesamt 146 Schülerinnen und Schüler umfassten, zu trennen und einen zusätzlichen Lehrer anzustellen. Die Schulbehörde von Richterswil hatte offenbar genügend finanzielle Mittel und beschloss, auf der Unterstufe und der Mittelstufe je zwei gleich grosse Parallelklassen zu schaffen und zwei zusätzliche Lehrer anzustellen.[48] Der Erziehungsrat bewilligte das entsprechende Gesuch der Gemeindeschulpflege vorbehaltlos.[49]

Darauf beschloss die Gemeindeschulpflege, die Primarschulklassen in zwei Mädchen- und zwei Knabenklassen aufzuteilen. Das ursprüngliche Anliegen, die Klassengrösse zu reduzieren, wurde um einen geschlechterpolitischen Aspekt erweitert. Die Schulpflege bemühte sich nach Kräften, die neue Regelung im besten Licht darzustellen. Offensichtlich war sich die Behörde der Brisanz ihres Vorhabens durchaus bewusst. So wüssten nun die Eltern von vornherein, bei welchem Lehrer ihre Kinder zur Schule gehen würden, und Pfarrer Schweizer, der Vorsteher der Gemeindeschulpflege, beeilte sich, zu betonen, dass der Lehrplan für beide Geschlechter gleich bleibe. Dies war jedoch eine Schutzbehauptung. Letztlich ging es ihm darum, einen geschlechtsspezifischen Unterricht in der Volksschule durchzusetzen:

«Der Lehrplan soll keineswegs für die Knaben anders als für die Mädchen ausgearbeitet, sondern für beide gleich nach den gesetzlichen Bestimmungen gehalten werden. Wenn vielleicht der Lehrer der Knaben im Fache der Form etwas vollständiger das vorgestecke

Das am linken Ufer des Zürichsees gelegene Richterswil war im 19. Jahrhundert ein blühendes Fabrikdorf. Ansicht um 1860.

Ziel zu erreichen sucht, wenn im ‹Zeichnen› die Vorlagen mehr den Geschlechtern angepasst werden, so halten wir solche Dinge für einen naturgemässen Fortschritt innerhalb und nicht gegen die Gesetze.»[50]

In der Tat stiess der Beschluss der Schulpflege in den nächsten Wochen auf Widerstand, insbesondere unter der Lehrerschaft. Am 15. Juli 1850 richtete Johann Jakob Langhard im Namen der Richterswiler Primarschullehrerschaft eine Beschwerde an den Erziehungsrat.[51] Langhard betonte, dass die Richterswiler Lehrer die Schaffung von Mädchen- und Knabenklassen ablehnten und eine Gliederung in Altersklassen bevorzugten. Die Klage bezeichnete die geschlechtergetrennten Klassen als «einen pädagogischen Missgriff». Die Bezirksschulpflege Horgen, die zum Rekurs der Lehrer Stellung nehmen musste, unterstützte die Lehrerschaft und sprach sich ebenfalls gegen separate Mädchen- und Knabenklassen aus. Sie betonte vor allem den guten Einfluss, den eine geschlechtergemischte Klasse sowohl auf die Kinder wie auf die Lehrer habe:

«Es werde durch die Theilung nach den Geschlechtern der in der öffentlichen Erziehung gar nicht unwichtige gegenseitige Einfluss, den das zartere Mädchen auf den roheren Knaben und der rohere Knabe auf das zartere Mädchen übt, gänzlich aufgehoben; selbst auf die Lehrer könnte sie leicht die Wirkung haben, dass man dem Lehrer der Knaben Barschheit, dem der Mädchen Süsslichkeit zum Vorwurf machen könnte.»[52]

Wie die Bezirksschulpflege sprach sich auch der Erziehungsrat gegen eine Teilung der Volksschule nach Geschlechtern aus. Die Gemeindeschulpflege Richterswil hatte sich diesem Entscheid zu fügen und die Kinder wieder nach dem Alter in Klassen einzuteilen.

In ärmeren Gemeinden kamen solche Bedürfnisse nach einer Geschlechtertrennung aus finanziellen Gründen schon gar nicht auf. Hier sassen Mädchen und Knaben im gleichen Zimmer. Die knappen Mittel der Schulgemeinde erlaubten keine getrennten Klassen.[53] Einzig in den Städten Zürich und Winterthur gab es ab der fünften Klasse geschlechtergetrennte Klassen. Schliesslich kannten auch kirchlich geführte Privatschulen aus religiös-sittlichen Gründen reine Mädchen- und Knabenklassen.[54]

Strickende Mädchen in der Zürcher Ferienkolonie. Fotografie um 1900.

MÄDCHENUNTERRICHT IM BÜRGERLICHEN ZEITALTER: DIE «ARBEITSSCHULE» IN THALWIL

Die Einführung der obligatorischen Arbeitsschule 1859 verlief reibungslos. Dies hatte nicht zuletzt damit zu tun, dass die Eltern die privaten Arbeitsschulen schon kannten und das neue Schulfach begrüssten. Die elterliche Unterstützung war pragmatisch. Die Mädchen flickten in der Schule Kleider und verrichteten Arbeiten, die sonst zu Hause hätten erledigt werden müssen.[55]

1830 kam die Gemeinnützige Gesellschaft des Kantons Zürich zum Schluss, dass die Einrichtung von Arbeitsschulen notwendig und ohne finanziellen Aufwand machbar sei, «durch Tausende von Müttern, die sich zu Frauenvereinen zusammenschliessen, in den Gemeinden solche Schulen gründen und diese führen».[56] 1836 rief auch die Schweizerische Gemeinnützige Gesellschaft dazu auf, in allen Kirchgemeinden Frauenvereine zur «Erziehung und Bildung der weiblichen Jugend, besonders auch in weiblichen Arbeiten» zu gründen.[57] Einer der ersten Frauenvereine in der Deutschschweiz entstand 1836 auf Initiative des bereits erwähnten Thalwiler Pfarrers Johann Jakob Sprüngli. Schon 1837 eröffnete sein Verein eine private Arbeitsschule. Die Statuten sowie die Reglemente für den Schulbetrieb hatte Sprüngli selbst entworfen.[58]

«Alle Thalweilerschülerinnen haben freien Zutritt, nur die auswärtigen Sekundarschülerinnen bezahlen nach Verhältnis ihrer Stundenzahl. [...] Gelehrt soll werden: Nähen, Stricken, Namenzeichnen, Ausbessern, Flicken von Wäsche und Kleidern.»[59]

Der Thalwiler Frauenverein war vor allem für das Sammeln von Spendengeldern zur Finanzierung der Arbeitsschule zuständig.[60] Obwohl auch der Zürcher Erziehungsrat bereits in den 1830er-Jahren überzeugt war, «dass die Entstehung und Erhaltung von Arbeitsschulen für die weibliche Jugend ein dringendes Bedürfnis» sei und «die Schulbehörden möglichst das Ihrige zur Aufmunterung des Volkes, solche Anstalten einzurichten», beitragen sollten, blieben die Arbeitsschulen bis 1859 Privatsache.[61] Das private Finanzierungsmodell geriet jedoch bald in eine Krise. Der Frauenverein Thalwil etwa bekundete schnell Schwierigkeiten, die Arbeitsschule aufrechtzuerhalten. Weil die Spendeneinnahmen in den wirtschaftlich stagnierenden 1840er-Jahren stark zurückgingen, kündigte die Lehrerin die Stelle – mit dem geringen Lohn mochte sie nicht mehr weiterarbeiten.[62] Auch der kantonale Erziehungsrat zeichnete 1853 ein düsteres Bild der freiwilligen Arbeitsschulen.[63]

Bild links: Nicht die Kunst oder das Schöne sollte Inhalt der Arbeitsschule sein, sondern das Technisch-Praktische. Geübt wurde deshalb auch das Flicken von Socken.

Bild rechts: Stickmustertuch aus dem Jahr 1908.

Er konstatierte, dass vor allem in den ärmeren Gemeinden die mit privaten Geldern finanzierten Arbeitsschulen bereits eingegangen seien oder kurz vor dem Ende stehen würden. Insbesondere seien die Arbeitsschulen dann gefährdet, wenn die Schülerinnen für deren Besuch zahlen müssten:

«Muss aber für den Besuch der Arbeitsschulen ein Schulgeld, wozu für ältere Schülerinnen noch ein Ausfall der Wochenverdienste hinzu kommt, gefordert werden, so wird er gerade für diejenigen Schülerinnen am meisten erschwert, für die er zur grössten Wohlthat werden könnte.» [64]

Der Erziehungsrat sah wie die bürgerlichen Initianten in den Arbeitsschulen in erster Linie ein nützliches Instrument, um die ärmeren Mädchen zu sparsamen und tüchtigen Hausfrauen zu erziehen. Doch das Problem waren die Finanzen. Letztlich schien auch dem Erziehungsrat bewusst zu sein, dass eine dauerhafte Einrichtung der Arbeitsschulen nur dann erfolgreich sein würde, wenn sie verstaatlicht würden.

DIE «ARBEITSSCHULE» WIRD OBLIGATORISCH

Anlässlich einer Umfrage im Jahr 1857 äusserten sich die Bezirksschulpflegen grundsätzlich positiv zum regierungsrätlichen Vorschlag, die Arbeitsschule für alle Mädchen von der vierten bis zur sechsten Klasse obligatorisch einzuführen. Vorbehalte machten sie allerdings gegenüber der Finanzierung:

«Den Besuch der Arbeitsschule für die Mädchen eines gewissen Alters oblig[atorisch] zu erklären, können wir mit den meisten Schulpflegen nur in dem Falle [...] wünschen, wenn auch der Staat einen Theil der Kosten übernimmt. Wer befiehlt, der soll auch zahlen, ist hier ein Wort an seiner Stelle.» [65]

Letztlich sträubten sich sowohl Schulgemeinden als auch kantonale Behörden gegen die Übernahme der finanziellen Lasten. Die gewünschte staatliche Finanzierung des Unterrichts unterblieb deshalb vorerst. Nach wie vor mussten die Schülerinnen das Arbeitsmaterial für den Unterricht selbst kaufen. Immerhin stellten die Frauenvereine für Mädchen aus ärmeren Familien Wolle, Faden und Stoff zur Verfügung. Die Führung der Arbeitsschulen oblag weiterhin den Frauen der oberen Mittelschicht. Als Lehrerinnen arbeiteten ehrenamtlich oder gegen ein geringes Entgelt Schneiderinnen und

Schülerinnen der Arbeitsschule Wädenswil posieren um 1920 mit ihren selbst genähten Kleidern.

Weissnäherinnen. Der Staat machte keinen Hehl daraus, dass die finanzielle Unterstützung des Handarbeitsunterrichts Sache der Gemeinden und der Frauenvereine sei:

«Die Gemeindeschulpflegen haben darauf Bedacht zu nehmen, dass sich zur Unterstützung der Arbeitsschulen und der Lehrerinnen wo möglich in allen Gemeinden Frauenvereine bilden. Wo solche vorhanden, steht ihnen ein Vorschlagsrecht zu mit Bezug auf die Wahl und Besoldung der Lehrerin, und das Recht der Begutachtung aller die Entwicklung der betreffenden Arbeitsschulen wesentlich berührenden Fragen.»[66]

Die Arbeitsschulen waren eine Arbeits- und Reparaturwerkstätte für die Elternhäuser und die Lehrerin war gleichsam eine Angestellte der Mütter. Die Lehrerinnen besassen keine pädagogische Ausbildung und die Mütter bestimmten den Unterricht. Die Beaufsichtigung und Gestaltung des Unterrichts lag bei den Frauenvereinen und weniger bei den Schulbehörden, die oft keine Ahnung hatten, was in der Arbeitsschule geschah. Die wöchentliche Unterrichtszeit in «weiblichen Arbeiten» betrug an den meisten Schulen 6, teilweise sogar 9 Stunden pro Woche.[67] Um die zeitliche Mehrbelastung der Schülerinnen durch den Handarbeitsunterricht auszugleichen, dispensierte man die Mädchen von anderen Schulfächern, so etwa vom Turnunterricht.[68]

Eine Handarbeitsklasse in Dielsdorf. Fotografie von 1927.

Handarbeit und Werken

Noch bis in die 1980er-Jahre war der Unterricht in den Handfertigkeiten strikt geschlechterspezifisch. In der «Näschi» schnitten die Mädchen einen Filzkäfer, bestickten den Turnsack, strickten Sportsocken und nähten einen Kissenanzug. Die Knaben bastelten in der «Kartonage» oder im «Werken» ein Relief, ein Wasserrad, einen «Stiefelknecht» und schliesslich ein «Taburettli». Das gehört heute der Vergangenheit an. Im Fachbereich «Handarbeit» (Textilien, Holz, Papier, Ton, Metall, Kunststoff) lernen beide Geschlechter häkeln und hobeln, nähen und nageln.

1859–1899

Demokratische Reformen:
Der Ausbau der Volksschule
in der zweiten Hälfte des 19. Jahrhunderts
Region Winterthur

Der demokratische Umbruch der 1860er-Jahre im Kanton Zürich verlieh der Volksschule neue Impulse. Die Demokraten schafften im Schulbereich, getreu ihrer Forderung nach sozialer Gerechtigkeit, das Schulgeld ab und beseitigten damit eine Hürde für den erschwinglichen Schulbesuch aller sozialen Schichten. Die demokratische Bildungsexpansion kam indirekt auch den Frauen zugute. In den 1870er-Jahren unterrichteten die ersten Lehrerinnen an der Volksschule. Der Eintritt von Lehrerinnen in den Schuldienst stiess bei den männlichen Kollegen allerdings auf Widerstand. Die geplante grosse Schulreform gelang den Demokraten jedoch nicht. Sie mussten die Erfahrung machen, dass die vorgesehene Ausweitung der Schulpflicht und die Akademisierung der Lehrerbildung an der Urne nicht mehrheitsfähig waren. Insbesondere die Arbeiter- und Bauernfamilien verwehrten dem Projekt aus wirtschaftlichen Gründen ihre Zustimmung.

In den 1860er-Jahren erfolgten in der Schweiz tiefgreifende Veränderungen, welche die Grundlagen des politischen Systems erschütterten und bis Ende des 19. Jahrhunderts zur Ausweitung der demokratischen Rechte in den Kantonen und auf Bundesebene führten.[1] Der politische Umbruch, der die Alleinherrschaft der Liberalen beendete, wurde von der revolutionär anmutenden demokratischen Bewegung in die Wege geleitet und war eine Antwort auf die Folgen der Industrialisierung. Die Kräfte des wirtschaftlichen Wandels hatten die Gesellschaft im 19. Jahrhundert stark verändert. Die in Bewegung geratene Erwerbswelt und die wachsenden Ungleichheiten zwischen Arbeitgebern und Arbeitnehmern sowie zwischen Stadt- und Landbewohnern erzeugten soziale und politische Spannungen. Die wirtschaftlich bedrängten Unterschichten, die wachsende Klasse der Fabrikarbeiterinnen und Fabrikarbeiter, wehrten sich gegen ihre Unterordnung in den Fabriken und der Gesellschaft; Bauern und Gewerbetreibende traten gegen die hohen Steuer- und Zinslasten an.

Zu den zentralen Anliegen der Demokraten gehörten neben der Demokratisierung des politischen Systems auch soziale Begehren wie der Ausbau der Volksbildung und die Abschaffung des Schulgelds. Von einer besseren Bildung, welche die Menschen befähigt, gesellschaftlich aufzusteigen, erhofften sich die Demokraten sozialen Fortschritt und mehr Gerechtigkeit. Die demokratische Reform der Volksbildung kam indirekt auch den Frauen zugute. Ihnen wurde der Weg zu einer besseren Schulbildung und in die Erwerbswelt, so auch in den Lehrerinnenberuf, eröffnet. Dabei waren es jedoch weniger bildungspolitische und emanzipatorische Motive, als vielmehr gesellschaftliche und ökonomische Veränderungen, die seit den 1870er-Jahren die Zahl der Lehrerinnen an der Zürcher Volksschule steigen liessen. Die Durchsetzung des demokratischen Schulprogramms sowie der Einstieg der ersten Lehrerinnen in die Volksschule wird im Folgenden anhand der Region Winterthur, der Hochburg der demokratischen Bewegung, dargestellt.

DIE DEMOKRATISCHE BEWEGUNG IM KANTON ZÜRICH

Die demokratische Bewegung der 1860er-Jahre agierte im Kanton Zürich besonders intensiv.[2] Sie richtete ihre Angriffe gegen das herrschende liberale und wirtschaftsnahe Bürgertum, das in Parlament und Regierung stark vertreten war und die wichtigen Stellen in Verwaltung und Justiz an eine Klientel von Gesinnungsgenossen vergab. Als Prototyp dieser wirtschaftsliberalen Elite galt – weit über Zürichs Grenzen hinaus – der einflussreiche Industriemagnat Alfred Escher. Die soziale Kluft und die grosse Unzufriedenheit mit der liberalen Alleinherrschaft führten zur Bildung einer allerdings recht heterogenen Oppositionsbewegung, die von den Eliten ausserhalb der Hauptstadt – namentlich jener Winterthurs – über Intellektuelle, Ärzte, Advokaten, Lehrer, verschuldete Bauern und Gewerbetreibende bis hin zum Industrieproletariat reichte.

Im Dezember 1867 forderten grosse Volksversammlungen in Uster, Winterthur, Bülach und Zürich

Zeitungen, Flugblätter und politische Veranstaltungen spielten für die Popularisierung der demokratischen Anliegen eine wichtige Rolle. Mit diesem Flugblatt wird die Zürcher Bevölkerung zur Teilnahme an den Volksversammlungen vom Dezember 1867 in Zürich, Uster, Winterthur und Bülach aufgerufen.

1827 liess Heinrich Rieter die Baumwollspinnerei Niedertöss bauen. Anfangs dürften in der Spinnerei rund 60–80 Personen gearbeitet haben, in den 1870er-Jahren waren es bereits 240 Arbeiterinnen und Arbeiter.

eine Verfassungsrevision. Mit der Devise «Alles für das Volk» verlangte die demokratische Opposition die politische Kontrolle über die Regierung, das Parlament, die Verwaltung und die Justiz sowie die Beteiligung des Volks an den politischen Entscheidungsprozessen. In der Zürcher Bevölkerung fand die Opposition breite Unterstützung. Im Januar 1868 entschieden sich die Stimmberechtigten im Verhältnis von sieben zu eins für eine Totalrevision der Kantonsverfassung. Die neue Verfassung, die im April 1869 in der Volksabstimmung deutlich angenommen wurde, gewährte der Zürcher Bevölkerung ausgedehnte Rechte: die Volkswahl der Regierung, der Richter, der Lehrer und einzelner Exponenten der Verwaltung, etwa der Bezirksstatthalter, die Einführung der Gesetzesinitiative und des obligatorischen Gesetzesreferendums. Eingang in die Verfassung fanden auch sozialpolitische Postulate wie höhere Steuern für die hohen Einkommen und die Schaffung einer Staats- oder Kantonalbank, die dem «kleinen Mann» günstige Kredite gewähren sollte, sowie die Unentgeltlichkeit des Primarschulunterrichts.

DIE DEMOKRATISCHE BUNDESVERFASSUNG VON 1874

Der demokratische Umschwung erreichte in den 1870er-Jahren auch den Bundesstaat. 1874 wurde eine neue Bundesverfassung, welche die Elemente der direkten Demokratie einführte, an der Urne klar angenommen. Damit war auch auf Bundesebene das Ende der liberalen Alleinherrschaft besiegelt.[3]

Mit der Verfassung von 1874 behielt die Eidgenossenschaft ihre föderative Struktur aus dem Jahr 1848 bei, vermehrte aber ihre Kompetenzen vor allem auf sozialem und wirtschaftlichem Gebiet. Neben der Glaubens- und Gewissensfreiheit sowie der Handels- und Gewerbefreiheit, die erstmals garantiert wurden, gewährte die neue Verfassung auf der Ebene der Gemeinden und Kantone den männlichen Niedergelassenen aus anderen Orten oder Kantonen nach einer kurzen Übergangsfrist die Ausübung der politischen Rechte. Gleichzeitig wurde 1874 der Volksschulunterricht erstmals auf Bundesebene geregelt. Die Bundesverfassung verlangte, dass in allen Kantonen ein grundlegender, unter staatlicher Leitung stehender Unterricht erteilt werde und dass dieser Unterricht obligatorisch und in den öffentlichen Schulen unentgeltlich sei. Mit der Formulierung, dass die Schule unter staatlicher Leitung

Töss war um 1800 ein kleines Bauern- und Winzerdorf. Mit dem Einzug der Textilindustrie wandelte sich die Ortschaft im 19. Jahrhundert innerhalb weniger Jahrzehnte zu einer Industriegemeinde.

stehe und von den Angehörigen aller Bekenntnisse ohne Beeinträchtigung der Glaubens- und Gewissensfreiheit besucht werden könne, sollte das Volksschulwesen vollständig der Kirche entzogen und in den weltlichen, öffentlich-rechtlichen Machtbereich überführt werden. Damit wurden in der Bundesverfassung erstmals Minimalvorschriften für die Volksschule verankert – ein wesentliches Anliegen der demokratischen Bewegung.

TÖSS: VOM BAUERNDORF ZUR INDUSTRIESIEDLUNG

Die Gemeinde Töss bei Winterthur profitierte vom wirtschaftlichen Aufschwung und der Industrialisierung im 19. Jahrhundert besonders stark. Neue Fabrikbetriebe und Arbeitsuchende veränderten das Gesicht des ehemaligen Bauerndorfs fundamental. Die erfolgreiche Spinnerei und Spinnereimaschinenfabrik Rieter & Co. und die 1834 in Winterthur eröffnete Werkstätte der Gebrüder Sulzer liessen den Zustrom von Arbeiterinnen und Arbeitern nach Töss weiter wachsen.[4] Durch die Industrialisierung begann sich in Töss die Zusammensetzung der Dorfbevölkerung zu verändern. Bereits in den 1840er-Jahren überstieg die Zahl der Handwerker und Fabrikarbeiter diejenige der Bauern.[5] Während in den ländlichen Gemeinden noch bis gegen Ende des 19. Jahrhunderts fast ausschliesslich Gemeindebürgerinnen und -bürger lebten, nahm in Töss der Anteil der niedergelassenen Bewohnerinnen und Bewohner an der Bevölkerung stark zu.

Die Niedergelassenen hatten nach dem geltenden Gemeinderecht nicht die gleichen politischen Rechte wie die Gemeindebürger. Das Stimm- und Wahlrecht sowie die finanziellen Kompetenzen für die Nutzung der Gemeindegüter lagen in den Händen der Gemeindebürger. Selbstredend hatten die Tössemer Bürger nicht nur Freude am Zuzug von neuen und vor allem armen Dorfbewohnerinnen und Dorfbewohnern. Aus Angst vor steigenden finanziellen Belastungen erhöhten sie unter anderem mit der Anhebung der Gebühren die Schwelle für Niederlassungswillige. 1821 bezog die Gemeinde Töss von den zugezogenen Haushaltungen mit Eigentum jährlich 10 Franken, von solchen ohne Eigentum 6 Franken und von Einzelpersonen 4 Franken.[6] Mit der Niederlassungsgebühr erwarben die Zugezogenen die Nutzungsrechte am Gemeindegut. Obwohl die Gemeindegüter wie Wälder, Wiesen, Äcker, Liegenschaften oder Kapitalien ausdrücklich das Eigentum der Bürgergemeinde waren, kamen kommunale Einrichtungen wie die Schule, die Strassen oder

Ansicht von Töss um 1890. Für die vielen zugezogenen Arbeitskräfte mussten Wohnungen gebaut werden. Im Tössfeld, nordöstlich vom Dorfkern, entstand eine grosse Arbeitersiedlung und innerhalb weniger Jahre wuchs Töss mit der Nachbarstadt Winterthur zusammen.

die Feuerwehr auch den Niedergelassenen zugute. So floss in Töss ein Teil der Niederlassungsgebühr direkt in die Schulkasse. Im Gegenzug durften die Kinder der Niedergelassenen die Dorfschule besuchen. Doch die gleichen Rechte wie die Bürgerkinder besassen sie nicht.

ZWEIERLEI SCHÜLERINNEN UND SCHÜLER

Als in Töss in den 1850er-Jahren wegen der grossen Schülerzahl die Einrichtung einer weiteren Lehrerstelle nötig wurde, kam es wegen der Kosten zu einem langwierigen Streit zwischen den Gemeindebürgern und den Niedergelassenen. Der Streit um die Schulkosten in Töss wurde in den 1860er-Jahren durch die demokratische Bewegung zusätzlich politisiert. Die Niedergelassenen, die vorwiegend Arbeiterfamilien waren, forderten bereits 1861 in den schulischen Angelegenheiten gleiche Rechte und Pflichten für alle Dorfbewohner.

Die Bürgergemeinde Töss hatte 1845 einen grösseren Schulfonds geäufnet. Dazu hatte sie den seit mehreren Jahren angefallenen Gewinn aus dem Gemeindegut – rund 8000 Gulden – in die Schulkasse gesteckt.[7] Aus dem Ertrag der aufdotierten Schulkasse sollten in Zukunft «alle Schulbedürfnisse der Bürgerkinder befriedigt» werden. So zahlten dank dieser «Freischule» die Tössemer Bürger fortan kein Schulgeld mehr. Die Lehrerlöhne, die Heizkosten, die allgemeinen Lehrmittel und der Unterhalt des Schulhauses wurden aus dem Schulfonds bestritten.[8] Auch die Unterrichtsmaterialien wie Tafeln, Griffel, Kreide, Papier, Federn, Tinte und Schulbücher erhielten die Kinder unentgeltlich. Anders sah es für die Niedergelassenen aus. Der bürgerliche Schulfonds blieb ihnen verschlossen. Sie mussten ein jährliches Schulgeld und die Lehrmittel sowie Schreibmaterialien selbst bezahlen.[9]

Die Spannungen in der Schulgemeinde Töss begannen, als die Schulpflege 1850 von der Bezirksschulpflege Winterthur aufgefordert wurde, eine dritte Lehrerstelle zu schaffen. Weil in der Unterstufe und der Mittelstufe je rund 120 Kinder sassen, war die Schülerzahl in beiden Abteilungen nach dem Gesetz zu gross geworden. Die Gemeindeschulpflege, die eine Teilung der Schule «in Beziehung auf Erziehung & Jugendbildung» zwar durchaus befürwortete, kam zu dem Schluss, dass die Gemeinde eine weitere Lehrerstelle finanziell unmöglich verkraften könne. Die Gemeinde Töss machte die Niedergelassenen dafür verantwortlich, dass überhaupt ein zusätzlicher Lehrer angestellt werden musste und rechnete dem

Bild links: Arbeiter der Metallgiesserei der Firma Sulzer 1897.

Bild rechts: Die in den 1860er-Jahren erstellte Rieter-Siedlung in Töss war eine der ersten Werksiedlungen der Schweiz, die von einem Fabrikunternehmer für seine Angestellten gebaut wurde. Die Doppelwohnhäuser mit dem grosszügigen Garten waren ein erster Schritt zur Verbesserung der Wohnsituation in Töss.

Erziehungsrat vor, dass sich das Zahlenverhältnis zwischen Bürgerkindern und zugezogenen Schulkindern deutlich verschoben habe. So waren im Jahr 1850 von den 238 Primarschülerinnen und -schülern 146 Bürgerkinder und 92 Niedergelassene.[10] Der Anteil der Niedergelassenen betrug also bereits knapp 40 Prozent. Vor diesem Hintergrund wehrte sich die Gemeinde dagegen, dass die finanziellen Mehrausgaben von der Bürgergemeinde bestritten werden sollten:

» Es werden wenige Gemeinden seyn, in welchen so viele Nichtverbürgte wohnen, daher dürfen wir um so eher hoffen, der hohe Erziehungsrath werde, unsern Verhältnissen Rechnung tragend, uns gerne mit Rath beystehn, wie wir die Mittel zu einer 3ten Schule, ohne grossen Nachtheil der Bürgerschaft, herbeyschaffen können. »[11]

Die Schulpflege Töss erwog, das Schulgeld der Niedergelassenen zu erhöhen. Dies war gar nicht so abwegig, bezog doch das «reiche» Winterthur von jeder Primarschülerin und jedem Primarschüler jährlich ein Schulgeld von rund 2 bis 5 Gulden (3 bis 8 Franken). Doch die Schulpflege Töss verwarf diesen Gedanken gleich wieder. Ein so hohes Schulgeld wie in der Stadt Winterthur wäre «für arme Hausväter, die aus ihrem oft kümmerlichen Verdienste eine zahlreiche Kinderschar erhalten müssen», schlichtweg «unerschwinglich», schrieb die Schulpflege dem Erziehungsrat.[12]

FORDERUNG NACH GLEICHEN RECHTEN

Noch bevor der Rekurs der Schulpflege Töss gegen die Einrichtung der Lehrerstelle vom Erziehungsrat entschieden war, brach in der Schulgemeinde Töss der Konflikt zwischen den Niedergelassenen und den Bürgern offen aus. Im Frühling 1851 wurde publik, dass die Schulkasse ein Defizit von rund 450 Gulden (720 Franken) aufwies.[13] Offensichtlich reichte der Ertrag des Schulfonds nicht aus, um die Freischule zu finanzieren. Wohl oder übel stimmte die Schulgemeinde Töss im März 1851 einer separaten Schulsteuer zu. Gleichzeitig wurde beschlossen, «um die Wiederholung einer Schulsteuer zu verhüten», dass die Bürgerkinder «mit dem Anfang des neuen Schulkurses alle erforderlichen Schreib- & Zeichnungsmaterialien wieder selbst anzuschaffen» hätten. Doch als die Gemeinde Töss im November 1851 zur Deckung des Defizits von den Bürgern und den Niedergelassenen die Schulsteuer einziehen wollte, weigerten sich mehrere Zugezogene, diese zu bezahlen.[14] Obwohl die Argumente der

Bild links: Die Sulzer-Fabrikgebäude um 1900. Die Giessereiwerkstatt, die Johann Jakob Sulzer 1834 auf dem noch unbebauten Tössfeld bei Winterthur in Betrieb nahm, entwickelte sich in der zweiten Hälfte des 19. Jahrhunderts zu einer international führenden Maschinenfabrik.

Bild rechts: Ansicht der Baumwollspinnerei Hard in Wülflingen. Die 1802 gegründete Spinnerei beschäftigte von Beginn an Jugendliche aus der Umgebung. Die Fabrikkinder erhielten wöchentlich zweimal abends und am Sonntag Unterricht. 1839 wurde die Fabrikschule aufgehoben. Fortan gingen die Kinder in die Gemeindeschule. Fotografie um 1900.

Niedergelassenen gegen die Bezahlung der Steuer nicht bekannt sind, lassen sich deren Gründe erahnen. Da sie von der Freischule nicht profitierten, sondern die Schulkosten selbst tragen mussten, waren sie nicht bereit, zur Deckung des Defizits beizutragen. Wie es dem «Schulverwalter» von Töss doch noch gelang, die «renitierenden» Dorfbewohner dazu zu bringen, die Steuer wenig später zu bezahlen, bleibt im Dunkeln.[15]

Der offene Widerstand der Niedergelassenen erzürnte die Schulpflege und die Bürgerschaft von Töss erst recht. Die Schulpflege machte daraufhin eine Zusammenstellung der Rechnungen der Schulkasse von 1846–1850, dies, um zu klären, ob die Zugezogenen überhaupt «Ursachen» hätten, «über diese Steuer zu klagen».[16] Die Schulpflege kam zu dem Schluss, dass der Anteil der jährlichen Aufenthaltsgebühr von 40 Gulden (64 Franken), welcher der Schulkasse zufloss, nicht mehr genügte, um die allgemeinen Schulkosten der zugezogenen Kinder zu decken. Diese Feststellung verleitete die Schulpflege dazu, sich bitter über die Niedergelassenen zu beklagen:

«Diese Thatsachen leisten daher auch den Beweis: die Ansässen [die Niedergelassenen] haben nicht nur keine Ursache zu klagen, sondern sie hätten eher eine Pflicht der Dankbarkeit zu erfüllen [...].»

Die Schulpflege Töss konnte sich mit einer einheitlichen Regelung nicht anfreunden und blieb dabei, dass die zugezogenen Kinder Schulgeld bezahlen sollten, während die Bürgerkinder davon befreit blieben. Doch der Erziehungsrat entschied im Frühling 1861 eindeutig zugunsten der Niedergelassenen.[17] Nach dem neuen Unterrichtsgesetz von 1859 war es den Schulgemeinden zwar erlaubt, die Bürgerkinder vom Schulgeld zu befreien, dies jedoch nur, wenn der Schulfonds ausreiche und keine Schulsteuern eingezogen werden mussten. Das war in Töss nicht der Fall. Die Gemeinde hatte seit den 1850er-Jahren beinahe jedes Jahr zur Deckung des Defizits eine Steuer erheben müssen.[18] Aus diesem Grund verbot der Erziehungsrat der Schulpflege Töss, einen Unterschied zwischen Bürgern und Niedergelassenen zu machen. Fortan wurden alle Kinder gleich behandelt und alle hatten das Schulgeld und die Lehrmittel zu bezahlen.[19] Mit dieser Entscheidung fand die ungleiche Behandlung der Gemeindebürger und der Niedergelassenen im Fall der Tössemer Schule ein Ende. Wenig später wurden mit der demokratischen Kantonsverfassung von 1869 und der Bundesverfassung von 1874 die politischen Vorrechte der Bürgergemeinde aufgehoben und alle Gemeindebewohner erhielten das Stimm- und Wahlrecht auf kommunaler und kantonaler Ebene.[20] Die Frage nach der generellen

Bild links: 1825 baute die Gemeinde Töss ein neues Schul- und Gemeindehaus, das bis 1864 als Unterrichtsort diente. Da in der Gemeinde eine Kirchenuhr fehlte, baute man 1830 auf das Schulhaus ein Türmchen mit einer Schlaguhr und einer Glocke.

Bild rechts: Tössemer Primarschulklasse von 1907. Fünf Jahre zuvor, im Jahr 1902, hatte die schnell wachsende Gemeinde bereits ihr viertes Schulhaus eröffnet.

Unentgeltlichkeit des Unterrichts, das heisst der Abschaffung des Schulgelds, erlangte mit der demokratischen Bewegung eine Wende.

DAS DEMOKRATISCHE SCHULPROGRAMM

Die Reform des Schulwesens war ein zentrales Anliegen der demokratischen Bewegung und mit einer klaren Absage an die Schulpolitik der Liberalen verbunden.[21] Diese hatten sich um die Förderung der Volksschule nicht verdient gemacht, sondern vorwiegend in den Ausbau der höheren Schulen investiert. Während die Liberalen das Polytechnikum (die spätere ETH Zürich) begünstigten, wo sie nur konnten, begnügten sie sich bei der Revision des Volksschulgesetzes von 1859 mit der Festschreibung der gegebenen Zustände; ein Ausbau der Schulpflicht wurde verworfen. Für den linken Flügel der Freisinnigen, die späteren Demokraten, war dieses Gesetz eine bittere Enttäuschung. In ihrem Reformprogramm forderten die Demokraten neben dem allgemeinen Ausbau der Volksbildung auch die Einführung des obligatorischen und kostenlosen Schulbesuchs.

Obwohl sich der Schulbesuch seit 1832 allgemein durchgesetzt hatte, klagten die Lehrer und Schulbehörden immer wieder über die tiefe Schulbesuchsquote. Für die Demokraten war klar, dass nur mit der konsequenten Durchsetzung des Schulobligatoriums die Kinder und Jugendlichen von der Fabrikarbeit abgehalten werden konnten und sich dadurch der Stand der Volksbildung heben liess. Nur wenn die Schule auch besucht wurde, konnte eine minimale Bildung der Schülerinnen und Schüler garantiert werden. Eine weitere Stossrichtung der demokratischen Schulpolitik verfolgte ein staatspolitisches Ziel. Wenn die Bürger an der Gesetzgebung und Leitung des Staats teilnehmen sollten, mussten sie erst durch Bildung souverän werden:

«Es gehört mit zu den Zwecken des modernen Staates, dass seine sämtlichen Angehörigen den Grad der Bildung erreichen, der sie zur Ausübung der nothwendigsten Staatszwecke befähigt.»[22]

Die Forderung nach der Unentgeltlichkeit des Unterrichts war für die Demokraten ein sozialpolitisches Anliegen, das sie als eine «natürliche Folge des Schulzwangs ab Seiten des Staates» interpretierten.[23] Wenn der Staat den Schulbesuch vorschreibe, dürfe dieser auch nichts kosten, wurde argumentiert. Ausserdem sei die Schule ein staatliches Institut, das einem allgemeinen Bedürfnis und einem öffentlichen Zweck entspreche und deshalb für alle, unabhängig vom Einkommen, zugänglich sein müsse. Mit dem Ausbau der Volks-

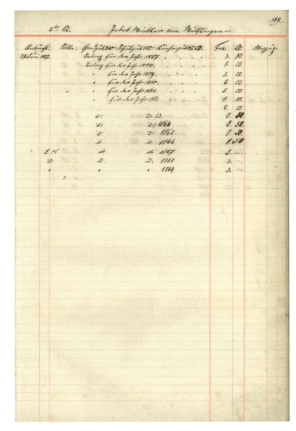

Alle Personen, die in Töss wohnhaft, aber nicht Bürger der Gemeinde waren, hatten eine jährliche Niederlassungsgebühr zu entrichten. Erst die neue Kantonsverfassung von 1869 gewährte allen männlichen Gemeindebewohnern die gleichen Rechte. Auszug aus dem Niederlassenenregister der Gemeinde Töss.

schule verbanden die Demokraten die Hoffnung auf eine sozial gerechte Gesellschaft, die mit der «Steigerung der Intelligenz und Produktionskraft aller Volksklassen» erreicht werden sollte.

DIE DEBATTE UM DAS SCHULGELD IM ZÜRCHER VERFASSUNGSRAT

Die Forderung nach dem obligatorischen und unentgeltlichen Primarschulunterricht sollte in der neuen, demokratischen Verfassung verankert werden. Bei den Beratungen des sogenannten Schulartikels kam es im Verfassungsrat zwischen den Liberalen und den Demokraten wegen der Unentgeltlichkeit des Unterrichts zu hitzigen Debatten. Der liberale Regierungsrat Karl Adolf Huber (1811–1889) leitete die Diskussion ein und verwarf die Aufhebung des Schulgelds aus Gründen der Zweckmässigkeit. Es habe sich nämlich gezeigt, dass im Volk die Ansicht vorherrsche, «dass das, was nichts koste, auch nichts werth sei».[24] Von Seiten der Demokraten erhob sich ein wahrer Sturm der Entrüstung gegen diese Attacke auf die Unentgeltlichkeit. Der Sekundarlehrer, demokratische Politiker, Redaktor und spätere Erziehungsdirektor Johann Kaspar Sieber (1821–1878) eröffnete den Reigen und sprach an, was ihm bei diesem Programmpunkt am meisten am Herzen lag. Er war überzeugt, dass vor allem die sozial tief stehenden Bevölkerungsschichten von der Erhebung des Schulgelds betroffen waren und meinte, man solle die Leistungsfähigkeit dieser Bedürftigen nicht überbeanspruchen,

«[...] sondern es ihnen möglich machen, sich nach und nach aus ihrem ökonomischen Elend emporzuarbeiten, und hiezu sind die Hebel: Entlastung von drückenden Steuern und zureichende Bildung nach den Bedürfnissen der Gegenwart.»[25]

Für die Demokraten war es unabdingbar, dass es bei den Schulkosten zu einer Umverteilung zwischen den ärmeren und den reicheren Bevölkerungsschichten kommen musste. Dieser Ausgleich sollte sich über das Steuerwesen vollziehen. Jeder Steuerzahler sollte seinen finanziellen Möglichkeiten entsprechend angemessen für die Aufwendungen der unentgeltlichen Volksschule aufkommen. Der demokratische Schulartikel setzte sich im Verfassungsrat mit überwältigender Mehrheit durch:

«Der obligatorische Volksschulunterricht ist unentgeltlich. Der Staat übernimmt unter Mitbetheiligung der Gemeinden die hierfür erforderlichen Leistungen.»[26]

Das gescheiterte Unterrichtsgesetz von 1872

Obwohl die demokratische Bewegung nach der Verfassungsreform von 1869 im Kanton Zürich politisch den Ton angab, erwies es sich als schwierig, die Postulate zur Schulreform zu verwirklichen.

Bei den Wahlen im Frühling 1869 wurde der überzeugte Demokrat und Sekundarschullehrer Johann Kaspar Sieber in den Regierungsrat gewählt und übernahm die Erziehungsdirektion.[1] Sieber begann sich sogleich mit einem neuen Schulgesetz zu befassen. Sein Gesetzesentwurf sah im Wesentlichen drei grosse Änderungen vor. Die obligatorische Schulpflicht wurde auf die Oberstufe, das siebte bis neunte Schuljahr, ausgeweitet. Den Jugendlichen sollte nach der obligatorischen Schule die «Zivilschule» als zweijährige Berufs- und Weiterbildungsschule offenstehen. Schliesslich sollte die Ausbildung der Volksschullehrer an der Universität erfolgen.

Vor allem die Akademisierung des Lehrerberufs und die Ausdehnung der Schulpflicht auf neun Jahre stiessen auf Kritik und waren in der Öffentlichkeit umstritten. Dabei waren es nicht nur die Liberalen, die gegen das demokratische Schulgesetz Stimmung machten. Auch aus der Arbeiterschaft kam Widerstand. Die Arbeiterfamilien fühlten sich von der Verlängerung der Schulzeit am stärksten betroffen, da ihnen dadurch der Verdienst der Kinder entging. Aus ökonomischen Gründen hatten die Arbeiter bereits im April 1870 die Revision des kantonalen Fabrikgesetzes, das die maximale tägliche Arbeitszeit auf zwölf Stunden herabgesetzt hätte, in der Volksabstimmung zum Scheitern gebracht. Die grosse Erwartung der Demokraten, über die Erweiterung der Volksrechte den sozialen Fortschritt voranzutreiben und dem Ideal einer klassenlosen Gesellschaft näherzukommen, erwies sich als unrealistisch. Das Unterrichtsgesetz Siebers fand an der Urne keine Zustimmung und wurde im April 1872 mit rund 70 Prozent Nein-Stimmen verworfen. Erst nachdem 1877 das eidgenössische Fabrikgesetz angenommen worden war, das die Kinderarbeit bis zum 14. Altersjahr verbot, drängte sich im Kanton Zürich der Ausbau der obligatorischen Schulpflicht auf. Die Forderung liess sich jedoch nicht leicht durchsetzen. Die Stimmberechtigten lehnten mehrere Vorlagen und Initiativen ab. Erst mit einer stark verkürzten Gesetzesfassung kam die Schulreform, welche die obligatorische Schulpflicht auf acht Jahre erhöhte, 1899 zustande.

Die Gründe für den Misserfolg der demokratischen Volksschulpolitik sind vielfältig. Die demokratische Bewegung musste in den 1870er- und 80er-Jahren erleben, dass ihre Postulate weit weniger populär waren als erhofft. Die antiklerikale Polemik gegen die katholischen und protestantischen «Pfaffen» kam in weiten Bevölkerungskreisen nicht an. Schliesslich erwies sich das Kernanliegen der demokratischen Verfassungsreform von 1869, die Einführung des obligatorischen Gesetzesreferendums und die Volkswahl der Kantonsregierung, schulpolitisch als Bumerang. Die obligatorische Volksabstimmung für kantonale Gesetze machte die Schulreform anfällig für populistische Stimmungsmache – bis 1899 scheiterten an der Urne denn auch überraschend mehrere schulpolitische Vorlagen trotz Unterstützung durch die Regierung und das Parlament.

Der demokratische Erziehungsdirektor Johann Kaspar Sieber (1821–1878) versuchte mit einem neuen Unterrichtsgesetz seine bildungspolitischen Ideen zu verwirklichen. Der Entwurf scheiterte jedoch 1872 in der Volksabstimmung.

Bild unten: Aufruf an die Stimmberechtigten des Kantons Zürich, im April 1872 für das neue Schulgesetz ein Ja in die Urne zu legen.

Bild links: Küsnachter Seminaristinnen und Seminaristen um 1890. Obwohl Frauen bereits seit 1874 als Schülerinnen zugelassen waren, blieben sie in der Minderzahl. Im Schuljahr 1891 besuchten 175 Männer und 17 Frauen das Seminar.

Bild rechts: Das Lehrerkollegium des Seminars in Küsnacht von 1874. Der Seminardirektor Heinrich Wettstein (1831–1895) (hintere Reihe, Dritter von links) machte sich einen Namen als Lehrmittelautor und engagierte sich für die seminaristische Ausbildung von Frauen.

Mit der Annahme der neuen Verfassung war die Unentgeltlichkeit des Volksschulunterrichts beschlossene Sache. Das entsprechende Gesetz wurde bereits am 20. Februar 1870 von der Bevölkerung mit rund 72 Prozent Ja-Stimmen angenommen.[27]

«DIESE LEHRMITTEL KOSTEN VIEL GELD»

Mit der Abschaffung des Schulgelds erfüllte sich 1870 ein wichtiges Postulat der demokratischen Schulreform. Die Bezahlung des Schulbesuchs hatte bis anhin in den Zuständigkeitsbereich der Familie gehört und war ein Zeichen ihrer Selbstverantwortlichkeit gewesen. Nun nahm ihr der Staat diese Pflicht im Zuge des Ausbaus seiner Sozialleistungen ab.[28] Zwei Jahre später, 1872, wurde auch der Besuch der Sekundarschule unentgeltlich.[29]

Bei den Debatten um den Schulartikel in der Verfassungskommission nicht zur Diskussion stand die unentgeltliche Abgabe der Lehrmittel. Die Kosten der Unterrichtsmittel mussten nach wie vor die Eltern und die Schulgemeinde tragen. Im Bericht der Winterthurer Bezirksschulpflege über die Schuljahre 1872–1875 ging die Behörde ausführlicher auf die Beschaffungskosten der Lehrmittel ein.[30] Viele Gemeindeschulpflegen hätten in ihren Jahresberichten den Wunsch der «Unentgeltlichkeit der Lehrmittel» ausgesprochen. Gleichzeitig bemühten sie sich indes, wie die Bezirksschulpflege lobend konstatierte, «das Möglichste zu thun, um die Anschaffung zu erleichtern». So hatte die Schulpflege von Sitzberg bei Turbenthal «trotz der notorischen Mittellosigkeit der Schulgenossen» die neuen Geografie- und Geschichtslehrmittel angeschafft und die Lehrmittel den Kindern zum halben Preis abgegeben. Das Bauerndorf Dinhard im Zürcher Weinland erhielt seine Freischule «trotz der durch die Besoldungserhöhungen nothwendig gewordenen Steuern» aufrecht. Die Schulpflege Pfungen wiederum unterstützte die Anschaffung der Lehrmittel jährlich mit 150 Franken. Dennoch fiel es den ärmeren Landgemeinden schwer, bei der Finanzierung der Schule ohne die Beiträge der Eltern auszukommen. Die unentgeltliche Abgabe der Lehrmittel und Schreibmaterialien war denn auch eine Forderung, die von den Schulgemeinden immer wieder gestellt wurde.

Entsprechende Vorstösse auf kantonaler Ebene hatten jedoch keine Chance. 1887 wurde die «Winterthurer Initiative», die eine unentgeltliche Abgabe der Lehrmittel und der Schreibmaterialien in der Primar- und der Sekundarschule verlangte, deutlich abgelehnt.[31] In der Volksabstimmung vom Dezember 1888 scheiterte eine vergleichbare Verordnung für die Sekundarschulen.[32] Erst mit dem neuen Volksschulgesetz von 1899, das die Unentgeltlichkeit der Lehrmittel vorsah, wurde ein weiterer Schritt in Richtung eines erschwinglichen Schulbesuchs für alle sozialen Schichten getan.

DIE ERSTEN LEHRERINNEN IN DER VOLKSSCHULE

In den 1870er-Jahren traten die ersten Frauen als Lehrerinnen an der Volksschule auf. 1871 waren im Kanton Zürich acht Frauen als Primarlehrerinnen angestellt, 1881 waren es bereits 53.[33] Der Einstieg der Frauen in den Lehrerberuf war einerseits das Resultat der Frauenbewegung, die sich seit den 1870er-Jahren verstärkt für die rechtliche und wirtschaftliche Gleichstellung der Frauen einsetzte. Anderseits waren es vor allem bildungspolitische und ökonomische Gründe, welche die Zahl der Lehrerinnen an der Volksschule steigen liessen.

Der demokratische Schulartikel in der Bundesverfassung von 1874 war für die Lehrerinnen ein wichtiger Türöffner. Nach 1874 stieg der Bedarf an gut ausgebildeten Lehrkräften stark an, weil sich nun die Kantone bemühten, ihr Schulwesen auf den in der Verfassung geforderten Stand zu bringen und den bisher eher lax gehandhabten obligatorischen Schulbesuch durchzusetzen. Der Kanton Zürich baute zwischen 1870 und 1900 die Lehrerstellen aus, um die durchschnittliche Klassengrösse zu reduzieren und dadurch eine wichtige Voraussetzung für verbesserte Unterrichtsverhältnisse zu schaffen. 1870 betrug die durchschnittliche Klassengrösse rund 80, drei Jahrzehnte später noch 55 Kinder.[34] Der Bedarf an Lehrkräften wurde zusätzlich erhöht, weil viele Lehrer in den 1870er- und 80er-Jahren in finanziell lukrativere Berufe abwanderten, so zum Beispiel in den wachsenden Dienstleistungssektor.[35] Dem seit den 1870er-Jahren herrschenden Lehrermangel begegnete man nun teilweise mit der Anstellung von Lehrerinnen.[36]

Für die steigende Zahl der Lehrerinnen an der Volksschule waren neben dem bildungspolitischen Aspekt ökonomische Gründe entscheidend.[37] Im 19. Jahrhundert wurde deutlich, dass die Rolle, die nach den bürgerlichen Vorstellungen den Frauen zugewiesen war, durch die Industrialisierung infrage gestellt wurde. Die Grundregel, dass den Frauen die unbezahlte Arbeit im Haushalt und in der Familie zukomme, während den Männern die bezahlte Berufsarbeit vorbehalten sei, liess sich in der industrialisierten Welt nicht durchsetzen. Am augenfälligsten war dies bei der Fabrikarbeiterschaft, wo die niedrigen Löhne auch Mädchen und Familienmütter zum ausserhäuslichen Erwerb zwangen. Aber auch in der wachsenden lohnabhängigen Angestellten- und Beamtenschicht wurde der Unterhalt nichterwerbstätiger Töchter zu einer finanziellen Belastung. Dem Kleinbürgertum fehlten schlicht die Mittel, um unverheirateten weiblichen Angehörigen ein Leben nach bürgerlichen Vorstellungen zu ermöglichen.

Die Förderung der weiblichen Berufsbildung hatte weniger mit der emanzipatorischen Forderung nach besserer Ausbildung und gleichen Berufschancen für Frauen zu tun als mit der Sorge um die wachsende Anzahl lediger Frauen, die weder Vermögen noch Erwerbsmöglichkeiten hatten. Der Beruf der Lehrerin eröffnete vor allem bürgerlichen Töchtern ein Tätigkeitsfeld, das nicht in Widerspruch zur traditionellen Rolle der Frau als Mutter und Erzieherin stand und zugleich die Möglichkeit einer selbstständigen Existenz bot.[38]

Die ersten acht Absolventinnen des Seminars Küsnacht mit ihren männlichen Kommilitonen. Fotografie von 1878.

DIE AUSBILDUNG VON LEHRERINNEN

Bis zum Beginn der 1870er-Jahre gab es ausser in der Stadt Zürich, wo Lehrerinnen an Mädchenelementarklassen und als Fachlehrerinnen an der Sekundarschule wirkten, im Kanton Zürich keine im öffentlichen Dienst angestellten Lehrerinnen.[39] Ebenso wenig existierte im Kanton eine institutionalisierte Ausbildung für Lehrerinnen. Doch mit dem Ausbau des Schulwesens und angesichts des spürbaren Lehrermangels war der Kanton gewillt, seine Haltung gegenüber dem Ausschluss von Frauen vom Lehrerberuf zu revidieren.[40]

Auf private Initiative wurde 1871 an der höheren Töchterschule in Winterthur ein Ausbildungsgang für Lehrerinnen geschaffen.[41] 1872 beschloss der Regierungsrat die Wählbarkeit von Lehrerinnen auf kantonalzürcherische, das heisst staatliche und nicht nur städtische Lehrerstellen, sofern sie die Primarlehrerprüfung bestanden hatten. Im Frühling 1873 erhielten in Winterthur auf der Grundlage einer vom Stadtschulrat abgenommenen Prüfung sechs Frauen Abgangszeugnisse der höheren Töchterschule. Sie arbeiteten daraufhin als Erzieherinnen oder Anstaltslehrerinnen im Ausland. Am Seminar Küsnacht wurden ein Jahr später, im Frühling 1874, sechs Schülerinnen der Winterthurer Töchterschule patentiert.[42]

1874 wurden auf Veranlassung des Erziehungsrats auch die ersten 16 Lehramtskandidatinnen ins Seminar Küsnacht aufgenommen und zusammen mit den männlichen Seminaristen unterrichtet.[43] Der staatliche Ausbildungsweg stand nun beiden Geschlechtern offen. Insbesondere Heinrich Wettstein (1831–1895), Seminardirektor in Küsnacht von 1875–1895 und entschiedener Befürworter von Lehrerinnen an den öffentlichen Schulen, setzte sich für eine gesicherte Qualität der wissenschaftlichen Ausbildung der Lehrerinnen ein und wollte die Volksschule nicht den «Lehrschwestern», das heisst Lehrerinnen ohne genügende wissenschaftliche Ausbildung, überlassen.[44] Wohlwollend beurteilte der Regierungsrat in seinem Jahresbericht von 1875 die gemeinsame Ausbildung von Frauen und Männern am Seminar Küsnacht:

«Das Zusammensein von Zöglingen beider Geschlechter in der Anstalt zeigte keinerlei Nachtheile; der Ernst der Arbeit und die Prosa des täglichen Verkehrs boten das Gegengewicht gegen Träumereien und Ausschreitungen, und hatten eine sittigende Wirkung, so dass die Direktion es bedauern würde, wenn die Errichtung der weiblichen Seminarien die Folge hätte, dass das Seminar in Küsnacht seine weiblichen Zöglinge verlöre.»[45]

Im ersten Stock des Schulhauses von Seegräben unterrichtete Lehrerin Kunz die 37 Kinder der ersten und zweiten Klasse. Zeichnung um 1875.

«Die Disciplin dürfte besser sein»: Besuch des Visitators in der Primarschule Seegräben

Am 15. September 1874 besuchte der Schulinspektor den Unterricht von «Jungfer Kunz» in Seegräben.[1] Die junge Lehrerin unterrichtete 37 Erst- und Zweitklässler in einem kleinen, dunklen Schulzimmer im ersten Stock des Schulhauses. Lehrerin Kunz machte an diesem Morgen mit ihren Schülerinnen und Schülern eine mündliche Sprachübung. Als positiv beurteilte der Inspektor, dass bei dieser Lektion «verschiedene Wörter aus der Mundart ins Schriftdeutsche» übertragen wurden. Ausserdem lobte er die Lehrerin, weil sie «die Fragen schön & deutlich» aussprach und «die Schüler zum lauten & richtigen Sprechen» anhielt. Der Besucher hatte allerdings einzuwenden:

«Ein Spaziergang ‹in Gedanken› mit der I Cl[asse] wird zum ungeregelten, endlosen Geplauder, wenn auch in einzelnen Theilen der Charakter freundlicher Unterhaltung hervortritt. Die Schüler produzieren die Namen von allerlei Blumen: ‹Stinkhofert›, ‹Jungferngsichtli› etc. und bringen damit die Lehrerin in Verlegenheit, weil sie diese Blumen nicht kennt. Solche botanische Pot-pouri verleiten die Schüler zu oberflächlichem Geschwätz, so lieblich & freundlich sie auch zartfühlenden Seelen erscheinen mögen.»

Trotz der kritischen Beurteilung der Lektion kam der Inspektor zu einem positiven Urteil über die Schule in Seegräben, dies nicht zuletzt wegen der guten Leistungen von Lehrerin Kunz:

«Der hingebende Fleiss & die geistige Betätigung der Lehrerin lassen erwarten, dass sie [die Schülerinnen und Schüler] zu grösserer Klarheit in der Methode gelangen & dann noch entsprechend bessere Erfolge erzielen werden.»

Da es im Schulhaus von Elgg kein freies Klassenzimmer mehr gab, unterrichtete Christine Rust 1886 ihre 40 Kinder in einem provisorischen Schulzimmer, das im Erdgeschoss dieses Gebäudes am Obertor eingerichtet wurde.

Die Lehrerinnen, die an der Zürcher Volksschule unterrichteten, waren den männlichen Lehrkräften bezüglich Ausbildung, Anstellung und Lohn grundsätzlich gleichgestellt.[46] Obwohl der Kantonsrat 1875 ein Postulat annahm, das den Regierungsrat aufforderte zu prüfen, «ob nicht hinsichtlich der Ausbildung, Prüfung und Wahlberechtigung weiblicher Lehramtskandidatinnen besondere Bestimmungen zu erlassen seien», hielt der Regierungsrat an seiner Politik der Gleichstellung fest.[47]

DER WIDERSTAND DER LEHRERSCHAFT GEGENÜBER DEN LEHRERINNEN

Der Regierungsrat hatte grundsätzlich keine Bedenken gegenüber der Tätigkeit von Frauen als Lehrerinnen an der Volksschule. Doch in der Lehrerschaft löste die Verfügung der Regierung, die Lehrerinnen den Lehrern gleichzustellen, Ressentiments und latenten Widerstand aus.[48] Die Lehrer befürchteten, dass mit dem Eindringen der Frauen in den Schuldienst der Beruf an Status verliere und die Löhne sinken würden. Die Angst der Lehrer vor dem Prestigeverlust war naheliegend, denn der Lehrerberuf stellte gerade in ländlichen und kleinstädtischen Verhältnissen eine der wenigen Aufstiegschancen für Angehörige der Unterschicht dar und galt als Sprungbrett für militärische und politische Karrieren.

Die Frage, ob die Einstellung von weiblichem Lehrpersonal für die männlichen Stelleninhaber zu einem unliebsamen Konkurrenzdruck führen werde, scheint an der Zürcher Schulsynode von 1875 die Diskussionen um die Lehrerinnenfrage bestimmt zu haben.[49] Die beiden Referenten, Sekundarlehrer Bodmer aus Stäfa und Primarlehrer Heinrich Wettstein aus Uster, sprachen sich beide grundsätzlich für die Zulassung der Frauen zum Schuldienst aus. Während Wettstein sich für die Gleichstellung der Frauen und Männer im Lehrberuf starkmachte, plädierte Bodmer für eine klare Begrenzung der weiblichen Berufstätigkeit.

Insbesondere Heinrich Wettstein redete seinen Kollegen an der Synode ins Gewissen. Für ihn war unbestritten, dass die Frauen in allen Berufssparten und erst recht als Lehrerinnen tätig sein konnten. Er gehörte zu der kleinen Gruppe überzeugter Demokraten, die sich für die Gleichberechtigung der Geschlechter einsetzte. Wettstein votierte dafür, dass Mädchen und Knaben gemeinsam erzogen und die Mädchen nicht früher als die Knaben zu einer besonderen Berufsbildung gezwungen werden sollten. Damit sprach er sich vor allem gegen die Arbeitsschulen aus, welche die Mädchen bereits in der Primarschule auf ihren späteren Beruf als Hausfrau und Mutter vorbereiteten. Wettstein plädierte dafür, dass die Lehramtskandidatinnen die gleiche seminaristische Ausbildung wie ihre Kollegen durchlaufen und später an allen Stufen der Volksschule sowie der weiterführenden Schulen unterrichten sollten.[50]

Das Hauptreferat an der Synode hielt jedoch nicht Wettstein, sondern der Stäfner Sekundarlehrer Bodmer. Bodmer stellte sich nicht grundsätzlich gegen die Zulassung von Frauen zum Schuldienst. Die «natürliche und schönste Bestimmung» der Frauen sah er jedoch nicht in der Erwerbstätigkeit, sondern in ihrem Dasein als «Gattin und Mutter».[51] Doch vor dem Hintergrund des Lehrermangels und der regierungsrätlichen Politik begrüsste auch Bodmer die Berufstätigkeit von ledigen Frauen, jedoch nur als «Ergänzung der männlichen Lehrkräfte». Denn die Lehrerinnen, so Bodmer, könnten aufgrund der «physischen und psychischen Natur des Weibes» nicht überall eingesetzt werden. Bodmer sah ihren Wirkungskreis deshalb auf den Kindergarten, die Arbeitsschule und auf die unteren Stufen der Elementarschule beschränkt.[52] Für Klassen mit über 50 Schülerinnen und Schülern sowie für den Unterricht an den höheren Klassen der Primarschule seien Frauen nicht geeignet:

《 Die volle Mannsarbeit, wie sie eine grosse Zahl unserer Schulen erfordert, wird sie [die Lehrerin] bei ihrer schwächeren Konstitution, bei ihrem weichern Organ, auf die Dauer nicht zu leisten vermögen, besonders wenn, wie die Verhältnisse es mit sich bringen, sie auch für die Ergänzungs- und Sing- oder Fortbildungsschule einzustehen hätte. 》[53]

Die Einwände Bodmers und der Zürcher Lehrerschaft konnten jedoch nicht verhindern, dass Lehrerinnen an den öffentlichen Schulen zu einer gewohnten Erscheinung wurden. Die Akzeptanz dehnte sich wenig später auch auf die Berufsorganisation aus. 1878 wurden alle Lehrerinnen mit zürcherischem Patent mit gleichen Rechten in die Schulsynode aufgenommen.[54] Dies änderte jedoch nichts daran, dass den weiblichen Lehrkräften nur diejenigen Aufgaben überlassen wurden, die ihnen die männlichen Kollegen und die Schulbehörden zubilligten. In der Regel unterrichteten sie auf der Unterstufe der Primarschule, und dies nur bis zu ihrer Verheiratung.[55]

LEHRERINNEN AUF DEM LAND: BERUFSAUSÜBUNG MIT HINDERNISSEN

Für Lehrerinnen war die Berufstätigkeit im Vergleich zu derjenigen ihrer männlichen Kollegen mit zahlreichen zusätzlichen Hindernissen verbunden. So auch für Christine Rust, die in Elgg bei Winterthur unterrichtete. Im kleinen, von Handwerker- und Bauernfamilien bewohnten Landstädtchen waren die beiden Abteilungen der Primarschule zu gross geworden. Deshalb musste die Schulbehörde ein neues Schullokal suchen und eine dritte Lehrkraft anstellen. Im Frühling 1886 trat «Fräulein Rust» als Verweserin ihre Stelle an. Die Lehrerin unterrichtete in einem provisorischen Schulzimmer rund 40 Schülerinnen und Schüler der ersten bis vierten Klasse. Mehr Kinder konnten ihr nicht zugeteilt werden, da das «zur Verfügung stehende Local nicht mehr Platz» bot. Wie die Gemeindeschulpflege an den Erziehungsrat schrieb, meisterte «Fräulein Rust» ihre nicht ganz leichte Aufgabe «zur allgemeinen Zufriedenheit».[56]

Im Februar 1888 forderte der Erziehungsrat die Schulpflege Elgg auf, die dritte Lehrerstelle auf den Herbst des Jahres mit einer definitiv gewählten Lehrkraft zu besetzen. Die Mehrheit der Schulpflege wollte aber keine Wahl vornehmen. Sie schlug deshalb im März 1888 an der Schulgemeindeversammlung vor, «die Verweserei durch die bisherige Verweserin Fräulein

Christine Rust, eine der ersten Lehrerinnen im Kanton Zürich, unterrichtete 1886–1891 an der Primarschule in Elgg.

Lehrerin Christine Rust mit ihren Schülerinnen und Schülern in Elgg. Fotografie um 1890.

Rust einstweilen fortdauern zu lassen», dies mit der Begründung, dass die Gemeinde den Bau eines neuen Schulhauses plane und es deshalb nicht sinnvoll sei, vor dessen Fertigstellung eine Lehrerwahl vorzunehmen. Aus diesem Grund beantragte die Schulpflege der Gemeindeversammlung, die Stellvertretung der dritten Lehrstelle weiterzuführen. Im Schreiben an die Erziehungsdirektion, in dem die Schulbehörde die Weiterführung der Stellvertretung rechtfertigte, warf sie die zeitgenössischen Argumente gegen die Anstellung von Lehrerinnen in die Waagschale:

«Als Verweserin für die kleine nur 40 Schüler in 4 Klassen zählende Schulabtheilung befriedigt uns Fräulein Rust vollständig. Die grössten Schulabtheilungen & obern Classen [...] sind dagegen anerkanntermassen Lehrerinnen nicht zu empfehlen, & werden Sie es der Schulpflege Elgg nicht zur Sünde anrechnen wollen, wenn sie sich nicht entschliessen kann, für die dritte Lehrstelle der Primarschule Elgg eine Lehrerin zur definitiven Anstellung vorzuschlagen [...].»[57]

Nachdem der Gemeinde von der Erziehungsdirektion erlaubt wurde, die Stellvertretung um ein Jahr zu verlängern, stand im Frühling 1889 erneut die definitive Besetzung der Lehrerstelle auf der Traktandenliste. Obwohl sich die Schulbehörde nach wie vor mit Händen und Füssen gegen die definitive Wahl von Christine Rust wehrte, fiel die Entscheidung der Schulgemeinde im April 1889 deutlich zugunsten der Lehrerin aus. Die Schulgemeinde entschied mit 113 Ja-Stimmen zu 50 Nein-Stimmen «Fräulein Rust an die 3. Lehrstelle zu berufen».[58] Doch trotz dieses hart erkämpften Erfolgs quittierte Christine Rust zwei Jahre später den Schuldienst, weil sie heiraten wollte.[59]

DIE ÖKONOMISCHE SITUATION DER LEHRERINNEN

Obwohl die Lehrerinnen und die Lehrer formal bei der Entlöhnung gleichgestellt waren, sah dies in der Realität oft anders aus. Der Kanton pflegte eine Laisser-faire-Politik, die es den Gemeinden überliess, die Höhe der Besoldungszulagen festzusetzen. Diese fielen für Frauen oftmals kleiner aus als für Männer.[60] Wegen der geringen Lohnzulage kündigte 1896 die Lehrerin Gutknecht, die an der Unterstufe in Elsau bei Winterthur unterrichtete, ihre Stelle. Sie war an die neu errichtete Mädchenbezirksschule in Menziken im Kanton Aargau gewählt worden, wo sie eine bessere Entlöhnung erwartete.[61] Trocken bemerkte die Schulpflege Elsau zur Kündigung der Lehrerin, dass sie nichts gegen den Rücktritt einzuwenden habe, «indem wir keine Ursache

Dipl. Lehrerin
für allgem. Schulfächer von
Internat der Ostschweiz auf
März oder April   532
gesucht.
Offerten unter Chiffre **D 405 Z**
an **Haasenstein & Vogler, Zürich.**

Gesucht wird eine junge
Erzieherin
zu zwei kleinen Mädchen (9 und 10 Jahre alt). Kenntnis der französischen und englischen Sprache erwünscht.
Offerten unter Chiffre **528** mit Gehaltsansprüchen und Zeugnissen erbitte an die Expedition des Blattes zu richten.

Patentierte Lehrerin
(Zürcherin), die schon in einer Anstalt tätig gewesen, wünscht passende Stellung in einer Anstalt oder Privat anzunehmen.
Offerten unter M V 282 an die Exped.

Lehrerinnen, die aktiv eine Stelle suchten sowie Privatinstitute, die sich um Lehrerinnen bemühten, fanden in der seit 1896 erscheinenden Schweizerischen Lehrerinnenzeitung das passende Publikationsorgan.

haben, eine ökonomische Besserstellung der Frl. Gutknecht zu verhindern». Unmittelbar nach der Kündigung der Lehrerin ersuchte die Schulbehörde Elsau den Erziehungsrat um die Abordnung eines Lehrers:

«Dabei haben wir, gestützt auf die jüngsten Erfahrungen & auf deutliche Kundgebungen aus dem Schoss der letzten Schulgemeindeversammlung, den dringenden Wunsch, [...] uns eine männliche Lehrkraft zuzusenden, da in nächster Zeit eine Lehrerin Aussicht weder auf Wahl noch auf eine Besoldungszulage hätte.» [62]

Die Gemeinde nahm es in Kauf, dass die Lehrerinnen schneller kündigten, weil sie in Elsau schlechter verdienten als ihre männlichen Kollegen. Elsau verstand sich aber dessen ungeachtet als sehr «schulfreundlich». Dies beweise der Umstand, so die Schulpflege in einem Schreiben an den Erziehungsrat, «dass unser Verweser, Herr Aeppli, bevor er ein Examen mit seinen Schülern bestand, schon eine Zulage» erhalten habe. [63]

Bis um 1900 blieb der Frauenanteil im Volksschullehrerberuf unter 10 Prozent und damit bescheiden. [64] Dies hatte auch damit zu tun, dass bis nach 1900 das Privatschulwesen für die Tätigkeit der Lehrerinnen von grosser Bedeutung war. [65] Die Wechsel zwischen den beiden Bereichen erfolgten oft nahtlos. Fräulein Bertha Aeppli zum Beispiel, die im Sommer 1893 Lehrer Angst in Elgg vertrat, ersuchte im August um die Kündigung, da sie «bereits für eine Privatstelle nach Italien engagiert» sei. [66] Erst als das Privatschulwesen nach 1900 an Bedeutung verloren hatte, nicht zuletzt wegen des qualitativen Ausbaus der öffentlichen Schule, stieg der Frauenanteil an der Volksschullehrerschaft kontinuierlich an. 1910 waren 18 Prozent der Lehrkräfte im Kanton Zürich Frauen, 1920 lag der Anteil bei 23 Prozent. [67] Obwohl sich die Lehrer – je nach Stellensituation – immer wieder gegen die Konkurrenz der Frauen wehrten und die Behörden mit verschiedenen Restriktionen die Berufsausübung der Frauen einschränkten, wurden Lehrerinnen im 20. Jahrhundert zur Selbstverständlichkeit. Sie waren aus der Volksschule nicht mehr wegzudenken.

122 KULTURKAMPF UM DAS KLASSENZIMMER 1874–1905

1874–1905

Kulturkampf um das Klassenzimmer:
Volksschulreform und Privatschulwesen
Region Unterland

Die 1870er-Jahre waren beherrscht vom Kulturkampf, einer hitzigen Auseinandersetzung zwischen katholisch-konservativen und antiklerikalen Kräften um den Einfluss der Kirche auf staatliche Einrichtungen. Die revidierte Bundesverfassung von 1874 entschied den Streit zugunsten der liberalen Seite – mit weitreichenden Konsequenzen für das Schulwesen. Die Volksschule wurde unter staatliche Leitung gestellt und konfessionell ausgerichtete Schulen wurden verboten. Das zürcherische Volksschulgesetz von 1899 bekräftigte dieses laizistische Schulsystem, liess aber gleichzeitig die Gründung von Privatschulen zu. 1899 wurde in Bülach eine solche für die Kinder der eingewanderten italienischen Arbeitskräfte gegründet. Der Vorwurf, es handle sich dabei um eine katholische Schule, kam im mehrheitlich protestantischen Bülach schnell auf. Der Erziehungsrat unterband das sozialpolitisch innovative Projekt schliesslich. Im Schatten des Kulturkampfes fanden die Behörden kein Verständnis für die gezielte Förderung italienischsprachiger Kinder.

Das Landstädtchen Bülach bildet das Zentrum der Region Unterland. Das Dorf wurde bereits 1865 durch die Eisenbahn erschlossen. Dank der guten Verkehrslage wurde Bülach 1891 als Standort für eine grosse Glashütte ausgewählt.

Welchem Zweck dient die Volksschule? Die einleitenden Artikel des kantonalen Lehrplans von 1905 formulierten ein klares Programm. Die Volksschule bilde zunächst Körper und Verstand. Ausserdem ziele sie, so der Lehrplan, auf «Gemüt» und «Charakter».

«Sie macht den jugendlichen Geist empfänglich für alle edlen Regungen des menschlichen Seelenlebens, dass er gefestigt werde gegen die Einflüsse des Hässlichen, Rohen, Gemeinen in Neigungen und Leidenschaften. Sie bildet und fördert das Pflichtbewusstsein, die Arbeitsfreudigkeit, die Festigkeit in der Überzeugung, das Streben nach Wahrheit, Offenheit und Freiheit, den Sinn für treues, hingebendes, charakterfestes Handeln. Sie legt den Grund der Befähigung zur Selbsterziehung im Sinne der Forderungen der Aufklärung, der Humanität und der Toleranz.»[1]

Diese scheinbar unverdächtigen Postulate, die aus der Feder des frisch gewählten Erziehungssekretärs Friedrich Zollinger (1858–1931) stammen, waren zur Zeit der Jahrhundertwende heiss umstritten und klangen für viele Zeitgenossen blasphemisch und skandalös.[2] Die Äusserungen waren deshalb brisant, weil sich das Schulwesen im ausgehenden 19. Jahrhundert im Brennpunkt des sogenannten Kulturkampfes befand, einer scharfen und polemisch geführten Konfrontation zwischen katholisch-konservativen Gruppierungen auf der einen und den laizistischen, teilweise antiklerikalen Anhängern eines modernen, säkularen Staatswesens auf der anderen Seite. Hinter dem Kulturkampf stand ein jahrzehntelanger Konflikt zwischen protestantischen Kantonen, sekundiert durch die eidgenössischen Behörden und der katholischen Kirche beziehungsweise den katholischen Kantonen. Ausgelöst durch den antiliberalen Kurs der päpstlichen Kurie in den 1860er- und 70er-Jahren, gipfelnd in der Unfehlbarkeitserklärung von 1870, drehte sich die Auseinandersetzung schliesslich um die Frage, welchen Einfluss die Kirche auf staatliche Einrichtungen wie das Zivilstands- oder das Schulwesen ausüben durfte. Die antiklerikale Reaktion der freisinnigen Politiker war bisweilen so heftig, dass sie selbst dem protestantischen Klerus übertrieben schien und zeitweise zu einem Schulterschluss zwischen katholischen und protestantischen Kirchenvertretern führte. Auf Bundesebene entschieden die Antiklerikalen den Streit im Rahmen der Verfassungsrevision von 1874 für sich. Die Verfassung erklärte nicht nur Zivilstands- und Schulwesen zur Sache des Staats, sondern verbannte gleich auch die als papsttreu geltenden Jesuiten aus der Schweiz und verbot die Errichtung neuer Klöster und religiöser Orden. Die katholische Kirche ging gespalten aus dem Kulturkampf hervor. Die papstkritischen Kreise formierten sich nach 1870 in der

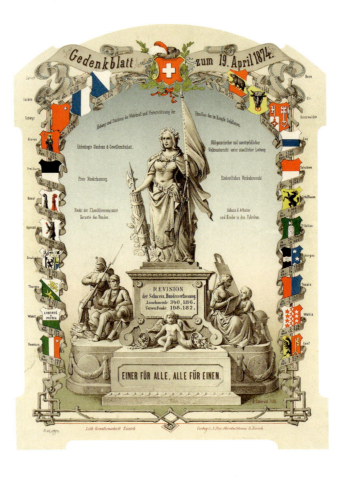

Gedenkblatt auf die Annahme der revidierten Bundesverfassung von 1874.

neuen, altkatholischen (oder christkatholischen) Kirche, die vor allem in Deutschland, den Niederlanden und der Schweiz Verbreitung fand.³

Im Kanton Zürich, einem protestantisch geprägten, zugleich gemischt-konfessionellen Stand, schwelte der Kulturkampf bis zur Jahrhundertwende weiter. Die Demokraten, die im Kanton seit der Verfassungsrevision 1869 den Ton angaben, verfolgten einen pointiert antiklerikalen Kurs. Dazu gehörte nicht zuletzt die Bekämpfung der kirchlich-religiösen Traditionen im Schulwesen. Dieses Anliegen spiegelt sich im zitierten Lehrplan, der in einer Zeit entstand, als die Schulgemeinden vielfach noch von den dörflichen Geistlichen präsidiert wurden. Die «Forderungen der Aufklärung» und die humanistischen Ideale, an die der Lehrplan appellierte, standen in scharfem Gegensatz zu den kirchlich-religiösen Erziehungsidealen. In diesem Sinn markierten der Lehrplan von 1905 und das zugrunde liegende Volksschulgesetz von 1899 den endgültigen Abschied von einer konfessionell geprägten Volksschule und den Durchbruch zu einem laizistischen Schulsystem. Das Gesetz von 1899 legte in Anlehnung an den Artikel 27 der Bundesverfassung von 1874 fest, dass öffentliche Schulen keinerlei konfessionellen Charakter haben durften. Bislang konfessionell getrennte Klassen wurden aufgehoben:

«Es dürfen im Kanton keine öffentlichen Schulen bestehen, welche auf dem Grundsatze konfessioneller Trennung beruhen.»⁴

Auch die letzte pfarrherrliche Bastion im öffentlichen Schulwesen, der biblische Unterricht wurde beseitigt, zumindest in der Primarschule. Die Religionslehre wurde zum normalen Primarschulfach erklärt. Biblische Geschichte und Sittenlehre wurde nicht mehr wie bisher vom Pfarrer, sondern neu von den Lehrerinnen und Lehrern erteilt.⁵

Verschärft wurden die konfessionellen Konflikte durch die Immigration ausserkantonaler und ausländischer Arbeitskräfte, deren Zuwanderung im ausgehenden 19. Jahrhundert wegen der Industrialisierung stark zugenommen hatte. Viele der Zugezogenen stammten aus katholischen Gebieten – der Innerschweiz, Bayern oder Italien – und bildeten eine wachsende katholische Diaspora im traditionell protestantischen Kanton Zürich. Vor diesem Hintergrund war die Zeit der Jahrhundertwende von jahrelangen heftigen Auseinandersetzungen zwischen katholischen, protestantischen und laizistisch-antiklerikalen Gruppierungen geprägt.

Für die Demokraten stand in diesen Debatten die Trennung von Kirche und Staat im Vordergrund. Auch wenn die Immigration das konfessionelle Gleichgewicht in Richtung römisch-katholischer Kirche verschob, galt es aus demokratischer Sicht zuallererst, den religiös neutralen Status der Volksschule strikt zu wahren. Dieser konfessionspolitische Ansatz übersah jedoch, dass die Immigration auch gravierende Integrationsprobleme aufwarf, verursacht etwa durch die fehlenden Deutschkenntnisse der italienischen Kinder. Die Sensibilität für die sprachlich-kulturellen Herausforderungen, denen die Volksschule infolge der wachsenden fremdsprachigen Bevölkerung ausgesetzt war, fehlte den demokratischen Schulpolitikern hingegen. Dieser Grundwiderspruch der demokratischen Schulpolitik steht im Mittelpunkt dieses Kapitels. Wie sich die konfessionellen und sprachlich-kulturellen Konflikte der Jahrhundertwende auf die Ordnung der Volksschule und die Inhalte des Unterrichts auswirkten, soll sowohl aus der kantonalen, bildungspolitischen Perspektive als auch am lokalen Fallbeispiel einer umstrittenen katholischen Schulgründung in Bülach verfolgt werden.

REALIEN, SCHULHYGIENE, SCHULZUCHT: MODERNISIERUNG DES UNTERRICHTS UM 1900

Das neue Volkschulgesetz 1899 kam erst auf externen Druck zustande. Bis 1899 bestand ein unglücklicher Widerspruch zwischen Schulpflicht und Arbeitsschutz. Das eidgenössische Fabrikgesetz von 1877 untersagte die Fabrikarbeit für Kinder vor dem zurückgelegten vierzehnten Altersjahr. Zugleich jedoch unterstanden Kinder nur bis zum zwölften Altersjahr der Schulpflicht. Diese Differenz bewirkte, dass Kinder zwischen zwölf und vierzehn Jahren weder zur Schule noch zur Arbeit gingen. In vielen industrialisierten Gegenden häuften sich die Klagen, die betroffenen Jugendlichen würden untätig in den Gassen «verwildern».[6] Erst die Ausweitung der Schulpflicht bis zum sechzehnten Altersjahr schuf hier Abhilfe. Das eidgenössische Fabrikgesetz machte damit ein wichtiges liberales Argument gegen den Ausbau der Schulpflicht, das Interesse an einem frühen Einsatz der Kinder in der Industriearbeit, gegenstandslos. Die Ausdehnung der Schulpflicht kam den industrialisierten Ortschaften vielmehr zugute.[7]

Obwohl der Ort Bülach um 1900 bereits stark industrialisiert war, gehörte der gleichnamige Bezirk zu den ländlichen Regionen des Kantons. In diesen Gebieten überwog die Opposition gegen das Volksschulgesetz von 1899. Auch hier bildete die Ausdehnung der Schulpflicht den strittigen Punkt. Die ländliche Bevölkerung lehnte die verlängerte Schulpflicht ab, weil Kinder hier traditionell früh als Arbeitskraft eingesetzt wurden. In einem Kompromiss gestand das Gesetz den ländlichen Regionen deshalb zu, in den neuen Schuljahren, der siebten und achten Klasse, nur im Winterhalbjahr einen ganztägigen Unterricht abzuhalten. In den arbeitsreichen Sommermonaten durfte der Unterricht auf drei halbe Tage eingeschränkt werden, damit die Kinder weiterhin in der Landwirtschaft mitarbeiten konnten.[8] Gleichwohl lehnten die ländlichen Bezirke die Vorlage mehrheitlich ab, am deutlichsten die Bezirke Bülach (68 Prozent Nein-Stimmen) und Dielsdorf (69 Prozent Nein-Stimmen), während das Gesetz auf kantonaler Ebene mit einer Mehrheit von 62 Prozent Ja-Stimmen angenommen wurde.[9]

Gestützt auf das neue Volksschulgesetz wurden nach 1900 die Unterrichtsinhalte modernisiert. Das Schlüsseldokument für diese Reform war der eingangs zitierte Lehrplan von 1905. Er nahm endgültig Abschied vom alten Unterrichtskanon, der auf den Lehrmitteln von Ignaz Thomas Scherr aus den 1830er-Jahren beruhte und sich um die Kernfächer Lesen, Schreiben und Rechnen gruppierte. Zwei Anliegen kamen mit dem neuen Lehrplan hinzu. Einerseits wurden die Realienfächer (Naturkunde, Geografie und Geschichte) stark aufgewertet und damit ein Trend bestätigt, der sich

Der umtriebige Robert Bässler hatte 1893–1920 das katholische Pfarramt von Bülach inne.

Bild links: Die erste katholische Kirche in Bülach um 1900. Die Pfarrwohnung befand sich im Stockwerk über dem Gottesdienstraum.

Bild rechts: Pfarrer Robert Bässler kaufte 1899 ein Stück Land für eine neue Kirche. Diese wurde im November 1902 feierlich geweiht.

seit den 1870er-Jahren in den neueren Lehrmitteln bereits abgezeichnet hatte. Diese Entwicklung spiegelte die zunehmende gesellschaftliche Bedeutung von Naturwissenschaften und Technik und des damit verbundenen naturwissenschaftlich-rationalistischen Weltbildes im ausgehenden 19. Jahrhundert. Der wichtigste Lehrmittelautor dieser Zeit, Heinrich Wettstein, beschrieb 1878 diesen aufklärerischen Zeitgeist mit den folgenden Worten:

«Das bescheidene Dreigestirn Lesen, Schreiben und Rechnen verbreitet nur noch einen matten und wenig befriedigenden Glanz, seit andere, heller leuchtende [Gestirne] über den Horizont der allgemeinen Volksbildung aufgestiegen sind. Alles Volk soll jetzt einen Einblick bekommen in den Zusammenhang seines täglichen Tuns mit den unabänderlich waltenden Naturgesetzen und sich dadurch gewöhnen, seine Tätigkeit diesen Gesetzen gemäss einzurichten, da ein Widerstand gegen dieselben doch nur zum Untergang führt.»[10]

Anderseits betonte der Lehrplan die körperlichen Erziehungstechniken und generell den Ordnungszweck der Volksschule. Der Lehrplan von 1905 stärkte etwa die sogenannte Schulhygiene. Dazu gehörte unter anderem das Fach Turnen, aber auch die körpergerechte Architektur von Schulhäusern und Klassenzimmern.[11]

Schliesslich unterstellte der Plan den Schulunterricht einem umfassenden Ordnungsprinzip, der sogenannten «Schulzucht».

«Die Schulzucht hat die nachhaltige Gewöhnung der Schüler an ein geordnetes Verhalten innerhalb und ausserhalb der Schule zum Ziele […]. Ordnung in allen Dingen muss das Schulleben charakterisieren. Schulbetrieb, Schuleinrichtungen, Schullokale und Lehrmittel sollen auf den Schüler täglich den Eindruck strenger Ordnung ausüben und so den Ordnungssinn fördern.»

Dazu zählte der Lehrplan insbesondere die Erziehung zur Pünktlichkeit und einen «einheitlichen, festen Willen» der Lehrpersonen.[12]

DIE «ITALIENERSCHULE» VON BÜLACH: INITIATIVE EINES KATHOLISCHEN SOZIALAKTIVISTEN

Im Herbst 1899, nur wenige Monate nachdem das neue kantonale Volksschulgesetz in einer Volksabstimmung gutgeheissen worden war, eröffnete der katholische Pfarrer Robert Bässler in Bülach eine Privatschule für italienischsprachige Kinder. Das Projekt richtete sich an Eltern, die auf Arbeitsuche von Italien in die Schweiz eingewandert waren. Das zeitliche Zusammentreffen

Unweit des prächtigen Bülacher Bahnhofs kam um 1900 der Neubau der katholischen Kirche zu stehen.

von Volksschulgesetz und Privatschulgründung war alles andere als zufällig. Das neue Verbot konfessionell getrennter Schulen erschwerte es dem Bülacher Pfarrer, dessen Klientel überwiegend katholisch war, sein Projekt im Rahmen der staatlichen Schule durchzuführen. Bässler wählte deshalb eine Vorwärtsstrategie und entschied sich zur Gründung einer Privatschule. Vorausgesetzt, die Behörden würden das Projekt als Privatschule bewilligen, wäre der katholische Pfarrer in der Lage gewesen, eine vollwertige Alternative zur Ausbildung in der Volksschule, mit anerkannter Schulzeit, anzubieten. Die «Italienerschule», wie sie in Bülach genannt wurde, sollte in diesem Sinn den fremdsprachigen Schülerinnen und Schülern einen Primarschulunterricht von ein bis zwei Jahren erteilen.[13] Die Schule bot unter anderem einen Deutschunterricht, um den Kindern die sprachlichen Kenntnisse zum Übertritt in die Volksschule zu vermitteln.[14] Als privates Unternehmen geriet Bässlers Projekt jedoch in eine gefährliche Zwickmühle. Zwar offenbarte es ein Defizit der Volksschule, die mangelnde Förderung fremdsprachiger Kinder, entsprechend erhoffte sich Bässler eine finanzielle Unterstützung durch den Staat. Zugleich war das Projekt als Privatunternehmen besonders verwundbar, weil es von den Behörden leicht diskriminiert und marginalisiert werden konnte. Zu Beginn des privaten

Schulprojekts schien in Bülach zwar niemand etwas gegen das Vorhaben des Pfarrers einzuwenden zu haben. Kaum jemand ahnte, dass sich die «Italienerschule» bald zum dörflichen Zankapfel entwickeln würde.

Die Motive, die hinter der Gründung standen, lassen sich am besten an der Biografie des Bülacher Pfarrers ablesen. Bässler war ein höchst umtriebiger Geistlicher und hatte sich um 1900 bereits in mehrfacher Hinsicht als nonkonformistischer katholischer Sozialaktivist profiliert. Er stammte aus dem bayrischen Allgäu und übersiedelte nach dem Abschluss der Klosterschule in Augsburg für das Theologiestudium in die Schweiz, wo er das Priesterseminar am Bistumssitz in Chur besuchte.[15] Nach dem Studium arbeitete er zunächst als Lehrer im bündnerischen Misox; hier lernte er wohl auch fliessend Italienisch.[16] Nach einer kurzen Vikariatszeit in Winterthur trat er 1893 am katholischen Pfarramt in Bülach seine erste Pfarrstelle an.[17]

Bässler ging sofort mit Elan ans Werk. Er erkannte früh die langfristige Bedeutung der Immigration für die katholische Gemeinde, die im ansonsten protestantischen Bülach eine bescheidene Minderheit darstellte, sich aber dank der Zuwanderer aus anderen Kantonen und dem Ausland schrittweise vergrösserte. Erst galt

Die katholische Kirche in Bülach wurde mit Steinen aus dem Steinbruch Steinmaur gebaut. Die meisten Arbeiter stammten aus Italien. Diese Szene wurde vom Fotografen bis ins Detail arrangiert. Fotografie um 1905.

es, die Raumprobleme zu lösen. Anfang der 1890er-Jahre besass die katholische Gemeinde noch keine eigene Kirche, sondern nur eine kleine «Missionsstation», die jedoch schnell zu eng wurde. Als erstes Grossprojekt initiierte Bässler deshalb den Bau einer Kirche, die er durch eine mehrjährige Spendensammlung zu finanzieren beabsichtigte. Das ambitionierte Vorhaben war schliesslich erfolgreich. 1902 wurde die Kirche mit einem grossen Fest eingeweiht.[18]

Der Lebensstil des katholischen Pfarrers war unkonventionell und beinahe unkatholisch modern. Bereits 1900 schrieb er seine Briefe und Berichte auf Schreibmaschine. Er fuhr ein Auto – wohl eines der ersten Motorfahrzeuge in der Region überhaupt. Im Volksmund hiess das dreirädrige Gefährt schlicht «Dreiräderkuh».[19] Es überrascht kaum, dass diese schillernde Person im Dorf nicht unumstritten blieb. Ihm wurde nachgesagt, selbstherrlich, rechthaberisch und aufbrausend zu sein.[20] Die ihm zugeteilten Vikare blieben kaum länger als die Mindestdauer im Amt. Insgesamt arbeiteten nicht weniger als 31 Vikare während Bässlers Amtszeit von 1893 bis 1920 in der Bülacher Pfarrei.[21]

Der Bülacher Pfarrer war über die Seelsorge hinaus engagiert und verfolgte eine Vielzahl sozialpolitischer Aktivitäten. 1894, ein Jahr nach seiner Ankunft in Bülach, gründete Bässler einen Frauenverein, später eine Volksbibliothek, einen Leseverein und weitere Vereine und soziale Einrichtungen. All diese Aktivitäten kosteten natürlich Geld. In den ersten Jahren seiner Amtszeit war er ein äusserst erfolgreicher Spendensammler, nicht zuletzt durch seine Beziehungen zu Deutschland. Eine Vielzahl der Spenden stammte aus seiner bayrischen Heimat und den badisch-schwäbischen Nachbarregionen, was darauf hindeutet, dass die katholische Gemeinde Bülachs neben italienischen viele deutsche Emigrantinnen und Emigranten umfasste.[22]

SOZIALE GEGENSÄTZE UND POLITISCHE KONFLIKTE IM INDUSTRIEDORF

Das Projekt der Italienerschule entsprach einem dringenden sozialpolitischen Bedürfnis. Bülach hatte sich infolge der Industrialisierung im ausgehenden 19. Jahrhundert stark gewandelt, nicht zuletzt durch den Zuzug deutscher und italienischer Arbeiterinnen und Arbeiter. Die Industrialisierung setzte im Vergleich zum übrigen Zürcher Unterland zwar früh ein; die erste Spinnerei entstand bereits 1819. Mitte des 19. Jahrhunderts stagnierte jedoch die Entwicklung bis in die zweite Jahrhunderthälfte. Verschiedene Versuche, Betriebe der Tuch- und Seidenweberei anzusiedeln, blieben erfolglos.[23] Um 1860 waren noch zwei Drittel der Bevölkerung Bülachs in der Landwirtschaft, ein Drittel in Handel und Gewerbe tätig. Im kantonalen Vergleich war Bülach nach wie vor eine ländlich geprägte Region.[24]

Ausgelöst durch den Bau des Eisenbahnnetzes setzte im ausgehenden 19. Jahrhundert in der ganzen Schweiz eine verstärkte Industrialisierung ein. In diesen Jahren nahm die Einwanderung aus Deutschland, später auch aus Italien, gesamtschweizerisch stark zu.[25] 1860 stammten die grössten ausländischen Bevölkerungsgruppen aus Deutschland (48 000 Personen) und Frankreich (47 000), während die italienische Gemeinde noch klein war (14 000). Insgesamt betrug 1860 der Ausländeranteil an der schweizerischen Wohnbevölkerung 4,6 Prozent.[26] Eine Generation später, um 1910, hatten die deutsche und die italienische Einwanderung stark zugenommen. Nun lebten je 203 000 Eingewanderte aus Deutschland und Italien, dazu 81 000 aus Frankreich in der Schweiz. Der Anteil der ausländischen Bevölkerung hatte sich mehr als verdreifacht und betrug nun 16,5 Prozent.[27]

Bülach wurde besonders intensiv vom Eisenbahnfieber erfasst. Zwischen 1865 und 1897 wurden in der Region drei neue Bahnlinien eröffnet: Oerlikon–Bülach–Regensberg, die Dettenberglinie Winterthur–Basel und die Strecke Bülach–Schaffhausen.[28] Nicht nur der Eisenbahnbau, auch die Glas verarbeitende Industrie machte Bülach zum Ziel von Einwanderern. Wegen der guten Verkehrslage wurde Bülach 1891 als Standort für eine grössere Glashütte ausgewählt.[29] Da es in der Schweiz an Glasbläsern mangelte, holte die neue Fabrik Fachkräfte aus dem Ausland. Bereits 1895 arbeiteten in der Bülacher Glashütte neben 38 Schweizern 24 Deutsche, 3 Österreicher und 29 Italiener. In den folgenden Jahren, als weitere Fabriken in Bülach entstanden, nahm der Bedarf an ausländischen Arbeiterinnen und Arbeitern weiter zu.[30] Damit veränderte sich die konfessionelle Zusammensetzung der ehemals protestantischen Ortschaft markant. Von 1888 bis 1910 erhöhte sich die Einwohnerzahl Bülachs von 1748 auf 2719. 1888 waren nur gerade 89 Katholiken (5 Prozent) und 92 Ausländer (5 Prozent) in Bülach wohnhaft, 1910 waren es bereits 532 Katholiken (20 Prozent) und 451 Ausländer (17 Prozent).[31] Innerhalb weniger Jahre war der Anteil der ausländischen Bevölkerung Bülachs auf einen im kantonalen und nationalen Vergleich überdurchschnittlichen Stand angewachsen. Viele der Neuzugezogenen fanden sich in Bülach in einer doppelten Minderheit wieder: als Katholiken und ausländische Staatsangehörige in einer von Protestanten und Schweizern dominierten Gemeinde.

Auch die Erwerbsstruktur veränderte sich mit der Industrialisierung. Parallel zur Zunahme der Industriearbeiterschaft brach der Anteil der landwirtschaftlichen Bevölkerung regelrecht ein, vor allem als Folge der schweren Wirtschaftskrise zwischen 1880 und 1888, welche die bäuerlichen Einkommen drastisch reduzierte.[32] Durch den Eisenbahnbau waren in Bülach vor allem die Handels- und Verkehrsbranchen im kantonalen Vergleich überdurchschnittlich angewachsen. Bis 1920 arbeiteten bereits 25 Prozent der Erwerbstätigen in der Industrie, weitere 50 Prozent im Handel und im Verkehrswesen und gerade noch ein Viertel in der Landwirtschaft.[33]

Die Industrialisierung führte in Bülach nicht nur zu sozialen und konfessionellen Veränderungen, sondern auch zu tief greifenden politischen Verwerfungen. Nach einer langen liberalen Phase während der ersten Jahrhunderthälfte schloss sich Bülach Ende der 1860er-Jahre wie der Grossteil des Kantons Zürich der demokratischen Bewegung an.[34] Doch die demokratische Dominanz währte nur kurze Zeit. Nach der Agrarkrise der 1880er-Jahre gewannen die traditionsorientierten bäuerlichen Interessen wieder an politischer Macht.[35] Binnen weniger Jahrzehnte hatte sich das sozial,

Bild oben: Dieses vermutlich erste Gruppenbild der Belegschaft der Glashütte Bülach entstand im Jahr 1892. Die Glashütte beschäftigte neben Frauen auch viele Kinder.

Bild unten: Ansicht der Glashütte Bülach aus dem Jahre 1902.

Bild oben: Das Herzstück der Eisenbahnlinie Zürich–Schaffhausen war der 457 Meter lange Eisenbahnviadukt bei Eglisau. Das Bauwerk wurde 1897 feierlich eröffnet.

Bild unten: Am Bau des Eisenbahnviadukts in Eglisau arbeiteten mehrere hundert italienische Arbeiter. Erinnerungsfoto einer Gruppe italienischer Zimmerleute. Einige dieser Handwerker waren mit ihren Familien in die Schweiz gekommen.

Bild links: Karikatur zum «Italienerkrawall» in Zürich. Der Zürcher Regierungsrat, der die Dramatik der Ereignisse nicht wahrhaben wollte, besucht den unruhigen Stadtkreis Aussersihl und wird von den Umstehenden verspottet.

Bild rechts: Der «Italienerkrawall», bei dem es sich um Ausschreitungen von Schweizern gegen Italiener handelte, war auch dem in Rom erscheinenden «Corriere della Domenica» eine Titelgeschichte wert.

konfessionell und politisch homogene Bauerndorf in einen konfliktreichen Industrieort verwandelt. Um 1900 war die Bülacher Bevölkerung in eine kleine katholische Minderheit und eine dominierende protestantische Mehrheit gespalten, ausserdem politisch in einen zunehmend schwächeren progressiv-demokratischen und einen erstarkten bäuerlich-konservativen Bevölkerungsteil. Die konservative Wende nach 1880 färbte auch auf die Bülacher Schulpolitik ab und manifestierte sich etwa in der Ablehnung des Volksschulgesetzes von 1899.[36]

Die Spannungen wurden zusätzlich durch die kulturellen Gegensätze zwischen der schweizerischen, der deutschen und der italienischen Bevölkerung verschärft. Wie explosiv die Stimmung sein konnte, illustriert der Stadtzürcher «Italienerkrawall» von 1896. Nachdem ein italienischer Maurer einen Deutschen im Streit getötet hatte, kam es im Zürcher Stadtteil Aussersihl, wo ein Grossteil der italienischen Bevölkerung wohnte, zu mehrtägigen pogromartigen Rachefeldzügen, bei denen schweizerische und deutsche Arbeiter gezielt italienische Gaststätten und Wohnhäuser demolierten. Viele Italiener flüchteten in die umliegenden Wälder oder reisten endgültig aus Zürich ab. Erst nach einem massiven Polizei- und Truppenaufgebot beruhigte sich die Lage wieder.[37]

WETTBEWERB DES GLAUBENS: DIE RÖMISCH-KATHOLISCHEN GEMEINDEN IN BÜLACH UND IN EGLISAU

Bässlers Schulprojekt war in diesem konfliktgeladenen Umfeld angesiedelt. In der Bülacher Bevölkerung kursierten schnell Vorurteile über das Schicksal der «Italienerkinder». Viele befürchteten, den Kindern drohe die «Verwahrlosung», wenn sie für längere Zeit der Schule fernblieben.[38] Die Vorwürfe richteten sich auch gegen die nach wie vor verbreitete Praxis der Kinderarbeit. Viele Kinder, italienische wie schweizerische, gingen zusammen mit ihren Eltern einer Lohnarbeit nach, beispielsweise in der Bülacher Glashüttenfabrik. Manche waren noch jung, zehn bis zwölf Jahre alt. Sie standen nicht nur mitten im schulpflichtigen Alter, sondern waren nach dem Fabrikgesetz von 1877 zu jung, um einem Erwerb nachzugehen. Offensichtlich waren die Bestimmungen des Fabrikgesetzes vielen Eltern und Industriellen egal. So wie in vielen ländlichen Regionen, in Italien wie in der Schweiz, die Kinder zur Mitarbeit in Haus und Hof verpflichtet waren, wurde auch in den Bülacher Industriebetrieben die Schulpflicht nur beschränkt beachtet. Auch die Sprachbarriere trug dazu bei, dass viele italienische Familien die Volksschulpflicht nicht beachteten.[39]

Klassenfoto der Volksschule Eglisau 1905. Unter den Kindern befinden sich auch zwei mit italienischem Namen. Ihre Väter arbeiteten vermutlich beim Eisenbahnbau mit.

Bässler hoffte, durch seine Sprachschule die italienischen Kinder von der Kinderarbeit zu befreien und ihnen einen Einstieg in die Volksschule zu bahnen. Schon vor der Schulgründung genoss der katholische Pfarrer einen guten Ruf unter den italienischen Immigrantinnen und Immigranten. In den Wirren des Kulturkampfes hielt Bässler der päpstlichen Linie die Treue und gewann dadurch die Achtung der römischkatholischen Italienergemeinde. So erreichte er beispielsweise, dass mehrere hundert Italienerinnen und Italiener aus Eglisau regelmässig nach Bülach in seinen Gottesdienst kamen. In Eglisau amtete um 1896 ein umstrittener katholischer Priester, der für die rund 400 im Eisenbahnbau beschäftigten Italiener zuständig war. Der Eglisauer Pfarrer gab sich bei seinem Amtsantritt noch als römisch-katholischer Priester aus, offenbarte sich aber bald als Anhänger des papstkritischen, altkatholischen Glaubens. Bereits in seiner zweiten Predigt kritisierte er explizit die katholische Heiligenverehrung, insbesondere den Marienkult, was in der italienisch dominierten Gemeinde ausgesprochen schlecht ankam. Bässler, der von dem Streit wusste, nutzte diese Gelegenheit, um seinen Einflussbereich auszudehnen. Er hatte schon beim Amtsantritt seines Kollegen bei der protestantischen Kirchgemeinde in Eglisau ein Gesuch eingereicht, um in der Eglisauer Kirche eine Predigt für die Katholiken am Palmsonntag abzuhalten. Dies wurde, wie Bässler erwarten musste, abgelehnt. Daraufhin ging er in die Offensive und lud die Eglisauer Italiener zu einer Karfreitagspredigt ein, die er improvisiert im Saal des Eglisauer Gasthofs «Löwen» hielt. Die katholischen Arbeiter waren von seinem Gottesdienst so angetan, dass sie dem Pfarrer ab 1896 nach Bülach folgten – die eineinhalb Stunden Wegstrecke zwischen Eglisau und Bülach bildeten kein Hindernis. Der Eglisauer Altkatholik versuchte noch, Bässler zu einem Rededuell einzuladen. Doch Bässler hatte die italienische Gemeinde bereits für sich gewonnen und konnte es sich leisten, die Einladung auszuschlagen.[40]

GRÜNDUNG UND AUFBAU DER «ITALIENERSCHULE»

Angesichts der konfessionellen und sozialen Spannungen erforderte die Gründung der «Italienerschule» ein vorsichtiges Vorgehen. Die Bülacher Privatschule war für die damaligen Verhältnisse ein einzigartiges Projekt. Die meisten vergleichbaren Privatschulen entstammten dem protestantischen Milieu. Mit seinem katholisch inspirierten Projekt betrat Bässler also Neu-

In Bülach setzte die Industrialisierung verglichen mit dem übrigen Unterland früh ein. Die erste mechanische Spinnerei nahm 1819 mit 25 Beschäftigten ihren Betrieb auf. Ansicht der Spinnereianlage um 1870.

land, konnte dies aber nicht ohne behördliche Bewilligung tun. Das Volksschulgesetz von 1899 verlangte, dass Privatschulen nur nach einem Bewilligungsverfahren einen Ersatzunterricht zur Volksschule anbieten durften. Weil der Bülacher Pfarrer ausserdem die Chance auf einen finanziellen Unterstützungsbeitrag der Gemeinde wahren wollte, versuchte er, sein Schulprojekt möglichst neutral zu organisieren und jeden konfessionellen Anstrich zu vermeiden.

Bässler ging auf zwei Ebenen gleichzeitig vor. Er strebte nicht nur ein ordentliches Bewilligungsverfahren bei den Behörden an, sondern bereitete parallel dazu die organisatorischen Grundlagen für den Schulbetrieb vor. Die Schule wurde bereits im Wintersemester 1899, noch vor dem Abschluss des Bewilligungsverfahrens, offiziell eröffnet.[41] Bässler selbst war Vorstand der Schule, erteilte jedoch keinen Unterricht. Dafür stellte er eine Lehrerin an, deren Entschädigung vermutlich ebenfalls durch Spenden aus Bässlers bayrischer Heimat bezahlt wurde.

Die finanziellen Mittel waren trotz Spendeneinnahmen knapp bemessen. Das Schulzimmer bestand aus einem Raum der katholischen Missionsstation. Darin stand ein gewöhnlicher Esstisch, um den sich zehn bis vierzehn Kinder im Alter von sechs bis zwölf Jahren scharten. Der Anteil an Mädchen und Knaben war etwa gleich gross.[42] Als Lehrmittel dienten eine Wandtafel und eine italienische Fibel, das erste Lesebuch der Schulkinder. Für einen späteren Zeitpunkt sah Bässler die italienischsprachigen obligatorischen Lehrmittel vor, die er von seiner früheren Stelle im bündnerischen Misox her kannte. Die in zwei Fähigkeitsklassen aufgeteilten Mädchen und Knaben erhielten von der Lehrerin täglich neben den üblichen Fächern auch Deutschunterricht.[43] Die Lehrerin war ebenfalls eine zugezogene Katholikin. Sie stammte aus dem urnerischen Hospental, hatte ihre Ausbildung im Kanton Tessin absolviert und sprach deshalb perfekt italienisch.[44] Die Mittwoch- und Samstagnachmittage standen zur freien Verfügung.[45] Häufig kam es zu Schülerwechseln, da die Mobilität unter den italienischen Einwanderern arbeitsbedingt hoch war. Die häufigen Zu- und Abgänge erschwerten den Unterricht. Der Bildungsstand der Kinder war entsprechend unterschiedlich.[46]

Die Bässler-Schule stand, wie es das Gesetz verlangte, unter der Aufsicht der Bülacher Schulgemeinde und der Bezirksschulpflege. Mit der Inspektion der Privatschule war ein Sekundarlehrer namens Frei, der gut italienisch sprach, beauftragt.[47] Frei fand in seinem ersten Visitationsbericht lobende Worte für das Geschick der Lehrerin in der Behandlung der Schüler, zugleich monierte er einige Mängel der Schule,

Gruppenbild der Belegschaft der Spinnerei Bülach von 1894. Wie in der Glashütte waren auch hier zahlreiche Kinder beschäftigt.

etwa in der Möblierung der Schulzimmer. Zum Schluss des Berichts hielt er kritisch fest, dass «nach ihrer kurzen erst ½-jährigen Wirksamkeit diese Schule nur […] als Versuch gelten kann».[48]

Die Schulpflege Bülach unterstützte das Schulprojekt und empfahl der kantonalen Erziehungsdirektion, die Privatschule zu bewilligen. Trotz der Zustimmung hielt die Bülacher Behörde mit ihren Bedenken nicht zurück. Insbesondere schloss sie eine finanzielle Unterstützung der Schule aus:

》Es scheint uns selbstverständlich, dass bei Aufnahme von Fünfjährigen die Schule teilweise als blosse Bewahranstalt zu betrachten ist und die Gemeinde soweit keine Verpflichtung übernehmen kann. Jedenfalls wahren wir uns das Recht, dieser Privatschule jederzeit die erteilte Einwilligung zu entziehen.》[49]

Als Nächstes wurde die Bezirksschulpflege Bülach zur Begutachtung eingeladen. Ihr Urteil war grundsätzlich positiv:

》Da zur Zeit viele Italienerfamilien in Bülach wohnen und deren Kinder die staatliche Schule in ganz beträchtlichem Masse belasten könnten, liegt es gewiss im Interesse der staatlichen Schule, wenn die Italienerkinder durch eine Vorbereitungsschule von etwa 2 Jahren für den Unterricht in der hiesigen Primarschule befähigt werden.》[50]

Auch sie stellte sich gegen eine staatliche Förderung der Privatschule:

》[…] in keinem Falle [kann eine] Unterstützung durch die Gemeinde verlangt werden, es sei denn, dass dadurch der staatlichen Schule wirklich gedient wird und diese Anstalt nicht als Hauptziel religiöse und speziell katholische Zwecke verfolgt.》[51]

Schliesslich genehmigte der Erziehungsrat im Juni 1900 die Schule Bässlers unter den folgenden Bedingungen:

》a) Die Schule muss den Charakter einer Vorbereitungsschule für die staatliche Primarschule haben; daher ist u. a. jeden Tag mindestens 1 Stunde für deutsche Sprache in den Stundenplan aufzunehmen.
b) Es dürfen nur Schüler im volksschulpflichtigen Alter aufgenommen werden.》[52]

Um den Befürchtungen der Bezirksschulpflege, die Schule verfolge einen konfessionellen Zweck, entgegenzuwirken, versicherte Bässler in einem Brief an die Schulpflege Bülach:

》Die Wissenschaft ist confessionslos und Gemeingut aller; so soll es auch in unserer Schule gehalten werden. Dieselbe steht auch Kindern anderer Konfessionen mit gleichem Rechte offen, ohne dass sie in religiöser Beziehung irgend einer Beeinflussung oder Belästigung ausgesetzt sind.》[53]

1869 wurde das Evangelische Lehrerseminar Unterstrass in Zürich eröffnet. 1905 zog es in den Neubau an der Rötelstrasse, ebenfalls in Zürich.

Pädagogisches Laboratorium: Die Geschichte der Privatschulen aus staatlicher Sicht

Die Geschichte des Privatschulwesens ist alles andere als ein Nebengleis der Volksschulgeschichte. Im Gegenteil: Die Entwicklungspfade von privaten und staatlichen Schulen sind eng miteinander verwoben. Historisch betrachtet geht die Geschichte der Privatschulen dem staatlichen Schulwesen voraus. Bis ins späte 18. Jahrhundert, als die ersten staatlichen Erziehungseinrichtungen gegründet wurden, war das Schulwesen gänzlich von privaten Instituten dominiert. Damals verfügten vor allem kirchliche Verwaltungszentren oder städtische Orte über Schulen, entweder in Form von städtisch-patrizischen Bürgerschulen oder von konfessionellen Kloster-, Dom- oder Stiftsschulen.[1] Das Schulwesen war ein durchaus lukratives Geschäft, vor allem wenn sich die Institute mit der Erziehung bürgerlicher oder adliger Zöglinge beschäftigten.[2] Sowohl protestantische als auch katholische Gebiete kannten ausserdem Schuleinrichtungen zur Ausbildung des Pfarrer- und Priesternachwuchses – in Zürich beispielsweise das seit der Reformationszeit bestehende protestantische Carolinum. Bis ins 18. Jahrhundert blieb das Schulwesen weitgehend auf die städtischen Eliten ausgerichtet. Nur langsam entstanden die ersten Schulen in ländlichen Regionen. Vor allem die protestantischen Amtsträger waren von jeher bestrebt, die Volksbildung zu heben – davon zeugen verschiedene protestantische Schulen. Der Unterricht in diesen Schulen beschränkte sich auf das Lesen, Schreiben und den Katechismus und wurde in der Regel während der wenig betriebsamen Wintermonate vom Dorfgeistlichen, teilweise auch von Handwerkern im Nebenamt erteilt.[3]

Die ersten staatlichen Schulen gehen auf den aufgeklärten Absolutismus, etwa die Habsburger Monarchie, zurück. Auch das liberale Bürgertum war sich in der Forderung nach einer Ausdehnung des staatlichen Schulwesens, auf Kosten der kirchlich-konfessionellen Schulen, einig. Mit der helvetischen Revolution setzte sich nach 1798 diese Position auch in der Schweizerischen Eidgenossenschaft durch. Spätestens in den 1830er-Jahren, mit den Reformen der Regeneration,

1918 eröffnete die private Handelsschule «Gademann» (später Juventus) an der Gessnerallee in Zürich ihr Institut.

erklärten verschiedene Kantone das Schulwesen zur staatlichen Angelegenheit. Auf dieser Grundlage wurde 1832 im Kanton Zürich die allgemeine Schulpflicht eingeführt.[4]

Mit der Einführung der obligatorischen Volksschule wurden die Privatschulen nicht etwa abgeschafft, sondern sie erhielten im Gegenteil als Sonder- oder Ergänzungsanstalten eine neue Rolle im öffentlichen Bildungswesen. Das Privatschulwesen breitete sich deshalb auch im 19. Jahrhundert weiter aus. Bereits in der Mediationszeit nach 1803 erfolgte eine erste Gründungswelle von privaten Erziehungseinrichtungen. Dabei handelte es sich nicht um konfessionelle, sondern um bürgerliche Eliteschulen für die Söhne und Töchter der städtischen und ländlichen Oberschichten. Solche Schulen wurden in der Stadt Zürich und an den beiden Ufern des Zürichsees gegründet, teilweise in Anlehnung an die Pädagogik von Johann Heinrich Pestalozzi. Diese Privatschulen boten allerdings keine Alternative zur Volksschule, sondern verstanden sich als Anbieter einer Zusatzausbildung.[5] In diese Zeit fiel zudem eine Gründungswelle heilpädagogischer Einrichtungen, so etwa 1829 die Eröffnung der «Rettungsanstalt für verwahrloste Kinder» in Freienstein. Ähnliche Schulen entstanden seit den 1830er-Jahren in Bubikon, Wangen, Tagelswangen, Brüttisellen und Regensberg.[6]

Die Trennung von Kirche und Staat und die Säkularisierung des Schulwesens seit den 1830er-Jahren hatten einen nachhaltigen Einfluss auf das Verhältnis zwischen staatlichen und privaten Schulen. Als Reaktion auf die Säkularisierung verstärkten die konfessionellen Bewegungen im Kanton Zürich seit den 1830er-Jahren den Aufbau konfessioneller Schulen, in denen es erlaubt war, einen «weltanschaulich» (sprich religiös) orientierten Unterricht zu erteilen. Die Bundesverfassung von 1874 verankerte den Grundsatz, dass der Schulunterricht die Glaubens- und Gewissensfreiheit nicht verletzen durfte – faktisch ein Verbot des konfessionellen Unterrichts in staatlichen Schulen.

Indirekt führte also die Säkularisierung der öffentlichen Schulen zu einer Konfessionalisierung des Privatschulwesens. Im Kanton Zürich verbreitete sich vor allem die protestantische Freischulbewegung. Die Idee «Freier evangelischer Schulen» wurde von protestantischen Kreisen vorgebracht und entstand als Reaktion auf die Schulreform von 1832 und ihren antiklerikalen Unterton. Vergleichbare Auseinandersetzungen spielten sich in den ebenfalls protestantischen Kantonen Bern und Graubünden ab. Bereits 1837 wurde deshalb im bündnerischen Schiers eine Evangelische Lehranstalt gegründet. In Zürich schloss sich zwei Jahre später ein «Christlicher Verein» zusammen mit dem Ziel, «die

Beinahe gleichzeitig mit der Handelsschule «Gademann» nahm die Sprachschule Minerva an der Scheuchzerstrasse in Zürich den Unterricht auf.

Erhaltung des evangelisch-reformierten Christenglaubens in den Volksschulen» zu sichern.⁷ Der Verein trat lange Jahre kaum in Aktion, bis der Antiklerikalismus der demokratischen Bewegung in den 1860er-Jahren die evangelische Gruppierung wieder auf den Plan rief. Nun vollzogen sich die Schulgründungen Schlag auf Schlag – erst auf der Ebene der Lehrerausbildung, später auch auf der Primarschul- und Mittelschulebene. Auf Betreiben des «Christlichen Vereins» wurde 1869 das Evangelische Lehrerseminar Unterstrass eröffnet. In den 1870er-Jahren kam eine Reihe von Anstalten auf Primarschulniveau hinzu, so in Winterthur (1873), Zürich (1874) und Horgen (1876).⁸

Wie alle Privatschulen standen die Freischulen unter strenger staatlicher Kontrolle. Die Lehrmittel mussten bewilligt werden, nichtstaatliche Lehrmittel wurden nur in Ausnahmefällen zugelassen. Ausserdem wurden die Schulen regelmässig von Visitatoren besucht und die Einhaltung der staatlichen Auflagen wurde überwacht.⁹ Abgesehen vom Religionsunterricht standen die Freischulen deshalb der Volksschule nahe. Das Verhältnis zwischen Staat und Freischulen war eher partnerschaftlich und kaum konfliktträchtig. Ein Visitationsbericht über die stadtzürcherische Freie Schule aus dem Jahr 1881 vermittelt einen Eindruck von der Sympathie, die viele Vertreter der Volksschule insgeheim für die evangelischen Schulen hegten, nicht zuletzt wegen des gemeinsamen Glaubensbekenntnisses von Lehrer- und Elternschaft:

«Wir resümiren nochmals dahin: die ‹Freie Schule› hat auf uns einen freundlichen Eindruck gemacht [...]. Ja ich schreibe ihr gerne einen Vorzug zu, den die Staatsschule nicht hat und nicht wohl haben kann, den eines innigeren Contactes mit dem Hause und der Familie.»¹⁰

Neben den Freischulen entstanden im ausgehenden 19. Jahrhundert ausserdem private Berufsschulen, so die Handelsschulen «Concordia» und «Gademann» (später «Juventus») oder die Sprachschule «Minerva», alle in Zürich angesiedelt. Hinzu kamen schliesslich einzelne «Mädchen-Institute» und «Töchter-Pensionate» für die standesgerechte Erziehung bürgerlicher Töchter.¹¹

Der Aufstieg des Privatschulwesens wurde 1899 im neuen Volksschulgesetz auch von staatlicher Seite anerkannt. Das Gesetz garantierte die Wahlfreiheit zwischen staatlichen und privaten Schulen, indem es festhielt, dass die «Schulpflicht durch den Besuch einer öffentlichen Schule, einer Privatschule oder durch Privatunterricht» erfüllt werden könne.¹² In konfessioneller Hinsicht beschränkte sich das Privatschulwesen im Kanton Zürich jedoch auf die protestantische Seite. Katholische Privatschulen von nachhaltiger Bedeutung gab es bis ins

Evangelisches Töchterinstitut Horgen, Koch- und Haushaltungsschule. Neben der im Bild gezeigten, mit Gas betriebenen Küche unterhielt das Institut auch Kochherde, die mit Kohle beheizt wurden. Fotografie um 1910.

20. Jahrhundert im protestantisch dominierten Kanton Zürich nicht. Die erste grössere katholische Privatschule, die Freie Katholische Schule, wurde erst 1924 in Zürich gegründet.[13] Hinzu kamen weitere weltanschaulich motivierte Gründungen wie etwa die anthroposophische Rudolf Steiner Schule, deren erste schweizerische Schule 1927 in Zürich eröffnet wurde.

Indirekt beeinflusste das Privatschulwesen auch die Entwicklung der Volksschule. So wurden einige pädagogische Neuerungen zunächst von privaten Erziehungseinrichtungen aufgegriffen und erst später von den öffentlichen Schulen übernommen, so etwa die Kindergärten oder sonderpädagogische Einrichtungen wie Behindertenschulen und Anstalten für Blinde oder Taubstumme. Ökonomisch führten viele Privatschulen eine prekäre Existenz, vor allem jene, die sich nicht speziell an die wirtschafts- und bildungsbürgerlichen Eliten wandten. Im Gegensatz zu den öffentlichen Schulen erhielten private Schulen keine staatlichen Mittel und mussten sich unter anderem durch Beiträge der Eltern finanzieren. Wer auf der Suche nach einer Schule für sein Kind war, stand also vor einer ungleichen Auswahl: auf der einen Seite die kostenlosen Staatsschulen, auf der andern meist teure Privatschulen.[14] Eine langfristige Existenzchance hatten Privatschulen nur mit einer stark motivierten Klientel wie etwa die evangelischen Freischulen oder als Erziehungseinrichtungen für besonders zahlungskräftige Eltern wie im Falle der bürgerlichen Töchterschulen. Unter diesen Vorzeichen mussten die Staatsschulen die Konkurrenz der Privatschulen kaum fürchten. Entsprechend entspannt ist das Verhältnis zwischen privaten und öffentlichen Schulen bis heute.

Der Stundenplan der Italienerschule in Bülach von 1900. Die Kinder erhielten neben dem Italienisch- auch Deutschunterricht.

DAS AUS FÜR DIE BÜLACHER FREISCHULE

Bald stellten sich jedoch die ersten Schwierigkeiten ein, nicht zuletzt in der Finanzierung. Obwohl die lokalen Schulbehörden eine finanzielle Unterstützung ausdrücklich ausgeschlossen hatten, beantragte Bässler gleichwohl eine staatliche Subvention. Der Antrag wurde erwartungsgemäss abgelehnt.[54] In der Folgezeit verschlechterte sich das Verhältnis zu den lokalen Schulbehörden zusehends. Der Bezirksinspektor bemängelte weiterhin das Schullokal und die unzureichende Qualität des Mobiliars, hielt jedoch die Qualität des Schulunterrichts, die Arbeit der Lehrerin und die Leistung und die Sprachkenntnisse der Schüler und Schülerinnen für befriedigend.[55]

Auch im Verhältnis zur Primarschulpflege stellten sich bald offene Konflikte ein. Der mit der Inspektion beauftragte Sekundarlehrer Frei sah sich in der Amtsausführung behindert, weil mehrere Schulbesuche im Schuljahr 1902/03 fehlschlugen. Beim ersten Mal fand Frei das Schullokal leer vor, obwohl nach Stundenplan ein Unterricht hätte stattfinden sollen. Beim zweiten Mal traf er zwar die Lehrerin an, sie erteilte jedoch keinen Schulunterricht, sondern flocht mit den Kindern Kränze für die Dekoration der katholischen Kirche. Beim dritten Mal war das Schullokal verschlossen; dem Inspektor wurde mitgeteilt, die Schule sei in die nach dem Kirchenbau frei gewordene Missionsstation, das alte Pfarrhaus, umgezogen.[56] Nach diesen Vorfällen legte Frei sein Amt nieder, nicht zuletzt aus Ressentiments gegenüber dem katholischen Geistlichen. Im Demissionsschreiben hielt der Inspektor fest:

»Mir scheint aus alledem einfach, also doch wohl Herr Pfarrer Bässler und seine dienenden Geister spekulieren darauf, ich gehe zuweilen hin und frage, ob und wann ich einen Schulbesuch machen dürfe und wo es seiner Hochwürden gefällig sei. Dazu kann ich mich aber nicht entschliessen und ich muss daher auf die Ehre verzichten, ‹Inspektor der ital. Schule› zu sein und ersuche Sie daher auch höflich, mich von irgendwelcher Verpflichtung zu entbinden.«[57]

Bässler liess sich durch die Vorfälle nicht beirren. Trotz aller Kritik nahm er ein Erweiterungsprojekt der «Italienerschule» in Angriff. Er plante, den beschränkten Vorschulunterricht auch für schweizerische Kinder zu öffnen und die Anstalt dadurch zu einer Freischule auszubauen. Damit wäre Bässler wohl der erste katholische Gründer in der ansonsten protestantischen Freischulbewegung gewesen. Dieses Anliegen hielt er für nicht bewilligungspflichtig, weil er sich auf die Anerkennung seiner Privatschule zu stützen gedachte.

Eglisauer Schülerinnen posieren mit ihren Zeichnungsmappen oberhalb der alten Holzbrücke. Fotografie um 1900.

Er teilte deshalb am 15. September 1903 der Primarschulpflege Bülach einfach mit, dass er die «Italienerschule» in die «Freischule Bülach» umgewandelt habe, «um nicht den Ausländern allein deren Vorteile zu bieten, sondern auch denen, die den grösseren Teil der Bevölkerung ausmachen».[58] Zugleich beteuerte Bässler, dass seine neue Schule weiterhin konfessionslos sei.

Dieser Schritt sollte sich als kontraproduktiv erweisen. Die Schulpflege lehnte nicht nur das Projekt einer Freischule ab, sondern kündigte die bisherige Unterstützung auf und beantragte bei den kantonalen Behörden «die definitive Aufhebung der vom Erziehungsrate nur auf Zusehen hin bewilligten Italienerschule».[59] Die Schulpflege begründete ihre Position mit einer Reihe formalistischer Argumente: Die Lehrerin sei nicht auf diejenige Weise qualifiziert, wie es der Kanton Zürich verlange. Eine Absenzenkontrolle existiere nicht, und da der Unterricht in italienischer Sprache stattfinde, könne das Lehrziel nicht genügend erreicht werden.

«Das Deutsche […] [wurde] so vernachlässigt, dass die Schüler beim Übertritt in die Ortsschule völlig zum Hemmschuh [wurden].»[60]

Der eigentliche Stein des Anstosses war aber die Öffnung eines potenziell katholischen Schulprojekts für die schweizerische Bevölkerung, die in Bülach mehrheitlich protestantischen Glaubens war. Damit wurde die Privatschule endgültig zum Spielball eines lokalen Kulturkampfes zwischen Protestanten und Katholiken. Es half nichts, dass Bässler seine Schule durchgehend als konfessionslos bezeichnete. Die Protokolle der Behörden sprachen vielmehr von der «katholischen Italienerschule» oder der «Privatschule für katholische Italienerknaben». Die Schulpflege, in der notabene der protestantische Pfarrer Einsitz hatte, befürchtete hinter der «Freischule Bülach» eine verkappte konfessionelle Gründung:

«Diese Privatschule hatte als Italienerschule vielleicht einige Berechtigung, für Anderssprechende ist sie aber nicht nur unnötig, sondern geradezu unzulänglich und schädlich. Ja, es handelt sich um nichts anderes, als um die Gründung einer katholisch konfessionellen Schule, die weder ein Bedürfnis ist, noch dem Frieden der Gemeinde dienen würde.»[61]

Die Bezirksschulpflege schloss sich dieser ablehnenden Haltung an:

«Diese Schule [hat,] anstatt eine Vorbereitungsschule für die Volksschule zu sein, von Anfang an ihre Bestrebungen mehr in konfessioneller Richtung entwickelt.»[62]

Der Erziehungsrat übernahm diese Position und beschloss, der «Privatschule für katholische Italie-

Zwei Knaben und ein Mädchen zeigen beim alten Schulhaus in Eglisau ihre Kunststücke am Barren. Fotografie um 1900.

nerknaben» auf Ende des Schuljahrs 1903/04 die Bewilligung zu entziehen.⁶³

Die Kontroverse wurde nun öffentlich in den Spalten der Lokalpresse ausgetragen. Am 3. Februar 1904 erschien in der «Bülach-Dielsdorfer Wochenzeitung» ein längerer Artikel unter dem Titel «Gewalt oder Recht». Hinter dem Artikel stand ein externer Mitarbeiter «B.», aller Wahrscheinlichkeit nach Bässler selbst. Der Autor kritisierte die Schliessung der Schule und erhob gegen jeden einzelnen Punkt der behördlichen Anschuldigungen Einspruch.⁶⁴ In scharfen Worten stellte er insbesondere den Vorwurf, die Schule verfolge konfessionelle Absichten, in Abrede:

«Die Bezirksschulpflege will heute wissen, es habe sich von Anfang an um eine konfessionelle Schule gehandelt. Warum ist denn diese Behörde nicht früher eingeschritten und wo hat sie die Beweise dafür geschöpft? Die Schulpflege fürchtet, diese kleinen Italienerbübli, die etwa nach einem Jahr oder etwas mehr in die Volksschule übertreten, würden den religiösen Frieden der Gemeinde gefährden (!). [...] Oder liegt es etwa im Interesse der Gemeinde, dass wie vorher solche Italienerkinder eine lange Zeit ohne jede Schule herumschlendern, oder dass sie – wirklich als Hemmschuh – in die Gemeindeschule hinein gezwungen werden, ohne dass unsere des Italienischen unkundigen Lehrer etwas mit ihnen anzufangen wissen?»⁶⁵

Die Reaktion der angeschuldigten Behörden liess nicht lange auf sich warten. Drei Tage später, am 6. Februar 1904, verfügte der Erziehungsrat eine amtliche Untersuchung durch die Bezirksschulpflege und einen externen Inspektor.⁶⁶ Die Ortsschulpflege sah sich ebenfalls gezwungen, auf den Artikel von «B.» zu reagieren.⁶⁷ In einem Brief an die Redaktion der «Bülach-Dielsdorfer Wochenzeitung» schilderten einige Vertreter der Schulpflege die Ereignisse aus ihrer Sicht. Die Behörde beharrte auf ihrem Standpunkt und ging zum Gegenangriff über. Sie wiederholte etwa den Vorwurf, Bässler habe die Freischule ohne Bewilligung eröffnet.⁶⁸

Schliesslich ergab die vom Erziehungsrat beauftragte Nachuntersuchung, dass die Einrichtung Bässlers nicht den Anforderungen entsprochen habe, «die im Kanton Zürich an Privatschulen auf der Stufe der Volksschule gestellt werden müssen».⁶⁹ Vor diesem Hintergrund hielt der Erziehungsrat am Widerruf der Bewilligung fest.⁷⁰ Diese Entscheidung bedeutete das endgültige Aus für das Projekt einer Bülacher Freischule.

Bässlers Freischulprojekt scheiterte offensichtlich an den konfessionellen Gegensätzen im weitgehend

Die reformierte Kirche im Dorfkern von Bülach. Trotz des Zuzuges von vielen Katholikinnen und Katholiken seit dem ausgehenden 19. Jahrhundert machte die protestantische Dorfbevölkerung stets die Mehrheit aus. Fotografie um 1900.

protestantischen Bülach – an einem Kulturkampf um das Klassenzimmer. Nach fünf Jahren verweigerten die Behörden dem sozialpolitisch innovativen Schulexperiment endgültig die offizielle Anerkennung. Offenbar liess sich Bässler vom behördlichen Rückzug nicht beirren und bot nach 1904 weiterhin einen Deutschunterricht für italienische Kinder an, allerdings ohne den Status einer Freischule und ohne finanzielle Unterstützung der Behörden. Wie viele italienische Eltern sich einen solchen Privatunterricht leisteten und was mit jenen Kindern geschah, die ohne Deutschunterricht in die Volksschule gingen, darüber schweigen sich die Quellen aus. Die meisten italienischen Kinder dürften wohl ohne Sprachkurs in die Primarschule eingetreten sein. Die Verantwortung dafür, dass diese integrationspolitische Chance verpasst wurde, liegt bei der demokratischen Schulpolitik, die aus kulturkämpferischen Vorbehalten heraus jeglichen Zusatzunterricht für die italienischsprachigen Kinder im Rahmen der Volksschule ausschloss. Es musste über ein halbes Jahrhundert vergehen, bis sich die Idee einer spezifischen Förderung fremdsprachiger Kinder in den 1960er-Jahren auch in der Zürcher Volksschule durchzusetzen begann.[71]

Schulreise und Klassenlager

Schulreisen und Klassenlager gehören zu den Höhepunkten des Schuljahrs. Bereits im 19. Jahrhundert begann man in den Schulen, Ausflüge in die nähere oder weitere Umgebung zu unternehmen; oft nahmen an diesen Reisen auch Eltern und Mitglieder der Gemeindeschulpflege teil. Zu einer richtigen Schulreise gehört bis in die heutige Zeit, dass gewandert, an einem schönen Plätzchen gerastet und vielleicht sogar gebadet wird. Beliebte Schulreiseziele sind etwa der Katzensee, der Rheinfall oder die Rigi. Seit den 1960er-Jahren verreisen die älteren Schülerinnen und Schüler ins Klassenlager in alle Regionen der Schweiz.

1900–1918

Vom Geist zum Körper:
Reformpädagogischer Aufbruch um 1900
und schulpolitischer Notstand im Ersten Weltkrieg
Region Zürich

Das 20. Jahrhundert begann mit einem bildungspolitischen Aufbruch. Im Jahr 1900 wurde das «Jahrhundert des Kindes» ausgerufen. Unter dem Titel der Reformpädagogik hielt eine neue Sichtweise Einzug in die Volksschule. Der Unterricht, der bisher auf den Intellekt ausgerichtet war, sollte neu auch die körperliche und emotionale Bildung der Kinder fördern. Die Reformpädagogik brachte eine Reihe neuer Unterrichtsinhalte, etwa die Gesundheitserziehung oder die Heil- und Sonderpädagogik. Sichtbarer Ausdruck der Reform waren eine innovative Schulhausarchitektur, die Einführung ergonomisch gestalteten Mobiliars, ergänzende Fächer wie die Handarbeit für Knaben und der Ausbau des Mädchenturnens. Der Ausbruch des Ersten Weltkriegs 1914 setzte dem reformpädagogischen Aufbruch ein jähes Ende. Die Mobilmachung entzog der Schule einen Grossteil der männlichen Lehrkräfte, zudem gerieten viele Familien durch den Krieg in finanzielle Not. Die Volksschule wurde mit einem völlig neuen Ausmass der Armut konfrontiert und dadurch unerwartet zu einer zentralen sozialpolitischen Einrichtung.

Die Zeit zwischen der Jahrhundertwende und dem Ende des Ersten Weltkriegs bildet sowohl in politischer als auch in pädagogischer Hinsicht eine besondere Ära in der Zürcher Volksschulgeschichte. Der Zeitabschnitt steht zunächst für eine bildungspolitische Aufbruchphase. Nach 1900 galt es, die im vorhergehenden Kapitel angeführten Erfolge der freisinnig-demokratischen Bildungspolitik, das neue Volksschulgesetz von 1899 und den Lehrplan von 1905 in die Schulpraxis umzusetzen. Dafür waren zwei profilierte Schulpolitiker verantwortlich: Friedrich Zollinger, der zwischen 1900 und 1930 kantonaler Erziehungssekretär war und durch seine lange Amtszeit die Bildungspolitik wie kaum ein anderer prägte, und der freisinnige Regierungsrat Heinrich Mousson (1866–1944), der von 1914 bis 1929 die Erziehungsdirektion leitete und vorher, von 1905 bis 1912, in der Stadtzürcher Regierung dem Schulamt vorgestanden hatte.[1]

Hinzu kommt ein zentraler Wandel der pädagogischen Lehrmeinung, der von der Öffentlichkeit kaum beachtet wurde, den Schulunterricht jedoch fundamental veränderte. Die ersten Jahrzehnte des 20. Jahrhunderts erlebten nämlich den Aufstieg der sogenannten Reformpädagogik, einer wissenschaftlich begründeten Schulreform, die sich endgültig von den überlieferten Bildungsidealen des 19. Jahrhunderts abwandte. Im Kanton Zürich besass die Bewegung in der Figur von Friedrich Zollinger früh einen einflussreichen Fürsprecher. Die Reformpädagogik verlangte, die bisher auf Geist und Verstand ausgerichtete Schulbildung durch eine harmonischere Erziehung zu ergänzen, die stärker auf körperliche Fertigkeiten abzielte. Die «Körperbildung» wurde zum viel zitierten Schlüsselbegriff der Bewegung. Der Erfolg der Reformpädagogik wäre allerdings undenkbar ohne einen für die Jahrhundertwende typischen Trend: den wachsenden Einfluss von Verwaltungsspezialisten und akademischen Experten auf den Schulunterricht. Viele der neuen Erziehungsexperten, neben Verwaltungsfachleuten wie Zollinger auch Ärzte, Hygieniker und Architekten, standen hinter den Anliegen der Reformpädagogik und hatten nach 1900 einen wichtigen Anteil an der Gestaltung des Schulunterrichts.

Die Reformpädagogik hielt ihr Programm für ein bewährtes Rezept gegen die vielfältigen Zivilisationskrankheiten, die sie an der industrialisierten Gesellschaft der Jahrhundertwende diagnostizierte. Zu den Krankheitssymptomen zählte sie die wirtschaftlichen und gesundheitlichen Notlagen, mit denen die städtische Arbeiterschaft in Rezessions- und Krisenjahren konfrontiert war, daneben auch die zunehmenden sozialen und politischen Gegensätze zwischen Bürgertum und Arbeiterschaft. Hinzu kamen die kulturellen Verunsicherungen, die mit der Industrialisierung und der verstärkten Mobilität zwischen Stadt und Land einhergingen. Diese Krisenzeichen schoben sich seit den 1880er-Jahren schrittweise in den Vordergrund der sozial- und bildungspolitischen Debatten. Mit dem Ersten Weltkrieg, der einen Grossteil der politischen Behörden völlig unvorbereitet traf, verschärften sich die Missstände zu einer gravierenden ökonomischen und sozialen Misere, die sogar die Umsetzung der Schulreform gefährdete.

Entsprechend fanden die reformpädagogischen Anliegen zunächst in städtischen Gebieten, insbesondere in Zürich, Gehör. Die Limmatstadt stieg in den 1890er-Jahren durch einen historisch einmaligen Wachstumsschub in kürzester Zeit zur wichtigsten schweizerischen Grossstadt auf. Hier manifestierten sich viele sozial- und gesundheitspolitische Krisensymptome in akuter Form. Zudem war Zürich als Standort zweier Hochschulen ein prädestinierter Sammelpunkt für wissenschaftlich ausgebildete Fachleute, die sich um 1900 für die Belange des Schulwesens zu interessieren begannen. Es liegt auf der Hand, dass die Stadt Zürich, deren Schulwesen im Mittelpunkt der folgenden Aus-

Körperhygiene im neuen «Schulbrausebad» im Schulhaus Bühl in Zürich-Wiedikon. Das Duschen war vor allem im Winter eine Alternative zum See- und Flussbad.

führungen steht, nach der Jahrhundertwende sowohl auf kantonaler wie auf Bundesebene eine schulpolitische Pionierrolle übernahm.

GEIST, GEMÜT UND KÖRPER: HAUPTANLIEGEN DER REFORMPÄDAGOGIK

Auf die Frage, was hinter der Reformpädagogik steht, gibt es keine einfache Antwort. Die Schlagworte der «Schulreform» und der «Reformpädagogik» waren zwar um 1900 in aller Munde, wurden aber in völlig unterschiedlichen Bedeutungen verwendet. Vielfach dienten sie als Sammelbegriffe für ein schwer zu fassendes Kaleidoskop verschiedenster pädagogischer Forderungen. Im Rückblick fällt es schwer, ein einschlägiges Modell der Schulreform auszumachen – *die eine* gültige Reformpädagogik gab es im ausgehenden 19. Jahrhundert nicht.

Dies rührt unter anderem daher, dass hinter der Schulreformbewegung ein weit verzweigtes, internationales Netzwerk stand. Im schweizerischen und zürcherischen Umfeld standen drei Postulate im Vordergrund.[2] Ziel war erstens, von einer primär intellektuell und verstandesorientierten Ausbildung, wie sie noch bis Mitte des 19. Jahrhunderts in den Schulzimmern betrieben worden war, wegzukommen. Gestärkt werden sollten die körperliche und die emotionale Bildung der Kinder. Diese Wende hin zu einer physischen oder «gemütsbezogenen» Ausbildung wurde oft mit dem neuhumanistischen Erziehungsideal in Verbindung gebracht, in dem die Bildung von Geist, Körper und Charakter in «harmonischer» Weise zusammenspielen sollten. International führend in der physischen Erziehung war Frankreich, das bereits in den 1880er-Jahren die Bereiche Schulhygiene, Handarbeit und Turnunterricht stark ausbaute. Auch Schweden war um 1900 ein viel diskutierter schulpolitischer Modellfall, insbesondere dank seiner langjährigen Erfahrungen mit innovativen Turnmethoden wie der Gymnastik.[3] Aus schweizerischer Perspektive wurden auch schulhygienische Reformen in Deutschland, insbesondere in Bayern, als modellhaft angeführt.

Das zweite zentrale Reformanliegen bestand darin, die Autonomie des Kindes in der schulischen Erziehung zu verstärken. Die Reformpädagogik forderte eine deutliche Erweiterung der kindlichen Freiräume in der Unterrichtspraxis, konkret etwa durch die Verwendung spielerischer Vermittlungsformen, die Einführung von informellen Anlässen wie Schulfesten oder -feiern oder die Stärkung des Gruppenunterrichts und offener Diskussionsformen, in denen Kinder eine eigenständige

Die Entstehung des Sonderschulwesens

Die reformpädagogische Wende veränderte um 1900 auch den gesellschaftlichen Umgang mit körperlich und geistig behinderten Kindern. Blinde, gehörlose und «schwachsinnige» (beziehungsweise lernschwache) Kinder galten im 19. Jahrhundert als bildungsunfähig und wurden bei der Einschulung in der Regel von der Volksschule ausgeschlossen und in Anstalten untergebracht, wo nur ein kleiner Teil von ihnen eine Schulbildung erhielt. Weil die Anstalten oft privat geführt waren und sich den Aufwand für den Schulunterricht bezahlen liessen, konnten faktisch nur wohlhabende Eltern ihren behinderten Kindern eine Schulbildung bieten.[1] Gesamtschweizerisch wurden um 1900 über 10 Prozent aller Kinder bei der ärztlichen Schuleintrittsuntersuchung wegen geistiger und körperlicher Behinderungen vom Schulunterricht ausgeschlossen.[2]

Engagierte Anstaltslehrer forderten deshalb seit den 1880er-Jahren, dass auch behinderte Kinder im Rahmen der Volksschule eine unentgeltliche Schulbildung erhielten. Sie konnten dabei mit der revidierten Bundesverfassung von 1874 argumentieren, aufgrund deren die Kantone einen obligatorischen und unentgeltlichen öffentlichen Primarunterricht anbieten mussten. Der Ausschluss von Kindern aufgrund «körperlicher oder geistiger Schwäche», wie es das Zürcher Schulgesetz Ende des 19. Jahrhunderts noch forderte, widersprach der Bundesverfassung. Der Kanton Zürich nahm in dieser Debatte eine nationale Vorreiterrolle ein. Die Zürcher Schulsynode stellte sich bereits 1880 hinter die Forderung nach einer Volksschulbildung für Behinderte; auch die Erziehungsdirektion unterstützte den Vorstoss. Das neue Volksschulgesetz von 1899 übernahm schliesslich das Anliegen und verfügte auf Verordnungsstufe, dass «Kinder, welche wegen Schwachsinns oder körperlicher Gebrechen dem Schulunterricht nicht folgen können [...] von der Schule ausgeschlossen [werden]; es soll für sie, so weit möglich, eine besondere Fürsorge geschaffen werden».[3] Mit «besonderer Fürsorge» war ein Volksschulunterricht entweder in Spezialklassen oder als Teil der Anstaltserziehung gemeint. Analoge Regelungen verbreiteten sich bis 1930 in den meisten Kantonen.

Im Kanton Zürich entstand um 1900 eine Reihe spezialisierter Einrichtungen für den Unterricht behinderter Kinder. Für leicht Behinderte wurden Hilfsklassen für «Schwachbegabte» eingerichtet, in denen die Kinder einen Schulunterricht erhielten – eine Vorform der späteren Sonderschule. Die Stadt Zürich gründete bereits 1891 die ersten Hilfsklassen. Bis 1900 hatte sich das neue Modell in allen Stadtkreisen durchgesetzt. Die Klassen waren altersgemischt zusammengesetzt. Auch unterschiedliche Behinderungsgrade wurden in dieselben Klassen eingeteilt. Ziel war, einen möglichst individuellen Unterricht zu erteilen. Die Klassengrösse war deshalb bedeutend kleiner als jene der Normalschulen. Eine Hilfsklasse durfte maximal 25 Kinder, gegenüber maximal 60 Kindern bei den Normalklassen, aufnehmen. Ob mit 25 behinderten Kindern pro Klasse allerdings eine Individualförderung möglich war, bleibt fraglich.[4] Kinder mit gravierenden Behinderungen, die dem Hilfsklassenunterricht nicht folgen konnten, wurden weiterhin in Anstalten untergebracht. Für die Blinden und Gehörlosen verstaatlichte der Kanton Zürich 1908 die alte Stadtzürcher «Blinden- und Taubstummenanstalt» und unterstellte das dortige Lehrpersonal der kantonalen Erziehungsdirektion. Die Anstalt wurde 1941 in eine Blinden- und eine Gehörlosenabteilung aufgeteilt. Für Kinder mit geistigen Behinderungen wurde nach 1900 eine geschlossene Anstalt für «Schwachsinnige» eingerichtet.[5] Zur Fachausbildung der Lehrpersonen wurde schliesslich 1924 das Heilpädagogische Seminar an der Universität Zürich gegründet.[6]

Kinder der Blinden- und Taubstummenanstalt in Zürich beim Spielen auf dem Pausenplatz und beim Sportunterricht. Fotografie um 1916.

Ausflug der Hinwiler Schulklassen 1903 nach Zürich. Auf dem Programm stand unter anderem der Besuch des Mädchenschulhauses am Hirschengraben, das aufgrund seines repräsentativen Baustils und seiner hygienischen Standards weit herum bekannt war.

Rolle spielen konnten. Die pädagogischen Modelle dafür stammten teilweise aus Deutschland, wo die Pädagogik philosophische Traditionen des deutschen Idealismus und der Romantik weiterführte. Ebenso einflussreich waren schwedische Reformansätze, wie sie etwa die Autorin Ellen Key (1849–1926) in ihrem 1900 erschienenen und international viel beachteten Buch über «Das Jahrhundert des Kindes» formulierte. Key forderte in ihrer Schrift, den Standpunkt der Pädagogik aus der Perspektive des Kindes radikal neu zu definieren.[4]

Als drittes Hauptanliegen verlangte die Reformpädagogik, dass wissenschaftliche Erkenntnisse bei der Gestaltung des Schulunterrichts stärker berücksichtigt werden. Die klassische Pädagogik, etwa bei Pestalozzi, vertraute weitgehend darauf, dass sich Erziehungsprobleme durch die fachkundige Ausbildung der intellektuellen, sittlich-religiösen und handwerklichen Fähigkeiten der Kinder lösen liessen. Gegenüber diesem pädagogischen Optimismus verwies die Reformpädagogik auf jene Fälle, in denen aus medizinischen oder psychiatrischen Gründen die Erziehungsmöglichkeiten begrenzt waren. Für diese Kinder sah die Reformbewegung einen Spezialunterricht vor, dessen Methoden nicht mehr allein auf der Pädagogik, sondern zusätzlich auf medizinischem oder psychiatrischem Fachwissen beruhten.

VERMEHRTER EINFLUSS AKADEMISCHER EXPERTEN AUF DIE SCHULPOLITIK

Mit ihrer wissenschaftlichen Orientierung spiegelt die Reformpädagogik den Aufstieg einer neuen Generation von Experten im Schulwesen wider. Bis Mitte des 19. Jahrhunderts waren bildungs- und schulpolitische Fragen primär die Domäne von Erziehern und Pädagogen. Seit der zweiten Hälfte des Jahrhunderts mischten sich zunehmend wissenschaftliche Experten in die Schuldebatten ein. Eine wichtige Triebkraft war der allgemeine Aufstieg der akademischen Institutionen, nicht zuletzt in der Universitätsstadt Zürich, und damit verbunden die zunehmende Bedeutung akademisch geschulter Experten in verschiedenen Bereichen der Gesellschaft. Drei Fachrichtungen waren für diese neue Generation von Schulexperten prägend: die Medizin, die Hygiene und die Physiologie. In der Folge schossen um 1900 im Schulwesen neue wissenschaftliche «Bewegungen» wie Pilze aus dem Boden, so etwa die Schulhygienebewegung, die Schulgymnastikbewegung, die schulmedizinische Bewegung bis hin zu naturwissenschaftlich orientierten Ansätzen wie der «physiologischen Pädagogik».[5]

Im Kanton Zürich vertrat wie erwähnt Friedrich Zollinger die Anliegen der Schulreform. Als kantonaler

Friedrich Zollinger: Erziehungssekretär und Schulreformer

Friedrich Zollinger (1858–1931) schlug nach seiner Ausbildung zum Primarlehrer früh eine Verwaltungskarriere im Erziehungswesen ein. Bereits als Primarlehrer – er wirkte zwischen 1882 und 1892 im Zürcher Stadtteil Hottingen – engagierte er sich mit populärwissenschaftlichen Vorträgen in der Lehrerfortbildung. 1893 wurde Zollinger auf die neu geschaffene Stelle eines städtischen Schulsekretärs berufen. Acht Jahre später wurde er kantonaler Erziehungssekretär und bekleidete damit den wichtigsten bildungspolitischen Posten nach der Position des Erziehungsdirektors. In dieser Stellung prägte er die zürcherische Schulpolitik während drei Jahrzehnten bis zu seinem altersbedingten Rücktritt 1930. Neben diesen Ämtern verfolgte Zollinger eine Karriere als freisinniger Politiker, die ihn von 1904 bis 1907 ins städtische Parlament, den Grossen Stadtrat, brachte.[1]

Zollinger war nach 1900 der profilierteste Vertreter der schweizerischen Schulreformbewegung. Er verfolgte ein ambitioniertes bildungspolitisches Programm, das über die Institution der Schule hinausreichte. Nur in Abstimmung mit der Familie würde die Schule ihre erzieherischen Anliegen erfüllen können.

«Die Schule, die Erziehung und Lehre miteinander verbindet, muss zusammenarbeiten mit dem Elternhaus», so Zollinger in einer Festrede 1913.

«Zuviel […] und Unmögliches verlangt man oft von der Schule in erzieherischer Richtung, wenn man bedenkt, dass das Kind ihr wöchentlich 20 bis 30 oder noch weniger Stunden anvertraut ist, während das Haus das Kind sechs- bis achtmal mehr Zeit unter seinen nicht immer besten Einflüssen hat.»[2]

Zollingers Arbeitsschwerpunkte lagen sowohl in der Schulhygiene, die reformpädagogisch motiviert war, als auch in der Jugendfürsorge, hinter der ein familienpolitisches Anliegen stand. Weil nicht alle Erziehungsfragen von Schule und Familie beantwortet werden konnten, besassen nach Zollinger auch die staatlichen Behörden einen pädagogischen Auftrag. So forderte er, dass die kommunalen Behörden, insbesondere die Fürsorge- und Vormundschaftsämter, sich verstärkt in der «Fürsorge für dürftige, sittlich gefährdete und verwahrloste Kinder» engagierten.[3] Zudem sollten Städte und Gemeinden vermehrt Einrichtungen zur Säuglingspflege gründen, das Angebot an Kinderkrippen und Kindergärten ausbauen und das Vormundschaftswesen professionalisieren.[4]

So breit wie sein Programm waren auch die bildungspolitischen Aktivitäten Zollingers. 1900 begründete er die Schweizerische Gesellschaft für Schulgesundheitspflege, und in den folgenden Jahrzehnten war er einer der aktivsten Promotoren der Vereinigung, unter anderem als Redaktor der Jahrbücher der Gesellschaft.[5] Ausserdem war Zollinger in die führenden internationalen Netzwerke der Jugendfürsorgebewegung eingebunden. 1900 nahm er beispielsweise als offizieller Delegierter der Schweiz an der Pariser Weltausstellung und dem dort stattfindenden Internationalen Pädagogischen Kongress teil. 1904 war er Gründungsteilnehmer des ersten Internationalen Kongresses für Schulhygiene in Nürnberg.[6] Ausserdem erhielt er zahlreiche nationale und internationale Auszeichnungen, unter anderem vom französischen Erziehungsministerium und von der Berliner Humboldt-Universität.[7] Zollinger gehörte zum sozialliberalen Flügel der Freisinnigen Partei und war zeitlebens ein gläubiger Protestant.[8]

Friedrich (Fritz) Zollinger nach dem Abschluss seiner Ausbildung am Lehrerseminar in Küsnacht im Jahr 1877.

Im Winter fand das Turnen im Turnkeller unter dem alten Schulhaus in Trüllikon statt. Die Gemeinde kam erst in den 1950er-Jahren zu einer Turnhalle.

Erziehungssekretär setzte er sich 1904 in seinen Schriften bewusst von einem verstandesorientierten Unterrichtsmodell ab und vollzog damit einen Bruch zum traditionellen Schulmodell, wie es noch Pestalozzi vertreten hatte. Zollingers Ausführungen lesen sich wie ein Kurzprogramm der Schulreformbewegung:

«Was will die Schulreform? Sie will von den frühesten Anfängen an die Arbeit, die Selbsttätigkeit, in den Brennpunkt der Erziehung stellen […]. Die Schulreform will durch die Sinne und das innere Auge des Verstandes die Anschauung als Prinzip des Unterrichtes ergänzen, vertiefen, kräftigen, und durch Betätigung des Tastgefühles und der Muskelempfindungen, durch das Mittel der Arbeit, die in den Produkten der Hand, der manuellen Fertigkeit, aber auch in den Ausdrucksmitteln der Sprachwerkzeuge wahrnehmbare Gestalt erhält. Hat Pestalozzi die Anschauung als das Fundament aller Erkenntnis bezeichnet und sie gefordert als Prinzip allen und jeden Unterrichts, so verlangen wir heute, dass […] der Tätigkeitstrieb des Kindes […] zielbewusst und systematisch auf die Pfade der nützlichen Arbeit geleitet werde.»[6]

UMSETZUNG DES REFORMPÄDAGOGISCHEN PROGRAMMS IM LEHRPLAN 1905

Die Umsetzung der Reformanliegen fiel prosaischer aus als die programmatischen Formulierungen Zollingers. Die Reformpädagogik wurde nach 1900 zwar mit zunehmendem Erfolg in den Schulalltag eingeführt, aber nicht weil die politischen Behörden oder die Schulpflegen den philosophischen Details der neuhumanistischen Pädagogik nacheiferten, sondern weil die pragmatische Grundtendenz der Schulreform gut zur utilitaristischen Bildungspolitik der Behörden passte, nach der die Volksschule primär auf den beruflichen Werdegang vorbereiten sollte. Dies zeigte sich bereits beim 1899 eingeführten kantonalen Schulgesetz. Das Gesetz brachte nicht nur eine verlängerte Schulpflicht von neu acht Jahren, sondern verstärkte im Sinn der Schulreform auch die Praxisorientierung des Unterrichts, etwa durch einen neuen freiwilligen Handarbeitsunterricht für Knaben.[7]

Die Reformpädagogik wirkte sich unter Friedrich Zollingers Einfluss auch auf den Zürcher Lehrplan von 1905 aus. Dieser ersetzte teilweise Bestimmungen, die noch aus der Zeit vor der freisinnig-demokratischen Wende stammten.[8] Die Kommission, die nach 1900 vom Regierungsrat mit der Ausarbeitung des Lehrplans beauftragt wurde, liess sich primär von den Schriften Zollingers leiten. Obwohl dieser selbst nicht im Gremium sass, waren sich zeitgenössische Beobachter einig, dass der Lehrplan im Wesentlichen das Werk des Erziehungssekretärs war.[9] Der Plan forderte in Anlehnung an Zollinger beispielsweise, dass die Volksschule zusammen mit dem Elternhaus einer «harmonischen körperlichen und geistigen Ausbildung zu einer einheitlichen, lebenskräftigen Persönlichkeit» diene.[10] Auch der Stellenwert der körperlichen Ausbildung im Lehrplan entsprach ganz dem reformpädagogischen Tenor. «Die Volksschule bildet den Körper: übt Auge und Ohr, bildet Sprachwerkzeug, sorgt für leibliches Wohl.»[11] Die Volksschule diene, so der Lehrplan weiter, der gemeinsamen Bildung von Körper, Verstand und Gemüt, garantiere die «naturgemässe Einführung [des Kindes] in das Schulleben» und nehme dabei auf den Stand der «physischen und geistigen Entwicklung des Kindes Rücksicht».[12]

SCHULHYGIENE UND SCHULHAUSARCHITEKTUR

Die Auswirkungen der Reformpädagogik auf den Schulalltag lassen sich am besten anhand von vier Ausbildungsbereichen schildern, denen aus Reformsicht eine besondere Bedeutung zukam: der Schulhygiene, der Gestaltung des Schulmobiliars, dem Turn- und dem Handarbeitsunterricht. Der Aufstieg der Schulhygiene lässt sich insbesondere am steigenden Einfluss von Ärzten im städtischen Schulwesen ablesen. Schon in den 1880er-Jahren betraute die Stadt Zürich einen Arzt mit der Aufgabe, den Gesundheitszustand der Schulkinder zu überwachen.[13] Mit der Eingemeindung der Vororte führte die Stadt Zürich 1893 als erste Gemeinde der Schweiz das Amt eines Stadtarztes ein, der eine Reihe von schulärztlichen Kompetenzen erhielt.

Im 1908 eröffneten Schulhaus Ämtlerstrasse in Zürich-Wiedikon konnten die Schülerinnen und Schüler in der Pause frisches Wasser trinken.

Er musste regelmässige medizinische Untersuchungen durchführen, medizinische Dispensationsgutachten ausstellen, das Sanitätsmaterial für Schulhäuser zusammenstellen, aber auch Gutachten über bauliche Verbesserungen zur Schulhygiene erstellen.[14] Im Vordergrund stand die Prävention epidemischer Krankheiten wie Diphtherie, Scharlach, Pocken oder Masern. Weil es zu jener Zeit noch keine medikamentöse Behandlungsformen gab, wurden Kinder mit Scharlach oder Diphtherie mindestens sechs Wochen von der Schule ausgeschlossen. Teilweise ergriff der Stadtarzt drakonische Massnahmen, so etwa 1897, als wegen einer Diphtherie-Epidemie sämtliche Schulen Wiedikons für zehn Tage geschlossen wurden.[15] Zudem wurden ab 1894 alle neuen Primarschülerinnen und -schüler auf ihre Seh- und Hörkraft untersucht. Kinder mit gravierenden Schwächen wurden zum Facharzt geschickt, der sie einer Spezialuntersuchung unterzog.[16] Ab 1902 kam schliesslich eine regelmässige Kontrolle der Schülerinnen und

Die Klassenzimmer des Mädchenschulhauses Hirschengraben wurden mit der Zürcher Schulbank möbliert. Stahlstich um 1900.

Schüler auf Kopfparasiten – zur Eindämmung der «Läusesucht» – hinzu.[17]

Auch die Schulhausarchitektur wurde aus schulhygienischer Perspektive neu gestaltet. So galt beispielsweise direkte Sonneneinstrahlung als gesundheitsfördernd – sie übe einen günstigen Einfluss auf die «Lebensprozesse des Organismus» aus und fördere die gewünschte «Erregbarkeit der Nerven». Entsprechend wurden Gebäude wie das Schulhaus Kernstrasse in Zürich-Aussersihl so gebaut, dass die Klassenzimmer nach Südosten ausgerichtet waren.[18] Auch die Luftqualität der Schulzimmer unterlag präzisen Vorschriften: Jedem Kind standen fünf bis siebeneinhalb Kubikmeter Atemluft und eine Bodenfläche von einem Quadratmeter zu.[19] Hinzu kam die Einrichtung von Zentralheizungen, Ventilatoren, Schulhaustoiletten und Duschräumen, primär aus hygienischen Gründen.[20] Die Stadt Zürich rüstete um 1900 die meisten Schulhäuser mit Duschanlagen aus. Alle zwei Wochen wurden die Kinder zum Duschen aufgefordert – ein Obligatorium bestand allerdings nicht. Die Schulhygieniker argumentierten, dass regelmässiges Duschen nicht nur der Reinigung diene, sondern auch den Stoffwechsel anrege sowie den Körper abhärte und ihn vor Erkältungen und anderen Krankheiten schütze. Den gleichen Zielen war der Schwimmunterricht verpflichtet, der ebenfalls in der Zeit der Jahrhundertwende für die höheren Primarklassen der Stadt Zürich eingeführt wurde.[21]

JAHRZEHNTELANGE AUSEINANDERSETZUNG UM DIE SCHULBANKFRAGE

Die ergonomische Gestaltung des Schulmobiliars, insbesondere der Schulbank, war ein weiteres wichtiges Feld der Reformpädagogik. Die «Schulbankfrage» wurde seit den 1860er-Jahren in Fachkreisen diskutiert und bewegte bis in die Zwischenkriegszeit des 20. Jahrhunderts die bildungspolitischen Gemüter.[22] Schon 1862 beschrieb der Zürcher Arzt Hans Conrad Fahrner in verschiedenen Publikationen die körperlichen Schädigungen, unter anderem Kurzsichtigkeit und «Schiefwuchs», die bei Kindern von einer falschen Sitz- und Schreibstellung herrührten. Als Ursachen nannte Fahrner nicht so sehr pädagogische Faktoren – etwa die Nachlässigkeit von Lehrern oder Schülern –, vielmehr hielt er die Konstruktion von Stühlen und Schulbänken für die Ursache von Körperschädigungen. Entsprechend schlug der Arzt eine nach ergonomischen Prinzipien konstruierte Schulbank vor, mit kindgerechtem Abstand zwischen Sitzhöhe und Tischrand, einer geneigten Tischplatte sowie einer Stützlehne für den Rücken.[23]

Bild links: Eine gymnastische Übung für Mädchen. Durch das Turnen mit dem Stab wurde der Bewegungsablauf noch steifer. Fotografie um 1930.

Bild rechts: Im Mädchenturnen standen Körperhaltungsübungen im Zentrum. Diese Turnübungen an der Sprossenwand wurden im neuen Lehrmittel für das Mädchenturnen von 1916 empfohlen.

In den folgenden Jahrzehnten entwickelte sich die Schulbankfrage zu einer breiten Debatte, im Zuge derer Pädagogen, Mediziner und Techniker immer neue Verbesserungen anregten. So wurden spezifische Knaben- und Mädchenbänke konstruiert, solche mit optimaler Bewegungsfreiheit für die Beine oder Modelle mit aufklapp- und verstellbaren Elementen, die sich der Körpergrösse anpassten. Viele kantonale Erziehungsbehörden entwarfen eigene Schulbänke – so gab es eine St. Galler, eine Basler, eine Aargauer, eine Neuenburger und natürlich eine offizielle Zürcher Schulbank. Die Schulbank verkörperte gleichsam den bildungspolitischen Fortschritt und galt als Symbol des föderalistischen Wettbewerbs um das beste Schulwesen.[24]

Erst in der Zwischenkriegszeit geriet die klassische Schulbank zunehmend in die Kritik, vor allem weil sich die schwerfällige Doppelbank nicht mit den zunehmend beweglichen Bestuhlungsformen vereinbaren liess. Die Stadt Zürich eröffnete beispielsweise 1927 in einem ehemaligen Hotel auf dem Üetliberg eine sogenannte Freiluftschule, die als innovative Tagesschule für körperlich geschwächte (im damaligen Wortlaut: «nervöse, blutarme oder unterernährte») Kinder konzipiert war und je nach Witterung Unterricht im Freien anbot.[25] Hier wurden die Schulbänke durch einfache Klappstühle ersetzt.[26] Auch in anderen Schulen setzte sich zunehmend ein flexibleres Mobiliar durch, insbesondere die Kombination von Einzelstühlen und Doppelbänken, sodass problemlos ein Unterricht in kreis- oder u-förmiger Bestuhlung möglich war.[27]

TURNUNTERRICHT FÜR KNABEN UND MÄDCHEN

Die reformpädagogische Betonung der Körperbildung veränderte auch die geschlechtsspezifischen Unterrichtspraktiken und damit die durch die Schule vermittelten Geschlechterrollen. Der Turnunterricht bietet dafür ein illustratives Beispiel. Das Schulturnen wurde um 1900 nicht neu erfunden, seine Anfänge reichen bis ins 18. Jahrhundert zurück. Seit dem Unterrichtsgesetz von 1859 wurde im Kanton Zürich ein geschlechtsspezifischer Turnunterricht erteilt, der die Knaben auf den Militärdienst vorbereitete und bei den Mädchen auf Beweglichkeitsübungen ausgerichtet war. Die Bundesverfassung von 1874 verstärkte im Militärbereich die Macht des Bundes gegenüber den Kantonen und übertrug die Kompetenzen für das Knabenturnen auf die eidgenössische Ebene. Dadurch wurde das Turnfach weiter militarisiert. Marschier- und Drillübungen prägten nun das Knabenturnen. Auch Armbrust- und

Militärische und zivile Wurzeln des Turnunterrichts im 18. und 19. Jahrhundert

Die Vorläufer des modernen Turnunterrichts dienten weitgehend militärischen Zwecken und waren deshalb meist Knaben vorbehalten. Die Stadt Zürich führte noch im 18. Jahrhundert unter dem alten Patrizierregime Marsch- und Schiessübungen ein, die der vormilitärischen Ausbildung der Bürgersöhne dienten. Die Knaben mussten die Exerzierübungen während der Sommerferien abhalten. Als Abschluss der Ausbildung wurde das «Knabenschiesset» durchgeführt – der Vorläufer des heutigen Knabenschiessens.[1]

Ein Turnunterricht für Mädchen war erst nach den liberalen Schulreformen der 1830er-Jahre denkbar. Als Erstes öffneten verschiedene ländliche Gemeinden des Kantons Zürich den Turnunterricht auch für die Schülerinnen. Das Unterrichtsgesetz von 1859 brachte eine progressive Wendung und erklärte das Turnen im ganzen Kanton für Knaben wie Mädchen obligatorisch.[2] Mit diesem Gesetz war der Kanton Zürich den anderen eidgenössischen Ständen teilweise weit voraus. Bemerkenswert war, dass das Gesetz ausserdem auf der Unterstufe von den militärischen Traditionen abrückte und bewusst keinen Unterschied machte zwischen Mädchen- und Knabenturnen. Die Zürcher Unterstufenlehrmittel setzten im Turnunterricht auf pädagogische und gesundheitliche Ziele, die für beide Geschlechter gleich galten.[3]

Für die höheren Altersklassen wurde das Turnen weiterhin in einen militärischen Unterricht für Knaben und einen Beweglichkeitsunterricht für Mädchen differenziert. Auf der Realstufe standen beim Knabenturnen Exerzier-, Kraft- und Geräteübungen – im Stil des damals populären Vereinsturnens – im Mittelpunkt.[4] Trainiert wurden in erster Linie Muskelkraft und Geschicklichkeit – kritische Stimmen bezeichneten diesen Turnstil spöttisch als «Affenturnen».[5] Das Mädchenturnen bestand dagegen vor allem aus Bewegungsübungen, in denen stark formalisierte Bewegungsabfolgen einstudiert wurden, die zeitgenössische Betrachter für anmutig hielten. Die Kleidung akzentuierte den formalen Charakter der Übungen. Die Mädchen turnten in langen Röcken und halbhohen Schnürstiefeln; die Körperhaltung war durch ein eng geschnürtes Korsett betont steif.[6] Der Anteil an Geräten war beim Mädchenturnen geringer als bei den Knaben, die Mädchen benutzten Kletterstangen oder eine Treppenwand. Ausserdem war die Stundenzahl des Knabenturnens doppelt so hoch wie die der Mädchen, die dafür den obligatorischen Haushaltkundeunterricht belegten.[7]

In den 1870er-Jahren kam es zu einer folgenreichen Nationalisierung des Turnunterrichts. Die revidierte Bundesverfassung von 1874 sah vor, dass die Kompetenz für das Knabenturnen in der ganzen Schweiz nicht mehr bei den Kantonen, sondern neu beim Bund liegen solle. Hinter dieser Neuregelung standen wiederum militärpolitische Interessen auf nationaler Ebene. Infolge der Zentralisierung wurde der militärische Vorunterricht für Jugendliche wieder verstärkt. Dies geschah einerseits über das freiwillige Kadettenwesen, das nach 1874 vor allem in freisinnigen Kantonen wie Basel-Landschaft, Aargau oder Zürich einen enormen Popularitätsschub erlebte. Anderseits wurde der Turnunterricht für Knaben nach 1874 unter eidgenössischer Ägide zur militärischen Frühausbildung umgestaltet.[8] Das Turnen wurde nach

Ein stadtzürcherisches Kadettenkorps posiert um 1885 im Fotostudio.

1874 zum Sonderfach – es war die einzige Unterrichtseinheit, bei der die Kompetenz auf eidgenössischer Ebene angesetzt war. Die Vorbereitung auf die Rekrutenschule sollte neu im staatlichen Turnunterricht und nicht mehr in den Kadettenvereinen geleistet werden. Das Bundesgesetz sah vor, dass die Erziehung zum Milizsoldaten bereits auf der Primarschulstufe einsetzte.

«Die Kantone sorgen dafür, dass die männliche Jugend vom 10. Altersjahr bis zum Austritt aus der Primarschule durch einen angemessenen Turnunterricht auf den Militärdienst vorbereitet wird.»[9]

Gewehrübungen waren für die älteren Schüler normal. Die Stadtzürcher Schulbehörden gingen einen Schritt weiter und führten zusätzliche militärische Unterrichtselemente ein. So wurden ab 1902 im freiwilligen «erweiterten Turnunterricht» ganztägige Märsche durchgeführt, um «Knaben vom 13. und 14. Altersjahre in der Marschtüchtigkeit zu fördern».[28] Nicht nur die körperliche Leistung sollte verbessert werden. Die Schulbehörden erhofften sich, dass die Märsche in den zukünftigen Staatsbürgern den Patriotismus wecken würden. Ziel war es, die Knaben «mit schönen Gegenden der engeren Heimat, in die sie sonst selten oder gar nicht gelangen würden, bekannt zu machen».[29]

Diese heimatkundlichen Wanderungen vermochten sich jedoch auf Dauer nicht durchzusetzen. Einerseits war der Aufwand vergleichsweise gross, weshalb nur eine geringe Zahl Jugendlicher den erweiterten Turnunterricht belegte, anderseits regte sich in der Lehrerschaft Widerstand gegen die Militarisierung des Turnunterrichts. Nach 1909 wurden Marschübungen in der Stadt Zürich nur noch als fakultative Unterrichtseinheit angeboten.[30] Zugleich wurde eine Mädchenabteilung für Marschübungen gegründet, um das Fach auch Mädchen zugänglich zu machen.[31] Die Stadt Zürich stellte 1912 schliesslich auf ein Turnreglement um, das «mit allen militärischen Formen aufräumte» und vor allem auf Übungen zur Körperhaltung und -kräftigung abzielte.[32]

Die Erfahrungen des Ersten Weltkriegs relativierten die militärische Ausrichtung des Turnunterrichts. Der Krieg zeigte schonungslos auf, welchen begrenzten Wert die Ausbildung der Soldaten gegenüber der zerstörerischen Gewalt der Waffentechnik hatte. Auch wenn die Schweiz militärisch nicht in den Krieg involviert war, führten die Materialschlachten des Kriegs unter den schweizerischen Behörden zu einem Umdenken. Mit der Ära der totalen Kriege schien das Zeitalter der patriotischen Milizarmeen abgelaufen.

ABKEHR VOM MILITÄRISCHEN TURNUNTERRICHT NACH DEM ERSTEN WELTKRIEG

Diese Wende hatte Folgen für den Turnunterricht. Mit dem Ersten Weltkrieg setzte eine allgemeine Abkehr vom Kadettenwesen und vom militärischen Turnunterricht ein. In Zürich wurden die Armbrust- und Gewehrübungen nach dem Ende des Ersten Weltkriegs abgeschafft. Die Zentralschulpflege war der Auffassung, «die Übungen [seien] zum grossen Teil für die körperliche Ertüchtigung von geringer Bedeutung […]. Die in diesen Kursen erreichte Ausbildung im Gebrauch der Waffen [wurde] als militärisch wertlos bezeichnet.» Auch der Lehrerturnverein schloss sich dieser Position an und befand, dass sich der Kadettenunterricht als hindernd für die Rekrutenschule erwiesen hatte. Die Übungen erzeugten «in den jungen Leuten einen Dilettantismus» und galten «als Spielereien, die dem künftigen Soldaten den Ernst für den Gebrauch der Waffen raubten».[33]

Im Gegensatz zum Knaben- blieb das Mädchenturnen nach 1874 weiterhin in der kantonalen Verantwortung.[34] Obwohl seit 1859 obligatorisch, fand das Mädchenturnen nie die breite Anerkennung des Knabenturnens. Insbesondere auf der Zürcher Landschaft waren Vorurteile und Widerstand gegen turnende Mädchen verbreitet. Viele Leute hielten die weiten Schulwege und die Arbeiten auf Feld und Hof für eine ausreichende körperliche Kräftigung der Mädchen. Ausserdem wurden die im Freien stattfindenden Hüpf- und Turnübungen der Mädchen von vielen als anstössig empfunden. Auch Turnlehrerinnen bekamen die verbreitete Skepsis gegenüber ihrem Fach zu spüren.[35] Schon die Diskussion darüber, ob Lehrerinnen auch den «kommandierten» Turnunterricht für Knaben erteilen dürften, weckte Vorbehalte. Der Vorschlag wurde 1876 diskutiert, aber sogleich wieder ad acta gelegt.[36]

Zum Schulhaus Klingenstrasse in Zürich-Aussersihl, das 1897 erbaut wurde, gehörte auch eine moderne Turnhalle. Fotografie um 1898.

SCHULREFORM UND MÄDCHENTURNEN

Die Schulreformbewegung wirkte sich auch auf das Mädchenturnen aus. Nicht zuletzt auf Anregung von physiologischen und Schulhygiene-Experten wurden die starren, formalistischen Turnübungen schrittweise durch freiere, spielerischere Turnstunden ersetzt.[37] Zugleich wurde das Mädchenturnen vermehrt biologisch, mit Hinweisen auf die «Natur» des weiblichen Körpers, legitimiert. Das kantonale Lehrmittel für das Turnen verlangte 1869, dass die körperliche Ertüchtigung auch für Mädchen gefördert werden solle, dabei aber Rücksicht auf die Eigenschaften des Geschlechts zu nehmen sei.

«Das Wesen und der kommende Beruf der Mädchen fordert besonders eine natürliche schöne Haltung, Leichtigkeit und Anmut in den Bewegungen.»[38]

An der Jahresversammlung der Schweizerischen Gesellschaft für Schulgesundheitspflege 1917 ging der Stadtzürcher Sportspezialist Eugen Matthias einen Schritt weiter:

«Die inneren Organe des weiblichen Körpers sind für das Werden oder Nichtwerden eines Menschenkindes von entscheidender Bedeutung. Die Förderung der Durchblutung des Unterleibes durch Körperübungen [ist] eine Grundbedingung für die Weiterexistenz unseres Volkes.»[39]

In diesem Zusammenhang veränderte sich auch die Turnkleidung der Mädchen. Im 19. Jahrhundert war das Korsett als Turnanzug noch weitgehend Standard. Nach 1900 wurde diese Kleidung zunehmend als einengend und hinderlich kritisiert.[40] 1925 schlug der Lehrerturnverein Zürich vor, dass sich die Zentralschulpflege um die Beschaffung eines neuen, besser angepassten Turnkleids für Mädchen bemühen solle. Schliesslich wurde als neuer Turndress ein Überkleid aus einfachem Tuch eingeführt.[41]

HANDARBEIT FÜR KNABEN – HAUSARBEIT FÜR MÄDCHEN

Zur Bildung der körperlichen, insbesondere manuellen Fertigkeiten der Schülerinnen und Schüler verstärkte die Reformpädagogik schliesslich das Gewicht des geschlechtsspezifischen Handarbeits- und Hauswirtschaftsunterrichts. Solche Reformpostulate passten gut zu den bildungspolitischen Traditionen im Kanton Zürich, bei denen die Anliegen der handwerklich-gewerblichen Mittelschichten sowohl aus ländlichen wie aus städtischen Milieus seit Mitte des 19. Jahrhun-

Die Knaben der Primarschule Wernetshausen zeigen ihre im Handfertigkeitskurs von 1911/1912 hergestellten Gegenstände.

derts einen hohen Stellenwert besassen. Die Knaben wurden im Handarbeitsunterricht auf eine zukünftige handwerkliche Berufsbildung vorbereitet. Die Mädchen wurden dagegen in den verschiedenen Fächern der Hausarbeitskunde wie Kochen, Nähen oder Haushaltshygiene ausgebildet und lernten dabei ihre zukünftigen Aufgaben als Hausfrauen.[42] In den Worten Zollingers sollte die Primarschule nach 1900 dazu dienen, «die Knaben auf ihre künftige Tätigkeit als Arbeiter und Soldaten, die Mädchen auf die Führung des Haushaltes und die Arbeit der Frau vorzubereiten».[43]

Insbesondere der Handarbeitsunterricht für Knaben war ein prominentes Anliegen der Schulreformbewegung. Ein solcher Unterricht war bis in die 1880er-Jahre schweizweit unbekannt. Das Fach schien den reformpädagogischen Stimmen jedoch gut geeignet, um die bestehende Ausrichtung des Unterrichts auf intellektuelle und gedächtnisorientierte Qualifikationen durch die verstärkte Schulung praktischer und körperlicher Fähigkeiten zu ergänzen.[44] Das erzieherische Ziel der Handarbeit war es, den Knaben Werte wie Genauigkeit, Sauberkeit und praktische Überlegung zu vermitteln.[45] Nachdem in den 1880er-Jahren bereits in Basel und Bern sowie auf eidgenössischer Ebene Vereine zur Förderung der Knabenhandarbeit gegründet worden waren, schlossen sich auch in Zürich 1892 die reformorientierten Kräfte zum «Verein für Knabenhandarbeit und Schulreform» zusammen. Zunächst konzentrierte sich die Bewegung darauf, Weiterbildungskurse für interessierte Lehrerinnen und Lehrer anzubieten. Das neue Fach setzte schliesslich qualifizierte Kenntnisse über Werkzeuge, Materialien und Konstruktionstechniken voraus.[46] Gelehrt wurde eine breite Palette von Arbeitstechniken, so etwa Hobeln, Holzschnitzen, Metall- oder Kartonagearbeiten, zudem Modellieren und Gartenarbeiten, später auch Batikarbeiten, Stoffdrucken, Peddigrohrflechten, Flugmodellbau und Emaillieren.[47] Der Verein setzte sich für die Integration des Fachs in den obligatorischen Lehrplan der Volksschule ein. Dabei fand er bei den zuständigen Behörden und der Lehrerschaft oft ein offenes Ohr. Bereits das Schulgesetz von 1899 anerkannte die Knabenhandarbeit als fakultatives Fach. In obligatorischer Form breitete sich das Fach zunächst auf kommunaler Ebene aus – so bereits 1887 in der Stadt Zürich, bevor es 1959 im ganzen Kanton zum Pflichtfach erklärt wurde.[48]

Bild links: Mutter Helvetia verteilt an ihre Kinder aus allen Landesteilen ein Stück Brot.

Bild rechts: Enge und Kargheit bestimmten die Wohnverhältnisse der Arbeiterfamilien in Zürich vor dem Ersten Weltkrieg. Fotografie um 1900.

SCHÜLERSPEISUNGEN VOR DEM UND IM ERSTEN WELTKRIEG

Der Ausbruch des Ersten Weltkriegs setzte der reformpädagogischen und schulpolitischen Aufbruchstimmung, die seit der Jahrhundertwende herrschte, ein jähes Ende. Auf einen Schlag geriet das Zürcher Schulwesen in eine gravierende Schieflage, welche die Innovationen der vorausgegangenen Jahre infrage stellte. Die Mobilmachung entzog der Schule einen Grossteil der männlichen Lehrkräfte, zudem gerieten viele Familien durch den Krieg in finanzielle Not. Die Volksschule war mit einem völlig neuen Ausmass der Armut konfrontiert und wurde dadurch unerwartet zu einer zentralen sozialpolitischen Institution – ein Wandel, der sich beispielhaft an der Geschichte der Schülerspeisungen illustrieren lässt.

Die Idee von Schülerspeisungen geht in Zürich auf die Zeit der Jahrhundertwende zurück. Bereits in den 1890er-Jahren boten soziale Vereine kostenlose oder vergünstigte Nahrungsmittel für Schülerinnen und Schüler an, so etwa die «Hülfsgesellschaft» in der Altstadt oder die Gemeinnützige Gesellschaft Wipkingen in ihrem Quartier. Die Arbeit der gemeinnützigen Vereine konzentrierte sich jedoch meist auf einen Stadtkreis. Ärmere Quartiere wie Aussersihl oder das Industriequartier blieben von diesen philanthropischen Initiativen unberücksichtigt. Als sich die Arbeitslosigkeit um 1900 verschärfte, war die Stadt zum Handeln gezwungen. Die Behörden entschieden, im Winter 1899/1900 kostenlose Mittagessen für bedürftige Schülerinnen und Schüler einzuführen.[49] Infolge des städtischen Engagements zogen sich nach 1900 die gemeinnützigen Vereine aus der Schülerspeisung schrittweise zurück.[50]

Wer an der Suppenabgabe teilnehmen wollte, musste strenge Kriterien erfüllen. Für die Zulassung reichte es nicht, aus einer grossen und «ärmlichen» Familie zu stammen. Nur «augenscheinlich mangelhaft ernährte» Schülerinnen und Schüler, deren Eltern über Mittag abwesend waren, die zudem einen weiten Schulweg hatten und in deren Familien Krankheit und Verdienstlosigkeit herrschten, wurden zur Schülerspeisung zugelassen.[51] 1901 führte die Zentralschulpflege Anmeldeformulare für die Abgabe der Schülersuppe ein. Der Entscheid über die Zulassung lag bei der Kreisschulpflege.[52] Unter den Schülerinnen und Schülern sollte «ein freundlicher, guter Geist gepflegt und auf Höflichkeit, Ordentlichkeit, Erkenntlichkeit und Dienstfertigkeit gehalten werden». Wer der Speisung mehrmals unentschuldigt fernblieb, das Essen vergeudete oder durch «sonstiges Verhalten sich offenkundig unwürdig» zeigte, wurde abgewiesen.[53]

In den Ferienkolonien wurden die Kinder zu Ordnung und Reinlichkeit angehalten, dazu zählte auch das Schuheputzen. Fotografie um 1900.

Zwischen Sozialhilfe und Disziplinierung: Die Ausbreitung der Ferienkolonien

Die Gründung von Ferienkolonien im ausgehenden 19. Jahrhundert ging ebenfalls auf die Hygienepostulate der Schulreformbewegung zurück. Die Idee von Ferienkolonien stammte ursprünglich aus Zürich. Am 12. Juni 1876 veröffentlichte Walter Bion (1830–1909), ein sozialpolitisch engagierter protestantischer Pfarrer, im «Tagblatt der Stadt Zürich» ein Inserat mit der Bitte «an alle Menschen- und besonders Kinderfreunde», einen Beitrag zu spenden, um armen, erholungsbedürftigen Kindern «einen Ferienaufenthalt auf dem Land zu ermöglichen».[1] Der Aufruf war erfolgreich und ermöglichte es, dass 68 Schulkinder im Alter von neun bis zwölf Jahren in Begleitung von zehn Erwachsenen 1876 ihre Sommerferien in der ersten schweizerischen Ferienkolonie im Kanton Appenzell-Ausserrhoden verbringen konnten. Nur kurze Zeit später übernahmen weitere Städte diese Idee, später wurde die Ferienkoloniebewegung gar ein internationaler Trend.[2] Bions Ziel war es, jedem erholungsbedürftigen städtischen Schulkind zumindest eine Ferienwoche pro Jahr in ländlicher Umgebung zu ermöglichen.[3]

Walter Bion (1830–1909) arbeitete nach seinem Studium als Pfarrer in Rehetobel und Trogen im Kanton Appenzell-Ausserrhoden und zog 1873 mit seiner Familie in die Stadt Zürich, wo er eine neue Pfarrstelle antrat.[4] Daneben engagierte er sich für sozialpolitische Anliegen; unter anderem gründete er das Krankenhaus Trogen und das Schwesternhaus zum Roten Kreuz in Zürich. Ausserdem war er Mitbegründer von Heilstätten für Lungenkranke und Initiant des Zürcher Volkshauses, eines alkoholfreien Lokals und Veranstaltungsorts, das sich vor allem an die Arbeiterschaft richtete.[5]

Die humanitäre Idee, armen und kranken Kindern wenigstens einmal jährlich Erholung zu bieten, besass auch eine disziplinierende Dimension.[6] Während des Aufenthalts in der Kolonie galt ein strenges erzieherisches Regime, um «Verwilderung» und Ungehorsam zu verhindern. Bion war überzeugt, dass gerade die Ferienaufenthalte dazu beitrugen, die Disziplin der Kinder zu fördern. Ohne Kolonien, so Bion, würde der Zürcher Lehrerschaft «nach Wiederbeginn des Unterrichts» der Ungehorsam der Kinder «für die erste Zeit viel zu schaffen» machen.[7] Die «Kolonisten» wurden deshalb in den Ferienaufenthalten bewusst zur Ordnung angehalten. Sie mussten Haushaltsaufgaben wie Tischdecken, Abräumen, Betten-

Anny Klawa-Morf (1894–1993) als junge Frau. Sie war eine überzeugte Sozialistin und bereits in jungen Jahren in der Zürcher Arbeiterbewegung engagiert.

Bild oben: Die Stadtkinder sollten in der Ferienkolonie wieder zu Kräften kommen. Zum Programm gehörten ausgedehnte Spaziergänge in der ländlichen Umgebung und ein «Zvieri» mit Käse und Brot. Fotografie um 1920.

machen und Schuheputzen selbst erledigen. Vor der Abreise hatten sich die ausgewählten Knaben und Mädchen ausserdem frisch gebadet am Bahnhof in Zürich einzufinden. Ihr Gepäck wurde von freiwilligen Helferinnen und Helfern auf Vollständigkeit hin kontrolliert.[8]

Um zu einer Ferienkolonie zugelassen zu werden, mussten die Schulkinder eine Reihe von Kriterien erfüllen. Grundsätzlich musste ein sozialpolitischer Bedarf nach Erholung bestehen. Ausschlaggebend waren körperliche Bedürfnisse, mangelhafte häusliche Wohnverhältnisse, Fleiss und gutes Verhalten der Kinder. Wo die Erholungsbedürftigkeit unsicher war, musste ein Arztzeugnis vorgelegt werden.[9] Da die Zahl der Anmeldungen nach wenigen Jahren bereits sehr hoch war, wurden ab 1878 die Auswahlkriterien verschärft. Ärzte und Lehrer wählten nur jene Kinder aus, die sich «als die erholungsbedürftigsten, ärmsten und durch ihr Verhalten als die würdigsten erwiesen hatten».[10] Um den Rest der insgesamt 96 Teilnehmerinnen und Teilnehmer zu bestimmen, wurden Lose gezogen. Armut allein genügte also nicht mehr, um in eine Ferienkolonie aufgenommen zu werden.[11] Dies musste etwa die Zürcher Sozialistin Anny Klawa-Morf erleben, die in ärmlichsten Verhältnissen aufgewachsen war und später eine Aktivistin der Arbeiterbewegung wurde. In ihren Erinnerungen schreibt sie:

«Die Mutter sagte: ‹Nie mehr werde ich dich für die Ferienkolonie anmelden. Weil du so dick bist und rote Backen hast, darfst du nicht in die Ferienkolonie, hat der Lehrer gesagt.› Ja, das stimmte, dick war ich, und rote Wangen hatte ich auch. Aber wovon? ‹Salz und Brot macht Wangen rot›, sagt der Volksmund. Auch später wurde ich von Lehrern oft gefragt, ob ich in den Ferien gewesen sei. ‹Ja, ja, du hast es wirklich nicht nötig, du siehst sonst gut aus›, war jeweils die Antwort auf mein Verneinen.»[12]

Bild links: Wie streng die Zulassungsbedingungen für die Schülerspeisung waren, kommt im detaillierten Anmeldeformular für die «Schülersuppe» zum Ausdruck.

Bild rechts: Im Ersten Weltkrieg war die Lebensmittelknappheit ein grosses Problem. An der Uraniastrasse in Zürich gab die Stadtbehörde im Herbst 1917 verbilligte Kartoffeln an die notleidende Bevölkerung ab.

SUPPENBEILAGEN JE NACH STADTKREIS

Auf dem Speisezettel stand eine Portion Suppe, die meist aus Erbsen, Bohnen, Reis, Gerste und Haferflocken bestand, mit Brot. Manchmal wurde ein «Quantum Fleisch und grünes Gemüse» beigefügt, gelegentlich Käse. Die Leiter der Schülerspeisung hatten darauf zu achten, «dass die Suppe stets möglichst sorgfältig, gehaltreich, schmackhaft und mit der richtigen Abwechslung zubereitet, und nur Brot von untadelhafter Beschaffenheit verabreicht» wurde.[54] Die Zusammensetzung der Mittagssuppe unterschied sich allerdings je nach Stadtkreis. Der ärmste Kreis (Aussersihl) verzichtete gänzlich auf Beilagen.[55] Anfänglich beschränkte sich das Angebot auf eine Mittagssuppe, die in ausgewählten Wochen während der Winterzeit ausgeschenkt wurde. Aus sozialpolitischen Gründen musste das Angebot ausgeweitet werden. 1906 wurde ein Frühstück für Bedürftige eingeführt, das aus Brot und Milch bestand.[56]

Mit dem Ausbruch des Ersten Weltkriegs 1914 veränderte sich der Stellenwert der Schülerspeisungen grundlegend. Unter den Kriegsbedingungen erhielten die Speisungen ein über die Schule hinausreichendes sozialpolitisches Gewicht. Die Armut verschärfte sich mit dem Kriegsausbruch massiv. Die Behörden auf nationaler, kantonaler und kommunaler Ebene waren wirtschafts- und sozialpolitisch kaum auf den Kriegsausbruch vorbereitet, weshalb schon bald Engpässe bei der Nahrungsmittel- und Rohstoffversorgung entstanden. Zudem gerieten durch die Mobilmachung viele Familien in Armut. Die damals geltende Militärorganisation sah keinen Erwerbsersatz für Ehemänner vor, die in den Militärdienst eingezogen wurden. Deren Familien mussten mit dem plötzlichen Verdienstausfall selbst klarkommen. Gerade in städtischen Verhältnissen wie in Zürich, wo ein Grossteil der Bevölkerung aus Lohnarbeiterinnen und Lohnarbeitern mit geringen Einkommen bestand, breiteten sich Armut und Mangelernährung nach 1914 in raschem Tempo aus. Die Lohnabhängigen wurden zudem durch die starke Inflation während des Kriegs hart getroffen; insgesamt brachte die Kriegszeit einen Einkommensverlust von 25 bis 30 Prozent. Bis 1918 gehörte ein Viertel der Stadtzürcher Bevölkerung zu den sozialhilfeberechtigten Einkommensklassen.[57]

Der Zürcher Stadtrat und Präsident der Zentralschulpflege Arnold Bosshardt schilderte die verschärfte Situation 1914 in eindringlichen Worten:

«Die Arbeitslosigkeit weitester Volkskreise hat einen geradezu katastrophalen Charakter angenommen. Tausende und Tausende unserer Bevölkerung sind im eigentlichen Sinne des Wortes brotlos geworden oder müssen es in absehbarer Zeit werden, selbst wenn

Um der Nahrungsmittelknappheit abzuhelfen, wurden in den Kriegsjahren vor dem Schulhaus Bühl in Zürich-Wiedikon Kartoffeln angebaut. Bei der Ernte hatten die Schülerinnen und Schüler mitzuhelfen. Fotografie um 1913.

dieser grässliche Krieg bald aufhören sollte. Es ist unmöglich, dass diese Unglücklichen sich selber noch behelfen können, sie sind auf die Hülfe der anderen, der Volksgemeinschaft, der Gemeinde und des Staates angewiesen.» [58]

AUSWIRKUNGEN DES ERSTEN WELTKRIEGS AUF DEN SCHULBETRIEB

Die soziale Notlage wirkte sich auch auf die Schule aus. Der Krieg führte unter anderem dazu, dass die Kohlezufuhr zurückging und die Heizmittel knapp wurden. Im Winter 1917/18 musste der Schulunterricht infolge des Kohlemangels gar eingeschränkt werden. Der Unterricht wurde wegen der Kälte immer wieder verkürzt und manchmal über mehrere Tage oder Wochen eingestellt. Trotzdem waren die Schulbehörden bemüht, den Kindern, «die zu Hause keine warme Stube finden konnten», eine Gelegenheit zum Aufwärmen zu bieten. Teilweise in Verbindung mit den Jugendhortkommissionen organisierte die Schulpflege «Wärmestuben», wo sich frierende Kinder nützlich beschäftigen oder spielen konnten.

Der Schulunterricht wurde auch dadurch eingeschränkt, dass viele Schulhäuser durch die Mobilmachung von Truppen belegt waren. Viele Lehrer wurden überdies in den Militärdienst einberufen. Beides zusammen führte in verschiedenen Schulen dazu, dass der Unterricht ganz eingestellt wurde.

«All diese Störungen der Schuleinstellungen, der Einschränkung der Unterrichtszeit, der Einberufung der Lehrer in den Militärdienst machten sich selbstverständlich je länger desto mehr im Unterrichte und in der Erziehung fühlbar und traten mit geringem Unterrichtserfolg und mit der Vermehrung der Disziplinarfälle in die äussere Erscheinung.» [59]

Durch die soziale Not stieg die Zahl der ausgegebenen Mittagessen – pro Kind und Tag ein Liter Suppe – nach dem Kriegsbeginn schnell an. Im Winter 1913 erhielten rund 3000 Kinder oder mehr als 10 Prozent aller Primar- und Sekundarschüler eine Mittagsspeise. Die Suppe wurde zu diesem Zeitpunkt während zweier Monate ausgeschenkt. 1916, im zweiten Kriegsjahr, war das Angebot bereits massiv ausgeweitet: Rund 4000 Kinder erhielten je eine Frühstücks- und eine Mittagsspeise, und zwar nicht mehr nur für einen begrenzten Zeitraum, sondern bis auf wenige Ausnahmetage durchgängig im ganzen Winterhalbjahr. Im folgenden Jahr wurden die Schulspeisungen erneut deutlich erhöht. 1917 bezogen fast 5000 Kinder, also knapp 20 Prozent der Primar- und Sekundarschüler, die Mahl-

Im Herbst 1914 organisierte Else Züblin-Spiller nach Absprache mit den Bundesbehörden und der Armeeleitung die sogenannten Soldatenstuben, die den Wehrmännern eine preisgünstige und alkoholfreie Alternative zu den Wirtshäusern boten. Im jurassischen Bonfol war die Soldatenstube im gleichen Zimmer wie der Kindergarten untergebracht. Fotografie um 1916.

zeiten; diese wurden nun praktisch an jedem Schultag ausgeteilt. Zudem musste die Stadt vom Frühjahr 1915 an auch tägliche Frühstücksspeisungen anbieten, die zunächst nur aus Milch und Brot, später abwechslungsweise aus einer Suppen- und einer Milch-Brot-Speise bestanden.[60]

Welche sozialpolitische Bedeutung der Schülerspeisung im Ersten Weltkrieg zukam, zeigt sich darin, dass seit Kriegsbeginn praktisch alle Kinder die Suppe nach Hause nahmen und nicht wie vor dem Krieg im Schulhaus verspeisten. Der Grund war einfach: Die Suppe wurde nach dem Kriegsausbruch nicht mehr nur von den Kindern allein, sondern von der ganzen Familie benötigt. Die schulpolitische Massnahme weitete sich während des Kriegs zu einem allgemeinen Instrument der Sozialhilfe aus. Die Behörden waren sich dessen durchaus bewusst. Der Stadtrat kommentierte das Phänomen nüchtern:

«Die Familien haben sich damit den veränderten sozialen Verhältnissen angepasst. Die Schülermittagssuppe ist dadurch zu einem Teil unmerklich zur Volkssuppe geworden.»

NAHRUNGSMITTELKNAPPHEIT UND SCHÜLERSPEISUNGEN

Je länger der Krieg anhielt, desto mehr verschlechterte sich die Lebensmittelversorgung in Zürich. Vor allem an Getreide mangelte es zunehmend; entsprechend wurde in der zweiten Kriegshälfte das Brot rationiert. Eine Erweiterung der Schülerspeisung schien wegen der allgemeinen Lebensmittelknappheit nicht möglich.[61] Die Schulbehörden reagierten zunächst mit einer Umstellung des Speiseplans. Jeden zweiten Tag wurde zum Frühstück nicht mehr Brot und Milch, sondern eine Suppe aufgetischt. Auch wurde die Regelung eingeführt, das Brot mindestens einen Tag aufzubewahren, bevor es zur Mahlzeit gereicht wurde. Ausserdem sollten die Lehrer darauf achten, kein Brot zu vergeuden. Die Kinder erhielten eine Anleitung, wie das Brot «rationell» zu essen war: Es sollte lange gekaut werden, damit nicht nur der Geschmack intensiver wurde, sondern vor allem die Sättigungswirkung grösser war.[62] Mit der Einführung der Rationierung 1917 musste die Brotabgabe ganz gestrichen werden; die Behörden verteilten als Ersatznahrung nun Kastanien. Im Sommer 1918, während des schlimmsten Versorgungsengpasses, drohte gar die Milch knapp zu werden. Die Stadt kaufte bereits vorsorglich Haferprodukte und Kakao als

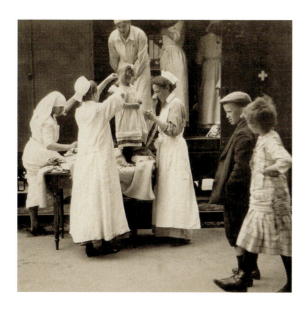

Bild links: Krankenschwestern betreuen in Zürich angekommene Flüchtlingskinder. Fotografie von 1915.

Bild rechts: Am Sihlquai in Zürich-Aussersihl durchsucht eine Familie im Kriegsjahr 1918 eine Schlackenhalde nach unverbrannten Kohlestücken. Fotografie von 1918.

Milchsurrogate ein – immerhin erübrigte sich dank des Kriegsendes im Herbst 1918 die drohende Absetzung der Milch vom Speiseplan.[63]

In der kriegsbedingt zugespitzten Situation machte sich unter den Behörden auch Misstrauen gegenüber den Schulkindern breit. Schülerinnen und Schüler, die ihre Suppe nach Hause mitnahmen, wurden von der Leitung der Suppenabgabe verdächtigt, ihr Mittagessen der Familie zur Verfügung zu stellen, ohne selbst davon zu profitieren. Die Lehrerinnen und Lehrer wurden angehalten, genau zu beobachten, «ob die Schulkinder [...] die für sie bestimmte Ernährung auch wirklich [erhielten] oder ob der krasse Egoismus von Eltern und grösseren Geschwistern wirklich [...] soweit [ging], [...] dass jene den Schulkindern [...] das Essen [vorenthielten] und selber [verzehrten]».[64] Oft wirkten einzelne Kinder durchaus gut genährt – meist aber ergaben die medizinischen Untersuchungen, dass tatsächlich eine Mangelernährung vorlag.[65]

Als sich die sozialpolitische Krise im Frühjahr 1918 zuspitzte, reichte der sozialdemokratische Stadtzürcher Parlamentarier und spätere Kommunist Fritz Platten (1883–1942) eine Motion ein, mit der er vom Stadtrat «wirksamere Massnahmen als bisher» forderte, um «der Unterernährung der Schulkinder, die in erschreckendem Masse überhand nimmt, entgegenzutreten».[66] Konkret verlangte Platten zusammen mit 22 mitunterzeichnenden Parlamentariern, dass die Stadtregierung die Anzahl der Aufenthaltsplätze in den eigenen Erholungsstationen und Ferienheimen für unterernährte Schulkinder massiv ausweiten solle. Ausserdem wurde die Exekutive aufgefordert, die Nahrungsmittelproduktion der städtischen Landwirtschaftsbetriebe drastisch anzukurbeln, um den Versorgungsengpass in der Nahrungsmittelzufuhr zu beheben. Platten begründete seine Motion damit, dass der Bundesrat eine vermehrte Zuteilung von Lebensmitteln an den Kanton Zürich versprochen, dieses Versprechen aber nicht eingelöst habe. Deshalb müsse, so sein Vorschlag, der Stadtrat die Lücke füllen.[67]

HINHALTETAKTIK DES STADTRATS

Die städtischen Behörden reagierten langsam, was auch mit den schwerfälligen Mechanismen des bürokratischen Apparats zu tun hatte. Zuständig für die in der Motion angesprochenen Forderungen waren gleich drei voneinander unabhängige Behörden: das städtische Jugendfürsorgeamt, die Zentralschulpflege (das Exekutivorgan der Stadtzürcher Schulorganisation) sowie die Präsidentenkonferenz der Schulpflegen (ein Gremium zur Koordination der Kreisschulpflegen).[68]

Kinder holen 1917 beim Kernschulhaus in Zürich-Aussersihl die kostenlose Schülersuppe ab, die oft die ganze Familie ernährte. Fotografie von 1917.

Obwohl die Motionäre die Lage als alarmierend einstuften, verhielten sich die Behörden zögerlich und wollten nicht von einer Krisensituation sprechen. In der Zentralschulpflege wurde zwar intensiv über den Ernährungszustand der Schülerinnen und Schüler diskutiert. Der Schularzt, der an der Diskussion teilnahm, hielt jedoch die Behauptungen Plattens für übertrieben:

《Es sei gar nicht leicht, einwandfrei festzustellen, ob ein Kind an Unterernährung leide. Das schlechte Aussehen sei dabei nicht massgebend, qualitativ gut genährte Kinder können mager und kränklich erscheinen; bleiche Kinder habe es auch vor dem Kriege gegeben.》[69]

Gegen die Behauptungen des Schularztes argumentierten Bezirksanwalt Kaufmann und Karl Schneider aus der Kreisschulpflege V. Kaufmann entgegnete, dass der Gesundheitszustand der Schülerinnen und Schüler wesentlich schlechter geworden sei, was sich auch auf die Leistungen in der Schule auswirke. Schneider betonte, «dass auf das Urteil des Schularztes deswegen nicht abgestellt werden könne, weil er nur 1. Primar- und Spezialklassen besuche, nicht aber die übrigen». Andere Mitglieder der Behörden, etwa der Sekundarlehrer Wettstein, schlossen sich dagegen der Meinung des Schularztes an. Beweise dafür, dass die Leistungen der Kinder wegen Unterernährung zurückgegangen seien, lägen nicht vor.

《Tatsache sei, dass infolge der veränderten Nahrung jedermann an Gewicht abgenommen habe, deswegen dürfe nicht ohne weiteres auf Unterernährung geschlossen werden.》[70]

Der Stadtrat schloss sich in seiner Motionsantwort der skeptischen Position des Schularztes an. Im Detail, so die ausweichende Argumentation, «könne nur durch Einzeluntersuch festgestellt werden, ob Unterernährung vorliege; es gebe auch andere Ursachen für schlechtes Aussehen von Kindern». Das Vorgehen, das von der Zentralschulpflege und dem Jugendfürsorgeamt angeregt und vom Stadtrat unterstützt wurde, glich einem bürokratischen Hindernislauf und war wohl primär als Verzögerungstaktik gedacht.

《Der Schularzt schlägt Wägungen des Körpergewichtes der Schulkinder vor; untergewichtige Kinder [...] wären als krank zu behandeln und es wären ihnen auf geeignete Weise auf Grund des schulärztlichen Zeugnisses vom Kinderfürsorgeamt die für Kranke vorgesehenen Zusatzrationen zu verabfolgen. Nötigenfalls wären solche Kinder in besondere Pflege (in Erholungsstationen, in Familien auf dem Lande usw.) zu geben.》[71]

Die zögerliche Haltung der Behörden war primär durch die Finanzknappheit der Stadt motiviert. Die

Vor dem Gebäude der Vereinigten Zürcher Molkereien an der Feldstrasse in Zürich-Aussersihl warten Kinder und Erwachsene auf den Verkauf von verbilligter Magermilch. Fotografie von 1918.

Stadtkasse Zürichs litt während des Kriegs nicht nur unter der Inflation, sondern auch unter den gestiegenen Sozialausgaben. Eine Erweiterung der Schülerspeisung wäre, so der Stadtrat in seiner Antwort auf Plattens Motion, nicht ratsam, «da mit den Vorräten im Hinblick auf kommende, vielleicht noch schlechtere Zeiten etwas gespart werden muss». Als einziges Zugeständnis sicherte der Stadtrat zu, eine Ausweitung des Angebots auf einen späteren Zeitpunkt hin zu prüfen.[72]

Dieselbe Hinhaltetaktik zeigt sich auch in der Antwort des Stadtrats auf die zweite Forderung Plattens, erholungsbedürftige Kinder in deutlich grösserer Zahl in städtischen Ferienkolonien unterzubringen. Auch hier lehnte der Stadtrat ein konkretes Zugeständnis ab und beschränkte sich darauf, weiterführende Massnahmen «zu prüfen». Zu diesem Zweck setzte er auf den 10. Juli 1918 einen 15-köpfigen «kriegswirtschaftlichen Beirat» ein. Die Idee für dieses Beratungsgremium stammte ebenfalls von Platten. Im Sinn der Motion wurden auch Vertreter der Arbeiterschaft in den Beirat aufgenommen. Die Massnahme kam aber reichlich spät, ganze vier Jahre nach dem Kriegsausbruch. Und viel bewirken konnte der Beirat nicht mehr – rund 100 Tage, nachdem das Gremium seine Arbeit aufgenommen hatte, ging der Krieg mit der Kapitulation Deutschlands zu Ende.

Eine letzte krisenhafte Belastung erlebten die städtischen Schulen mit der «Spanischen Grippe», welche die Schweiz in zwei Wellen, zuerst im Juli, dann bedeutend stärker im Oktober und November 1918, heimsuchte. Die Epidemie, die unter den kasernierten und damit wenig geschützten Soldaten Hunderte von Toten forderte, beeinträchtigte auch das Schulwesen stark. Viele Schulen Zürichs blieben aufgrund der Ansteckungsgefahr fast ein Vierteljahr ganz oder vorübergehend geschlossen. Im ganzen zweiten Halbjahr 1918 blieben viele Schüler wegen eigener Krankheit oder der Erkrankung eines Familienangehörigen dem Unterricht fern. Die Zentralschulpflege hielt im Rückblick fest, dass es in diesen Monaten unmöglich gewesen sei, «mit den Klassen das normale Lehrziel zu erreichen».[73]

Die Schülerspeisungen wurden nach dem Ersten Weltkrieg fortgeführt. Die Stadt bot die Dienstleistung allerdings nicht mehr als ausserordentliche Hilfe an, sondern integrierte sie in die städtische Volksküche. Damit wurden die Schülerspeisungen längerfristig abgesichert. Die Schulpolitik hatte mit der Innovation der Schülerspeisungen letztlich einen Beitrag zur allgemeinen Entwicklung der städtischen Sozialpolitik geleistet.[74]

1918–1945

Zwischen Krise und Krieg:
Die Volksschule im Zeichen von Sparpolitik und geistiger Landesverteidigung
Region Weinland

Die 1930er- und 40er-Jahre waren von einer konservativen Grundstimmung geprägt. Dennoch fand ein wirtschaftlicher und sozialer Modernisierungsschub statt. Die Landesausstellung 1939 in Zürich bewegte sich zwischen diesen zwei Polen. Auf der einen Seite wurden Werte einer konservativ-traditionellen Kultur, auf der anderen die wirtschaftlichen Innovationen der modernen Schweiz inszeniert. Die Volksschule stand in dieser Zeit vornehmlich unter konservativem Einfluss. Die Zwischenkriegszeit erlebte eine Reihe nationalkonservativer Neuerungen, so etwa die vermehrte Pflege des Mundartunterrichts oder die Einführung von Heimat- und Gedenktagen. Ausserdem führten die kommunalen und kantonalen Schulbehörden eine Kampagne gegen verheiratete Lehrerinnen, denen die doppelte Verdienstsituation vorgeworfen wurde. Der Ausbruch des Zweiten Weltkriegs beeinträchtigte den Schulbetrieb massiv. Viele Lehrer wurden in den Militärdienst eingezogen, entsprechend oft fiel der Unterricht aus. Manche Gemeinde kürzte das Schulbudget. Die Erziehungsdirektion ging zudem restriktiv mit Flüchtlingskindern um; ihnen wurde in den ersten Kriegsjahren ein diskriminierendes Schulgeld aufgebürdet.

Im Gegensatz zur reformorientierten Ära vor dem Ersten Weltkrieg breitete sich in den Jahren nach dem Kriegsende eine konservative, bisweilen reaktionäre gesellschaftliche Grundstimmung aus – zumindest auf den ersten Blick. Die 1930er-Jahre mit der Weltwirtschaftskrise und die darauf folgende Zeit des Zweiten Weltkriegs waren beherrscht vom «Landi»-Geist und von der rückwärtsgewandten geistigen Landesverteidigung. In der Öffentlichkeit dominierte die anti-moderne Kritik an grossstädtischen Lebensstilen und die Verklärung der bäuerlichen Kultur.[1]

Bei genauem Hinsehen waren die Jahrzehnte nach dem Ersten Weltkrieg jedoch vielschichtiger und widerspruchsvoller als dies im Rückblick scheint. Auch wenn in Kultur und Politik die nationalkonservative Erneuerung überwog, fand in dieser Ära ein wirtschaftlicher und sozialer Modernisierungsschub statt. Landflucht und Verstädterung etwa hielten in diesen Jahren trotz aller agrarromantischen Rhetorik ununterbrochen an.[2] Die reformpädagogischen Ansätze der Jahrhundertwende breiteten sich im Schulalltag weiter aus, wenn auch nicht immer ohne Widerstand. In der damaligen Bildungs- und Schulpolitik wurden nicht nur rückwärtsgewandte, sondern auch fortschrittliche Positionen vertreten, so etwa vom Schweizerischen Lehrerinnenverein oder von einzelnen progressiven Lehrern. Auf diese Weise neutralisierten sich die gegensätzlichen Positionen oft. Entsprechend blieben die Errungenschaften der reformpädagogischen Aufbruchphase trotz Kritik erhalten. Am deutlichsten kam diese ambivalente Entwicklung in den landwirtschaftlich geprägten Regionen zum Ausdruck. Die folgenden Ausführungen werfen deshalb einen Seitenblick auf das Zürcher Weinland, eine bäuerlich dominierte Gegend, die seit der Zwischenkriegszeit einen unterschwelligen gesellschaftlichen Aufbruch in die Moderne erlebte. Gerade hier zeigt sich, dass sich die vermeintlichen Gegensätze von bäuerlicher und städtischer Kultur, von konservativer und moderner Lebensform nicht einfach als unvereinbare Pole gegenüberstanden, sondern häufig miteinander verwoben waren.

WIDERSPRÜCHLICHE MODERNISIERUNG AUF DER ZÜRCHER LANDSCHAFT

In der Zwischenkriegszeit baute sich in den Zürcher Landgemeinden ein wachsender gesellschaftlicher und bildungspolitischer Reformdruck auf. Hintergrund war die seit der Jahrhundertwende anhaltende Landflucht. Zwischen 1920 und 1950 zog ein steigender Anteil der ländlichen Bevölkerung Richtung Stadt oder in die städtischen Agglomerationen. Die Beweggründe waren meist ökonomischer Natur. Zwar wurde seit den 1920er-Jahren versucht, durch breit angelegte Güterzusammenlegungen die Erwerbsverhältnisse auf der Landschaft zu verbessern, so etwa in einem Modellprojekt im Stammertal, wo ganze Bauernbetriebe aus dem Dorfkern ausgesiedelt und auf zerstreute Einzelhöfe verteilt wurden.[3] Die Wirkung dieser landwirtschaftlichen Modernisierung war jedoch oft kontraproduktiv. Durch die Meliorationen nahm die Zahl der bäuerlichen Betriebe weiter ab, entsprechend reduzierten sich auch die Chancen, auf der Zürcher Landschaft einen existenzsichernden Berufsweg einzuschlagen.[4] Im städtischen Umfeld lockten dagegen die industriellen und gewerblichen Arbeitsplätze.

Die ländlichen Gemeinden des Weinlands erlebten in der Folge einen bis zum Ende des Zweiten Weltkriegs anhaltenden Bevölkerungsrückgang. In Kleinandelfingen beispielsweise nahm die Bevölkerung von rund 1100 Einwohnerinnen und Einwohnern um 1870 schrittweise auf 950 Personen um 1935 ab. Marthalen zählte 1920 eine Bevölkerung von 1296 Personen, 1941 nur noch eine von 1184 – ein Rückgang von knapp 10 Prozent. Auch industrialisierte Gebiete der Zürcher Land-

Fröhlich, aber auch etwas bang blicken die Mädchen dieser Schulklasse aus Andelfingen am ersten Schultag nach den Frühlingsferien 1935 in die Kamera.

schaft, wie etwa das Zürcher Oberland, waren von der Landflucht betroffen. So schrumpften Fabrikdörfer wie Hinwil oder Bauma in den Jahren zwischen dem Ersten und dem Zweiten Weltkrieg. Die Stadt Zürich dagegen erlebte einen fast explosionsartigen Zuwachs. In den Jahren nach 1927 nahm die Stadtzürcher Bevölkerung jedes Jahr um 8000 bis 10 000 Menschen zu, das heisst um die Dimension einer Ortschaft wie des damaligen Wädenswil.[5] Erst die Ausdehnung der städtischen Agglomerationen nach dem Zweiten Weltkrieg, die auch die ländlichen Gebiete des Kantons erreichte, brachte dem Weinland eine Trendwende und einen Bevölkerungsanstieg, der bis heute anhält.[6]

Der Einwohnerschwund der Zwischenkriegszeit führte im Schulwesen zu einer anhaltenden Stagnationsphase. Dies zeigt sich etwa an den historischen Phasen der Schulhausbauten. In typischen Weinländer Gemeinden wie Marthalen, Ossingen, Henggart, Trüllikon oder Feuerthalen entwickelte sich das Schulwesen in Schüben. Parallel zu den Phasen, in denen die Anzahl Schulkinder überdurchschnittlich zunahm, fielen die Neu- und Ausbauten der Schulhäuser auf die 1860er- und 70er-Jahre, die Zeit vom Ersten Weltkrieg bis zu Beginn der 1920er-Jahre und vor allem auf die Jahrzehnte nach dem Zweiten Weltkrieg.[7] In den Jahren zwischen 1930 und 1950 herrschte dagegen Stillstand, oder es trat ein Schrumpfungsprozess ein, der an manchen Orten zur Zusammenlegung von Schulklassen führte.

VERSPÄTETE UMSTELLUNG AUF DIE GANZJAHRESSCHULE IM WEINLAND

Qualitativ stand es mit der Schulausbildung auf der Zürcher Landschaft nicht zum Besten. Das Schulwesen hatte sich in bäuerlichen Regionen seit dem 19. Jahrhundert kaum verändert. Noch in der Zwischenkriegszeit war die Aufteilung des Schuljahres in eine längere Winterschule und eine kürzere Sommerschule verbreitet, um in den Sommermonaten die Mitarbeit der Kinder bei der Ernte zu ermöglichen. Gegenüber dem städtischen System der Ganzjahresschule schränkte das Winterschulsystem die Anzahl der Schulstunden erheblich ein und hatte letztlich ein tieferes Ausbildungsniveau der Landbevölkerung zur Folge.

Dass dieses Bildungsgefälle zwischen Stadt und Land keine Zukunft hatte, war auch den zeitgenössischen Beobachtern klar. So beschwerte sich 1932 die Konferenz der Präsidenten der Bezirksschulpflege gegenüber dem kantonalen Erziehungsrat, dass die Schülerinnen und Schüler ländlicher Gemeinden gegen-

Die gespannte Erwartung zu Beginn des Schuljahres kommt auf den Gesichtern der Knaben ebenfalls zum Ausdruck. Fotografie von 1935.

über Stadtkindern in der Schulbildung klar benachteiligt und zurückgesetzt seien. Die 7. und 8. Klassen würden auf der Landschaft meist zusammengelegt und seien deshalb wenig leistungsfähig, ausserdem oft zu gross. Diese beiden Klassen hätten deshalb den Ruf, eine «Schule der Minderbegabten» zu sein. Die Bezirksvertreter forderten die Einführung der Ganzjahresschule auf der Landschaft und eine schärfere Handhabung der Prüfungsanforderungen, um das Ausbildungsniveau zu heben. Ungeteilte Klassen würden nicht in die heutige Zeit passen; die durchschnittliche Klassengrösse sei herabzusetzen, schliesslich seien Spezialabteilungen für Minderbegabte zu schaffen, um damit die Leistungsfähigkeit der Schulen zu heben.[8] In den 1930er-Jahren wurden solche Reformbestrebungen in verschiedenen Pioniergemeinden erfolgreich durchgesetzt. Vor allem die Umstellung auf die Ganzjahresschule wurde vielerorts vollzogen, so etwa 1932 in Trüllikon, 1933 in Andelfingen oder 1935 in Flaach.[9] Endgültig setzte sich die Ganzjahresschule aber erst nach dem Zweiten Weltkrieg durch.

Auch wenn sich mit der Einführung der Ganzjahresschule die Schulverhältnisse auf der Zürcher Landschaft nun städtischen Verhältnissen anzugleichen begannen, blieben die kulturellen Gräben zwischen Stadt und Land tief. Parallel zur wirtschaftlichen Modernisierung der Landschaft setzte in kultureller Hinsicht eine konservative Reorientierung ein. Dabei wurde die traditionelle Bauernkultur wieder entdeckt. In der Zwischenkriegszeit feierten etwa im Weinland die Bauerntrachten des 19. Jahrhunderts eine Renaissance. Zudem kam es zu einer Gründungswelle von Ortsmuseen und viele Gemeinden liessen populär gehaltene Ortschroniken verfassen.[10]

VIEL ZU TUN FÜR DIE «DISLOKATIONSKOMMISSION»

Die soziale und kulturelle Herkunft der Lehrerschaft passte dagegen nicht recht in dieses betont agrarische Umfeld. Die Lehrerinnen und Lehrer hatten ihre Berufsbildung an einer höheren Bildungsanstalt absolviert und stammten bis in die 1940er-Jahre zu einem überproportionalen Anteil aus städtischen Gebieten. Trotz aller Bemühungen fiel es den Behörden schwer, aus bäuerlichen Regionen wie dem Weinland Kandidatinnen und Kandidaten für das Lehrerseminar zu rekrutieren.[11] Es bestand deshalb in der gesamten Zwischenkriegszeit ein ausgeprägtes soziales und kulturelles Spannungsverhältnis zwischen der agrarisch und gewerblich orientierten Bevölkerung und der bildungsbewussten

Rauchende Schülerinnen und Schüler der Sekundarschulklasse Andelfingen an ihrem letzten Schultag im Frühling 1946.

Lehrerschaft des Weinlands. Bisweilen entlud sich der Gegensatz in offenen Konflikten, etwa als im Weinland während der Wirtschaftskrise viele Eltern darauf drängten, ihre Kinder möglichst frühzeitig von der Schule zu befreien, um sie umgehend ins Erwerbsleben einzugliedern. Sie gerieten dadurch in Konflikt mit der Lehrerschaft, die zusammen mit den kantonalen Behörden darauf hinarbeitete, die Schulzeit mit der Einführung der Ganzjahresschule auszudehnen.[12]

Zahlreich waren auch die Konflikte zwischen traditionsorientierten Eltern und zugezogenen jungen Lehrerinnen und Lehrern, die aus dem Lehrerseminar die neusten methodischen Ausbildungsgrundsätze mitbrachten. Dieser reformpädagogische Elan verpuffte oft innerhalb weniger Monate, weil er unter der lokalen Elternschaft teils auf Unverständnis, teils auf offene Ablehnung stiess. Aus solchen Auseinandersetzungen gingen die Lehrerinnen und Lehrer meist als Verlierer hervor. Die «Dislokationskommission» des Erziehungsrats, die für Gesuche um einen Stellenwechsel zuständig war, musste sich verschiedentlich mit solchen Konflikten beschäftigen. Ein Verweser, der 1940 in Ossingen arbeitete und unter der lokalen Elternschaft vergeblich für eine zeitgenössische Unterrichtsform warb, bat schliesslich zusammen mit der Primarschulpflege beim Erziehungsrat um seine Versetzung. Resigniert fügte er an, er habe es nicht geschafft, bei der Schulpflege Verständnis für seine nach neuzeitlichen Grundsätzen aufgebaute Schulführung zu wecken. Vielleicht liege die Hauptursache seines Misserfolgs auch einfach darin, so die ernüchterte Bilanz, dass er sich zu wenig in den lokalen Vereinen betätigt habe.[13]

NATIONALKONSERVATIVE BESTREBUNGEN IN DER SCHULPOLITIK

Auch über das Weinland hinaus wurde die Zürcher Volksschule in den 1930er-Jahren von einer konservativen Trendwende erfasst. Konservative Positionen breiteten sich im ganzen Kanton sowohl in der Lehrerschaft wie im Schulunterricht zunehmend aus. Die konservative Erneuerung stand im Rahmen der geistigen Landesverteidigung, einer im Kern nationalkonservativen Ideologie, die sich jedoch von der nationalsozialistischen und faschistischen Weltanschauung dieser Zeit klar abgrenzte. Die kantonalen Erziehungsbehörden unternahmen in den 1930er-Jahren verschiedene Versuche, die staatsbürgerliche Erziehung im Schulunterricht in nationalkonservativer Richtung zu verstärken, teils auf eigene Initiative, teils auf Anregung privater Vereinigungen. Zwar standen in der öffentlichen De-

In der Landwirtschaft war die Mithilfe der Kinder bis weit in das 20. Jahrhundert eine Selbstverständlichkeit. Fotografie aus Ossingen um 1930.

hatte die Mittelschulen und die Universität im Vordergrund. Vor allem an der Universität waren bis 1935 sowohl frontistische, dem Nationalsozialismus zugewandte Bewegungen, als auch nationalkonservative Positionen in der Studentenschaft stark vertreten und entsprechende politische Auseinandersetzungen an der Tagesordnung.[14] Doch auch auf dem Volksschulniveau waren die Folgen der nationalkonservativen Wende spürbar.

Die Wurzeln der konservativen Wende sind älter als die Forderungen nach einer geistigen Landesverteidigung. Sie reichen bis in die Zeit des Ersten Weltkriegs zurück.[15] Viele konservative Vereinigungen, die später den bildungspolitischen Diskurs prägen sollten, entstanden im Umfeld der politischen und kulturellen Polarisierungen des Ersten Weltkriegs. Dazu gehören etwa die Neue Helvetische Gesellschaft, die 1914 gegründet wurde und mit einem nationalistischen Programm die kulturellen und politischen Gräben zwischen der deutsch- und der französischsprachigen Schweiz zu überwinden suchte, oder der Schweizerische Vaterländische Verband, in dem sich 1919 die gegen den Landesstreik gebildeten rechtsbürgerlichen Bürgerwehren zusammenschlossen.

Diese Vereinigungen setzten sich in der Zwischenkriegszeit an vorderster Front für die konservative Erneuerung des zürcherischen Schulwesens ein. Der stramm antisozialistische Vaterländische Verband etwa beschwerte sich 1932 beim Regierungsrat, dass «von den extremen Linksparteien versucht werde, die Propaganda für ihre Ideen in die Schule zu tragen und die Jugend in ihrem Sinne zu beeinflussen».[16] Der Regierungsrat leitete das Anliegen an die Erziehungsdirektion weiter, die dem Vorstoss viel Sympathie entgegenbrachte.

«Wir sind durchaus der Meinung, dass die Politik von der Schule ferngehalten werden soll; wir sind gewillt, jeglicher Propagandatätigkeit für parteipolitische Zwecke in der Schule entgegenzutreten.»

Allerdings sah die Erziehungsdirektion kaum eine Möglichkeit, direkt auf den Schulunterricht Einfluss zu nehmen. Es sei schwer, Beweise für eine «unstatthafte Beeinflussung der Schüler durch Lehrer» zu finden. Die blosse Einstellung eines Lehrers in politischen Einzelfragen oder die Zugehörigkeit zu einer Partei sei noch kein Grund einzugreifen.

Indirekt forderte sie den Vaterländischen Verband auf, die Augen offen zu halten und politisch verdächtige Lehrer mit konkreteren Angaben anzuzeigen. Die Behörden seien dankbar, so die Erziehungsdirektion in ihrer Antwort, «wenn ihnen genügend Unterlagen zum Eingreifen gegeben werden, falls der eine oder andere Lehrer durch Versuche, die ihm anvertrauten

Erwachsene und Kinder in den 1930er-Jahren bei der Traubenernte in Ossingen.

Schüler zum Schaden des Staates politisch zu beeinflussen, die Existenz der neutralen Schule gefährden sollte».[17]

In der zweiten Hälfte der 1930er-Jahre erreichte die nationalkonservative Welle ihren Höhepunkt. Auf kantonaler wie nationaler Ebene wurde breit über die Verstärkung der «staatsbürgerlichen Erziehung» diskutiert. Der Schweizerische Lehrerverein machte das Thema «Die staatsbürgerliche Erziehung: eine Schicksalsfrage der Demokratie» 1937 zum Hauptgegenstand seiner Jahrestagung. Dabei verabschiedete der nationale Berufsverband eine Resolution, in der mit nationalem Pathos die staatspolitische Rolle des Schulunterrichts unterstrichen wurde. Ziel der schulischen Erziehung sei es, die «Bereitschaft zum Einsatz der Persönlichkeit für die Gemeinschaft» und die «Anwendung dieses Grundsatzes auf die vaterländische Gemeinschaft» zu fördern. In der Volksschule werde vor diesem Hintergrund die «Grundlage der staatsbürgerlichen Erziehung» gelegt und zwar gleichermassen für Knaben wie für Mädchen.[18]

GRENZEN DER NATIONALKONSERVATIVEN WENDE

So ambitioniert die nationalkonservative Rhetorik auch klang, die konkreten Auswirkungen auf den Schulunterricht blieben aus föderalistischen Gründen beschränkt. Dies zeigt sich gerade an der Debatte um den staatsbürgerlichen Unterricht. Obwohl die Forderung inhaltlich unumstritten war, geriet die Umsetzung aus formalen Gründen ins Stocken. Bereits die Frage, auf welcher Ebene die staatsbürgerliche Erziehung zu fördern sei, spaltete die Lehrerschaft in unversöhnliche Lager. Die Lehrerinnen und Lehrer der protestantischen Kantone sympathisierten mit einem eidgenössischen Obligatorium, diejenigen der katholischen Kantone waren aus föderalistischen Gründen gegen eine zentrale Regelung.[19] Auch die kantonalen Erziehungsdirektoren waren aus föderalistischen Gründen gegen ein eidgenössisches Obligatorium.

Die Erziehungsdirektorenkonferenz, die das von der Lehrerschaft formulierte Postulat aufnahm, führte zunächst eine Umfrage unter den Kantonen durch um zu erheben, wie weit der staatsbürgerliche Unterricht in den Lehrplänen verankert war. Das Ergebnis war überraschend positiv. Obwohl das Fach «staatsbürgerlicher Unterricht» kaum bekannt war, wurden dessen

Seit 1900 wurde auf Initiative des Schweizerischen Heimatschutzes das Tragen der Tracht als Zeichen der heimatlichen Gesinnung propagiert. Ihren Höhepunkt erlebte die Trachtenbewegung in den 1930er- und 40er-Jahren. Schülerinnen der Sekundarschule Andelfingen tragen auf einer Schulreise in den 1940er-Jahren ihre selbst genähten Weinländerinnentrachten. Fotografie um 1940.

Inhalte in anderen Fächern, vor allem im Geschichtsunterricht, bereits weitgehend vermittelt. In dieser Situation blieb es letztlich beim Status quo. Der Bund verzichtete sowohl auf ein eidgenössisches Obligatorium als auch auf die finanzielle Förderung kantonaler Unterrichtseinheiten. Die kantonalen Erziehungsdirektoren wiederum sahen keinen Bedarf für eine einheitliche Regelung, weil sich die föderalen Sonderverhältnisse gar nicht schlecht zu bewähren schienen. Die hehren Rufe nach einem bundesweiten staatsbürgerlichen Unterricht entpuppten sich somit als Lippenbekenntnisse.[20]

Auch im Kanton Zürich blieben die Auswirkungen der nationalkonservativen Forderungen auf wenige symbolhafte Teilerfolge beschränkt, ohne dass sich der Unterrichtsplan fundamental veränderte. So wurde etwa der Mundartunterricht unter nationalkonservativen Vorzeichen seit 1937 verstärkt. Auf Anregung der «Gesellschaft für Deutsche Sprache und Literatur» empfahl der Erziehungsrat der Lehrerschaft, die Mundart in den bestehenden Schulfächern nach Möglichkeit vermehrt zu verwenden, schliesslich bestehe ein «Zusammenhang zwischen Muttersprache und geistiger Selbstbesinnung».[21] Vor Radikallösungen jedoch schreckten die verantwortlichen Behörden zurück. So wurde bewusst kein Schulfach zur Dialektpflege eingeführt oder gar der ganze Unterricht von Hochdeutsch auf Mundart umgestellt. Der Mundartunterricht dürfe nicht dazu führen, dass die bisherigen Lernziele beeinträchtigt würden. Der Erziehungsrat warnte sogar vor der Gefahr, dass «wir Deutschschweizer sprachlich zerrissen» würden.[22] Letztlich erachtete er die Förderung der Mundart nicht als eine Aufgabe der Schule, sondern als eine von Familie und Gesellschaft.[23]

Nationalkonservative Anliegen fanden ausserdem Eingang in den Singunterricht. So bezeichnete der Erziehungsrat (auf Antrag der Lehrersynode) in den 1930er- und 40er-Jahren jeweils eine Reihe von obligatorischen Liedern, die im Singunterricht einzuüben waren und durch die der Erziehungsrat einen Beitrag zur «Hebung des Volksgesangs» zu leisten hoffte. Die Mehrheit dieser Lieder war Hochdeutsch, doch gelangte praktisch jedes Jahr mindestens ein Mundartlied mit auf die obligatorische Liste. Dazu gehörten etwa: «s Schwyzerländli» (1935), «Juhe, i bin e Schwyzer» (1938), «Luegit vo Berg und Tal» (1942) oder «D Zyt isch do» (1943).[24]

Eher symbolhaften Charakter hatten die Forderungen der Neuen Helvetischen Gesellschaft (NHG), die in den 1930er-Jahren ebenfalls zu den Promotoren einer nationalistischen Erneuerung der Volksschule gehörte. So wurden nach 1937 auf Anregung der NHG

Heimatkundliche Exkursion der Sekundarschule Andelfingen zum Kraftwerk Eglisau 1935.

«Heimat- und Gedenktage» im Schulunterricht auf Primar-, Sekundar- und Mittelschulstufe eingeführt.[25] Diese fanden einmal jährlich statt, waren jeweils unterschiedlichen vaterländischen Themen gewidmet und sollten dadurch der «Pflege des Heimatgefühls und der Stärkung des nationalen Bewusstseins bei der Jugend» dienen. Der kantonale Erziehungsrat beschränkte sich darauf, allgemeine Richtlinien für die Durchführung festzulegen. So sollte der Tag an einem Werktag begangen werden, während dem auf den normalen Unterricht zu verzichten war.[26] Die Themensetzung jedoch wurde den lokalen Schulbehörden überlassen, eine «befohlene Mache» war nach Ansicht des Erziehungsrats unbedingt zu vermeiden. Diese föderalistische Gestaltungsfreiheit wurde insbesondere auf Forderung der Lehrersynode und der Präsidenten der Schulkapitel eingeräumt. Immerhin nahm sich die Erziehungsdirektion heraus, der Lehrerschaft eine Zusammenstellung von Themenvorschlägen für die «Heimat- und Gedenktage» zu unterbreiten.[27] Für die Volksschule schlug der Erziehungsrat etwa vor, das «Hauptgewicht auf das Erlebnis des Heimatgefühls zu legen. Dazu würden sich u. a. heimatkundliche Wanderungen gut eignen, die irgendwie mit dem Sinn des Gedenktages zusammenhängen.»[28]

«HEIMAT- UND GEDENKTAGE» WÄHREND UND NACH DEM ZWEITEN WELTKRIEG

Die Themen der «Heimat- und Gedenktage» waren bis zum Zweiten Weltkrieg oft konservativ und traditionell angelegt und etwa der Militär- oder der alten Schweizer Geschichte entliehen. 1939 empfahl der Erziehungsrat, der militärischen Mobilmachung zum Ersten Weltkrieg vor 25 Jahren zu gedenken, 1941 sollte im Rahmen einer «patriotischen Feier» das 650-Jahr-Jubiläum der Gründung der Eidgenossenschaft begangen werden, 1943 war das Thema «Unsere Soldaten bewachen seit vier Jahren die Heimat».[29] Trotz konservativer Akzente wurden wiederholt auch moderne Themen bei den «Heimat- und Gedenktagen» angesprochen, insbesondere gegen Ende des Zweiten Weltkriegs und in der frühen Nachkriegszeit. So stand der Gedenktag 1945 unter dem Titel «Die Schweiz im Krieg und Frieden» und wies damit auf das Kriegsende hin. Die Begründung der Themenwahl zeigt eine deutliche Abkehr vom nationalstaatlichen Isolationismus der Zwischenkriegszeit und eine Einbettung der Schweiz in die internationale Staatengemeinschaft. Der Übergang von der Kriegs- zur Friedensgesellschaft bedürfe, so der Erziehungsrat, einer ausserordentlichen Anstrengung der ganzen Bevölkerung. Dazu solle der Gedenktag einen Beitrag liefern.

Franca Magnani ging bei Lehrer Meili im Schulhaus Nordstrasse zur Schule. Klassenfoto mit Lehrer Meili von 1931.

«Eine Ausländerin in der Klasse» – italienischer Blick auf eine Schweizer Schule 1932

Franca Magnani (1925–1996) wuchs in den 1930er-Jahren als Tochter italienischer Flüchtlinge in Zürich auf. Ihre Eltern emigrierten 1926 als aktive Republikaner aus politischen Gründen aus dem faschistischen Italien und gelangten über Frankreich in die Schweiz. In den 1970er- und 80er-Jahren wurde Magnani eine international bekannte Publizistin, die als Italienkorrespondentin für die ARD und andere Fernsehstationen und Printmedien in Deutschland und der Schweiz arbeitete. In ihrer Autobiografie schildert sie, wie sie im Zürich der frühen 1930er-Jahre als Italienerin am ersten Schultag vom Lehrer und den schweizerischen Mitschülerinnen und -schülern begrüsst wurde.[1]

«Am ersten Schultag begleiteten mich meine Eltern. […] Das Schulgebäude – das ‹Wipkingerschulhaus› – lag etwa zehn Minuten von unserer Wohnung entfernt und war von einem grossen Garten umgeben, in dem man Sportgeräte sah – Balken, Kletterstangen und ein Korbballfeld. Gleich nach dem Überschreiten der Schwelle wurde ich von einem Geruch umgeben, der wie eine Mischung aus Waschtag und Apotheke wirkte. […]

Mein Klassenzimmer war geräumig und hell. An den Wänden hingen Schweizer Landschaften – die Alpen, die Seen, die Almen. An der Rückwand ein grosses Bild: Wilhelm Tell mit seiner Armbrust und seinem Sohn an der Hand. Kein Kruzifix. Der Lehrer hiess Herr Meili, aber die Kinder nannten ihn ‹Herr Lehrer›. Er war ein alter Herr mit weissen Haaren und einer freundlichen, entgegenkommenden Art. Er flösste nicht die geringste Furcht ein. Er liess uns hinsetzen. Die Schulbänke waren so blank und schmuck, als wären sie gerade aus der Möbelfabrik gekommen. Aus Argwohn und Vorsicht setzte ich mich auf eine der hinteren Bänke.

Wir waren etwa vierzig Mädchen und Jungen. Herr Meili rief uns auf und wies darauf hin, dass in der Klasse eine Ausländerin sei. Alle drehten sich um und schauten mich an. Was das Religiöse betraf, bestand die Schülerschaft aus Protestanten – das war die grosse Mehrheit –, Katholiken, einigen Israeliten, und dann gab es noch mich: ‹Katholisch getauft, jetzt konfessionslos›, wie Papa auf dem entsprechenden Formular ausgeführt hatte. Der Lehrer nahm es kommentarlos zur Kenntnis. Wieder schauten alle sich nach mir um.»

Bild links: Blick in das Schulzimmer an der Landesausstellung 1939.

Bild rechts: Die Hand erhoben zum Schwur. Knaben an der Landesausstellung 1939 in Zürich.

Volksschule an der «Landi» 1939

Die Ambivalenz der Schulverhältnisse in der Zwischenkriegszeit zwischen konservativer Rückwärtsorientierung und moderner Aufbruchstimmung zeigt sich beispielhaft im Auftritt der Volksschule an der Schweizerischen Landesausstellung 1939 in Zürich. Die «Landi» war eine bewusst doppeldeutig angelegte Veranstaltung: Am rechten Seeufer stand das im Heimatstil gebaute «Landi»-Dörfli, am linken Seeufer befanden sich die wissenschaftlich-technischen Pavillons mit einer industriell-modernistischen Leistungsschau der schweizerischen Volkswirtschaft.[1]

Auch die Volksschule präsentierte sich an der «Landi» zwischen Tradition und Moderne. Die Darstellung war in ein futuristisch anmutendes Umfeld eingebettet. Unter dem Titel «Die Schweizerschule in ihrer Vielgestaltigkeit» inszenierte man einen Laborunterricht in mehreren künstlichen Schulzimmern, den die Zuschauerinnen und Zuschauer durch grosse Glasfenster beobachten konnten (und bei besonderem Interesse auch von Zuhörerbänken im Klassenzimmer aus). In einem grossen Zimmer unterrichtete eine Lehrperson unter dem Motto «Die lebendige Schule» eine ganze Schulklasse. In vier zusätzlichen Kojen (Motto «Von Stufe zu Stufe») arbeiteten aus den verschiedenen Schulstufen (Kindergarten, Unterstufe, Mittelstufe, Oberstufe) Kinder jeweils in Dreiergruppen parallel an vergleichbaren Aufgaben. Im Zeitraffer liess sich so der erzieherische Fortschritt von Koje zu Koje miterleben. Die inszenierten Schulstunden konnten von der «Landi»-Besucherschaft einen ganzen Tag lang durch das Schaufenster beobachtet werden. Der Ton aus den Laborzimmern wurde über Lautsprecheranlagen für das Publikum verstärkt.[2]

So futuristisch die Laborsituation war, so traditionell waren die Unterrichtseinheiten. Für die «lebendige Schule» wurden auf Freiwilligenbasis Lehrerinnen und Lehrer aus der ganzen Schweiz zusammen mit ihren

Bild links: Die überlebensgrosse Statue Pestalozzis im Volksschulpavillon an der Landesausstellung 1939, umringt von einer Schulklasse.

Bilder rechts: Die Schweizer Volksschule an der Landesausstellung 1939. Die Besucherinnen und Besucher können den Unterricht im Klassenzimmer direkt mitverfolgen (oben) oder den Gruppenarbeiten von Kindern verschiedener Schulstufen in den einzelnen Kojen zusehen.

Schulklassen für jeweils eine Schulstunde verpflichtet. Die Unterrichtsinhalte waren betont traditionell gehalten.

«In erster Linie soll zum Ausdruck kommen, was für unsere, alle umfassende Schule des Volkes in den Kreisen der schulfreundlichen Laien wirbt und was sie anspricht: Lieder- und Gedichtvorträge, Proben aus der Heimatkunde und Geschichte [...].»[3]

Das Programm geriet unter dieser Vorgabe entsprechend monoton. Am Samstag, dem 6. Mai, stand «Wilhelm Tell (Lieder und Gedichtvorträge)» auf dem Programm, der Sonntag war schulfrei, am darauffolgenden Montag ging es mit «Heimatkunde von St. Antönien» weiter, der Dienstagsunterricht drehte sich um «Heimatkunde: Der Gotthard als Mittelpunkt der Alpen und Quellgebiet der grossen Flüsse», gefolgt von «Heimatunterricht (romanisch)» und einer St. Galler Unterrichtseinheit mit dem Titel «Heimatkunde: unsere Gemeinde und ihre Sprache».[4]

Der Schifflibach war der grösste Erfolg der Landesausstellung von 1939. Auf einer Strecke von 1600 Metern glitten die zahlreichen Schiffli den Bach hinunter, der auch durch die Ausstellung floss.

«In diesem Gedanken treffen sich die Bemühungen des Einzelnen, des Staates und der Völkerfamilie.»[30] Auch industriegesellschaftliche Themen wurden aufgegriffen. So war der Gedenktag 1947 dem 100-jährigen Bestehen der Eisenbahnen gewidmet.[31]

Insgesamt hatte sich nach dem Kriegsende 1945 die traditionelle Form des wiederkehrenden «Heimat- und Gedenktags» verbraucht. Weil die Verantwortung zur Durchführung der Tage bei den Gemeinden lag, wurde der Anlass in der Nachkriegszeit in unterschiedlicher Weise weitergeführt. So beschloss das Schulamt der Stadt Zürich 1949, die Gedenktage nicht mehr jedes Jahr, sondern nur noch bei wichtigen historischen Ereignissen durchzuführen.[32] Auch der Erziehungsrat verzichtete ab den 1950er-Jahren darauf, den Gemeinden besondere Erinnerungsthemen vorzuschlagen. In den 1960er-Jahren verlor die Tradition der «Heimat- und Gedenktage» endgültig ihre frühere Bedeutung.

GEISTIGE LANDESVERTEIDIGUNG UND LEHRERFORTBILDUNG

Am einflussreichsten war die geistige Landesverteidigung wohl im Bereich der Lehrerfortbildung. So bildeten einige patriotisch-konservative Lehrer 1938 die «Arbeitsgemeinschaft für demokratische Erziehung», die sich für einen verstärkten staatsbürgerlichen Unterricht einsetzte und während des Zweiten Weltkriegs vor allem in der Lehrerfortbildung aktiv war. Die Arbeitsgemeinschaft organisierte seit 1940 mehrere Studienwochen unter dem Titel «Der Krieg und die Schule». Die Woche war ein freiwilliges Kursangebot, das darauf abzielte, die Zürcher Lehrerschaft über die Schulverhältnisse unter kriegswirtschaftlichen Bedingungen aufzuklären.[33]

Eine letzte nationalkonservative Initiative der 1930er-Jahre darf nicht unerwähnt bleiben, weil sie beispielhaft die Skepsis der kantonalen Erziehungsbehörden gegenüber einer allzu starken Zentralisierung der Schulverhältnisse illustriert. Anfang 1939, also vor dem Ausbruch des Zweiten Weltkriegs, wurde eine «Freie Vereinigung für nationale Erziehung» bei der Erziehungsdirektion mit einer Eingabe vorstellig. Die Vereinigung war ein bislang unbekannter, loser Zusammenschluss bildungspolitisch engagierter und national gesinnter Personen. Der Vorstoss verlangte, für die Konzeption des staatsbürgerlichen Schulunterrichts eine «Kantonale Zentralstelle für nationale Erziehung» zu schaffen. Der Erziehungsrat, der sich zuvor schon mit ähnlichen Petitionen des Vaterländischen Verbands und der Neuen Helvetischen Gesellschaft hatte auseinandersetzen müssen, stand der Idee an sich positiv gegenüber. Er unterstützte das Anliegen und beschloss, das Projekt weiterzuverfolgen. Allerdings schreckte der Erziehungsrat davor zurück, ohne Rücksicht auf die Schulgemeinden ein kantonales Bildungskonzept vorzuschreiben. Deshalb sollte die Zentralstelle zunächst den aktuellen Stand der «nationalen Erziehung» in den zürcherischen Schulgemeinden erheben und für ihre Empfehlungen von den Umfrageergebnissen ausgehen. Geplant war, dass die Zentralstelle kantonale Kurse im Rahmen der Lehrerfortbildung organisieren und ein Mitteilungsblatt an die Lehrerschaft herausgeben sollte.[34]

Trotz Unterstützung scheiterte das Projekt. Zwar beschloss der Erziehungsrat im Sommer 1939, die Zentralstelle für nationale Erziehung definitiv einzurichten.[35] Am 1. September brach jedoch der Zweite Weltkrieg aus, wodurch sich die bildungspolitischen Prioritäten des Erziehungsrats schlagartig veränderten. Nun galt es primär, trotz Mobilmachung eines Teils der Lehrerschaft, den Schulbetrieb aufrechtzuerhalten. Die Vorlage für die Zentralstelle wurde dagegen vertagt. Faktisch war das Projekt damit begraben. Der Erziehungsrat kam nicht mehr auf das Geschäft zurück.[36] Das Scheitern des Zentralstellenprojekts zeigt beispielhaft ein schulpolitisches Grundhindernis für die nationalkonservative Bewegung. Die dezentrale, föderalistische Struktur des schweizerischen Bildungswesens, die den Schulgemeinden in Belangen der Volksschule einen grossen Handlungsspielraum zugestand, eignete sich schlecht dazu, eine bestimmte ideologische Position mit flächendeckendem Anspruch im Unterricht durchzusetzen. Die Erfolge der konservativen Bewegung waren letztlich immer lokal begrenzt.

ZÖLIBATSGESETZ UND DISKRIMINIERUNG DER DOPPELVERDIENERINNEN

Die Zwischenkriegszeit war nicht nur eine politisch konservativ dominierte Ära, sondern auch eine Zeit von Wirtschaftskrisen, von der Inflationskrise der 1920er-Jahre bis zur Weltwirtschaftskrise zwischen 1930 und 1936. Die Auswirkungen der Konjunktureinbrüche erfassten auch das Schulwesen im Kanton Zürich und manifestierten sich vor allem in einer langjährigen Debatte um die Einkommensverhältnisse von Lehrerinnen und Lehrern, in deren Verlauf vor allem verheiratete Lehrerinnen unter Druck gerieten.

Zunächst wirkte sich die Krise auf die Ausgabenpolitik der öffentlichen Haushalte und damit auf den finanziellen Spielraum der Volksschule aus. In den 1930er-Jahren reagierten die meisten kantonalen und Bundesbehörden auf die Wirtschaftskrise, indem sie einen rigorosen Sparkurs einschlugen – also im Gegensatz zum späteren wirtschaftspolitischen Dogma, nach dem die öffentlichen Haushalte in einer Wirtschaftskrise die Investitionen kontrazyklisch verstärken sollten. Die Geldmittel, die der Volksschule in den 1930er-Jahren zur Verfügung standen, waren auf allen Ebenen stagnierend oder gar rückläufig. Der Bund subventionierte die kantonalen Primarschulen 1931 mit 4,6 Millionen Franken. Von 1934 an bis zum Ende des Zweiten Weltkriegs sank der Betrag auf jährlich zwischen 3,5 und 3,7 Millionen Franken.[37] Die kantonale Entwicklung verlief parallel. Der Kanton Zürich investierte 1930 13,6 Millionen Franken in die Volksschule; 1934 waren es 13,3 Millionen Franken, 1938 noch 11,4 Millionen Franken. Erst in den Kriegsjahren stiegen die Ausgaben wieder über das Niveau von 1930.[38] Dasselbe Bild auf Gemeindeebene: Nach dem Ersten Weltkrieg stiegen die Gemeindeausgaben für die Volksschule über Jahre schrittweise an, bis sie 1933 das Maximum von 25,4 Millionen Fran-

«Alt, hässlich und allein». Karikatur einer Lehrerin von 1907.

ken erreichten. In den folgenden Jahren gingen die Ausgaben bis 1939 um rund 15 Prozent zurück und erreichten erst 1942 wieder das Niveau von 1933. In den Landgemeinden war der Rückgang der Volksschulausgaben am höchsten.[39]

In diesem Klima des Sparzwangs und in einer Phase steigender Arbeitslosigkeit reagierten Öffentlichkeit und Politik sensibel auf gute Einkommensverhältnisse, insbesondere wenn solche Einkommen aus dem öffentlichen Haushalt stammten. Unter einer regelrechten Kampagne litten verheiratete Lehrerinnen, die an öffentlichen Schulen arbeiteten und von denen pauschal angenommen wurde, dass ihre Ehegatten erwerbstätig waren und sie deshalb von einem doppelten Verdienst profitierten. Diese «Doppelverdienerinnen» wurden in der Zwischenkriegszeit im Kanton Zürich wie auf gesamtschweizerischer Ebene zunehmend geächtet und teilweise offen diskriminiert. Der Vorwurf war ein zweifacher: Einerseits würden Doppelverdienerinnen einem arbeitslosen Familienvater eine Stelle wegnehmen, anderseits ihre Rolle als Gattin und Mutter vernachlässigen.[40] Die Kampagne war klar frauenfeindlich: Von männlichen Doppelverdienern – etwa verheirateten Lehrern mit berufstätigen Gattinnen – war nirgendwo die Rede.[41] Auch dass die öffentlichen Haushalte durch die Anstellung von Lehrerinnen, die deutlich geringer entlöhnt waren als ihre männlichen Kollegen, finanziell eher profitierten, blieb in dieser Debatte unberücksichtigt.

Hintergrund der Auseinandersetzung war der gesamtschweizerische Überfluss an Lehrpersonal, der während der Zwischenkriegszeit und der 1940er-Jahre herrschte. In diesen 30 Jahren war die Zahl der neu ausgebildeten Lehrerinnen und Lehrer jeweils deutlich höher als die Zahl der offenen Stellen.[42] Der Lehrerüberfluss hatte verschiedene Ursachen. Einerseits ging seit dem Ende des Ersten Weltkriegs die Zahl der Schülerinnen und Schüler aus demografischen Gründen stetig zurück. Hinzu kam der Sparkurs, den der Bund und die Kantone verfolgten. So reduzierten verschiedene Kantone die Anzahl der Schulklassen, was die Konkurrenz unter der Lehrerschaft um die wenigen offenen Stellen verschärfte. Zudem blieb der Lehrerberuf durch seinen hohen gesellschaftlichen Status, die langfristige Sicherheit der beamtenrechtlichen Stellung und die vergleichsweise gute Besoldung weiterhin attraktiv – insbesondere auf der männerdominierten höheren Primar-, der Sekundar- und der Gymnasialstufe. Der Andrang bei den Lehrerseminarien ging deshalb trotz eines schlechten Stellenmarktes nicht zurück. Seit den späten 1920er-Jahren litt die Lehrerschaft vor allem in den Kantonen Zürich und Bern unter der steigenden Arbeitslosigkeit. 1942 waren beispielsweise im Kanton Bern über 500 Lehrerinnen und Lehrer und damit etwa jede fünfte Lehrperson stellenlos.[43]

MASSNAHMEN GEGEN DOPPELVERDIENERINNEN IM LEHRBERUF

Die Kantone beschlossen unterschiedliche Massnahmen. Teilweise wurde die Ausbildungszeit für Lehrerinnen und Lehrer verlängert, um die Anzahl der stellensuchenden Lehrpersonen zu reduzieren. Im Kanton Bern etwa wurde die Ausbildung von Primarlehrerinnen von drei Jahren auf vier Jahre heraufgesetzt, im Kanton Zürich verlängerte die Regierung den Ausbildungsgang für Lehrerinnen und Lehrer von vier Jahren auf fünf Jahre. Einzelne Lehrerseminarien führten einen Numerus clausus ein.[44] Viele Regelungen zielten jedoch auf verheiratete Lehrerinnen, denen pauschal ein illegitimes und egoistisches Verhalten unterstellt wurde. Die Kritik stand allerdings in keinem Verhältnis zum tatsächlichen Ausmass von Doppelverdienstverhältnissen. Gesamtschweizerisch waren verheiratete Frauen im Lehrberuf klar in der Minderheit. Nur rund 17 Prozent

Wirtschaftspolitik auf Kosten der Frauen: Kritik an Doppelverdienerinnen ausserhalb des Bildungssektors

Bald nur noch ledige Telefonistinnen: Ab 1927 wurden Frauen bei der Post bei ihrer Heirat entlassen. Fotografie 1920.

Die Debatte um die Doppelverdienerinnen wurde nicht nur im Bildungsbereich geführt, sondern betraf generell verheiratete Frauen, die einer bezahlten Arbeit nachgingen. Sie setzte bereits im ausgehenden 19. Jahrhundert ein und drehte sich zunächst um Verheiratete, die beide im öffentlichen Dienst arbeiteten. Beamtenstellen waren vergleichsweise gut dotiert und typischerweise von Männern, in Ausnahmefällen auch von Frauen besetzt. In ökonomischen Rezessionsphasen verschärften sich die Konflikte zwischen Beamten und Beamtinnen. Schon in den 1880er-Jahren kam es zu ersten Regelungen gegen die Einstellung von Frauen im öffentlichen Dienst. Der Bund verfügte etwa 1888 beim eidgenössischen Telegrafendienst den vollständigen Ausschluss von Frauen aus dem Beamtenstatus. 1894 beschloss die Eidgenössische Postverwaltung, keine zusätzlichen Frauen zu Beamtinnen auszubilden.[1]

Die Kritik am Doppelverdienertum war über alle Partei- und Verbandsgrenzen hinweg verbreitet.[2] Arbeitnehmerverbände unterstützten die Forderung nach einem Berufsverbot für Lehrerinnen oder Beamtinnen aus Solidarität mit den männlichen Arbeitnehmern.[3] Für rechte, konservative und christliche Gruppierungen widersprach die Berufstätigkeit von Frauen dem bürgerlichen Familienbild. Linke Kreise kritisierten Doppelverdienerinnen vor allem wegen der hohen Familieneinkommen und der verschärften gesellschaftlichen Einkommensunterschiede.[4] Die Kritik hatte auch eine antielitäre Stossrichtung. Sie wendete sich praktisch ausschliesslich gegen gut verdienende, hoch qualifizierte Frauen wie Beamtinnen oder Lehrerinnen, nicht aber gegen schlecht bezahlte Fabrikarbeiterinnen.[5]

In den Jahren der Weltwirtschaftskrise zwischen 1931 und 1936 wurden auf kommunaler, kantonaler und Bundesebene mehr als ein Dutzend parlamentarischer Vorstösse gegen Doppelverdienerinnen lanciert.[6] Insbesondere die Bundesverwaltung wies ihre Departemente und Ämter an, doppelte Verdienste möglichst einzuschränken und entsprechende Bewerberinnen nicht einzustellen.[7] Das eidgenössische Beamtengesetz von 1927 sah vor, dass die Verehelichung ein Grund zur «Umgestaltung oder Auflösung des Dienstverhältnisses bei weiblichen Beamten» sein konnte. Weitergehende gesetzliche Regelungen lehnte der Bundesrat allerdings ab. Auf kantonaler Ebene gab es dagegen schärfere Gesetzgebungen, so etwa in Basel-Stadt, wo die Anstellung verheirateter Frauen im Lehr- und Beamtenberuf ab 1926 ganz verboten war. Diskriminierende Gesetze bestanden überdies in den Kantonen Solothurn, Schaffhausen und Genf.[8]

aller Lehrerinnen waren verheiratet, vier Fünftel dagegen ledig.[45] Die sozialpolitischen Motive, mit denen sich die Kampagne gegen die Doppelverdienerinnen schmückte, waren ein rhetorischer Vorwand, um die eigentlichen Ursachen des Konflikts, die handfeste geschlechterpolitische Konkurrenz zwischen Lehrern und Lehrerinnen zu verbergen. Wie in anderen Branchen wurden im Lehrberuf die Frauen in den 1930er-Jahren aus dem Arbeitsmarkt verdrängt und damit auf den Status eines «Konjunkturpuffers» reduziert.

Im Kanton Zürich begann die Diskussion um ein Arbeitsverbot für verheiratete Lehrerinnen bereits sehr früh. Schon vor dem Ersten Weltkrieg wurde das «Zölibat» für Lehrerinnen, der zwangsweise Ausschluss verheirateter Frauen aus dem Lehrberuf, breit diskutiert. Die Zentralschulpflege der Stadt Zürich verfügte 1908, dass «weibliche Lehrkräfte […] in der Regel bei ihrer Verheiratung zurückzutreten haben».[46] Darauf wurden auch auf kantonaler Ebene vergleichbare Vorstösse vorgebracht, etwa durch den Regierungsrat, der dem Kantonsrat vorschlug, verheirateten Frauen per Gesetz eine Anstellung im Schuldienst zu verbieten. Hintergrund war, dass beim Erziehungsrat in den vorangegangenen Jahren mehrere Eingaben mit dem gleichen Tenor eingegangen waren, so etwa vom Schulvorstand der Stadt Zürich und von der Primarschulpflege Winterthur, ebenso von verschiedenen Bezirks- und Gemeindeschulbehörden.[47]

Eine parlamentarische Initiative forderte 1912 gar, dass auch die bereits im Schuldienst stehenden Doppelverdienerinnen entlassen werden sollten. Die Initiative fand breite Zustimmung im Kantonsrat, der sich damals ausschliesslich aus männlichen Parlamentariern zusammensetzte. Die bürgerlichen Parteien und der Regierungsrat unterstützten geschlossen die Initiative. Dagegen votierten die Sozialdemokratische Partei sowie Frauenverbände wie der Schweizerische Lehrerinnenverein oder der Zürcher Frauenstimmrechtsverein.[48]

Ein entsprechendes Gesetz wurde noch im selben Jahr der Stimmbevölkerung unterbreitet. Die Diskussion hatte auch hier etwas Gespenstisches an sich. Eine statistische Erhebung ergab, dass in der Zürcher Lehrerschaft gerade sechs Lehrerinnen als Doppelverdienerinnen gelten konnten. Der Anteil der verheirateten Frauen am gesamten Lehrkörper bewegte sich im Bereich von fünf Promillen.[49] Zur Überraschung vieler Beobachter scheiterte die «Zölibat»-Vorlage von 1912 an der Urne knapp mit 51,8 Prozent Neinstimmen. Offenbar überwog in der Öffentlichkeit die Skepsis gegenüber solch dirigistischen Massnahmen.[50]

DISKRIMINIERUNG TROTZ FEHLENDEM GESETZ

Mit der Abstimmungsniederlage von 1912 war die «Zölibatsfrage» jedoch noch nicht abschliessend beantwortet. Nur wenige Jahre später, 1920, wurde im Kantonsrat ein weiterer, fast gleichlautender Vorstoss mit der Begründung lanciert, die Situation habe sich nochmals verschärft und das «Zölibatspostulat» sei daher aktueller denn je. Unterdessen zählte die Schulstatistik 29 Lehrerinnen in Doppelverdienstverhältnissen – die Mehrzahl in den Städten Zürich und Winterthur. Deren Anteil am Lehrkörper war weiterhin gering. Er entsprach zwei Prozent aller kantonalen Lehrpersonen beziehungsweise einem Zehntel der Anzahl arbeitsloser Lehrerinnen und Lehrer.[51] Der Regierungsrat lehnte die Initiative diesmal ab, arbeitete jedoch einen Gegenvorschlag aus, der nur unwesentlich moderater formuliert war. Beide Vorschläge sahen ein Berufsverbot für verheiratete Primar- und Sekundarlehrerinnen vor. Der Unterschied lag bei den Übergangsbestimmungen. Während der kantonsrätliche Vorschlag auch jenen 29 verheirateten Lehrerinnen, die bereits im Lehrdienst standen, das Patent sofort entziehen wollte, sah der

Nichtwiedergewählte Lehrerinnen

Wegwahl von Lehrerinnen in Winterthur

Winterthur, 12. März. ag. Bei den Lehrerwahlen wurden vier verheiratete Lehrerinnen trotz Empfehlung durch die Schulpflege nicht wiedergewählt.

*

Unser Winterthurer Parteiblatt bemerkt dazu: „Die sämtlichen Lehrkräfte wurden wiedergewählt, mit Ausnahme derjenigen verheirateten Lehrerinnen, die unter die Kategorie Doppelverdiener fielen und von der Sozialdemokratischen Partei bekämpft wurden. Vier Lehrerinnen erlitten dabei das Schicksal der Nichtwiederwahl, eine in Töss, die mit 991 Nein gegen 777 Ja nicht wiedergewählt wurde. Wir nehmen von diesem Resultat deshalb besonders Notiz, weil für diese Lehrerin von verschiedener Seite ganz besonders die Werbetrommel gerührt wurde. So hatte die Schulpflege die Wiederwahl empfohlen mit der Begründung, es handle sich um eine bestqualifizierte Lehrerin. Wenn das Volk trotz dieser Empfehlung anderer Meinung war, so sicherlich zu einem guten Teil auch deshalb, weil es sich sagte, auch die anderen Lehrkräfte in Töss seien gutqualifizierte und es gebe sicherlich auch wieder gutqualifizierten Nachwuchs.

Primarschule Männedorf.   **Offene Lehrstelle.**

An der Primarschule Männedorf ist auf Beginn des Schuljahres 1941/42 eine Lehrstelle an der Realstufe (Sammelklasse) neu zu besetzen. Es kommen nur männliche Lehrkräfte in Frage.

Die Bewerber werden ersucht, ihre Anmeldungen unter Beilage des Wahlfähigkeitsausweises, des zürcherischen Lehrerpatentes, der Zeugnisse und des Stundenplanes bis 16. Januar 1941 an den Präsidenten der Schulpflege, Dr. med. Pestalozzi, in Männedorf, einzureichen.

Männedorf, den 14. Dezember 1940.   D i e   S c h u l p f l e g e.

Primarschule Oetwil a/See.   **Offene Lehrstelle.**

Auf Beginn des neuen Schuljahres ist die Lehrstelle an der Realabteilung definitiv zu besetzen.

Männliche Bewerber wollen sich unter Beilage der Ausweise und eines Stundenplanes bis zum 25. Januar 1941 beim Präsidenten der Schulpflege, Hans Walder, Stubenloo, anmelden, wo auch weitere Auskunft erteilt wird.

Der derzeitige Verweser gilt als angemeldet.

Oetwil a. See, den 16. Dezember 1940.   D i e   S c h u l p f l e g e.

Bild links: Die Kampagne gegen die «Doppelverdienerinnen» bekamen vor allem die Lehrerinnen zu spüren. Artikel im Volksrecht vom 13. März 1934 über die Abwahl von vier verheirateten Lehrerinnen in Winterthur.

Bild rechts: Der Ausschluss von Lehrerinnen aus der Volksschule kommt in diesen zwei Stelleninseraten der Primarschulen Männedorf und Oetwil am See unverhohlen zum Ausdruck.

Regierungsrat vor, die im Dienst stehenden Betroffenen von der Regelung auszunehmen.[52] Der verantwortliche Regierungsrat, Erziehungsdirektor Mousson, unterstützte seine Vorlage im Kantonsrat mit dem Argument, es liege nicht im «Interesse des Staates, wenn die Frau durch Berufsarbeit ihrer eigentlichen Aufgabe entfremdet, der Familie entzogen wird, oder wenn sie die Erfüllung ihrer Pflichten als Hausfrau und Mutter als blosse Nebenbeschäftigung auffasst. Dass die Frau als Lehrerin und Erzieherin fremder Kinder in der Schule wirke, die Pflege und Erziehung ihrer eigenen Kinder aber fremden Personen überlasse oder am Ende gar vernachlässige, widerstrebt dem gesunden Sinn unseres Volkes. [...] Das Verbleiben der verheirateten Frau im Amt kann vom Standpunkt der Volkserziehung aus nicht gebilligt werden und ist auch im Hinblick auf die grosse Zahl stellenloser Lehrerinnen nicht wünschenswert.»[53] Schliesslich schreckte aber der Kantonsrat vor einer erneuten Volksabstimmung zurück. Er überwies den Vorstoss an die dafür zuständige Kommission, wo die Angelegenheit schliesslich versandete.[54]

Die Doppelverdienstfrage kam zwar in den 1930er-Jahren nochmals verschiedentlich auf die politische Agenda, etwa 1933 und 1938 durch Vorstösse im Kantonsrat zur Einführung einer Sonderbesteuerung von Doppelverdienerinnen, doch die wirtschaftliche Erholung seit 1936 nahm der Forderung die Spitze und machte solche Vorstösse politisch chancenlos.[55] Im Kanton Zürich kam es deshalb in der Zwischenkriegszeit zu keiner gesetzlichen Regelung oder einer weiteren Volksabstimmung über die «Zölibatsfrage». Das Fehlen eines kantonalen Gesetzes bedeutete aber nicht, dass verheiratete Lehrerinnen problemlos im Schuldienst verbleiben konnten. Die mangelnde kantonale Regelung wurde vielmehr durch kommunale Ausschlusspraktiken ersetzt oder überkompensiert. Vor allem die Schulgemeinden engagierten sich aktiv in der Diskriminierung verheirateter Lehrerinnen. Neue Lehrstellen wurden meist mit dem Vermerk «Nur für männliche Bewerber» ausgeschrieben, ohne dass die Aufsichtsbehörden interveniert hätten. Gang und gäbe war auch, dass Schulgemeinden jene Lehrerinnen, die während des Lehrdienstes heirateten, aus dem Amt ausschlossen. Auch die Abwahl von Lehrerinnen wegen eines Doppelverdienstes war häufig, so etwa 1934 in Horgen und Winterthur.[56] 1941 gestand die Erziehungsdirektion offenherzig ein, dass verheiratete Lehrerinnen trotz fehlenden Verbots auf dem Zürcher Stellenmarkt praktisch chancenlos waren. Noch 1944, zu einem Zeitpunkt, als sich der Lehrerüberfluss wegen der Mobilmachung der Armee bereits in einen Lehrermangel verwandelt hatte, rief die kantonale

Erziehungsdirektion die Lehrerschaft im amtlichen Schulblatt auf, im Schulunterricht den Mädchen vom Lehrberuf abzuraten und nur in Fällen von ausserordentlicher Begabung eine Ausnahme zu machen. Die Erziehungsdirektion begründete diese Empfehlung mit dem weiterhin vorhandenen «Überfluss an Lehrerinnen», der auch in den nächsten Jahren nicht abnehmen werde – ein im Rückblick schwer verständliches Fehlurteil. Erst nach 1945, als der Lehrermangel sich durch den Ausbau des Schulangebots dramatisch verschärfte, gab die Erziehungsdirektion ihre diskriminierende Position schrittweise auf.[57]

SCHULSCHLIESSUNGEN UND HEIZMATERIALKNAPPHEIT IN DEN KRIEGSJAHREN

Der Kriegsausbruch am 1. September 1939 und die Mobilmachung der Armee brachten im Schulwesen einschneidende Veränderungen. Vor allem der Einzug eines grossen Teils der männlichen Lehrerschaft in den Militärdienst machte den Schulbehörden zu schaffen. Das jahrelange Klagen über den Lehrerüberfluss und die Regelungen gegen Doppelverdienerinnen wurden auf einen Schlag gegenstandslos. Die Zahlen geben einen Eindruck von der Dimension der Umstellung. Insgesamt waren 1939 im Kanton Zürich 1960 Lehrerinnen und Lehrer auf der Volksschulstufe angestellt (der Frauenanteil betrug 20 Prozent). Im Herbst 1939 erhielten etwa 450 Primarlehrer, also rund ein Drittel der männlichen Lehrkräfte, den militärischen Einrückungsbefehl.[58] Die kantonalen und Gemeindeschulbehörden hatten grosse Probleme, den Schulunterricht auch nur annähernd aufrechtzuerhalten. Nachdem die Diskriminierung verheirateter Lehrerinnen jahrelang aktiv betrieben oder geduldet worden war, schwenkten die Behörden nun gezwungenermassen auf einen neuen Kurs um. Die Erziehungsdirektion erliess am 29. August 1939, unmittelbar vor der absehbaren Mobilmachung, eine Wegleitung, in der sie ehemalige Lehrerinnen, die wegen Verheiratung aus dem Schuldienst ausgeschlossen worden waren, aufrief, sich als Aushilfskraft zur Verfügung zu stellen. Auch pensionierte Lehrer wurden zur Mitarbeit eingeladen.[59]

All diese hektischen Massnahmen konnten nicht verhindern, dass der Schulunterricht vielerorts zusammenbrach und im Herbst 1939 für mehrere Monate ausfiel. Die Erziehungsdirektion wies die Schulgemeinden explizit an, beim Ausfall der Lehrpersonen den Schulbetrieb vorübergehend einzustellen. Das Problem betraf vor allem Landgemeinden. In den Städten konnten die Behörden nach einer kurzen Unterbrechung einen reduzierten Schulbetrieb aufrechterhalten. Während in der Stadt Zürich die Schulen im September 1939 nur für acht Tage geschlossen wurden, brach in kleineren und milizmässig verwalteten Landgemeinden der öffentliche Dienst durch die Mobilmachung weitgehend zusammen. In Henggart etwa wurde nicht nur der Lehrer, sondern mit ihm die halbe Schulbehörde und ein Grossteil der Gemeindebehörde eingezogen. Hinzu kam, dass die in das Dorf verlegten Truppen im Schulhaus untergebracht wurden und ein Unterricht am bisherigen Ort gar nicht durchführbar war. Der Unter-

Bild links: Die Verpflegung der Soldaten war oft besser als diejenige der Bevölkerung. Hier holen Kinder bei den im Dorf einquartierten Soldaten ein «Chesseli» Suppe ab. Fotografie um 1940.

Bild rechts: Kinder bei der Kartoffelernte in Unterstammheim um 1935.

richt wurde darauf für mehr als ein Quartal vollständig gestrichen und erst Mitte Dezember 1939 behelfsweise in den Räumlichkeiten einer Schreinerei wieder aufgenommen.[60] Die mangelhafte Rohstoffversorgung machte den Schulbehörden in den Kriegsjahren ebenfalls zu schaffen. Im Winter 1940/41 verknappte sich etwa die Heizölversorgung derart, dass Sparmassnahmen eingeführt wurden. Im folgenden Winter 1941/42 spitzte sich die Rohstoffknappheit so weit zu, dass die Erziehungsdirektion im Dezember und Januar zwei zusätzliche Ferienwochen (die sogenannten Heizferien) anordnete.[61]

MOBILMACHUNG UND UNTERRICHTSINHALT

Die Mobilmachung wirkte sich zudem auf die Inhalte des Schulunterrichts aus. Im Zuge der 1940 lancierten Anbauschlacht unter der Leitung des späteren Bundesrats Friedrich Traugott Wahlen (1899–1985) wurden ländliche wie städtische Schulklassen im Kanton Zürich zur Mithilfe bei landwirtschaftlichen Arbeiten aufgeboten. Auch hier gab der Beschäftigungsnotstand bei Kriegsbeginn den Anstoss. Im Kanton Zürich fehlten 1940 in der Landwirtschaft zwischen 5000 und 15 000 Arbeitskräfte.[62] Dieser Mangel sollte durch den Einbezug von Schülerinnen und Schülern als Hilfskräfte zumindest teilweise kompensiert werden. Seit dem Frühjahr 1940 wurde deshalb ein Landdienst organisiert, bei dem Schülerinnen und Schüler in Absprache mit den Eltern bis zu zwei Wochen vom Unterricht dispensiert und für landwirtschaftliche Anbau- und Erntearbeiten eingesetzt werden konnten. Private Jugendorganisationen wie etwa die Pfadfinder beteiligten sich ebenfalls an der Aktion. Selbst wenn das genaue Ausmass des Landdienstes unklar ist, scheint die Aktion bei den Eltern Anklang gefunden zu haben. Der Landdienst war allerdings bei den Schulbehörden nicht unumstritten. Der damalige Präsident der Schulpflege Thalwil etwa kritisierte die Haltung des Erziehungsrats scharf und wehrte sich gegen die Aktion, weil sie den Schulunterricht stark beeinträchtige. Trotz der Kritik blieb der Erziehungsrat aber bei seiner Position und führte die Aktion weiter.[63]

Die Mobilmachung verschärfte insbesondere auf der Landschaft den bestehenden Lehrermangel weiter. Das Gefälle zwischen vergleichsweise gut dotierten städtischen und schlechter bezahlten ländlichen Stellen geriet dabei zum Teufelskreis. Die geringere Entlöhnung und die dürftige Ausstattung der ländlichen Lehrerstellen machte es auf der einen Seite schwierig, Lehrerinnen und Lehrer für den Schuldienst in Landgemeinden zu gewinnen, anderseits hatte das schlechte

196 ZWISCHEN KRISE UND KRIEG 1918–1945

Hopfenernte in Unterstammheim 1935. Vor allem in den Kriegsjahren mussten die Schulkinder bei der Ernte tatkräftig mithelfen, um die Mehrarbeit im Rahmen der Anbauschlacht überhaupt bewältigen zu können.

Bild oben: Die eingetroffenen Flüchtlinge wurden nach ihrer Ankunft notdürftig in Turnhallen untergebracht und mit Essen, Kleidern und warmen Decken versorgt. Fotografie um 1944.

Bild links: Französische Ferienkinder bei ihrer Ankunft 1945 in der Schweiz. Nach dem Ende des Zweiten Weltkriegs holte die Kinderhilfe des Schweizerischen Roten Kreuzes Ferienkinder zur Erholung in die Schweiz, wo sie während dreier Monate in Familien betreut wurden. Fotografie von 1945.

Bild rechts: Unter den Flüchtlingen, die in der Schweiz Zuflucht fanden, waren mehrheitlich Frauen und Kinder. Eine aus Belfort geflohene Mutter mit ihrem Kind in einem Zürcher Auffanglager. Fotografie von 1944.

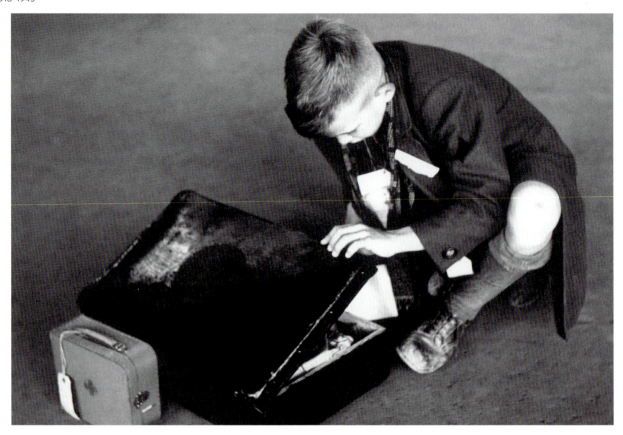

Ein in der Schweiz angekommenes holländisches Flüchtlingskind. Fotografie um 1945.

Image des Lehrberufs in ländlichen Regionen einen negativen Effekt auf die Rekrutierung neuer Lehrerinnen und Lehrer. Der Schuldienst blieb für die ländliche Bevölkerung eine wenig attraktive Berufswahl, und die wenigen Lehrpersonen ländlicher Herkunft verliessen oft ihre Herkunftsregion und arbeiteten lieber in der Stadt. Der Erziehungsrat diskutierte vor diesem Hintergrund bereits während des Kriegs die Frage, durch welche Mittel vermehrt Kandidatinnen und Kandidaten aus der Zürcher Landschaft für die Lehrerausbildung gewonnen werden könnten.[64] In der Folge erliessen die kantonalen Behörden einige wohlklingende Appelle. Der Erziehungsrat forderte 1942 etwa junge Lehrerinnen und Lehrer in ländlichen Schulgemeinden auf, sich eingehend mit den lokalen Verhältnissen der Gemeinde auseinanderzusetzen, um die Kluft zwischen städtischer und ländlicher Kultur zu überwinden.[65] Die Erziehungsdirektion empfahl ausserdem 1944 den Lehrpersonen, die in ländlichen Sekundarschulen unterrichteten, begabte Jugendliche ausdrücklich zum Lehrberuf zu ermuntern.[66] Letztlich aber blieben diese Appelle wirkungslos. Der Lehrermangel hielt auf der Zürcher Landschaft in den nächsten Jahren nicht nur an, sondern verschärfte sich nach dem Kriegsende mit dem Aufschwung der Konjunktur und den Aufstiegsmöglichkeiten auf dem Arbeitsmarkt weiter.

RESTRIKTIVE AUSLÄNDER- UND FLÜCHTLINGSPOLITIK DER ERZIEHUNGSDIREKTION

In der Zwischenkriegszeit und während des Zweiten Weltkriegs war die Erziehungsdirektion wiederholt mit Flüchtlingsfragen beschäftigt. In den 1930er-Jahren war die Haltung der kantonalen Behörden im Einklang mit der nationalen Flüchtlingspolitik ausgesprochen restriktiv. Flüchtlingen, die etwa aus dem nationalsozialistischen Deutschland in die Schweiz einreisten, wurde in der Regel nur eine befristete Aufenthaltsbewilligung erteilt.[67] Diesen befristeten Status wiederum nahm die Erziehungsdirektion zum Anlass, Flüchtlinge ab 1935 mit einem neu eingeführten «Schulgeld» zu belasten. Zwar schrieb die Bundesverfassung vor, dass die öffentlichen Schulen den obligatorischen Unterricht unentgeltlich zu erteilen hätten, doch vertrat die Erziehungsdirektion die Position, dass die Unentgeltlichkeit nur in Verbindung mit der Steuerpflicht der Eltern zu gewähren sei. Für Kinder, die ohne ihre Eltern einreisten und bei befreundeten Familien unterkamen, sollte deshalb die Unentgeltlichkeit aufgehoben werden.

«Wenn Ausländerkinder allein in der Schweiz Aufenthalt nehmen, ohne dass deren Eltern hier ein Steuerdomizil begründen, so stellt demnach der unentgeltliche Schulbesuch solcher Ausländerkinder eine einseitige, ungerechtfertigte finanzielle Belastung der Gemeinde und des Staates dar.»

Konkret gingen die Behörden doppelt gegen Flüchtlingskinder vor. Einerseits überprüfte die kantonale Fremdenpolizei, ob der Aufenthalt wegen der Belastung der Volksschule überhaupt gewährt werden könne – in einigen Fällen wurde deshalb selbst ein befristeter Aufenthaltsstatus verweigert. Anderseits verfügte der Regierungsrat auf Antrag der Erziehungsdirektion, dass ausländische Schulkinder, deren Eltern nicht im Kanton Zürich wohnten, das Schulgeld zu bezahlen hatten.[68]

Das Schulgeld für Flüchtlingskinder geriet vor allem nach 1938, als sich Österreich dem nationalsozialistischen Deutschland angeschlossen hatte, sich die Judenverfolgungen verschärften und die Flüchtlingszahlen anstiegen, zunehmend unter Druck. Die Erziehungsdirektion kam in der Folge teilweise von ihrer harten Haltung ab. Einerseits waren jüdische Flüchtlingskinder, deren Mittel bei der Ausreise konfisziert wurden, ökonomisch gar nicht in der Lage, das Schulgeld zu zahlen. Auch die Erziehungsdirektion musste eingestehen, dass der «kalte Gesetzesparagraph [...] in gewissen Fällen aus Humanitätsgründen einfach unanwendbar» sei.[69] Anderseits wurden die Einreisehürden durch die Einführung des berüchtigten «J»-Stempels im Passausweis 1938 so stark erhöht, dass seither die Zahl neuer Flüchtlinge geringer ausfiel. Trotzdem blieb der Schulgeldparagraf bestehen. Die Erziehungsdirektion verzichtete einzig bei den wenigen anerkannten Flüchtlingen auf den Einzug des Schulgelds. Dagegen wurden die illegal eingereisten, zumeist jüdischen Flüchtlinge weiterhin mit der Abgabe belastet – eine Politik, die klar im Widerspruch zur humanitären Rhetorik der Behörden stand. Als sich im Verlauf des Zweiten Weltkriegs die Flüchtlingssituation weiter zuspitzte, gelangten karitative Organisationen wie das Schweizer Hilfswerk für Emigrantenkinder mit Hilferufen an die Erziehungsdirektion und forderten die endgültige Aufhebung des Schulgelds. Erst 1943, als der Ausgang des Kriegs absehbar war, bewegte sich die Erziehungsdirektion unter dem Druck dieser Appelle erneut und verzichtete auf den weiteren Einzug des Schulgelds, allerdings nicht ohne Vorbehalt, in Ausnahmefällen den Schulgeldparagrafen trotzdem anzuwenden.[70]

Gegenüber dieser restriktiven Politik der kantonalen Behörden schlugen einzelne Schulgemeinden einen liberaleren Kurs ein. Das Schulamt der Stadt Zürich führte beispielsweise ab 1942 einen Spezialunterricht für «kriegsgeschädigte» Flüchtlingskinder ein. Hinter diesem Anliegen stand einerseits das humanitäre Motiv, den Flüchtlingen mit geringem Bildungsgrad eine schulische Grundausbildung zu bieten. Anderseits erhoffte sich die Stadt eine disziplinierende Wirkung: Der Unterricht solle dazu beitragen «die Kinder wieder an Zucht und Ordnung zu gewöhnen».[71] Die kantonale Erziehungsdirektion und der Erziehungsrat unterstützten auf Antrag der Stadt dieses Projekt durch einen finanziellen Beitrag an die Lohnkosten der Lehrpersonen.[72]

Hauswirtschaft und Kochen

Die Erziehung der Mädchen zu tüchtigen und sparsamen Hausfrauen war eine gesellschaftliche Forderung, welche die Volksschule seit dem 19. Jahrhundert prägte. Die Mädchen wurden ab der Primarschule in Handarbeit und auf der Oberstufe in Hauswirtschaft und Kochen unterrichtet. Mit dem 1981 angenommenen Verfassungsartikel für die Gleichstellung von Frau und Mann fand die traditionelle Rollenverteilung ein Ende. Heute besuchen die Mädchen und die Knaben gemeinsam den Hauswirtschafts- und Kochunterricht. Die Zubereitung einer Mahlzeit ist heute keine Frage des Geschlechts mehr.

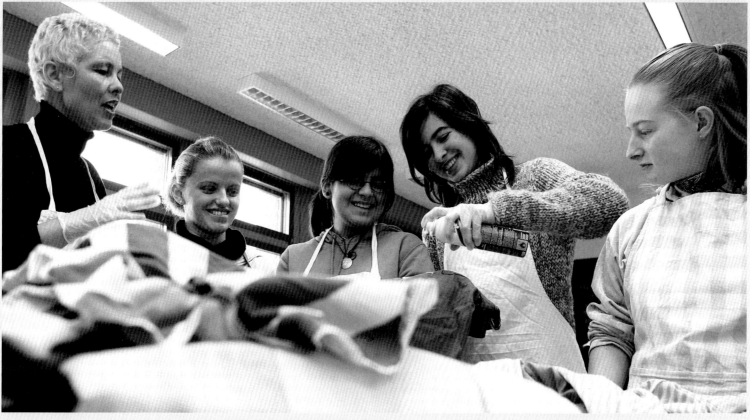

1945–1975

Zwischen Assimilation und Wahrung der «Italianità»: Immigration und Integration in der Bildungspolitik der Nachkriegszeit
Region Limmattal

Nach 1945 setzte eine lange Phase des wirtschaftlichen Wachstums ein, begleitet von einem nachhaltigen Bevölkerungswachstum. Mit dem wirtschaftlichen Aufschwung übersiedelten viele ausländische, vor allem italienische Arbeitskräfte in die Schweiz. Die kantonalen Behörden konzentrierten sich auf den Ausbau der Infrastruktur und die Bewältigung des Lehrermangels. Dagegen vernachlässigten sie lange die Integration der fremdsprachigen Schulkinder. In der Integrationspolitik kamen die bildungspolitischen Anstösse vor allem von Schulgemeinden aus den betroffenen Städten und Agglomerationen.

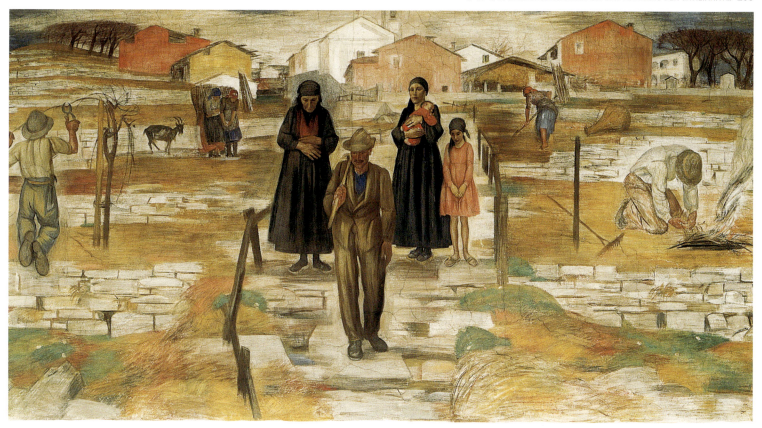

Das Fresko «Der Auswanderer» des Tessiner Malers Pietro Chiesa (1876–1959) thematisiert die aus wirtschaftlichen Gründen erzwungene Migration der Tessiner Bevölkerung im 19. Jahrhundert. Das Fresko von 1934 diente als Vorlage für ein Schulwandbild, das 1938 an alle Schulen in der Schweiz verteilt wurde.

Das Ende des Zweiten Weltkriegs markiert einen tiefen Einschnitt in der Entwicklung der Zürcher Volksschule. Mit der Nachkriegszeit begann eine für die Zeitgenossen unerwartete und bis in die 1970er-Jahre anhaltende wirtschaftliche Wachstumsphase, die von einem nachhaltigen Bevölkerungswachstum begleitet war. Innerhalb dreier Jahrzehnte wuchs die Anzahl der Einwohnerinnen und Einwohner des Kantons Zürich auf nahezu das Doppelte an, von 675 000 (1941) auf 1,1 Millionen (1970). Das rasante Wachstum veränderte auch die Siedlungsstruktur. Während bis zum Zweiten Weltkrieg die Menschen von den ländlichen Gebieten in die Städte übersiedelten, kam es in den 1950er- und 60er-Jahren umgekehrt zu einer modernen «Stadtflucht». Die beliebtesten Siedlungsgebiete lagen nun in den stadtnahen, bislang weitgehend ländlichen Gemeinden. Diese verwandelten sich innerhalb weniger Jahre in die neuen Agglomerationsgürtel. Die grossen Städte dagegen wuchsen nur noch unterdurchschnittlich, wenn sie nicht wie Zürich in den 1960er-Jahren gar leicht schrumpften.[1]

Die Hochkonjunktur und der Bevölkerungsanstieg stellten die Volksschule vor verschiedene Herausforderungen. Zunächst musste die wachsende Schülerinnen- und Schülerzahl bewältigt werden. In den drei Jahrzehnten zwischen 1945 und 1975 verdoppelte sich die Zahl der Schulkinder von 67 000 auf 133 000, eine Entwicklung, die in den bevölkerungsstarken Agglomerationen zu Beginn der 1950er- und Ende der 1960er-Jahre sprunghaft verlief. In der Folge wurden Schulhäuser und Schulanlagen oft in hektischem Tempo und unter teilweise hohen finanziellen Belastungen der Schulgemeinden ausgebaut.[2] Auch die Erwartungen an die Qualität der Volksschule wuchsen. So wurden die Unterrichtsverhältnisse durch eine Reduktion der Klassengrössen schrittweise verbessert. 1945 zählte eine durchschnittliche Volksschulklasse 33 Kinder, 1975 waren es nur noch 25.[3] Die historisch beispiellose Bildungsexpansion verursachte vor allem in den 1950er- und 60er-Jahren einen anhaltenden Lehrermangel. In der Hochkonjunktur verlor der Lehrerberuf zudem gegenüber den lukrativen privatwirtschaftlichen Karrieren, die sich der Nachkriegsgeneration vor allem im Dienstleistungssektor eröffneten, sein bislang grosses Sozialprestige. So geriet die Volksschule angesichts steigender Schülerzahlen und des spärlichen Nachwuchses an Lehrerinnen und Lehrern in eine doppelte Krise.

Eine weitere Herausforderung bestand in der sprachlichen und kulturellen Vielfalt, die mit der zunehmenden Einwanderung nach 1945 die Volksschule zu verändern begann. Ausgelöst durch den steigenden Bedarf an Arbeitskräften während des Wirtschaftsauf-

Bild links: Italienische Einwanderinnen und Einwanderer mit ihrem Gepäck bei der Einreise in die Schweiz. Fotografie um 1960.

Bild rechts: Zwei italienische Migrantinnen warten auf dem Bahnhof Chiasso auf die Weiterfahrt. Fotografie um 1960.

schwungs, übersiedelten in den 1950er- und noch stärker in den 1960er-Jahren mehrere Generationen von Immigranten aus Italien, Spanien, Griechenland, der Türkei und anderen Staaten in die Schweiz. In der Regel wiesen die Behörden diesen Arbeitsmigrantinnen und -migranten den Status von Kurzaufenthaltern (Saisonniers) zu, der erst nach mehreren Jahren durch einen dauerhaften Aufenthaltsstatus abgelöst wurde. In den Städten und den Agglomerationsgemeinden stieg der Anteil der nichtschweizerischen Bevölkerung, nachdem er infolge der beiden Weltkriege und der Wirtschaftskrise der 1930er-Jahre gesunken war, wieder auf über 10, teilweise über 20 Prozent, und damit auf ein Niveau, das zuletzt vor dem Ersten Weltkrieg erreicht worden war. Die Kinder der zugezogenen ausländischen Bevölkerung hatten wegen ihrer mangelnden Deutschkenntnisse oft geringere Bildungschancen als die schweizerischen Kinder. Wie diese Benachteiligung im Rahmen der Volksschule ausgeglichen werden könnte, war in den 1950er- und 60er-Jahren eine offene Frage.

Diese beiden Trends, die verstärkte Nachfrage nach Bildung und die sprachliche und kulturelle Vielfalt in den Schulklassen, setzten die Volksschule einem doppelten Veränderungsdruck aus. Die Verantwortlichen in Politik und Verwaltung brauchten allerdings einige Jahre, bis sie auf die Herausforderungen eine passende Antwort gefunden hatten. In den 1950er-Jahren war die Bildungspolitik vor allem mit dem Lehrermangel beschäftigt und übersah meist die Probleme, die sich mit der Immigration anbahnten. Erst als in den 1960er-Jahren der soziale Wandel ein unübersehbares Ausmass erreichte, entwickelten die Behörden neue bildungspolitische Integrationskonzepte. Dabei zeigte sich ein Grundzug der zürcherischen oder auch der schweizerischen Bildungspolitik: Viele der innovativen Reformen wurden von den unteren Stufen des föderalistischen Bildungswesens, insbesondere von direkt betroffenen Schulgemeinden, lanciert und erst später auf kantonaler Ebene übernommen. Die Integrationsdiskussion etwa wurde von den Schulgemeinden mit grossem ausländischem Bevölkerungsanteil im Limmattal oder in den Bezirken Uster und Dielsdorf vorangetrieben. Neben der kantonalen Bildungspolitik stehen im Folgenden die integrationspolitischen Debatten in der Gemeinde Dietikon, einer exemplarischen Agglomerationsgemeinde, im Vordergrund.

LEHRERMANGEL UND FEMINISIERUNG DES LEHRBERUFS

Die sozialen und kulturellen Veränderungen der Nachkriegszeit bahnten sich bereits während des Zweiten Weltkriegs an, ohne dass die Behörden die Zeichen der Zeit richtig gedeutet hätten. Schon während des Zweiten Weltkriegs schlug der Lehrerüberfluss in einen Lehrermangel um. Die schleichende Entwicklung wurde von den Behörden jedoch falsch gedeutet. Sie hielten die sinkende Zahl der stellenlosen Lehrerinnen und Lehrer für ein vorübergehendes Phänomen, das auf die Kriegsumstände wie den Einzug von Lehrern in den Militärdienst zurückzuführen war. Die Zürcher Erziehungsdirektion meinte Ende 1943 in einem Aufruf an die Lehrerschaft noch, der Überhang an Lehrpersonen, vor allem an arbeitslosen Lehrerinnen, würde einige Jahre anhalten.[4] Ende 1944 lancierte die Erziehungsdirektion sogar eine Weiterbildungsinitiative für Lehrerinnen und Lehrer, «im Hinblick auf die nach dem Kriege zu erwartende Zunahme der Arbeitslosigkeit». Weil im Kanton Zürich ein Grossteil der polnischen Flüchtlinge interniert war, unter anderem in einem Lager in Andelfingen, organisierte die Erziehungsdirektion mit den internierten Hochschul- und Gymnasiallehrern polnische Sprachkurse für Zürcher Lehrerinnen und Lehrer. Die Erziehungsdirektion hielt angesichts der düsteren Zukunftsprognosen «eine Abwanderung von Akademikern und Lehrern ins Ausland […] für dringend erwünscht». Polnischkenntnisse schienen eine geeignete Qualifikation, weil die Behörde erwartete, dass arbeitslose schweizerische Lehrpersonen nach dem Krieg in grosser Zahl in Polen «zur Erteilung von Deutsch- und Französischunterricht» gesucht würden.[5] Polen galt als attraktives Auswanderungsland, nicht nur weil es zu den bevölkerungsstärksten ost- und mitteleuropäischen Staaten gehörte, sondern auch weil es besonders stark unter den Kriegszerstörungen gelit-

Erschöpft von der langen Reise ist ein Italiener im Wartesaal des Zürcher Hauptbahnhofs eingeschlafen. Fotografie um 1960.

ten hatte und ein langjähriger Wiederaufbau zu erwarten war. Die Hoffnungen der Erziehungsdirektion zerschlugen sich innerhalb weniger Monate aufgrund der geopolitischen Machtverhältnisse. Zwar erhielten in einer ersten Kursserie einige Zürcher Lehrerinnen und Lehrer eine professionelle Polnischausbildung, doch die neuen Sprachkenntnisse kamen nicht zum Einsatz. Anfang 1945 einigten sich die Siegermächte des Zweiten Weltkriegs darauf, das Europa der Nachkriegszeit in Einflusssphären aufzuteilen. Dabei fiel Polen in den sowjetischen Machtbereich und blieb durch den Eisernen Vorhang für die nächsten Jahrzehnte von Westeuropa getrennt.

Erst 1946 erkannten die Behörden die gravierende Dimension des Lehrermangels. Die Erziehungsdirektion versuchte primär, die Ausbildungsbedingungen für den Lehrernachwuchs zu verbessern. Diskutiert wurde vor allem, wie weit ausserkantonale Lehrerinnen und Lehrer über ein vereinfachtes Anerkennungsprozedere in den Kanton Zürich geholt werden könnten. Bis in die 1930er-Jahre mussten Lehrerinnen und Lehrer, die im Kanton Zürich unterrichten wollten, ein kantonales Patent erlangen beziehungsweise die dafür notwendige Prüfung bestehen. An welcher Institution sie ihre Ausbildung genossen hatten, war für die Zulassung nicht relevant. Als mit der Weltwirtschaftskrise die

Junge Italiener bei der sanitarischen Grenzkontrolle vor der Einreise in die Schweiz. Fotografie von 1968.

Lehrerarbeitslosigkeit stieg, setzten sich höhere Hürden für Ausserkantonale, die einen Einstieg in den Zürcher Lehrberuf suchten, durch. Seither galten nur Lehrerinnen und Lehrer mit einer Ausbildung am kantonalzürcherischen Lehrerseminar als wählbar.

Nach dem Zweiten Weltkrieg wurden die Hürden mit Blick auf den Lehrermangel – 1946 blieben über 300 Lehrerstellen und damit mehr als zehn Prozent aller Positionen unbesetzt – wieder herabgesetzt. Zunächst dehnte der Regierungsrat die Wählbarkeit zum Lehrberuf auf Personen mit einem ausserkantonalen Abschluss, aber mit Bürgerrecht im Kanton Zürich, aus.[6] Diese bürgerrechtliche Regelung bewährte sich jedoch nicht und wurde kurz nach der Einführung wieder abgeschafft, weil sie das eigentliche Problem, die unterschiedlichen kantonalen Ausbildungsstandards, nicht löste. Angesichts des schweizerischen Bildungsföderalismus fiel es den Zürcher Behörden schwer, den Markt für Lehrerinnen und Lehrer zügig zu öffnen. Die Behörden hielten die zürcherische Lehrerausbildung im interkantonalen Vergleich für qualitativ hochstehend und wollten verhindern, dass dieser Status durch die Umgehung des zürcherischen Ausbildungsgangs verwässert würde. Für den Zugang zum Lehrerseminar war im Kanton Zürich ein Maturaabschluss erforderlich, zudem dauerte hier die Lehrerausbildung mindestens ein Jahr länger als in den anderen Kantonen. Deshalb führte die Erziehungsdirektion 1946 die Regel ein, nichtzürcherische Lehrpersonen nach ihrer ausserkantonalen Ausbildung zur Abschlussprüfung am Zürcher Lehrerseminar zuzulassen.[7] Zwar ging aufgrund dieser Massnahmen der Lehrermangel Ende der 1940erJahre vorübergehend zurück.[8] Die strukturelle Not aber, der Widerspruch zwischen Bildungsexpansion und zu geringem Nachwuchs an Lehrpersonen, blieb bestehen. Der Lehrermangel hielt deshalb bis in die 1960er-Jahre an.

Erst der starke Ausbau des Frauenanteils im Lehrberuf und damit eine zunehmende Feminisierung des ursprünglich von Männern dominierten Berufsstands führten zu einer mittelfristigen Entspannung des Lehrermangels. Schon kurz nach dem Kriegsende liessen die Behörden die jahrzehntelang gehegten Vorbehalte gegenüber einer Zunahme des Frauenanteils im Lehrkörper fallen. Der Erziehungsrat gestand 1946 ein, dass wegen der Stellennot ein Anwachsen «des weiblichen Anteils an der Lehrerschaft» nicht weiter verhindert werden könne. Die Hoffnung auf zusätzliche Lehrpersonen könne nur noch durch die heranwachsende Generation junger Frauen erfüllt werden.[9] In der Folge verwandelte sich der Lehrberuf in der Nachkriegszeit, zumindest auf der Primarschulstufe, von einem Män-

«Fremdarbeiter» in ihrer Gruppenunterkunft in der Schweiz. Fotografie um 1960.

ner- in einen Frauenberuf. Im Zweiten Weltkrieg lag der Frauenanteil in der Zürcher Volksschule noch bei rund 20 Prozent, danach stieg er jedes Jahrzehnt um 5 bis 10 Prozent an. Seit den 1990er-Jahren bilden die Lehrerinnen die Mehrheit, 2004 lag der Frauenanteil bei über 60 Prozent. Der Trend zu einem Frauenberuf erfasste primär die unteren Qualifikations- und Lohnstufen. Auf der Primarstufe überstieg der Anteil Lehrerinnen bereits Mitte der 1960er-Jahre jenen der Lehrer. Anders in der Sekundarschule: Hier sind bis heute zwei Drittel der Lehrpersonen männlich.[10]

FEHLENDE BILDUNGSPOLITISCHE WAHRNEHMUNG DER IMMIGRATION

Die 1950er-Jahre waren für die Volksschule eine bildungspolitische Übergangszeit. Dieser Zeitabschnitt konfrontierte die Volksschule wie eingangs erwähnt nicht nur mit einem Wachstumsschub, sondern auch mit den sozialen und kulturellen Folgen der Einwanderung. Sowohl innerhalb der Schweiz als auch auf internationaler Ebene wanderten Arbeitsuchende von ärmeren, oft ländlichen Gegenden in wirtschaftlich aufstrebende Gebiete, vor allem in die industrialisierten und städtischen Ballungszentren. Der Kanton Zürich gehörte innerhalb der Schweiz zu den stärksten Wachstumsregionen. Zwischen 1950 und 1970 nahm die Zahl der Erwerbstätigen in Industrie und Gewerbe von 180 000 auf 250 000 zu, jene im Dienstleistungssektor gar von 165 000 auf 290 000.[11]

Der gesellschaftliche Wandel veränderte das Bildungswesen grundlegend. Im 19. und frühen 20. Jahrhundert standen in der Bildungspolitik die Gegensätze zwischen Stadt und Land, zwischen katholischer und reformierter Konfession oder zwischen schweizerischer und deutscher oder italienischer Nationalität im Vordergrund, wobei nach dem Ersten Weltkrieg der Zuzug von ausländischen Familien deutlich zurückging. Seit den 1950er-Jahren gelangten wieder verstärkt nichtschweizerische Bevölkerungsgruppen ins Bildungssystem, zunächst aus Italien, seit den 1960er-Jahren zunehmend aus Herkunftsländern wie Griechenland, Portugal, Spanien, Jugoslawien oder der Türkei.

Die schulischen Auswirkungen dieser neuen Einwanderung hingen von den jeweiligen politischen Leitlinien ab. Bis in die 1960er-Jahre galt das sogenannte Rotationsprinzip, das Immigrantinnen und Immigranten nur einen Kurzaufenthalterstatus als Saisonniers zugestand, der auf neun Monate pro Jahr begrenzt war. Die Einwanderungsbewilligung war ausserdem auf die Arbeitskräfte selbst beschränkt. Die Saisonniers

Türkische Migrantinnen und Migranten beim Sonntagsspaziergang am Zürichsee. Fotografie von 1964.

mussten ihre Familien im Herkunftsland zurücklassen. Die Niederlassung von ausländischen Arbeitskräften war in diesem Modell nicht vorgesehen und wurde meist erst nach zehn Jahren Arbeit als Saisonnier gewährt.[12] Ab 1960 wurden die restriktiven Bestimmungen nach und nach gelockert. Zunächst erleichterte der Bund den Familiennachzug und erlaubte Saisonniers, ihre Familie nach drei Jahren in die Schweiz mitzunehmen. 1964 wurde die Frist für italienische Immigranten auf 18 Monate verkürzt. Zugleich erhielten Saisonniers ab fünf Jahren das Recht auf eine erneuerbare Aufenthaltsbewilligung.[13]

So wanderten in den ersten Jahren nach dem Kriegsende die Arbeitsuchenden noch ohne ihre Familien ein. Die ersten Ehepartner und Kinder zogen erst nach Ablauf der zehnjährigen Frist nach. Die Frage, wie die ausländischen Kinder der neuen Einwanderungsgruppen in die Volksschule zu integrieren waren, gelangte deshalb erst in der zweiten Hälfte der 1950er-Jahre in das Bewusstsein der Behörden. Anfangs schienen diese das Ausmass des sozialen und kulturellen Wandels zu unterschätzen. 1957 hielt die kantonale Erziehungsdirektion zwar fest, dass sich mit «der Aufnahme von Kindern ausländischer Arbeitskräfte, namentlich solcher italienischer Sprache», eine Eingliederungsaufgabe abzuzeichnen beginne. Diese Einschätzung führte aber nicht zu konkreten Massnahmen. Die Bildungspolitik konzentrierte sich weiterhin auf die Folgen des Bevölkerungszuwachses und der steigenden Mobilität. 1959 etwa führte die Erziehungsdirektion die Zunahme der schulpolitischen Probleme auf die «Wandlungen in der Bevölkerungsstruktur, der sozialen Verhältnisse und der pädagogisch-psychologischen Verhältnisse der schulpflichtigen Jugend» zurück.

«Die Führung der Klassen mit durch Zu- und Wegzug rascher wechselndem Bestand, die Eingliederung der neuen Schüler in die Klassengemeinschaft, die Stoffbehandlung mit den durch die Umwelteinflüsse abgelenkten Schülern, die Einwirkung der veränderten sozialen Verhältnisse erschweren in hohem Grade die Arbeit des Lehrers und der Behörden.»

Die Antworten auf diese Herausforderung blieben diffus. Die Erziehungsdirektion verwies auf laufende Bestrebungen zur Erneuerung der Lehrpläne und auf eine Verkleinerung der Klassengrössen.[14] Ansonsten dominierten weiterhin Schulhausbauten und Lehrermangel die bildungspolitische Agenda.[15]

Gegenüber diesen infrastrukturellen Aufgaben schienen kulturelle und soziale Integrationsfragen bis Anfang der 1960er-Jahre unbedeutend oder liessen sich im Rahmen der bestehenden Schulorganisation mit

Im Winter 1956 wurden in den Zürcher Schulen für die notleidenden Kinder in Ungarn Schokolade und Kerzen gesammelt.

den gegebenen pädagogischen Mitteln beantworten. Wie stark die Wahrnehmung der Immigration im Zürcher Schulwesen von veralteten Klischees geprägt war, illustriert eine Anekdote von 1970. Einer der damaligen Abteilungsleiter des Lehrerseminars Unterstrass in Zürich, Hans Jakob Tobler, erinnerte an einer Tagung über die Schulschwierigkeiten von Einwandererkindern daran, dass gegenwärtig noch in vielen Schulzimmern ein Schulwandbild des Tessiner Malers Pietro Chiesa Verwendung finde, auf dem ein Tessiner abgebildet sei, der sein Heimatdorf verlässt, um in der Fremde nach Arbeit zu suchen. «Frau, Mutter und Kinder blicken ihm traurig nach. Wann und wie wird er wiederkommen?» – So die Botschaft des Schulwandbilds. Dass dieses 1934 entstandene Schulwandbild, das die Schweiz als Auswanderungsland zeigt, bis 1970 in Gebrauch blieb, verdeutlicht nicht nur, in welch kurzer Zeit sich die Schweiz von einer Emigrations- zu einer Immigrationsgesellschaft wandelte. Die Verwendung dieser anachronistischen Darstellung zeigt auch, wie beharrlich sich die Klischees einer homogenen schweizerischen Nation in der Nachkriegszeit halten konnten und damit die Wahrnehmung der spezifischen Probleme ausländischer Immigrationskinder zu verdrängen halfen.[16]

VON DER SABBATDISPENS ZUM DEUTSCHUNTERRICHT

Die ersten gezielten Integrationsmassnahmen für kulturelle oder ethnische Minderheiten betrafen nicht die Kinder südeuropäischer Immigranten, sondern jene schweizerischer Minoritäten wie die der Juden. 1955 bewilligte der Regierungsrat nach jahrelangen Auseinandersetzungen mit den jüdischen Gemeinden eine Neuregelung des Samstagsunterrichts. Um das religiöse Ruhegebot am Sabbat zu beachten, konnten jüdische Eltern ihre Kinder vom Samstagsunterricht dispensieren lassen. Die Regelung war vor allem für jüdische Eltern ausserhalb der Stadt Zürich wichtig, für welche die stadtzürcherischen jüdischen Privatschulen zu weit entfernt waren. Das Dispensationsrecht wurde auch christlichen Religionsgemeinschaften wie den Adventisten gewährt, für die der Sabbat ebenfalls heilig ist.[17]
Nur ein Jahr später, 1956, kam es nach dem Ungarnaufstand und der darauffolgenden Flüchtlingswelle erneut zu einer Integrationsdebatte. Offenbar bereitete die Integration der ungarischen Kinder aber kaum Probleme. Viele Schulen organisierten Hilfsaktionen für die politisch verfolgten und daher willkommenen Flüchtlinge. Für die eingewanderten Kinder wurden umgehend Deutschkurse organisiert. Die Integrationsmassnahmen

Bild links: Nach der Niederschlagung des Volksaufstands in Ungarn 1956 wurden die Flüchtlinge in der Schweiz von der Bevölkerung, den Behörden und den Arbeitgebern mit viel Sympathie empfangen.

Bild rechts: Ungarische Flüchtlinge werden nach ihrer Ankunft in der Schweiz verpflegt. Fotografie von 1956.

waren erfolgreich. Bereits 1957 hielt die Erziehungsdirektion die Eingliederung der ungarischen Kinder für weit fortgeschritten.[18]

Ganz anders verlief die Diskussion um die italienischen Schulkinder. In den 1950er-Jahren erhofften sich die Behörden, dass die Einschulung ausländischer Kinder in schweizerisch dominierten Klassen zu einer automatischen Assimilation, einer Angleichung an die einheimische Kultur, führen würde. Die Pflege der italienischen Sprache galt ohnehin als private Angelegenheit. Ende der 1950er-Jahre setze sich zunehmend die Einsicht durch, dass diese Laisser-faire-Haltung nicht ausreiche. 1960 begann eine bildungspolitische Neuorientierung. Die Eingliederung der Fremdarbeiterkinder, so die Erziehungsdirektion 1960, sei ein Problem, das «sorgfältige Beachtung» verdiene.[19] Im gleichen Jahr widmete der Erziehungsrat eine der drei Fragestellungen, die im Rahmen eines jährlichen Aufsatzwettbewerbs der Lehrerschaft unterbreitet wurde, dem Thema Integration. «Wie kann unter den Schülern der Gedanke der Toleranz (in Bezug auf Charakter, Geschlecht, Konfession, Nationalität, Rasse) geweckt werden?», war die unmissverständliche Aufgabenstellung.[20]

Die Sensibilisierung der kantonalen Behörden ging von einzelnen betroffenen Gemeinden aus. Verschiedene Schulgemeinden zeigten sich über die steigende Zahl ausländischer Schulkinder besorgt und wiesen den Kanton auf den zunehmenden Integrationsbedarf hin. Zwar waren die Ausländerquoten gegenüber der Zeit vor dem Ersten Weltkrieg oder den nachfolgenden 1970er-Jahren noch gering, doch aus zeitgenössischer

Föderalistische Sonderwege der Integrationspolitik: Sprachunterricht für fremdsprachige Kinder im Kanton Zürich zwischen 1962 und 1966

Um die Situation fremdsprachiger Kinder im Kanton Zürich überblicken zu können, lancierte die Erziehungsdirektion 1962 unter den Schulgemeinden eine Umfrage über deren Einschulungspraxis. Die Antworten ergaben, dass bereits mehr als 30, das heisst über zehn Prozent aller Gemeinden einen zusätzlichen Deutschunterricht eingeführt hatten. Die Zahl der wöchentlichen Unterrichtsstunden schwankte stark, zwischen 1 und 10 Stunden.[1] Einzelne Gemeinden erteilten fremdsprachigen Kindern einen zusätzlichen Unterricht im Rechnen. Insgesamt zeigte sich, dass die Vielfalt an Sonderregelungen gross war, was die Erziehungsdirektion grundsätzlich für sinnvoll erachtete.[2] Aufgrund der Umfrageergebnisse erliess der Erziehungsrat 1963 formelle Empfehlungen zuhanden der Schulgemeinden. Einerseits wurde diesen nahegelegt, den Deutschunterricht im Rahmen von 5 bis 10 Wochenstunden durchzuführen. Anderseits bestimmte der Erziehungsrat, dass die Organisation des Sonderunterrichts, also etwa die Klassengrösse oder die Auswahl der Lehrpersonen, von der Erziehungsdirektion zu genehmigen sei.[3] In den folgenden Jahren wurde der Deutschunterricht für Fremdsprachige von den kantonalen Behörden auch finanziell unterstützt.

Mit einer zweiten Umfrage 1966 fragte die Erziehungsdirektion in den Bezirks- und Gemeindeschulpflegen nach der Einrichtung von Italienischkursen für italienischsprachige Kinder. Auch hier war die Vielfalt gross.

Die fehlenden Sprachkenntnisse machten den italienischsprachigen Kindern den Einstieg in die Schule nicht leicht. Karikatur von 1977.

Embrach hatte 1966 einen solchen Italienischunterricht bereits eingerichtet, drei weitere Gemeinden (Langnau a. A., Kloten, Glattfelden) hielten einen solchen für angezeigt. Bei den anderen Gemeinden hielten sich die befürwortenden und ablehnenden Stimmen die Waage, wobei die ebenfalls angefragte kantonale Lehrersynode sich dem ablehnenden Lager anschloss. Viele Gemeinden warnten davor, einen Italienischunterricht in die Volksschule zu integrieren; wenn überhaupt, dann müsse der Unterricht ohne Dispensierung der italienischen Schulkinder und nach Schulschluss abgehalten werden. Aufgrund dieser gemischten, aber nicht grundsätzlich negativen Reaktionen entschloss sich der Erziehungsrat, die Durchführung von Italienischkursen unter Auflagen zu erlauben.[4]

Bild oben links: Wie die Ungarinnen und Ungarn wurden auch die tschechischen Flüchtlinge nach dem gescheiterten «Prager Frühling» in der Schweiz mit offenen Armen empfangen. Karikatur aus dem Nebelspalter von 1968.

Bild oben rechts: Der Dietiker Bonbonfabrikant Fritz Hunziker lässt sich 1979 mit einer vietnamesischen Flüchtlingsfamilie fotografieren.

Bild unten links: Tibetische Flüchtlingskinder auf dem Weg ins Kinderdorf Pestalozzi in Trogen. Die Schweiz bemühte sich nach der Niederschlagung des tibetischen Aufstands durch das kommunistische China 1959 aktiv um die Aufnahme von Flüchtlingen. Fotografie von 1965.

Bild unten rechts: Ein tibetisches Flüchtlingskind in der Schule. Fotografie von 1965.

Warte war der schnelle Anstieg seit dem Ende des Zweiten Weltkriegs ein aussergewöhnliches Phänomen. Während um 1945 der Anteil der ausländischen Schulkinder unter fünf Prozent lag, stieg er in den 1960er-Jahren auf knapp zehn Prozent. An der Spitze der kantonalen Schulstatistik lagen Agglomerationsgemeinden wie Opfikon (mit 8,2 % ausländischen Schulkindern für 1960), Rüschlikon (6,8 %), Uster (6,1 %) oder Kloten und Pfungen (6 %). In den Städten Zürich (4 %) und Winterthur (4,5 %) hatte sich der Anteil ausländischer

Eine Schulklasse des Zentralschulhauses in Dietikon. Fotografie von 1965.

Einblicke in den Dietiker Modellunterricht: Ein Augenschein des kantonalen Erziehungssekretärs Mario Vassalli

Die folgende Schilderung des Modellversuchs der Schulgemeinde Dietikon stammt von Mario Vassalli, dem kantonalen Erziehungssekretär, der die Sonderklassen im Auftrag des Erziehungsrats im November 1966 besuchte.

«Die Klasse besteht zur Zeit aus 48 Schülern des 1. bis 7. Schuljahres. Eigentlich sind es zwei Klassen, die im Fachlehrersystem unterrichtet werden, indem Herr P. vorwiegend Rechnen erteilt, Herr A. aber den Deutschunterricht vermittelt [...]. In meiner Anwesenheit betrieb Hr. P. mit den 6.-Klässlern Bruchrechnen. Das Wissen der Klasse scheint mir nicht schlecht, doch ist zu bedauern, dass Hr. P. der Aussprache nicht genügend Aufmerksamkeit schenkt. Dies liegt wohl vor allem darin begründet, dass er der Ansicht ist, die Fächer ausserhalb des Deutschunterrichtes sollten in italienischer Sprache erteilt werden, da in dieser Sprache seine Schüler die besten Fortschritte erzielen könnten und die Bildung nicht von einer bestimmten Sprache abhängig sei. Er übersieht dabei allerdings, dass die deutsche Sprache für unsere Kultur grundlegend ist, und dass des weitern die Fremdsprachigenklasse nur dem vorübergehenden Aufenthalt der Schüler dient, weshalb die Schüler die deutschen Begriffe kennen müssen, um in die Normalklassen eintreten zu können.

Hr. A. unterrichtete in meiner Anwesenheit die 1. bis 4. Klasse in Deutsch. Ich habe den Eindruck gewonnen, dass Hr. A. imstande ist, einen wirkungsvollen Deutschunterricht zu erteilen, doch wird sein Unterrichtserfolg bestimmt durch die zu grosse Anzahl der gleichzeitig anwesenden Schüler (ca. 30, manchmal seien es noch mehr) beeinträchtigt. Die Vorbildung der einzelnen Schüler ist derart unterschiedlich, dass kaum auf einem gemeinsamen Nenner aufgebaut werden kann. – Besondere Erwähnung verdient ein Schüler der Klasse, welcher auch für italienische Begriffe zu früh zur Schule ging und heute einen derartigen Vorsprung aufweist, dass er voraussichtlich bei uns um zwei Klassen über seinen Alterskameraden eingestuft werden könnte.»[1]

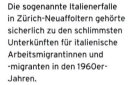
Die sogenannte Italienerfalle in Zürich-Neuaffoltern gehörte sicherlich zu den schlimmsten Unterkünften für italienische Arbeitsmigrantinnen und -migranten in den 1960er-Jahren.

Kinder dagegen nur wenig erhöht.[21] Vor allem in der Primarschule hielt der Trend in den 1960er-Jahren ungebrochen an. Bis 1965 erhöhte sich der Anteil ausländischer Schulkinder im kantonalen Durchschnitt auf sieben Prozent.[22]

Die Schulgemeinden, die einen integrationspolitischen Handlungsbedarf erkannten, verhielten sich entsprechend dem bildungsföderalistischen Spielraum völlig unterschiedlich. Die Gemeinden mit zahlreichen fremdsprachigen Schulkindern boten meist einen ergänzenden Deutschunterricht an. Uster beispielsweise zog die italienischen Schülerinnen und Schüler 1960 neben ihrer angestammten Klasse zu einer parallelen Sonderklasse zusammen, in der sie von einem Pfarrvikar für zwei bis drei Stunden pro Woche in Deutsch unterrichtet wurden.[23]

Als er 1961 die Fortführung des Ustemer Versuchs zu bewilligen hatte, äusserte sich auch der Erziehungsrat zum ersten Mal grundsätzlich zur Frage der Einschulung ausländischer Kinder. Weil jede Gemeinde ihren integrationspolitischen Sonderweg zu entwickeln begann, war der Handlungsbedarf akut. Offenbar kam es in einzelnen Gemeinden sogar vor, dass ausländische Kinder im schulpflichtigen Alter von den Schulbehörden abgewiesen wurden, weil man annahm, dass italienische Eltern nur vorübergehend in der Schweiz verbleiben würden, oder weil die Behörden eine Belastung des bestehenden Unterrichts befürchteten. Jedenfalls hielt es der Erziehungsrat für notwendig darauf hinzuweisen, dass die Schulpflicht auch in solchen Fällen gelte.

«Grundsätzlich ist zu bemerken, was nicht überall klar zu sein scheint, dass Ausländerkinder, die sich mit der elterlichen Absicht eines längeren Verbleibens im Kanton aufhalten, von Anbeginn des Aufenthaltes der kantonalen Schulpflicht unterstehen und in die Schule aufzunehmen sind. Eine Abweisung wegen Fremdsprachigkeit oder grossen Klassen ist nicht zulässig [...].»[24]

Der Erziehungsrat empfahl, den Schwerpunkt bei den Integrationsmassnahmen auf einen zusätzlichen Deutschunterricht zu legen, ansonsten aber die fremdsprachigen Kinder in deutschsprachigen Klassen zu belassen. Bei einer grösseren Zahl von Fremdsprachigen könnten für den Deutschunterricht kleinere Gruppen gebildet werden. Auch sollte der Kanton solche Deutschkurse finanziell subventionieren (was in den folgenden Jahren auch geschah), allenfalls unter angemessener Beteiligung der Eltern.[25] Die Einrichtung fremdsprachiger Sonderklassen für den normalen Schulunterricht hielt der Erziehungsrat dagegen für problematisch, ja für unzulässig, «da bei den zeitlich zerstreuten Ein- und Austritten und dem ganz verschiedenen Stand der

Spielende Kinder auf dem Pausenplatz der italienischen Schule «Casa d'Italia» an der Erismannstrasse in Zürich-Aussersihl. Fotografie von 1972.

Schüler ein erspriesslicher Klassenunterricht kaum denkbar ist, abgesehen von der besonderen Schwierigkeit, geeignete Lehrpersonen für ein volles Unterrichtspensum zu finden».[26]

DIE AUSNAHME BESTÄTIGT DIE REGEL: FREMDSPRACHIGE SONDERKLASSEN IN DIETIKON

Kurz nachdem der Erziehungsrat diese Regelung getroffen hatte, musste er sie in einem konkreten Fall bereits missachten. Dabei ging es um die Gemeinde Dietikon, eine Zürcher Vorortsgemeinde mit einem hohen Anteil industrieller Arbeitsplätze und einem entsprechend hohen Anteil ausländischer Einwohner an der Lokalbevölkerung, der zwischen 1960 und 1965 von 11 auf 15 Prozent anstieg.[27] 1964 hatte in Dietikon jedes vierte Schulkind ausländische Eltern, in neun von zehn Fällen italienischer Herkunft.[28] In den Augen der Dietiker Schulbehörden machten die kantonalen Vorgaben zur Einschulung ausländischer Kinder keinen Sinn. Wie sollten ausländische Kinder in reguläre Klassen eingeteilt und dort im normalen Schulunterricht integriert werden, wenn die Klassen ohnehin einen so hohen Anteil fremdsprachiger Kinder aufwiesen? Hinter dem Anliegen stand auch die Klage von schweizerischen Eltern, die Qualität des Schulunterrichts werde durch die gemischtsprachige Zusammensetzung der Klassen beeinträchtigt.[29]

Die Schulpflege Dietikon bat deshalb den Erziehungsrat um eine Ausnahmebewilligung für eine ausschliesslich fremdsprachige Schulklasse, in der nicht nur Deutsch, sondern auch andere Fächer wie Rechnen oder Realien erteilt würden. Nur musische oder sprachferne Fächer wie Singen, Turnen oder Handarbeit sollten in gemischtsprachigen Klassen unterrichtet werden.[30] Der Erziehungsrat zeigte Verständnis für das Anliegen und gestand Dietikon eine Ausnahmebewilligung zu. Der Schulgemeinde wurde versuchsweise für zwei Jahre erlaubt, ausserhalb der normalen Volksschulklassen eine Sonderklasse in italienischer Sprache zu betreiben.[31] Ausserhalb Dietikons sollte aber weiterhin die bestehende Regelung greifen.[32] Der Start des Versuchs wurde auf das Schuljahr 1964/65 angesetzt.

Als in den folgenden Monaten die Zahl der italienischen Schulkinder weiter anstieg und die Sonderklasse statt der geplanten 25 bald knapp 50 Schülerinnen und Schüler umfasste, gelangte die örtliche Schulpflege Ende 1964 erneut an den Erziehungsrat und beantragte eine zweite fremdsprachige Schulklasse.[33] Anfänglich war der Erziehungsrat nicht bereit, die Ausnahmebewilligung zu erweitern. Obwohl unbestritten war, dass der Modellversuch erfolgreich verlief, lehnte die kantonale Behörde das neue Gesuch Dietikons ab. Hinter dem Nein stand die Sorge, durch eine weitere Ausnahmeregelung das Prinzip, fremdsprachige Kinder in normalen Volksschulklassen zu unterrichten, zu unterlaufen.[34]

Trotz diesem abschlägigen Bescheid richtete die Schulpflege informell eine zweite Sonderklasse ein, ohne formal die regierungsrätlichen Vorgaben zu verletzen. Zugleich drängte sie weiterhin auf eine nachträgliche Bewilligung der Versuchsausweitung. Sie begründete ihr Anliegen auch mit der befürchteten Diskriminierung der schweizerischen Schülerinnen und Schüler, wenn diese zusammen mit den italienischen Kindern unterrichtet würden. Dabei argumentierte die Schulpflege mit dem verbreiteten Vorurteil der geringeren Intelligenz der italienischen Bevölkerung.

«Leider müssen wir immer wieder feststellen, dass sehr viele italienische Schüler auch intelligenzmässig schwach sind, ein Umstand, der besonders stark ins Gewicht fällt und allenfalls neue Massnahmen verlangt (Spezialklasse für Italiener, Spezialklassenlehrer mit guten italienischen Sprachkenntnissen). Das italienische Schulproblem lässt sich nicht einfach dadurch lösen, dass die Klassenlehrer die Schüler repetieren, bzw. in die Spezialklasse einweisen lassen.»

Eine zu starke Belastung der Normalklassen sollte nach Ansicht der Schulpflege unbedingt verhindert werden.

«Flug- und Strassenlärmimmissionen, Fernsehen, Sport, eigenes Auto etc. wirken sich bei vielen unserer deutschsprachigen Schüler an allen Stufen ungünstig auf die Leistungen aus. Weitere Belastungen durch fremdsprachige Schüler, die eingeschult werden mussten, können vermieden werden, wenn wir unsere Förderklasse als Übergangsklasse für die Eingliederung weiterführen können.»[35]

In dieser Situation zeigte der Erziehungsrat Verständnis und bewilligte im Nachhinein die zweite Sonderklasse doch noch, nicht zuletzt, weil sich das System bewährt hatte und die Zahl der fremdsprachigen Kinder weiter angestiegen war. Allerdings durfte der Aufenthalt der Schülerinnen und Schüler in der Sonderklasse nur vorübergehend sein. Sie hatten spätestens nach einem Jahr in die Normalklassen überzutreten.[36] Die italienischsprachigen Sonderklassen blieben in Dietikon auch in den folgenden Jahren bestehen.[37]

VON DER ASSIMILATION ZUR ANERKENNUNG DER DOPPELTEN IDENTITÄT

In der zweiten Hälfte der 1960er-Jahre zeichnete sich zunehmend ab, dass die Integrationsfrage mit einer geregelten Einschulung in die deutschsprachigen Normalklassen nicht gelöst war. Das Modell der «Assimilation», das dem zusätzlichen Deutschunterricht zugrunde lag und das auf eine schrittweise Anpassung der fremdsprachigen Kinder an die kulturellen Verhältnisse der Schweiz abzielte, übersah, dass die Immigrantinnen und Immigranten ihre Herkunft nicht einfach preisgeben wollten, sondern daran interessiert waren, aktiv eine doppelte kulturelle Identität zu bewahren.[38] Der kantonale Erziehungssekretär Mario Vassalli erkannte früh die Tragweite dieses Problems und illustrierte 1966 die offenen integrationspolitischen Fragen an einem exemplarischen Einzelschicksal.[39]

«Ein gerade 20-jähriger Italiener, der in der Schweiz aufgewachsen war und welcher kein Wort Italienisch verstand, wohl aber Zürichdeutsch sprach wie jeder andere «Zürcher», verliebte sich in die fünfzehneinhalbjährige Tochter eines wohlhabenden Zürcher Fabrikanten. Der Bursche hatte das Pech – anders kann man dies, auch wenn man sich nicht zu den Befürwortern des Geschlechtsverkehrs unter Jugendlichen zählt, heute wohl kaum nennen –, dass die kurz vor dem 16. Altersjahr des Mädchens aufgenommenen intimen Beziehungen dem Vater, der die Freundschaft seiner Tochter mit einem Italiener um jeden Preis zu unterbinden bemüht war, bekannt wurden, was dem Italiener schliesslich eine Verurteilung wegen Unzucht mit Kind und die Landesverweisung eintrug. Der Staat, welcher die Arbeitskraft dieses Burschen selbst während Jahren in Anspruch genommen hatte, ohne dem Knaben seine Italianità zu bewahren, verbannte ihn, den vollends Assimilierten, in seine Heimat, wo er wirklich nichts anderes als ein Fremder war. Eine solche Haltung widersprach schon damals und widerspricht auch heute noch meinem Gerechtigkeitsempfinden.»⁴⁰

Vassalli sah in diesem tragischen Fall den Beleg einer verfehlten und unmenschlichen Integrationspolitik. Die Geschichte markiert auch den Anfang einer bildungspolitischen Neuorientierung im Umgang mit Ausländerinnen und Ausländern. Mitte der 1960er-Jahre setzte ein langer Prozess ein, in dem sich die politischen Behörden zunehmend vom herkömmlichen Assimilationsmodell abwandten und stattdessen eine Integrationspolitik entwickelten, die von einer doppelten kulturellen Identität fremdsprachiger Kinder ausging. Dieses Umdenken stützte sich unter anderem auf Resultate wissenschaftlicher Studien, nach denen eine Zweitsprache nur dann richtig gelernt werden kann, wenn auch die Muttersprache gut beherrscht wird.⁴¹ Diese bildungspolitische Wende lässt sich beispielhaft an den Auseinandersetzungen um die staatliche Unterstützung eines italienischen Sprachunterrichts für die Kinder eingewanderter Eltern schildern. Die Debatte, die ebenfalls in den 1960er-Jahren einsetzte und in der Etablierung von «Kursen in heimatlicher Sprache und Kultur» (HSK) als Teil des normalen Volksschulunterrichts mündete, spiegelt über weite Strecken die parallelen Kontroversen in der nationalen Ausländer- und Integrationspolitik.

Eine italienische Familie in Dietikon feiert den Geburtstag ihres Sohnes. Fotografie um 1970.

BILDUNGSPOLITISCHE AUSWIRKUNGEN DER NATIONALEN AUSLÄNDERPOLITIK

Die sogenannte Ausländerpolitik entwickelte sich seit den 1950er-Jahren zu einer nationalen Kontroverse, in der sich zunehmend rechtsbürgerliche Gruppierungen mit fremdenfeindlichen Postulaten profilierten. Bereits in den 1950er-Jahren hatte die liberale Zulassungspraxis des Bundesrats für ausländische Arbeitskräfte die Gewerkschaften auf den Plan gerufen. Sie beschweren sich über die Benachteiligung der einheimischen Arbeitskräfte auf dem Stellenmarkt und beschuldigten die Unternehmer, mit der Anstellung günstiger Arbeitskräfte Lohndrückerei zu betreiben. Am anderen Ende des politischen Spektrums protestierten Rechtsaussenparteien und fremdenfeindliche Gruppierungen gegen die Zunahme der Einwanderung. Sie warnten mit Schreckensszenarien vor einer drohenden «Überfremdung» der schweizerischen Kultur und Lebensart – eine Argumentationsform, die schon in der Zwischenkriegszeit und während des Zweiten Weltkriegs gegen die jüdischen Flüchtlinge Verwendung gefunden hatte.⁴²

Zunächst setzte der Bundesrat seine «Politik der offenen Türe» fort und förderte aktiv die Zuwande-

Der Abstimmungskampf um die Schwarzenbach-Initiative 1970 wurde heftig geführt. Ein Werbezettel für die Annahme und ein Plakat für die Ablehnung der Initiative.

rung.⁴³ Ein wichtiger Schritt war das 1965 in Kraft gesetzte sogenannte Italienerabkommen, das die Einwanderung italienischer Arbeitskräfte weiter erleichterte und auf Druck der italienischen Regierung den Rechtsstatus der Immigrantinnen und Immigranten verbesserte, etwa durch die Erleichterung des Familiennachzugs und des Zugangs zur Aufenthaltsbewilligung.⁴⁴ Zugleich verschärfte sich jedoch das ausländerpolitische Klima. In den 1960er-Jahren wurden mehrere Volksinitiativen für eine restriktive Ausländerpolitik lanciert. Einen Höhepunkt in der Überfremdungsdiskussion bildete die Initiative der 1961 gegründeten «Nationalen Aktion gegen die Überfremdung von Volk und Heimat» und des «Komitees für das Volksbegehren gegen die Überfremdung» – die erste Ausländerinitiative, über die in einer Volksabstimmung entschieden wurde.⁴⁵ Die emotionale Diskussion bestimmte im Vorfeld der Abstimmung im Sommer 1970 monatelang die politische Agenda. Die vom Zürcher Publizisten und Rechtspopulisten James Schwarzenbach (1911–1994) lancierte und nach ihm benannte Initiative forderte eine markante Reduzierung der ausländischen Arbeitskräfte auf zehn Prozent der Wohnbevölkerung.⁴⁶ Bei einer Annahme der Initiative hätten Hunderttausende Ausländerinnen und Ausländer die Schweiz verlassen müssen. In den 1970er-Jahren folgten vier weitere Überfremdungsinitiativen, die ebenfalls alle abgelehnt wurden, und in den 1980er-Jahren eine schrittweise Verschärfung der Migrationspolitik.⁴⁷

Vor diesem Hintergrund rechnete in den 1960er- und 70er-Jahren ein Grossteil der ausländischen Bevölkerung in der Schweiz damit, früher oder später wieder in ihre Heimatländer zurückzukehren, entweder aus freien Stücken oder infolge der drohenden Verschärfung des Ausländerrechts. Durch diese Zukunftsperspektiven veränderten sich auch die Prioritäten der bildungspolitischen Integrationsdebatte. Stand bis Mitte der 1960er-Jahre ein verbesserter Deutschunterricht im Vordergrund, ging es nun um die Frage, in welcher Form die ausländischen Kinder im schweizerischen Bildungssystem die kulturellen Traditionen ihrer Herkunftsländer pflegen konnten, um nach einer möglichen Rückwanderung den Anschluss an das ausländische Schulsystem nicht zu verpassen.⁴⁸ Die Diskussion drehte sich vor allem darum, wieweit der Staat ausländischen Kindern einen Unterricht in deren Heimatsprache vermitteln sollte. Ein solcher Sprachunterricht lag auch auf der Linie der nationalen Ausländerpolitik. Bereits 1961 hatte der Bundesrat eine «Studienkommission für das Problem der ausländischen Arbeitskräfte» eingesetzt.⁴⁹ Diese wichtige und meinungsbildende Kommission hatte in ihrem 1964 ver-

Auch die Muttersprache will gelernt sein. Lehrerin und Schüler im Italienischkurs in Zürich. Fotografie von 1986.

öffentlichen Bericht ebenfalls angeregt, «ob nicht italienischen Kindern neben dem üblichen Schulunterricht einige Stunden Unterricht in der italienischen Schriftsprache erteilt werden könnte; es würde Schülern, die zurückreisen, den Anschluss an die Schulen in Italien erleichtern».[50]

Unter den italienischen Immigranten und Immigrantinnen war der Italienischunterricht in den 1960er-Jahren primär eine Domäne der Privatschulen. In den Städten Zürich und Winterthur bestand eine Reihe italienischer Privatschulen, die von kirchlichen Organisationen wie der «Missione cattolica», von Kulturvereinen wie der «Società Dante Alighieri» oder von staatlichen Behörden wie dem Generalkonsulat betrieben wurden. Diese Einrichtungen konnten sich auf eine alte, durch den Zweiten Weltkrieg unterbrochene Tradition berufen. Bereits in den 1930er-Jahren wurden in der ganzen Schweiz mehr als vierzig italienische Tagesschulen eingerichtet, die meist vom faschistischen Regime in Italien finanziert waren. Die meisten Institute verschwanden aber mit dem Sturz Mussolinis wieder.[51] Nach dem Zweiten Weltkrieg forderten unter anderem die antifaschistischen «Colonie libere italiane», die in der Schweiz zu den wichtigsten italienischen Emigrantenorganisationen zählten, einen erneuten Ausbau italienischsprachiger Tagesschulen.[52] Zur Klientel dieser privat finanzierten Tagesschulen gehörten italienischstämmige Eltern, die von einem kurzen Aufenthalt in der Schweiz ausgingen und über genügende finanzielle Mittel verfügten. Der Unterricht in den fremdsprachigen Privatschulen war streng reglementiert. Vorgeschrieben war etwa, dass Schülerinnen und Schüler, die mehr als zwei Jahre im Kanton Zürich ansässig waren, auch Deutschunterricht erhalten mussten, um ihnen einen allfälligen Übertritt in die zürcherische Volks- oder Mittelschule zu ermöglichen. Diese Regelung wurde zwar 1957 von der Zürcher «École française» angefochten. Das Bundesgericht schützte aber 1965 in einem Grundsatzurteil die Politik der Zürcher Behörden mit der Begründung, dass die Sprachenhoheit in der Bildungspolitik bei den Kantonen liege.[53]

VERSTÄRKTES ENGAGEMENT DER EMIGRANTENORGANISATIONEN

Die Emigrantenorganisationen sowie die diplomatische Vertretung Italiens spielten auch in der Debatte um die Förderung des Fremdsprachenunterrichts eine entscheidende Rolle. Das italienische Generalkonsulat in Zürich verlangte bereits 1964, unmittelbar nach dem Abschluss des neuen Einwanderungsabkommens,

«Ich will bei meinem Papa bleiben.» Demonstration für die Aufhebung des Saisonnierstatuts in den 1970er-Jahren.

dass den italienischsprachigen Kindern im Rahmen der Volksschule ein zusätzlicher Unterricht in ihrer Heimatsprache erteilt werde.[54] Die Zürcher Erziehungsdirektion war diesem Anliegen gegenüber grundsätzlich positiv eingestellt. Insbesondere Mario Vassalli setzte sich als Erziehungssekretär für die Anerkennung der doppelten kulturellen Identität der Einwanderer ein und sprach von deren «Anspruch auf Italianità»:

» «Es wird von seiten des Staates sehr grosser Wert auf Assimilation der Italienerkinder in der Schweiz gelegt. Die Notwendigkeit hiefür, insbesondere bezüglich der in der Schweiz verbleibenden Kinder, ist unbestritten. Die Assimilation ist aber meines Erachtens nur eine Seite des Problems. Die andere Seite besteht darin, dass nur ein Teil aller Italienerkinder (das Generalkonsulat schätzt diesen Teil auf ca. 50%) in der Schweiz bleibt und damit für eine Assimilation überhaupt infrage kommt, während der andere Teil einen – ich möchte sagen naturrechtlichen – Anspruch auf Bewahrung seiner Italianità hat. Meines Erachtens hat sogar der zu assimilierende Teil nebst der von uns geforderten Assimilierung Anspruch auf Bewahrung seiner Italianità.» [55]

Vassalli empfahl, dass die Erziehungsdirektion die Pflege der italienischen Sprache verstärkt fördere. Nicht nur sollten dem italienischen Generalkonsulat entsprechende Kurse bewilligt werden. Der Kanton solle dafür auch öffentliche Schulräume zur Verfügung stellen; weiter sei eine finanzielle Unterstützung durch Staatsbeiträge zu überlegen. Dies nicht zuletzt, um die Ausbreitung der italienischen Privatschulen einzudämmen und weil sich lange nicht alle italienischen Eltern eine Privatschule leisten könnten.[56]

Der Erziehungsrat veranstaltete zunächst eine Umfrage unter den kantonalen Schulgemeinden, um bereits bestehende Italienischkurse zu eruieren und abzuklären, ob dem Anliegen des Generalkonsulats eine breite Opposition entgegenstand.[57] Die Gemeinden reagierten positiv oder zumindest indifferent auf den Vorschlag. Schliesslich bewilligte der Erziehungsrat 1966 die freiwillige Erteilung von «Kursen in heimatlicher Sprache und Kultur» (HSK) an der Volksschule.[58] Bei der Organisation der Italienischkurse liess er den italienischen Behörden und Vereinen sowie den örtlichen Schulbehörden freie Hand, allerdings unter der Bedingung, dass der Unterricht ausserhalb des obligatorischen Stundenplans durchgeführt wurde. Auf eine finanzielle Unterstützung der Kurse wurde dagegen verzichtet.[59]

Obwohl damit der muttersprachliche Unterricht an der Volksschule grundsätzlich erlaubt war, blieb der Stellenwert der HSK-Kurse gering. Ausserhalb von

Pausenplatzkonflikte um Schwarzenbach und Fussballweltmeisterschaft

In den Monaten vor der Volksabstimmung über die ausländerfeindliche Schwarzenbach-Initiative war die Stimmung zwischen den politischen Lagern angespannt, nicht nur in der Politik, sondern auch auf dem Pausenplatz. Dies zeigt ein Erlebnis des 1959 geborenen Schriftstellers Dante Andrea Franzetti, der als Sohn italienischer Einwanderer in Zürich aufwuchs und im Juni 1970 die Primarschule besuchte. In diesem ereignisreichen Monat wurde einerseits über die ausländerfeindliche Schwarzenbach-Initiative abgestimmt, anderseits in Mexiko die Fussballweltmeisterschaft ausgetragen. Eines Tages wurde der ältere Bruder Dante Andreas, Gianluca, in der Schule von drei Knaben verprügelt. Der Vater ging darauf mit Dante Andrea in die Schule, um die Lehrerin Gianlucas zur Rede zu stellen.[1]

«Die Lehrerin war gross, etwas grösser noch als mein Vater, und sehr dünn, sie hatte blonde kurze Haare und helle spröde Lippen. Ihre Stimme war weich und warm, sie sprach sehr langsam und deutlich.
– Reden Sie wie immer, sagte der Vater, – ich versteh' Sie gut.
– Also, ja – es waren drei Jungen, alle aus meiner Klasse, Gianluca hat recht.
– Wie heissen die Jungen?
– Also, einer heisst Roland, einer heisst Giorgio ...
– Giorgio? Ein Italiener?
– Ursprünglich, ja, aber er spricht kein einziges Wort Italienisch.
– Und der dritte Junge?
– Bruno.

– Ma Bruno non è il ragazzo con chi giocavate assieme? fragte mich der Vater.
– Si, è lui, proprio.
– Und warum?
– Ja, also, die Jungen sagen, Gianluca habe so ein Fähnchen mitgenommen, ein Italien-Fähnchen, ich habe nichts dagegen, aber Sie wissen, diese Schwarzenbach-Initiative, Gianluca habe auch gesagt, Italien werde Fussballweltmeister, und die Schweizer könnten nicht Fussball spielen.
– Ma è anche vero!
– Sta zitto, per piacere!
– Sehen Sie, ich befürworte das Verhalten der drei Jungen nicht, sie werden sich bei Gianluca entschuldigen, auch ihre Eltern befürworten es nicht.
– Ich verlange eine Untersuchung. Mein Sohn hat eine gebrochene Nase, ein Auge ist ganz geschwollen, und die Lippe hat genäht werden müssen.
– Ich verstehe Sie, aber eine Untersuchung, jetzt vor der Abstimmung, Brunos Vater ist ja selber in dieser Partei ... Ja, also – es ist vielleicht besser, wenn Gianluca erst nächste Woche wieder zur Schule kommt, er ist ja ein guter Schüler.»

Der Abstimmungssonntag am 7. Juni 1970 endete mit einer Niederlage der Initiativ-Befürworter. Die Vorlage wurde auf nationaler Ebene mit 54 Prozent Nein-Stimmen, im Kanton Zürich gar mit 56,4 Prozent, verworfen.[2] In Mexiko spielte die italienische Nationalmannschaft eine erfolgreiche Fussball-WM, an der sie erst im Final, zwei Wochen nach der Schwarzenbach-Abstimmung, von Brasilien besiegt wurde. Die Schweiz hatte sich für die WM nicht qualifiziert.

Winterthur und Zürich, wo die Privatschulen Sprachkurse anboten, lag die Verantwortung für die HSK-Kurse in den Händen der Schulgemeinden. Nur wenige organisierten überhaupt ein solches Angebot, in der Regel ohne finanzielle Unterstützung. Auf der Ebene der Schulgemeinden lag das integrationspolitische Hauptgewicht unverändert auf einer möglichst raschen «Assimilation» der Kinder durch einen zusätzlichen Deutschunterricht.[60]

DIE ITALIENISCHEN SPRACHKURSE IM RAMPENLICHT DER INTERNATIONALEN POLITIK

Vor dem Hintergrund der schleppenden Integration der italienischen Bevölkerung in der Schweiz kam es im Herbst 1970 erneut zu bildungspolitischen Auseinandersetzungen, diesmal auf nationaler Ebene. Die italienische Regierung drängte auf bilaterale Verhandlungen, die eine Verbesserung der Lebensverhältnisse der italienischen Arbeiterinnen und Arbeiter bringen sollten. Zuoberst auf der langen Verhandlungsliste stand für Italien das Saisonnierstatut, gefolgt von Fragen zur Unterkunft in der Schweiz, zur Sozialversicherung und auch zur Schule.[61] In den 1970er-Jahren meldeten sich auch die Betroffenen, in erster Linie die in der Schweiz lebenden Italienerinnen und Italiener, zu Wort und stellten klare Forderungen auf – ein frühes Beispiel dafür, dass sich Elterngruppen seit den 1970er-Jahren zunehmend aktiv in die bildungspolitischen Debatten einschalteten.[62]

Zu den engagierten Gruppen gehörten etwa italienische Elternvereine oder die «Federazione delle colonie libere italiane in Svizzera».[63] Sie verlangten, italienische Kinder besser in die schweizerischen Schulen zu integrieren und ihnen die gleichen schulischen und beruflichen Chancen wie einheimischen Kindern zu gewähren. Auch das Angebot an muttersprachlichem Unterricht sollte verbessert werden, möglichst durch Einbindung in den ordentlichen Stundenplan der Volksschule.

Seit Dezember 1970 verhandelten in Rom Vertreter der italienischen und der schweizerischen Behörden über die arbeitsrechtlichen und bildungspolitischen Streitpunkte im Rahmen der «Gemischten italienisch-schweizerischen Kommission».[64] Die Arbeit der Kommission verlief unter hohem politischem Druck. Während in Rom die beiden Parteien zu den ersten Sitzungen zusammenkamen, fand in Bern eine Demonstration von über 600 Emigrantinnen und Emigranten statt, welche die Abschaffung des Saisonnierstatuts und eine Teilnahme an den Verhandlungen verlangten. Diesen Forderungen schlossen sich im November 1970 die drei grossen italienischen Gewerkschaften an. Insbesondere stellten die Gewerkschaften klare Postulate zum Umgang der schweizerischen Volksschule mit italienischen Kindern auf: Jedes italienische Kind sollte das Recht haben, durch Lehrerinnen und Lehrer seiner eigenen Kultur unterrichtet zu werden, ausserdem sei die Zahl der italienischen Privatschulen in der Schweiz zu vergrössern. Zum Auftakt der zweiten Verhandlungsrunde war der öffentliche Protest noch schärfer. Diesmal demonstrierten 2000 Italienerinnen und Italiener in Bern.[65]

Die Verhandlungen verliefen schleppend, zeitweise drohte eine Blockade.[66] Um den Druck zu erhöhen, erliess der italienische Staat im März 1971 ein Gesetz, das verschärfte Richtlinien für die Schulung italienischer Kinder im Ausland aufstellte. So wurde festgelegt, dass der italienische Staat zukünftig ausländische Zeugnisse nur noch dann anerkennen würde, wenn die Schülerinnen und Schüler im Ausland nachweislich Kurse in heimatlicher Sprache und Kultur besucht hätten. Unversehens waren die HSK-Kurse zu einem politischen Streitpunkt auf höchster diplomatischer Ebene gewor-

HSK oder Badi?

Franco Supino, der 1965 geborene und in Solothurn aufgewachsene Sohn einer süditalienischen Arbeiterfamilie, besuchte in den 1970er-Jahren den Unterricht in heimatlicher Sprache und Kultur (HSK). Sein Erfahrungsbericht zeigt, wie der Kursbesuch selbst zu einem fixen Bestandteil einer italienisch-schweizerischen Identität werden konnte.[1]

Der Schriftsteller Franco Supino 1973 im Alter von acht Jahren.

«Am Mittwochnachmittag verfluchen wir, dass wir Italiener sind und die vom Konsulat angebotenen ‹corsi di lingua e cultura› zu besuchen gezwungen werden. Nicht nur wenn die Sonne scheint und alle andern Fussball spielen (wie ich denke) oder in der Badeanstalt sich amüsieren (wie Maria denkt), auch wenn es regnet und Winter ist. Wir fluchen und ärgern uns, und wir wollen nichts lernen oder nicht so viel, auf jeden Fall nicht so viel wie in der Schweizer Schule.

Mit der Zeit wird das Fluchen zum Ritual, denn allmählich haben wir die Überzeugung unserer Eltern übernommen, dass wir nämlich für etwas Erhabenes leiden. Wir teilen mehr und mehr deren Ansicht, dass richtige Italiener ausserhalb Italiens diese Kurse besucht haben müssen, mittwochnachmittagelang, acht Jahre lang, während die übrige Welt sich vergnügt, und dass diejenigen Zweitgenerationsitaliener, die nicht von ihren Eltern zu diesen Kursen gezwungen werden, keine richtigen Italiener sein können. So kommt man in den Besitz des italienischen Volksschulabschlusses, eine aufsehenerregende Leistung auf den ersten Blick für einen, der nicht in Italien gelebt hat.»[2]

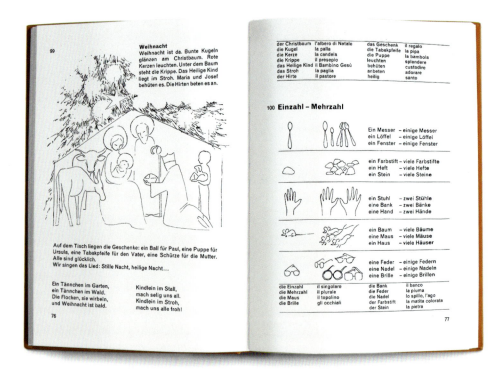

Das erste offizielle Lehrmittel für Fremdsprachige «Ich lerne Deutsch» von 1969 war speziell auf italienischsprachige Kinder ausgerichtet.

den. 1972 rückten beide Seiten von ihren harten Positionen ab und starteten einen konstruktiven Verhandlungsprozess, in dessen Folge die Schweizerische Konferenz der kantonalen Erziehungsdirektoren (EDK) eine erste Empfehlung für die Förderung der Herkunftssprache im normalen Volksschulunterricht erliess.[67] Das bilaterale Verhandlungsgremium entwickelte sich zu einem ständigen Abstimmungs- und Konsultationsforum zwischen Vertretern der schweizerischen und der italienischen Bildungspolitik.[68] Bis in die 1980er-Jahre näherten sich die Positionen der beiden Seiten zunehmend an. Die gemeinsame Integrationspolitik setzte sich zum Ziel, fremdsprachige Kinder ohne jede Diskriminierung in die schweizerischen Schulen zu integrieren und ihnen gleichzeitig das Recht auf ihre ursprüngliche kulturelle Identität zu garantieren. Die HSK-Kurse bilden bis heute einen wichtigen Baustein in dieser Strategie.[69]

Die Empfehlungen der EDK für die Verankerung der HSK-Kurse im Normalunterricht fanden im Kanton Zürich schnell Gehör. Der Erziehungsrat erliess im Mai 1972 neue Richtlinien, mit denen die HSK-Kurse in den Stundenplan der Volksschule integriert wurden.[70] Wer an einem HSK-Kurs teilnahm, konnte sich für die Hälfte der Kursstunden vom Normalunterricht dispensieren lassen.[71] Die Organisation der Kurse blieb weiterhin in den Händen der Schulgemeinden; eine finanzielle Unterstützung aus Mitteln der öffentlichen Hand blieb – im Gegensatz zu den italienischen Postulaten – ausgeschlossen.[72] In dieser Form entsprach die Zürcher Regelung den Empfehlungen der EDK.[73] Obwohl die HSK-Kurse weiterhin mit der potenziellen Rückkehr der ausländischen Kinder «ins Ursprungsland» legitimiert wurden, begannen sich die schweizerischen Behörden langsam mit der Realität einer unumkehrbaren Einwanderung auseinanderzusetzen. So war in der Stellungnahme der EDK von 1972 nur noch von einer «allfälligen» Rückkehr die Rede.[74]

VON DER «AUSLÄNDERPÄDAGOGIK» ZUR «INTERKULTURELLEN PÄDAGOGIK»

Die zunehmende Bedeutung schulischer Integrationsfragen spiegelte sich auch in der kantonalen Behördenorganisation wider. Die Erziehungsdirektion schuf 1980 die neue Abteilung «Ausländerpädagogik», die sich mit der spezifischen Förderung fremdsprachiger Kinder in der Volksschule befasste.[75] Zum Verantwortungsbereich der Abteilung gehörten die Aus- und Weiterbildung der Lehrpersonen sowie die Beratung von Lehrpersonen, Schulbehörden und ausländischen Eltern.

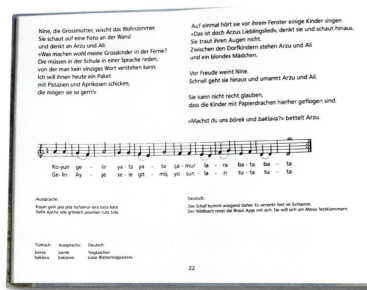

Seit den 1980er-Jahren wurden vermehrt interkulturelle Lehrmittel produziert, die das Zusammenleben unterschiedlicher Kulturen zum Thema hatten. Doppelseite aus dem 1990 erschienenen Lehrmittel «Arzu» von Silvia Hüsler.

Mit der Gründung dieser Abteilung anerkannte die Erziehungsdirektion, dass die Integrationsfrage ein längerfristiger Gegenstand der Schulpolitik bleiben würde.

In den 1980er-Jahren rief der Erziehungsrat zudem ein «Forum für die schulische Integration der Gastarbeiterkinder» ins Leben. In dieser Arbeitsgemeinschaft sassen erstmals alle integrationspolitischen Akteure auf kantonaler Ebene zusammen. Vertreten waren auf der einen Seite alle grösseren Immigrationsgruppen – die italienische, die türkische, die griechische, die spanische und die Bevölkerung Jugoslawiens –, auf der anderen Seite die wichtigsten Schulbehörden. Aufgabe des Forums war es, einen regelmässigen Kontakt zwischen den wichtigsten integrationspolitischen Behörden, Institutionen und Organisationen zu sichern und öffentlich zugängliche Beratungsdienstleistungen anzubieten.[76]

Auch die programmatischen Grundlagen der kantonalen Integrationspolitik veränderten sich in den 1980er- und 90er-Jahren. Aus der «Ausländer-» wurde schrittweise eine «interkulturelle Pädagogik». Das neue Konzept fasste das Verhältnis von Herkunftsland und Mehrheitskultur nicht mehr als defizitär, sondern als different. Im Unterschied zum defizitären Modell zielt die interkulturelle Pädagogik darauf ab, die Kinder beider Kulturen voneinander lernen zu lassen. Die Sprache und Kultur fremdsprachiger Kinder gilt neu als Bereicherung für eine gemischt- oder multikulturelle Volksschule.[77] In der Tat gelangten seit den 1980er-Jahren eine Reihe neuer Einwanderungsgruppen aus Krisen- und Kriegsgebieten wie Sri Lanka, Ex-Jugoslawien oder Albanien in die Schweiz und veränderten die nationale Zusammensetzung der Volksschule erneut stark. Der Stellenwert der interkulturellen Pädagogik hat seither weiter zugenommen – eine Entwicklung, die im übernächsten Kapitel eingehend beleuchtet wird.

1960–1995

Gesellschaftlicher Wandel und bildungspolitischer Reformdruck: Der beschwerliche Weg zur Oberstufenreform
Region Furttal

Das Bildungssystem erlebte in der Nachkriegszeit eine beispiellose Expansion. Ein wichtiger Auslöser dieses Wachstums war die Veränderung der Berufswelt, die neue Anforderungen an die Unterrichtsinhalte der Volksschule, vor allem auf der Oberstufe, stellte. 1959 wurde deshalb die Oberstufe ausgebaut. Neben der bestehenden Sekundarschule wurden mit der Realschule und der Oberschule zwei neue Schultypen geschaffen. Dieses Modell geriet in den 1970er-Jahren in eine Krise. Die Sekundarschule zog überdurchschnittlich viele Schülerinnen und Schüler an. Die Real- und die Oberschule wurden dadurch abgewertet und boten den Jugendlichen keine befriedigende Zukunftsperspektive. Die Folge war eine erneute Reform der Oberstufe. Das Reformprojekt startete 1977 mit dem sogenannten Abteilungsübergreifenden Schulversuch, kurz AVO, und endete nach einer längeren Versuchsphase in den 1990er-Jahren in einem Kompromiss. Heute existieren auf der Sekundarstufe zwei Modelle: die gegliederte Sekundarschule, die dem AVO entspricht, und die dreiteilige Sekundarschule, eine Nachfolgerin der traditionellen Oberstufe.

1959 wurde die Oberstufe der Volksschule reorganisiert und neben der Sekundarschule die Real- und Oberschule geschaffen. Bereits seit den 1940er-Jahren liefen in der Stadt Zürich die entsprechenden Schulversuche mit der neuen Realschule. Ein Schüler der Versuchsklasse beim Werken mit Holz. Fotografie um 1959.

Das Bildungssystem erlebte in den Jahrzehnten nach dem Zweiten Weltkrieg nicht nur einen beispiellosen Expansionsschub, sondern es geriet auch unter zunehmenden Reformdruck. Ein Grund dafür war die im vorangehenden Kapitel geschilderte verstärkte Immigration. Ein zweiter Grund bestand im beschleunigten wirtschaftlichen Wandel, der die Berufswelt nachhaltig veränderte und indirekt auch neue Anforderungen an die Grundausbildung in der Volksschule stellte. Insbesondere die schnelle Ausbreitung der neuen Dienstleistungsberufe liess sich nicht mehr mit den Ausbildungsgrundsätzen und der Organisation der Oberstufe, das heisst der siebten bis neunten Volksschulklasse, in Einklang bringen. Mehr noch als zuvor wurde in der Nachkriegszeit die Ausbildung in der Volksschule zu einer entscheidenden Voraussetzung für den sozialen Aufstieg. Nur wer den richtigen Weg durch die Oberstufe fand und sich dabei die nötigen Schlüsselkenntnisse aneignete, schien gute Karten für das Erwerbsleben zu haben. Gefragt war eine Ausbildung, die optimal auf die vielfältigen Ansprüche einer sich schnell ändernden Berufswelt vorbereitete. Um den unterschiedlichen, teilweise hoch qualifizierten Berufsfeldern gerecht zu werden und möglichst allen Kindern vergleichbare Chancen für den Aufstieg im Berufsleben zu bieten, mussten in der Nachkriegszeit die Schultypen der Oberstufe, deren Grundmuster noch aus dem 19. Jahrhundert stammte, neu ausgerichtet und dem Stand der Zeit angepasst werden.

Die Geschichte der Oberstufenreform, die seit den 1950er-Jahren intensiv diskutiert wurde, illustriert, dass die Durchsetzung von umfassenden Schulreformen im 20. Jahrhundert alles andere als eine einfache Angelegenheit war. Reformprojekte wurden meist in kleinen Schritten angegangen und brauchten vom ersten Modellversuch bis zur definitiven Regelung oft Jahrzehnte. Auch die Oberstufenreform gelangte nach einem missglückten Anlauf in den 1950er-Jahren erst zwei Jahrzehnte später in die Versuchsphase, in der ein «Abteilungsübergreifender Versuch an der Oberstufe» (AVO) durchgeführt werden konnte. Der erste AVO-Versuch startete im Frühling 1977 in der Gemeinde Buchs im Furttal, die zusammen mit Regensdorf einen gemeinsamen Oberstufenschulkreis bildet. Dieser Versuch, um dessen Vor- und Nachgeschichte sich die folgenden Abschnitte drehen, bildete den Auftakt für eine Reihe von Schulversuchen, die sich über zwei Jahrzehnte erstreckten. Allerdings geriet die geplante AVO-Reform in den 1990er-Jahren in eine politische Sackgasse. Es gelang nicht, den AVO wie ursprünglich geplant, für alle Schulen verbindlich einzuführen. Auch in diesem Punkt illustriert das Beispiel den typischen Prozess von Schulreformen. Im föderalistischen Bildungswesen waren die zentral verfügten, obligatorischen Reformen oft wenig erfolgreich, während Neuerungen, die sich auf freiwilliger Basis dezentral ausbreiten konnten, bessere Chancen hatten. Die Oberstufenreform ist diesem föderalistischen Reformpfad bis in die Gegenwart treu geblieben. Das Volksschulgesetz von 2005 überlässt es den Schulgemeinden, die Oberstufe nach der alten oder der neuen Regelung zu gestalten. Die Zürcher Schullandschaft ist heute zweigeteilt. Drei Viertel der Oberstufenklassen werden nach dem traditionellen, ein Viertel wird nach dem neuen AVO-Modell unterrichtet.[1]

DIE ENTWICKLUNG DER OBERSTUFE IM 19. JAHRHUNDERT

Um die wechselhafte Entwicklung der AVO-Reform zu verstehen, ist ein kurzer Blick auf die Anfänge der Volksschulgeschichte nötig. Seit ihrer Gründung beinhaltete die Oberstufe mehrere Ausbildungswege mit unterschiedlichen Zielsetzungen.[2] Das Unterrichtsgesetz von 1832 führte nach der sechsten Klasse zwei Schultypen ein: die Repetierschule und die Sekundarschule. Beide boten einen dreijährigen Unterricht an. Die Sekundarschule galt als «höhere Volksschule» mit erhöhten Leistungsansprüchen. Die Repetierschule dagegen entsprach einer zweitklassigen Ausbildung. Der Unterricht war auf zwei Vormittage pro Woche beschränkt und bildete eine Fortsetzung der Primarschule bis zur Konfirmation, ohne spezielle Lehrpläne und mit demselben Schulstoff – deshalb auch der Name «Repetierschule». Für technische und kaufmännische Berufsfelder existierte ausserdem eine «untere Industrieschule».[3]

Diese getrennten und qualitativ disparaten Ausbildungsgänge entwickelten sich in der Folge in unterschiedliche Richtungen. Noch im frühen 19. Jahrhundert wurde die Sekundarschule fast ausschliesslich von Kindern der ländlichen Eliten besucht. Seit den 1870er-Jahren, nachdem die Kinderarbeit weiter eingeschränkt und das Schulgeld abgeschafft worden war, stieg der Zulauf zur Sekundarschule schrittweise an. Wer es sich leisten konnte, schickte seine Kinder nach der sechsten Klasse in die «Sek». Im Gegenzug geriet die Repetier- und spätere Ergänzungsschule immer mehr zu einer «Armenschule». Sie wurde von jenen Kindern besucht, die neben der Schule einer Erwerbsarbeit nachgehen und mit ihrem Einkommen zum Unterhalt der Familie beitragen mussten.[4]

Die ersten Forderungen nach einer Verbesserung der Oberstufe wurden in den 1860er-Jahren von der demokratischen Bewegung erhoben. Sie betrafen primär die Repetierschule. Die Kantonsverfassung von 1869 hielt fest, dass «zur Hebung der Berufstüchtigkeit aller Volksklassen […], die Volksschule auch auf das reifere Jugendalter ausgedehnt werden» solle. Im Vordergrund stand der Wunsch, die Unterrichtszeit der Repetier- oder Ergänzungsschule massiv zu erhöhen, damit diese nicht nur einen mageren Zusatzunterricht, sondern zwei volle zusätzliche Schuljahre umfassten. Das neue Volksschulgesetz, mit dem der demokratische Erziehungsdirektor Johann Kaspar Sieber 1872 den Ausbau der Ergänzungsschule anstrebte, scheiterte jedoch in der Volksabstimmung. Erst im zweiten Anlauf wurde die Ergänzungsschule im Volksschulgesetz von 1899 zur siebten und achten Klasse ausgebaut, mit täglichem Schulunterricht und einer auf acht Jahre ausgedehnten Schulpflicht. Sie erhielt zudem neu eigene Lehrmittel und Lehrpläne.[5]

Allerdings behielt die Ergänzungsschule auch nach 1900 ihren vergleichsweise schlechten Status, weil das Gesetz von 1899 für die Landschaft grosszügige Ausnahmeregelungen erliess.[6] Als Zugeständnis an die Arbeitsverhältnisse der landwirtschaftlich und heimindustriell tätige Landbevölkerung wurde ländlichen Ge-

Die Schülerinnen der zukünftigen Real- und Oberschule sollten vor allem auf eine spätere Tätigkeit im Bereich der Hauswirtschaft vorbereitet werden. Dazu gehörte der Unterricht in Hauswirtschaft und Gartenbau. Fotografie von 1942.

meinden erlaubt, die siebte und die achte Klasse nur im Winterhalbjahr als Alltagsschule zu führen und im Sommer den wöchentlichen Unterricht auf acht Stunden zu beschränken.[7] Diese Möglichkeiten nutzte rund die Hälfte der etwa 350 Schulgemeinden; noch 1926 gab es im Kanton Zürich 90 «Winterschulen».[8] Auch im 20. Jahrhundert wurde die Ergänzungsschule deshalb vorwiegend von Jugendlichen aus ärmeren Verhältnissen besucht. Sie stand generell im Verruf, ein Sammelplatz zu sein, «wo neben unfähigen, sittlich gefährdeten oder verwilderten Kindern nur wenig relativ ordentliche und annähernd normal Begabte ihre beiden letzten Schuljahre verbrachten».[9]

DIE EINFÜHRUNG DER DREITEILIGEN OBERSTUFE 1959

Die Vorarbeiten für eine Revision des Volksschulgesetzes von 1899 wurden bereits in den 1930er-Jahren aufgenommen, kamen aber anfangs nicht vom Fleck. Erst als der Bund 1938 das Mindestalter für die Erwerbsarbeit von 14 auf 15 Jahre hinaufsetzte, erhöhte sich der Reformdruck, weil die neue Regelung eine Lücke eröffnete zwischen der obligatorischen Schulpflicht, die mit 13 Jahren endete und dem Eintritt ins Erwerbsleben, der erst mit 15 erfolgte. Die Folgen dieser Unstimmigkeit bekamen vor allem Kinder von Eltern mit geringem Verdienst zu spüren, die keine längere Schulbildung bezahlen konnten.

Der Ausbruch des Zweiten Weltkriegs 1939 blockierte vorübergehend alle Reformpläne. Erst 1943 setzte sich der Zürcher Erziehungsrat erneut mit Reformvorschlägen auseinander. Zunächst zielten die Behörden auf eine Totalrevision des Volksschulgesetzes ab. Allerdings liessen sich die zahllosen politischen, wirtschaftlichen und religiösen Sonderinteressen schwer auf einen Nenner bringen.[10] Trotz langwieriger Beratungen scheiterte ein erstes Projekt. Der Kantonsrat wies 1953 den Entwurf eines neuen Volksschulgesetzes an die Regierung mit dem Auftrag zurück, das Projekt einer Totalrevision zugunsten einer Teilrevision aufzugeben. Diese sollte die lang ersehnte Neuordnung der Oberstufe bringen.

Die Teilreform erwies sich als erfolgreichere Strategie. Ein revidiertes Volksschulgesetz wurde 1959 mit rund 73 Prozent Jastimmen klar angenommen.[11] Es brachte eine umfassende Reorganisation der Oberstufe. Die Ergänzungsschule der siebten und achten Klasse wurde nun von der Primarschule getrennt und zusammen mit der Sekundarschule in ein einheitliches Oberstufenmodell integriert. Die Oberstufe umfasste nun

> DAS... JA, DAS SIND DIE NEUEN VERSUCHSKINDER FÜR DR. GILGENS SCHULVERSUCHE!

Der Reformeifer der 1970er- und 80er-Jahre, der sich in zahlreichen Schulversuchen niederschlug, wurde in Karikaturen immer wieder thematisiert. Karikatur von 1985.

drei Abteilungen: eine dreijährige Sekundar-, eine ebenfalls dreijährige Real- und eine zweijährige Oberschule. Hinter dieser Gliederung stand das Anliegen, die Kinder ihren intellektuellen und handwerklichen Fähigkeiten entsprechend gezielt auf spezifische Berufsfelder auszubilden. Die Oberschule war für die intellektuell schwachen Schülerinnen und Schüler zuständig, die hier in kleinen Klassen und mit einem hohen Anteil an handwerklichen Fächern unterrichtet wurden. Für sie war nach der obligatorischen Schulzeit der Weg in einen handwerklichen oder industriellen Beruf ohne Lehre vorgezeichnet. Die Oberschule ersetzte damit die alte Ergänzungsschule – entsprechende Schulversuche wurden seit den 1940er-Jahren unter anderem in der Stadt Zürich durchgeführt.[12] Die Realschule stellte höhere Anforderungen an die Schülerinnen und Schüler, um sie auf eine spätere Tätigkeit in «anspruchsvollen praktischen Berufen», in der Regel handwerklich-gewerblichen Berufen mit Lehre, vorzubereiten. Die Sekundarschule erfüllte ihre bisherige Doppelfunktion weiter. Sie bildete einerseits die Voraussetzung für «anspruchsvolle Berufe» (das heisst primär kaufmännische Berufe) und bot anderseits eine Ausbildung, von der aus der Übertritt auf die Gymnasialstufe und ein akademischer Werdegang möglich war.

ERNEUTE KRISE DER OBERSTUFE

Die dreiteilige Oberstufe wurde im Frühling 1961 gestartet und entwickelte sich anfänglich positiv. Die Verteilung der Kinder auf die drei Abteilungen entsprach den berechneten Vorgaben.[13] Im Lauf der 1960er- und 70er-Jahre geriet die Oberstufe jedoch erneut in eine Krise, weil die Grössenverhältnisse zwischen den drei Abteilungen durch den zeitgleichen wirtschaftlichen und sozialen Wandel zunehmend aus dem Lot gerieten. Die Sekundarschule zog gegenüber der Real- und Oberschule überdurchschnittlich viele Schülerinnen und Schüler an. Nach den Plänen von 1959 hätten 45 Prozent der Jugendlichen die Sekundarschule, 45 Prozent die Realschule und 10 Prozent die Oberschule besuchen sollen. Im Schuljahr 1966 betrug dagegen die Sekundarschulquote im Kanton Zürich bereits 54 Prozent, die der Realschule nur 38 Prozent und die der Oberschule 8 Prozent.[14] Dabei bestanden zwischen städtischen und ländlichen Bezirken grosse Unterschiede. Im Bezirk Zürich betrug der Sekundarschulanteil 60 Prozent, im Bezirk Dielsdorf hingegen 48 Prozent und im ländlichen Bezirk Hinwil 43 Prozent.[15] Diese Entwicklung verstärkte sich in den 1970er-Jahren. Im Schuljahr 1980 betrug die Sekundarschulquote im Kanton Zürich bereits 55 Prozent, der Realschulanteil

Auswirkungen der europäischen Gesamtschulbewegung auf die schweizerische Bildungspolitik

Das Konzept der Gesamtschule zielt darauf ab, allen schulpflichtigen Kindern eine einheitliche Ausbildung ohne leistungsbezogene Gliederung zu vermitteln. Ein uniformes Gesamtschulmodell existiert nicht. Die Gesamtschulbewegung hat vielmehr eine Vielzahl unterschiedlicher Schulsysteme entwickelt. Die ersten Gesamtschulprojekte wurden zu Beginn des 20. Jahrhunderts von der reformpädagogischen Bewegung formuliert.[1] Zu den ersten Gesamtschulen zählten etwa die 1910 gegründete Odenwaldschule in Rheinland-Pfalz oder die 1919 entstandene Waldorfschule Stuttgart.

Nach dem Zweiten Weltkrieg erhielt die Gesamtschulidee in vielen europäischen Ländern eine neue Aktualität. Je weiter sich das Schulsystem hierarchisch und selektiv ausdifferenzierte, desto verlockender schien die Forderung, das gegliederte Schulwesen durch eine Gesamtschulreform zu vereinfachen. Das Vorbild für die deutschen Gesamtschulen war Schweden. Dort waren bereits in den 1940er-Jahren erste Reformschulen eingerichtet worden. In Schweden wurde allen schulpflichtigen Schülerinnen und Schülern von der ersten bis zur neunten Klasse eine gemeinsame Grundausbildung vermittelt. Erst ab der siebten Klasse wurden die Jugendlichen differenziert nach Leistungen und Neigungen in Niveaukursen und Wahlpflichtfächern unterrichtet.

In Deutschland setzte die Kritik an der Dreigliedrigkeit des Schulsystems (mit Hauptschule, Realschule und Gymnasium) zu Beginn der 1960er-Jahre ein. Das schwedische Modell, aber auch Anregungen aus Grossbritannien und den USA führten in der Mitte der 1960er-Jahre zur Einrichtung der ersten deutschen Gesamtschulen. Hier fand die Schulreform vor allem Anklang bei der Linken. 1968 wurde in Berlin-Neukölln die Walter-Gropius-Schule als erste öffentliche integrierte Gesamtschule eröffnet. Auch in anderen Bundesländern entstanden neue Schulformen, die sich an die Gesamtschule anlehnten. In diesen «kooperativen Gesamtschulen» war die Zusammenarbeit zwischen den Lehrerinnen und Lehrern ausgeprägter als im traditionellen System; auch die Durchlässigkeit zwischen den Schulzweigen war grösser.

Von Beginn an war die Gesamtschule Gegenstand eines modernen «Kulturkampfs» zwischen den Parteien, insbesondere zwischen der bürgerlichen Christlich-Demokratischen Union (CDU) und der Sozialdemokratischen Partei Deutschlands (SPD). Entsprechend verbreitete sich das Gesamtschulmodell je nach der parteipolitischen Ausrichtung der Regierungen auf der Ebene der Bundesländer. In Westberlin wurde die Gesamtschule in den 1980er-Jahren zum gängigen Schultyp, während Bayern fast alle Gesamtschulen wieder auflöste. In Nordrhein-Westfalen entwickelte sich eine gemischte Schullandschaft.

Auch in der Schweiz wurden Gesamtschulmodelle Anfang der 1970er-Jahre in verschiedenen Kantonen, etwa in Basel-Stadt und Basel-Landschaft, diskutiert. In den meisten Fällen verlief die Debatte im Sand, nur vereinzelte Schulgemeinden, wie Dulliken im Kanton Solothurn, führten Versuche mit dem neuen Organisationsmodell durch. Mehr als punktuell verbreitete sich die Gesamtschulidee in der Schweiz aber nicht.[2]

Alfred Gilgen, der 1971–1995 Zürcher Regierungsrat war, stand während seiner gesamten Amtszeit der Erziehungsdirektion vor.

Bild rechts: Alfred Gilgen wurde von den linken Parteien wegen seines konfrontativen Regierungsstils als autoritärer und repressiver Politiker angeprangert. Dieses Plakat machte anlässlich der Regierungsratswahlen von 1979 Werbung für die Abwahl Gilgens.

40 Prozent und derjenige der Oberschule noch fünf Prozent.[16]

Hinter den strukturellen Problemen der Oberstufe standen wirtschaftliche und soziale Veränderungen, welche die Oberstufe unvorbereitet trafen. Seit den 1950er-Jahren wuchs der Dienstleistungssektor weiterhin schnell und schuf neue und gut entlöhnte Berufsfelder. Viele Eltern versuchten deshalb, ihre Kinder in die Sekundarschulen oder die Gymnasien zu schicken, um diesen eine Karriere im Dienstleistungsbereich zu eröffnen. Dagegen verloren die ungelernten, schlecht bezahlten Handwerksberufe und mit ihnen auch die Oberschule zunehmend an Attraktivität. Die Oberschule passte immer weniger in die Berufswelt der Nachkriegszeit und entwickelte sich zu einem anachronistischen Schultypus, den viele Eltern ablehnten, weil er die Aufstiegschancen ihrer Kinder einzuschränken schien.[17]

Die Krise der Oberstufe verschärfte sich in der Rezession der 1970er-Jahre zu einer offenen Notlage. Durch den massiven Stellenabbau in der Industrie wurde es für die Absolventinnen und Absolventen der Oberschule und der Realschule immer schwieriger, eine geeignete Lehr- oder Arbeitsstelle zu finden. Auch die Verlängerung der Schulzeit in der Oberschule von zwei auf drei Jahre, die von der 1971 beschlossenen Einführung der neunjährigen Schulpflicht ausging, änderte am Malaise der Oberstufe nichts.[18] Hinzu kam, dass der Anteil der ausländischen Schülerinnen und Schüler in der Oberschule überproportional zunahm, obwohl die Zahl der fremdsprachigen Kinder infolge der Abwanderung der ausländischen Arbeitskräfte mit dem konjunkturellen Einbruch nach 1973 massiv zurückgegangen war. Im Schuljahr 1980 betrug der Anteil der ausländischen Kinder in der Oberschule bereits 27 Prozent, in der Realschule 14 Prozent und in der Sekundarschule 8 Prozent.[19] Diese Entwicklung verstärkte die Zurückhaltung der Eltern gegenüber der Oberschule weiter.[20]

Seit Ende der 1960er-Jahre war klar, dass die Oberstufe einer erneuten Reform bedurfte. Welche Richtung dabei einzuschlagen war, blieb allerdings umstritten. Die Oberstufenreform wurde in den folgenden Jahrzehnten zum Spielball verschiedenster Akteure, von den politischen Parteien über die Lehrerinnen- und Lehrerorganisationen bis hin zum Erziehungsrat und zur Erziehungsdirektion. Die Diskussionen fielen zudem in die Zeit der 68er-Bewegung und wurden dadurch stark politisiert. Viele der Reformerinnen und Reformer liessen sich durch Ideen der antiautoritären Erziehung und Modelle der schwedischen und deutschen Gesamtschulen leiten, die keine Unterteilung der Oberstufen kannten. Dies wiederum veranlasste konservative Schulpolitiker zu heftigen Gegenreaktionen.

ALFRED GILGEN ZWISCHEN IDEOLOGISCHER POLARISIERUNG UND PRAGMATISCHER REFORMPOLITIK

Die nachfolgenden Reformen der Oberstufe fielen mit der Amtszeit des Erziehungsdirektors Alfred Gilgen zusammen, der im Frühjahr 1971 als Vertreter des Landesrings der Unabhängigen (LdU), einer kleinen, wirtschaftsnahen Partei, in den Regierungsrat gewählt

An einem Protest- und Boykotttag im Juni 1980 bestreikten Studierende der Universität Zürich die Lehrveranstaltungen und demonstrierten gegen die Politik von Erziehungsdirektor Alfred Gilgen.

wurde. Gilgen war Mediziner und Hochschuldozent an der ETH Zürich und übernahm als Regierungsrat das Erziehungsdepartement. Es war der Beginn einer 24-jährigen Amtszeit als Erziehungsdirektor. Fünfmal wiedergewählt, war Gilgen 1995 bei seinem Rücktritt der amtsälteste Zürcher Regierungsrat der Nachkriegszeit. Die lange Amtsdauer war alles andere als selbstverständlich. Kaum ein Regierungsrat war in der Öffentlichkeit und der Politik so umstritten wie Gilgen. Als im Juli 1971 linke Studentenorganisationen eine «antifaschistisch-antikapitalistische Arbeits- und Informationswoche» an der Universität Zürich durchführten, liess Gilgen, erst wenige Wochen im Amt, das Unigebäude aus politischen Gründen polizeilich schliessen und legte damit den Lehrbetrieb vollständig lahm.[21] Umstritten war ausserdem, dass Gilgen mit Unterstützung des Erziehungsrats in den 1970er- und 80er-Jahren, zur Zeit des Kalten Kriegs, linksradikalen und antimilitaristischen Gymnasiallehrern oder Hochschulmitarbeitern eine Anstellung im Staatsdienst verwehrte.[22] Von linker und gewerkschaftlicher Seite wurde er als «repressiver Politiker», «autoritärer Demokrat» oder als «Linkenfresser» bezeichnet. Vor seiner letzten Wiederwahl trennte sich Gilgen wegen politischer und persönlicher Differenzen von seiner Partei. Ohne die Unterstützung des LdU wurde er 1991 als Parteiloser wiedergewählt.[23]

In der Volksschulpolitik stand Gilgen dagegen für einen pragmatischen Reformkurs, der sich klar von seiner Wahrnehmung in der Öffentlichkeit unterschied. In den strategisch wichtigen Abteilungen der Bildungsdirektion arbeiteten unter Gilgen durchaus auch linke oder progressive Fachleute. Die Zürcher Erziehungsdirektion verfolgte deshalb in den 1970er- und 80er-Jahren oft eine reformorientierte Volksschulpolitik. So wurde die Oberstufenreform vorangetrieben, der veraltete Lehrplan von 1905 durch eine zeitgemässe Fassung ersetzt und die Integration fremdsprachiger Kinder gefördert, etwa durch die Schaffung eines Arbeitsbereichs «Ausländerpädagogik» innerhalb der Erziehungsdirektion und durch die Aufwertung der Kurse in «Heimatlicher Sprache und Kultur» (HSK). Auch verschiedene organisatorische Neuerungen wie die Reorganisation der Erziehungsdirektion, die Einführung der Fünftagewoche, die Stärkung der Koedukation oder die Förderung von Blockzeitenregelungen fielen in die Amtszeit Gilgens. Als Präsident der eidgenössischen Erziehungsdirektorenkonferenz (EDK) war er schliesslich massgeblich an der Förderung des Französischunterrichts auf der Primarschulstufe beteiligt.[24]

Ein schulpolitisches Jahrhundertprojekt: Der Lehrplan von 1991

Der Lehrplan für die Zürcher Volksschule gehört zu den Dokumenten mit einer überaus langen Haltbarkeit. Der alte Lehrplan von 1905 ersetzte Regelungen, die aus der Gründungszeit der Volksschule stammten und wurde selbst erst 1991 umfassend erneuert, nachdem einzelne Anliegen in den AVO-Versuchen erprobt worden waren. Der Lehrplan hält die programmatischen Ziele der Volksschule sowie eine detaillierte Übersicht über den Fächerkanon und die Lernziele des Unterrichts fest. Die Lehrmittel der Volksschule müssen ihm entsprechend formuliert sein; auf diese Weise beeinflusst er indirekt die tägliche Unterrichtspraxis.

Der Zürcher Lehrplan von 1905, der die reformpädagogische Aufbruchstimmung, aber auch die bürgerlichen Disziplinvorstellungen der Jahrhundertwende widerspiegelte, war spätestens seit den 1970er-Jahren veraltet. Anfang der 1980er-Jahre machte sich die Erziehungsdirektion deshalb an eine Totalrevision. Das Verfahren war partizipativ organisiert. Zunächst formulierte eine verwaltungsinterne Fachgruppe einen ersten Vorschlag, die «Grundlagen für einen Lehrplan», die nicht nur den neuen Lehrplan mit Stundentafeln und Erläuterungen der Unterrichtsgegenstände umfassten, sondern auch grundsätzlichere Ausführungen wie ein Leitbild für die Volksschule sowie Angaben zum Erziehungs- und Bildungsauftrag und zur Unterrichtsgestaltung.[1] Diese «Grundlagen» wurden 1985 in die öffentliche Vernehmlassung geschickt. Dabei kamen nicht weniger als 650 Stellungnahmen zusammen. Neben den Schulpflegen, Lehrerorganisationen und Lehrerkonventen äusserten sich auch die politischen Parteien, die Kirchenpflegen und weitere interessierte Organisationen, Vereine und Einzelpersonen.[2] Nach der Auswertung der Vernehmlassungsergebnisse wurde insbesondere die Lektionentafel nochmals mit der Lehrerschaft abgestimmt. 1991 wurde der neue Lehrplan in seiner endgültigen Form vom Erziehungsrat verabschiedet.[3]

Drei Anliegen standen hinter der Gesamtrevision. Zunächst sollte die Überarbeitung eine «Entrümpelung» des alten Lehrplans bringen, in dem beispielsweise der Begriff der «Schulzucht» noch eine prominente Rolle spielte. Weiter bezweckte die Revision eine Vereinheitlichung und Zusammenfassung der bisherigen sechs stufenspezifischen Lehrpläne, die durch die vielen Einzeländerungen unübersichtlich geworden waren. Schliesslich sollte die Reform im Anschluss an den 1981 beschlossenen eidgenössischen Verfassungsartikel für die Gleichstellung von Mann und Frau die Geschlechtergleichstellung in die Praxis umsetzen.[4] Zugleich flossen neuere pädagogische Strömungen in die Überarbeitung ein. So wandte sich der neue Lehrplan vom traditionellen, stofforientierten Lernen ab und postulierte einen zielorientierten Unterricht. Weil dieselben Ziele auf verschiedene Themen angewandt werden konnten, sollte ein solcher zielorientierter Lehrplan das exemplarische Lernen und die Vernetzung der Fächer fördern – ein Anliegen, das bereits im Rahmen der AVO-Reformen erprobt wurde.

Die Vernehmlassung und die öffentliche Diskussion um den Lehrplan drehten sich vor allem um die zentralen «Grundhaltungen», die das Gesicht der Volksschule prägen sollten und die im Leitbild festgehalten waren. Danach sollte der Schulunterricht die folgenden Kenntnisse und Werte fördern: Erkenntnisinteresse und Orientierungsvermögen, Verantwortungswille, Leistungsbereitschaft, Dialogfähigkeit und Solidarität, Tra-

Der Lehrplan von 1991 formuliert die Leitideen und gibt die Grobziele für den Unterricht an der Volksschule vor.

ditionsbewusstsein, Umweltbewusstsein, Gestaltungsvermögen, Urteils- und Kritikfähigkeit, Offenheit und Musse.⁵ Zu kontroversen Diskussionen führten etwa der verstärkte Einbezug der Eltern bei Fragen der Schulgestaltung, der Stellenwert des Religionsunterrichts und insbesondere die Formulierungen zum Grundwert «Leistungsbereitschaft». In diesem Punkt waren innerhalb der Lehrerschaft, je nach Generation, die Meinungen geteilt. Die endgültigen Formulierungen zeigen, dass die geforderte Leistungsorientierung der Volksschule zwar breite Unterstützung fand, allerdings nicht im Sinn einer individualistischen Leistungsethik, sondern als Ausdruck einer kollektiven Anstrengung:

«Leistungsbereitschaft wird gefestigt, indem Schüler und Schülerinnen in Zusammenarbeit mit Lehrerinnen und Lehrern Schwierigkeiten überwinden. Durch das Lernen in der Klassengemeinschaft wird das Vertrauen in die eigene Leistungsfähigkeit gestärkt.»⁶

Die geplante Oberstufenreform war ein heisses Eisen, weil sie eng mit standespolitischen Fragen verknüpft war. Wie man aus einem Sekundarlehrer und einem Reallehrer einen neuen Oberstufenlehrer macht, fragt sich hier auch der Karikaturist.

DIE AUSEINANDERSETZUNG MIT DEM VPM

Als «grösstes personelles Problem im zürcherischen Schulwesen» bezeichnete Gilgen gegen Ende seiner Amtszeit die Aktivitäten des «Vereins zur Förderung der psychologischen Menschenkenntnis» (VPM).[25] Der 1986 gegründete VPM ging aus der individualpsychologisch und anarchistisch ausgerichteten «Zürcher Schule» hervor, einem Kreis unter der Führung des Psychoanalytikers Friedrich Liebling (1893–1982).[26] Im Unterschied zur «Zürcher Schule» profilierte sich der VPM nicht mit linken, sondern mit rechtskonservativen und repressiven Postulaten, die er in der Bildungs- und Drogenpolitik vorbrachte. Liberale oder pragmatische Ansätze, etwa in der Aidsprävention, im Umgang mit weichen Drogen wie Haschisch oder in der schulischen Sexual- und Drogenaufklärung wurden kategorisch abgelehnt und als linke Subversion bekämpft.[27] Weil viele Mitglieder des VPM einen pädagogischen oder psychologischen Berufsweg einschlugen, war die Gruppierung auch unter der Volksschullehrerschaft gut vertreten.[28]

Der VPM vertrat seine Positionen mit grösster Vehemenz. Die Kontroverse erreichte nach 1990 ihren Höhepunkt, als die Erziehungsdirektion öffentlich auf die Gefahren der Vereinigung aufmerksam machte und erste Massnahmen gegen den VPM ergriff. Um eine Übersicht über den Einfluss des Vereins auf die Volksschule zu gewinnen, liess Gilgen ein Register mehrerer Dutzend VPM-Mitglieder unter den Volksschullehrpersonen erstellen.[29] Ausserdem gab die Erziehungsdirektion die Publikation des Buchs «Das Paradies kann warten» in Auftrag, in dem der VPM zusammen mit Organisationen wie der Scientology-Kirche oder der Hare-Krischna-Sekte der Verbreitung vereinnahmender, antifreiheitlicher Heilslehren bezichtigt wurde.[30]

Der VPM reichte darauf zusammen mit anderen Gruppen mehrere Strafklagen gegen Alfred Gilgen und verschiedene Mitarbeiter der Erziehungsdirektion ein, unter anderem wegen Amtsmissbrauch, Amtsgeheimnisverletzung und Störung der Glaubens- und Kultusfreiheit. Die Klagen des VPM brachten indes nicht den erhofften Erfolg.[31] Zwar stufte das Bundesgericht 1996 das Personenregister der Erziehungsdirektion als widerrechtlich ein, weil es im Widerspruch zum Datenschutz stand und ohne gesetzliche Grundlage angelegt worden war.[32] Die Klagen zum Sektenbuch wurden dagegen vollumfänglich abgewiesen. Nach diesen Kontroversen gingen die bildungspolitischen Aktivitäten des VPM zurück. 2002 löste sich die Organisation formal auf, ohne einen nachhaltigen Einfluss auf die Volksschule ausgeübt zu haben.[33]

Im Oberstufenschulhaus Petermoos in Buchs startete im Frühling 1977 der «Abteilungsübergreifende Schulversuch» AVO.

SCHULVERSUCHE STATT TOTALREVISION: WENDE ZU EINER MODERATEN REFORMPOLITIK

Nach den Erfahrungen der 1950er-Jahre war für die Erziehungsdirektion klar, dass eine Reform der Volksschulgesetzgebung ein äusserst langwieriger Prozess würde. Sie nahm deshalb die Oberstufendebatte zum Anlass, ein neues Reformmodell zu entwickeln. Reformen sollten nicht vorweg eine Gesetzesänderung erfordern, sondern zunächst über ein Verfahren von evaluierten Schulversuchen getestet und erst nach erfolgreicher Versuchsbilanz auf eine neue Gesetzesgrundlage gestellt werden können. Dieses Modell wurde im 1971 eingeführten Schulversuchsgesetz festgehalten. Danach liess Alfred Gilgen als frisch gewählter Regierungsrat ein Projekt zur Reform der Oberstufe ausarbeiten. Unter anderem sollte geprüft werden, «wie alle Schüler des 7.–9. Schuljahres in einem einzigen Schultyp zusammengefasst werden können, ohne dass der intelligente Schüler zu kurz kommt, und das schwächere Kind gleichzeitig überfordert wird».[34]

Klar war ausserdem, dass die Ansichten über die Ziele der Reform zwischen Links und Rechts weit auseinanderklafften. Angesichts dieser Ausgangslage erstaunt es nicht, dass die vom Erziehungsrat im November 1975 verabschiedete «Rahmenkonzeption für Schulversuche im 7. bis 9. Schuljahr zum Ausbau der Oberstufe» sehr allgemein gehalten war. Sie enthielt einzig eine Liste sogenannter Versuchselemente, die zu erproben waren. Dazu gehörten eine abteilungsübergreifende Schulstruktur, neue Unterrichtsformen, welche die unterschiedliche Leistungsfähigkeit und die Interessen der Schülerinnen und Schüler berücksichtigten, neue Arbeits- und Unterrichtshilfen sowie eine verstärkte Zusammenarbeit innerhalb der Lehrerschaft.[35] Von diesen Erfahrungen erhoffte sich der Erziehungsrat Ideen, auf welche Weise die weitere Erosion der Real- und der Oberschule verhindert werden könne. In dieser Situation entwarf der Rat, wie eingangs erwähnt, den «Abteilungsübergreifenden Versuch an der Oberstufe» (AVO).

DER PILOTVERSUCH IM SCHULHAUS PETERMOOS

Um den AVO überhaupt durchführen zu können, musste zunächst ein Oberstufenschulhaus beziehungsweise eine Schulgemeinde gefunden werden, die zur Teilnahme an einem Schulversuch bereit war. Das stellte sich als gar nicht so einfach heraus. Das Echo auf die

Die ersten AVO-Klassen wurden in drei Stammklassen und weiter, entsprechend ihren Leistungen in den Fächern Französisch und Mathematik, in drei unterschiedliche Leistungsgruppen eingeteilt. Karikatur von 1986.

Ausschreibung der Erziehungsdirektion im Dezember 1975 war bescheiden.[36] Nur eine einzige Schule, das Schulhaus Petermoos in Buchs im Oberstufenschulkreis Regensdorf, meldete Interesse an. Der geringe Zuspruch wurde in der Öffentlichkeit kritisch wahrgenommen. So mokierte sich der «Tages-Anzeiger» über die Kluft zwischen den grossen Reformplänen des Kantons und dem fehlenden Interesse der betroffenen Schulen.

«Hat der Berg eine Maus geboren? Diese Frage mag sich manchem Stimmbürger aufdrängen, der vom kantonalen Schulversuchsgesetz [...] eine umfassende Schulreform erwartet hat. Liegt doch heute lediglich das Projekt eines Oberstufenversuchs in Regensdorf für rund 100 Schüler vor. Die Skepsis mag noch zunehmen, wenn dieser kritische Bürger erfährt, dass die Vorbereitung dieses einzigen Versuchs bereits 260 000 Franken verschlungen hat und der Versuch selbst im ersten Jahr 400 000 Franken [...] erfordern soll.»[37]

Das Schulhaus Petermoos war eben erst eröffnet worden und wurde von einer jungen, initiativen Lehrerschaft dominiert, die sich spontan für den ausgeschriebenen Schulversuch interessierte. Trotzdem brauchte es längere Verhandlungen, bis alle Lehrerinnen und Lehrer sowie die Schulpflege mit der Versuchsplanung einverstanden waren und die Schulgemeinde dem «Abteilungsübergreifenden Schulversuch an der Oberstufe Petermoos» ihren Segen erteilte.[38] Im Frühling 1977 konnte das Experiment endlich starten. Für die Lehrerinnen und Lehrer sowie die Schülerinnen und Schüler im neu eröffneten Schulhaus begann damals nicht nur ein neues Schuljahr; hier wurde auch ein neues Kapitel der zürcherischen Schulgeschichte aufgeschlagen.

Die Kinder, die nach der sechsten Klasse in den AVO Petermoos wechselten, wurden zuerst entsprechend ihren Leistungen in drei Stammklassen eingeteilt (später wurde die Anzahl der Stammklassen auf zwei reduziert).[39] Im Wesentlichen entsprach die Klassenaufteilung noch der alten Gliederung in Sekundar-, Real- und Oberschule. In der Stammklasse erhielten die Jugendlichen Unterricht in den Fächern Deutsch, Geschichte, Geografie, Staatsbürgerkunde, Biologie, Zeichnen, Singen, Werken und Gestalten, in Hauswirtschaft, geometrischem Zeichnen sowie in Sport. Im Schulversuch wurde auch grosser Wert auf die Erprobung neuer Unterrichtsformen gelegt. Damit die Schülerinnen und Schüler lernten, «in grösseren Zusammenhängen zu denken, statt Fachwissen zu schubladisieren», wurden die Einzelfächer zu Fachbereichen zusammengefasst.[40] So wurde zum Beispiel das Thema «Amerika» gleichzeitig in Geografie, Geschichte, Wirtschaftskunde und im Sprachunterricht behandelt.

AVO-Schülerinnen und -Schüler vom Schulhaus Petermoos mit ihren Klassenlehrern. Fotografie von 1979.

Die Stundentafeln der drei Stammklassen waren identisch. Alle Schülerinnen und Schüler erhielten von der siebten bis zur neunten Klasse die gleiche Grundausbildung. Unterschiede gab es nur in der Art des Unterrichts, in der Methodik und der Stoffmenge. So erhielten die ehemaligen Oberschülerinnen und -schüler neu Französischunterricht, während die früheren Sekundarschülerinnen und -schüler in den Genuss von praktischen Fächern wie Werken und Kochen kamen. Der Petermoos-Lehrer Jörg Signer sah darin eine wesentliche Verbesserung gegenüber dem alten System:

《Bisher hatten die Oberschüler acht bis zehn Stunden Werken, die Sekundarschüler überhaupt keinen vergleichbaren Unterricht. Dabei ist doch die Vorstellung absurd, alle Oberschüler wollten mit den Händen arbeiten, Sekundarschüler aber seien Kopfarbeiter.》 41

Auch die unterschiedliche Ausbildung von Mädchen und Knaben wurde aufgehoben. So waren für alle Knaben und Mädchen Werken mit Holz, Metall und Textilien wie auch Hauswirtschaft vorgesehen. Die Koedukation von Mädchen und Knaben war Peter Nell, einem anderen beteiligten Lehrer, ein grosses Anliegen:

《Ich freue mich, dass wir im Schulversuch die Gleichstellung von Mädchen und Knaben in allen Fächern und Klassen realisieren können. Dies ist für mich ein wesentlicher Schritt im Bereich der Schulreform.》 42

Etwas pragmatischer beurteilte ein Schüler der AVO-Versuchsklasse die Vorteile der Koedukation:

《Die Mädchen schaffen jetzt auch mit Holz. Und die Knaben gehen ins Kochen und in die ‹Näschi›. Ich finde es gut, weil nicht jeder Mann bekommt eine Frau, darum muss er selber Kochen und Nähen können.》 43

Ein weiteres neues Element des AVO waren die Niveaukurse. In den Fächern Französisch und Mathematik wurden alle Schülerinnen und Schüler in vier Leistungsgruppen mit niedrigen bis sehr hohen Anforderungen eingeteilt. In den späteren AVO-Schulen wurde diese Vierteilung auf je drei Niveaueinteilungen pro Fach reduziert. Mit dem Niveauunterricht sollten die Jugendlichen differenzierter beurteilt und die frühzeitige Klassierung und Typisierung, die mit dem Eintritt in die Oberstufe vorgenommen wurde, durchlässiger gestaltet werden. Revolutionär am Niveauunterricht war die Durchmischung der Gruppen. Im Extremfall konnten Schülerinnen und Schüler der Sekundar-, der Real- und der Oberschule nun eine gemeinsame Niveaugruppe besuchen. Konkret bedeutete dies, dass eine Schülerin, die in der Stammklasse mit mittleren Anforderungen (Realschule) eingeteilt war, in der Mathematik einen höheren Niveaukurs besuchen konnte. Gleichzeitig war

Teamarbeit und Sportsgeist. Bilder von der Projektwoche «Dorfolympiade» des AVO Petermoos im Spätsommer 1977.

es möglich, dass ein Schüler, der in der Stammklasse mit höheren Anforderungen (Sekundarschule) eingeteilt war, im Französischunterricht eine tiefere Niveaugruppe besuchte. Die Schülerinnen und Schüler sollten vor allem in den ersten beiden Jahren die Niveaugruppen nach oben und nach unten wechseln können, auch der Wechsel in eine andere Stammklasse war denkbar. Damit die Jugendlichen die Niveaugruppen oder die Stammklassen ohne Repetition zu wechseln vermochten, erhielten sie die Möglichkeit, Förderkurse zu besuchen, die ihnen beim Übertritt in eine Gruppe mit einem höheren Niveau Unterstützung boten.[44]

DIE REFORMELEMENTE DES AVO-MODELLS

Das Modell des abteilungsübergreifenden Oberstufenunterrichts war zwar vom Konzept der Gesamtschule beeinflusst, die beiden Schultypen lassen sich aber nicht gleichsetzen. In den offiziellen Unterlagen zum AVO fehlt beispielsweise jeder explizite Hinweis auf das Gesamtschulmodell. Viel eher war das AVO-Modell eine Mischung zwischen traditioneller Oberstufe und dem Gesamtschulmodell, was auch im Begriff der «gegliederten Sekundarschule», der später für das AVO-Modell eingeführt wurde, zum Ausdruck kam.

Die Niveaugruppen beispielsweise widersprachen der integrativen Idee der Gesamtschulen. Die Parallelen zur Gesamtschule betrafen verschiedene Unterrichts- und Beurteilungselemente, aber auch die verstärkte Zusammenarbeit der Lehrerinnen und Lehrer. «Wir waren damals eine Gruppe von schulpolitisch total angefressenen Lehrern, richtige Freaks», erinnert sich der Lehrer Martin Schweizer.[45] Die enge und abteilungsübergreifende Zusammenarbeit des Lehrkörpers war tatsächlich ungewohnt. Die Lehrerinnen und Lehrer bildeten ein Team und waren gemeinsam für die Arbeit der ganzen Schule verantwortlich. Dazu gehörten neben der aufwendigen Arbeit mit den Schülerinnen und Schülern und der Erprobung von neuen Unterrichtsformen auch die vielen Sitzungen, Absprachen und Konvente, in denen kritisch und selbstkritisch über den Versuch diskutiert wurde.[46]

Der Unterricht nach dem AVO-Modell verstärkte zudem das Element der Projektwochen, in denen der normale Schulbetrieb eingestellt wurde und die Schülerinnen und Schüler gemeinsam ein Thema bearbeiteten. Diese Unterrichtsform stiess nicht bei allen Eltern und Behördenmitgliedern auf Gegenliebe. «[...] als wir wegen einer Projektarbeit eine ganze Woche lang Mathematik und Französisch ausfallen liessen, zeigte man noch mit dem Finger auf uns», erinnert sich der

Bild links: Pioniergeist der 1970er-Jahre: Gruppenbild mit Lehrerin und Lehrern des AVO Petermoos.

Bild rechts: Ein gut gelaunter Alleskönner! Karikatur eines AVO-Lehrers.

Lehrer Kurt Bannwart.⁴⁷ So führten in der ersten Projektwoche, im September 1977, die Schülerinnen und Schüler des Schulhauses Petermoos für die Eltern und die Bevölkerung eine Dorfolympiade durch, die sie in Gruppenarbeiten selbst geplant und vorbereitet hatten. Ungewohnt war überdies die Mitarbeit der Eltern in der Schule. Im AVO Petermoos gab es eine Elternkommission, die sich aktiv am Schulversuch und an deren Entwicklung beteiligte. Viel zu reden gab die Abschaffung der Notenzeugnisse. Dieses wurde durch einen schriftlichen Beurteilungsbogen ersetzt, der in Worten die Leistungen, das Verhalten und die Fähigkeiten der Schülerinnen und Schüler festhielt. Im Erziehungsrat stiess die Abschaffung des Notenzeugnisses dagegen nicht auf Gegenliebe.⁴⁸

Die enge Zusammenarbeit von Eltern, Schulbehörden, Lehrerinnen und Lehrern im Petermoos trug wesentlich dazu bei, dass der Schulversuch von allen Beteiligten getragen und mehrheitlich positiv beurteilt wurde. Trotz des grossen Mehraufwands waren die beteiligten Lehrerinnen und Lehrer von der neuen Unterrichtsorganisation absolut überzeugt.⁴⁹

VOM AVO ZUR GEGLIEDERTEN SEKUNDARSCHULE

Insgesamt verlief der Schulversuch im Regensdorfer Schulkreis erfolgreich, weshalb sich der Erziehungsrat für die Weiterführung der Schulversuche auf breiterer Basis entschied. In den folgenden Jahren konnten verschiedene neue Gemeinden für die Teilnahme an AVO-Modellversuchen gewonnen werden. Allerdings zögerten die meisten Sekundarschulen weiterhin, sich aktiv für die Reformen zu engagieren. Viele warteten zunächst die Versuchsergebnisse ab. Obwohl auch die anderen AVO-Versuche jeweils positiv ausfielen, beteiligten sich in den 1980er-Jahren nur gerade 14 von insgesamt 113 Oberstufenschulen am Reformprojekt.⁵⁰

Anfang der 1990er-Jahre lagen genug Versuchsergebnisse vor, um über die weitere Reformstrategie zu entscheiden. Die Hauptfrage war, ob das AVO-Modell oder die «gegliederte Sekundarschule», wie das neue System nun bezeichnet wurde, auf freiwilliger Basis oder für alle Schulen verbindlich einzuführen sei. Die Meinungen waren geteilt. Der Erziehungsrat forderte, die gegliederte Sekundarschule im ganzen Kanton einzuführen. Auch Alfred Gilgen hielt eine umfassende Reform für angebracht.⁵¹ Der Widerstand gegen eine

«Ich fand die AVO-Schule super!» Erinnerungen eines ehemaligen Petermoos-Schülers

Bruno Wiedmer (Jahrgang 1968) war von 1981 bis 1984 Schüler der AVO-Schule Petermoos in Buchs. Er war in die Stammklasse mit mittleren Anforderungen (Realschule) eingestuft worden. Im Französischunterricht besuchte er die Niveaugruppe mit mittleren Anforderungen (Realschule) und im Mathematikunterricht diejenige für höhere Anforderungen (Sekundarschule).[1]

Wie bist du nach dem Übertritt von der Primarschule in die AVO-Klasse mit dem Wortzeugnis zurechtgekommen? Hast du das Wortzeugnis verstanden oder hast du es für dich in ein Notenzeugnis übersetzt?
Ja, ich habe es sehr gut verstanden. Man wurde vom Lehrer bewertet und zwar schriftlich. Bei mir stand jedes Mal ungefähr dasselbe: «Bruno könnte mehr leisten, wenn er wollte.» Übersetzt habe ich es eigentlich nicht, denn es war ja gut formuliert.

Hattet ihr während des Schuljahres normale Prüfungen, wie es in den anderen Schulen üblich war? Wurden diese Prüfungen benotet oder in Worten beurteilt?
Die Prüfungen wurden in Worten anhand eines groben Rasters mit vier Bewertungsstufen beurteilt. Die Bewertung wurde aber nicht nach dem gleichen Schema wie beim Zeugnis gemacht. Der Lehrer schrieb immer einen Spruch hin wie «sehr gute Arbeit», «ausgezeichnet» oder «Flüchtigkeitsfehler». Bei der Besprechung der Prüfung sah man ja dann, was falsch war. Es herrschte aber auch bei uns ein «Notenkonkurrenzkampf».

Wie hast du dieses Bewertungssystem empfunden? Hat dir die Bewertung in Worten zugesagt oder hättest du dir ein Notensystem gewünscht?
In dieser Form war der Notendruck nicht so gross und dem Schüler wurde so eine Last abgenommen. Ich fand es sehr gut so. Wenn zum Beispiel mein Mathematiklehrer mich mit «erfasst langsam» bewertete, wusste ich, dass das sein persönlicher Eindruck war. Es stand dann zwar so im Zeugnis, aber ich wusste, dass ich mit den anderen Schülern mitgekommen bin. Er hat mich halt immer etwas abgestuft.

Einen solchen Kommentar empfandest du also weniger schlimm, als wenn im Zeugnis eine Drei oder eine Vier gestanden hätte?
Ja genau. Wenn jetzt hier eine Drei stehen würde, obwohl ich meiner Meinung nach eine Vier verdient hätte, wäre das für mich härter gewesen. Diese Form konnte ich eher akzeptieren, obwohl der Lehrer mit der wörtlichen Bewertung subjektiver urteilte. In meinem Fall war das immer noch eine gute Note, denn ich besuchte im Fach Mathematik als Realschüler die Sekundarschule. Der Interpretationsspielraum war grösser, weil es zum Lesen etwas komplexer war. Man wurde nicht so festgelegt, nicht so eindeutig eingestuft. Das kam bei mir und meinen Mitschülern sehr gut an.

Audiovisueller Unterricht im Sprachlabor und Hauswirtschaftsunterricht für Mädchen und Knaben im AVO Petermoos. Fotografien um 1980.

Eine Idee des AVO war ja, dass die Entscheidung für die spätere Berufswahl nicht schon mit dem Eintritt in die Oberstufe gefällt werden sollte. Wie beeinflusste die Einteilung in die Stammklassen die spätere Berufswahl?

Ich war in der Stammklasse mit mittleren Anforderungen eingeteilt, also ein Realschüler. Ich hätte mich nicht für eine Ausbildung, die einen Sekundarschulabschluss verlangte, bewerben können, obwohl ich einzelne Fächer im Sekundarschulniveau abgeschlossen hatte. Aber bei der Lehrstellensuche konnte man sagen, dass man diese oder jene Fächer auf dem Sekundarschul- oder dem Realschulniveau abgeschlossen hatte.

Wie verlief die Lehrstellensuche als AVO-Schüler? Erschwerte das Wortzeugnis deine Suche?

Das Wortzeugnis wurde von den AVO-Schülern geschätzt. Aber für Externe war es ein Problem. Wir konnten das Zeugnis interpretieren, aber ein Lehrmeister, der ein solches Zeugnis zum ersten Mal sah, sagte, das ist schön, aber ich kann es nicht interpretieren. Er wünschte Fakten, die er kannte, also Noten. In diesem Fall konnte man das Zeugnis von der Schule in ein Notenzeugnis umwandeln lassen. Es wurde dann ein Notenzeugnis ausgestellt, aber nur für die dritte Klasse. Die Zeugnisse der ersten und zweiten Klasse wurden nicht übersetzt.

Du hattest ja keine Probleme bei der Lehrstellensuche. Wollte dein Lehrmeister trotzdem ein Zeugnis sehen? Hatten deine Mitschülerinnen und Mitschüler Probleme mit dem Wortzeugnis?

Ich war der erste der Klasse, der eine Lehrstelle hatte, und zwar bereits in der zweiten Klasse. Mein Lehrmeister wollte mein Zeugnis nie sehen. Er war der Meinung, dass Noten nicht viel aussagen. Er wollte jemanden, der recht arbeitet. Ich habe aber mitbekommen, wie meine Mitschüler Probleme bei der Lehrstellensuche hatten. Die meisten mussten das Zeugnis übersetzen lassen, vor allem wenn sie im kaufmännischen Bereich eine Lehre machen wollten.

OBERSTUFENSCHULE PETERMOOS	1. Zeugnis	1./2. Klasse	vom April 1981 bis Oktober 1982
STAMMKLASSE _mittlere_ Anforderungen	Verhalten in der Schule Zusätzliche Bemerkungen:	– Bruno arbeitet gut und zuverlässig, seine Stärken liegen vor allem im handwerklich und naturwissenschaftlichen Bereich. Bruno arbeitet gerne für sich, was ihm in Gruppenarbeiten manchmal Schwierigkeiten bereitet. Bruno geht seine Arbeiten zielstrebig und mit Ausdauer an.	
Deutsch	drückt sich mündlich sehr gut aus drückt sich schriftlich sehr gut aus sehr gutes Sprachverständnis macht wenig Fehler beteiligt sich viel	drückt sich mündlich gewandt aus drückt sich schriftlich gewandt aus _gutes Sprachverständnis_ _macht einige Fehler_ beteiligt sich	drückt sich mündlich verständl. aus drückt sich schriftl. verständl. aus ausreichendes Sprachverständnis macht viele Fehler beteiligt sich mässig	drückt sich mündl. schwerfällig aus drückt sich schriftl. schwerfällig aus mangelhaftes Sprachverständnis macht sehr viele Fehler beteiligt sich kaum
Staat, Wirtschaft, Gesellschaft	_vorzügliches Verständnis_ _vorzügliches Fachwissen_ _löst Probleme selbständig_ _beteiligt sich viel_	gutes Verständnis gutes Fachwissen löst Probleme meist selbständig beteiligt sich	ausreichendes Verständnis ausreichendes Fachwissen löst Probleme teilweise selbständig beteiligt sich mässig	wenig Verständnis wenig Fachwissen löst Probleme selten selbständig beteiligt sich kaum
Naturlehre _sorgfältiges Herbarium_	_vorzügliches Verständnis_ _vorzügliches Fachwissen_ _löst Probleme selbständig_ _beteiligt sich viel_	gutes Verständnis gutes Fachwissen löst Probleme meist selbständig beteiligt sich	ausreichendes Verständnis ausreichendes Fachwissen löst Probleme teilweise selbständig beteiligt sich mässig	wenig Verständnis wenig Fachwissen löst Probleme selten selbständig beteiligt sich kaum
Musisch-Technischer Bereich 1. Kl 2. Kl ■ ■ Musik, Singen	beteiligt sich viel sehr gute musikalische Fähigkeiten	_beteiligt sich_ _gute musikalische Fähigkeiten_	beteiligt sich mässig mässige musikalische Fähigkeiten	beteiligt sich kaum geringe musikalische Fähigkeiten
■ ■ Zeichnen und Gestalten Z ■ ■ Geometrisches Zeichnen GZ ■ ■ Werken und Gestalten mit Holz und Metall HM ■ □ Werken und Gestalten mit Textilien T ■ ■ Hauswirtschaft H	gestalterisch sehr gut ___ sehr gute Handfertigk. _Me 2_ sehr gutes Sachverst. _Me 2_ sehr sorgfältig _HoMe_ arbeitet sehr gut mit _HoMe_	gestalterisch gut _Z HoMe GZ H_ gute Handfertigkeit _Ho H_ gutes Sachverständn. _Ho_ sorgfältig _2 H_ arbeitet gut mit _GZ H_	gestalt. ausreichend ___ ausreich. Handfertigk. _GZ_ ausreich. Sachverst. _GZ H_ wenig sorgfältig _GZ_ arbeitet mässig mit _GZ_	gestalt. geringe Fähigk. geringe Handfertigkeit geringes Sachverst. unsorgfältig arbeitet kaum mit
Sport	sehr gute sportliche Fähigkeiten sehr guter Einsatz sehr guter Teamgeist	gute sportliche Fähigkeiten _guter Einsatz_ _guter Teamgeist_	ausreichende sportl. Fähigkeiten mässiger Einsatz mässiger Teamgeist	geringe sportl. Fähigkeiten weitgehend fehlender Einsatz weitgehend fehlender Teamgeist
Biblische Geschichte und Sittenlehre	_besucht_			
Projekte Freifächer Kurse	_1981: Niltalrelief erstellen_	_1982: Verkehr: Lokomotiven der SBB (Geschichte, Konstruktion, Wartung)_		
NIVEAUKURS Französisch _einfache bis mittlere_ Anforderungen	drückt sich mündlich sehr gut aus drückt sich schriftlich sehr gut aus sehr gutes Sprachverständnis macht wenig Fehler beteiligt sich viel	drückt sich mündlich gewandt aus drückt sich schriftlich gewandt aus _gutes Sprachverständnis_ _macht einige Fehler_ _beteiligt sich_	drückt sich mündlich verständl. aus drückt sich schriftl. verständl. aus ausreichendes Sprachverständnis macht viele Fehler beteiligt sich mässig	drückt sich mündl. schwerfällig aus drückt sich schriftl. schwerfällig aus mangelhaftes Sprachverständnis macht sehr viele Fehler beteiligt sich kaum
NIVEAUKURS Mathematik / Geometrie _hohe_ Anforderungen	_erfasst schnell_ _sehr gute Fertigkeiten_ _löst schwierige Aufgaben selbständig_ _beteiligt sich viel_	erfasst meistens schnell gute Fertigkeiten löst schwierige Aufgaben meistens selbständig beteiligt sich	erfasst langsam ausreichende Fertigkeiten benötigt beim Lösen schwieriger Aufgaben Hilfe beteiligt sich mässig	erfasst sehr langsam geringe Fertigkeiten ist beim Lösen schwieriger Aufgaben unselbständig beteiligt sich kaum
■ Pflichtfach ■ besuchtes Wahlfach	Schulort _Buchs_	Datum _8. Oktober 1982_	Unterschrift des Lehrers	Eingesehen von Eltern, Vormund oder Besorger

Zum AVO gehörte auch die Reform der Leistungsbeurteilung. Das traditionelle Notenzeugnis wurde durch ein Wortzeugnis ersetzt. Das abgebildete Beispiel betrifft den Petermoos-Schüler Bruno Wiedmer (vgl. auch das Interview auf Seite 246 f.).

obligatorische Lösung kam aus Teilen der Oberstufenlehrerschaft, die in der AVO-Frage tief gespalten war. Vor allem die ältere Lehrerinnen- und Lehrergeneration sowie die konservativen, traditionsorientierten Teile der Lehrerschaft stellten sich gegen die AVO-Reform. Sie kritisierten den höheren organisatorischen und zeitlichen Aufwand im neuen Modell und standen der verstärkten Teamarbeit innerhalb der Lehrerschaft skeptisch gegenüber. Die gegliederte Sekundarschule wurde in Anspielung auf den umstrittenen Erziehungsdirektor als «gegilgte Sekundarschule» karikiert. Die Kontroverse erhitzte die Gemüter und führte schliesslich zur Spaltung der Berufsorganisation. Die reformskeptischen Lehrerinnen und Lehrer traten später, als die AVO-Reform im neuen Volksschulgesetz verankert werden sollte, aus dem Zürcher Lehrerinnen- und Lehrerverband aus und gründeten im Jahr 2000 ihre eigene Interessenorganisation, die «Sekundarlehrkräfte des Kantons Zürich (SekZH)». Der Erziehungsrat hielt zunächst an einer einheitlichen, kantonalen Lösung fest und schickte eine entsprechende Regelung 1993 in die Vernehmlassung. Wegen der teilweise heftigen Opposition gegen das AVO-Obligatorium beliess es der Erziehungsrat allerdings vorerst bei den freiwilligen Modellversuchen.[52]

1995 trat Alfred Gilgen aus Altersgründen nicht mehr für eine weitere Amtsperiode an, ohne dass er im Dossier «AVO» einen Schritt weitergekommen wäre. Sein Nachfolger, Ernst Buschor, beschloss angesichts der unversöhnlichen Opposition zwischen reformfreudigen und reformkritischen Lagern, die endgültige Entscheidung über die Oberstufenreform aufzuschieben beziehungsweise gar nicht zu treffen. Gestützt auf ein wissenschaftliches Gutachten, das keine nennenswerten Leistungsunterschiede zwischen der traditionellen Oberstufe und der gegliederten Sekundarstufe feststel-

Bilder oben: Karikatur zum Thema «Wortzeugnis gegen Notenzeugnis», 1978.

Bild unten: Die einheitliche Einführung der «gegliederten Sekundarschule», des von Erziehungsrat und Erziehungsdirektor Gilgen favorisierten Oberstufenmodells, stiess in den 1990er-Jahren bereits bei der Vernehmlassung auf grossen Widerstand. Karikatur von 1995.

len konnte, deklarierte der Erziehungsdirektor beide Modelle als gleichwertig und überliess die Wahl den Schulgemeinden.[53] Zur Auswahl stand auf der einen Seite die gegliederte Sekundarschule, auf der anderen eine formal revidierte Form der alten, in Sekundar-, Real- und Oberschule geteilten Oberstufe, die als «dreiteilige Sekundarschule» bezeichnet wurde, inhaltlich aber weitgehend mit dem alten System übereinstimmte.[54] Die mehr als 20 Jahre dauernden Diskussionen um die Reform der Oberstufe wurden durch diesen Kompromiss vorläufig beendet. Das Gesetz, das den Gemeinden die Systemwahl überliess, wurde im September 1997 mit einer deutlichen Mehrheit von über 80 Prozent Ja-Stimmen an der Urne gutgeheissen. In den darauffolgenden Jahren breitete sich die gegliederte Sekundarschule langsam weiter aus. Bis 2004 besuchte rund ein Viertel aller Zürcher Oberstufenschülerinnen und -schüler einen Unterricht nach dem neuen Modell.[55]

Von der Sittenlehre zur Aidsprävention: Die Geschichte der Sexualerziehung in der Volksschule

Die Debatte um die Einführung eines Sexualkundeunterrichts setzte 1969 ein, als im Kantonsrat ein Parlamentarier des Landesrings eine Interpellation einreichte, die einen «wissenschaftlich fundierten und sozial-ethisch durchdachten Unterricht in diesen eminent wichtigen Lebensfragen» forderte. Die Kinder sollten auf der Primar- und Oberstufe über die «biologischen Grundtatsachen der Fortpflanzung des Menschen» und über die «körperlichen und seelischen Veränderungen während der Pubertät sowie über Menstruation und Pollution» unterrichtet werden.[1] Die Regierung unterstützte das Anliegen und setzte eine Kommission aus medizinischen, psychologischen, juristischen, pädagogischen und kirchlichen Fachleuten ein, die einen Vorschlag für eine altersgerechte Sexualerziehung ausarbeiten sollte.[2]

Die Einführung des neuen Fachs erwies sich als schwieriger und langwieriger Prozess. Zunächst einigte sich die Kommission darauf, das Fach nicht durch einen Fachexperten, sondern durch den Klassenlehrer oder die Klassenlehrerin unterrichten zu lassen. Sexualität sollte nicht als Sonderthema unterrichtet werden, sondern in den Normalunterricht einfliessen.[3] Ziel war es, «den sexuellen Bereich mit anderen Lebensbereichen zu verbinden, ihn in grössere Sinnzusammenhänge einzubetten und ins eigene Leben zu integrieren».[4] 1971 startete die Gemeinde Urdorf einen ersten Pilotversuch mit dem neuen Fach, der insgesamt positiv ausfiel.[5] Ein erstes Lehrerhandbuch allerdings, das 1974 von einer besonderen Arbeitsgruppe formuliert wurde und von der progressiven Sexualaufklärung der 68er-Bewegung inspiriert war, fiel beim Erziehungsrat durch und wurde schubladisiert, weil es nicht mit den «Regeln des guten Geschmacks» zu vereinbaren sei.[6] Auch formierten sich im Verlauf der Debatten verschiedene wertkonservative Gruppen wie der «Verein besorgter Eltern» oder die christliche «Pro Veritate», die sich vehement gegen jeglichen Sexualkundeunterricht aussprachen.[7] 1980 führte der Erziehungsrat weitere Schulversuche durch und schickte einen Entwurf über die Richtlinien zur schulischen Sexualerziehung in eine breite Vernehmlassung. Der Entwurf fand bei den Landeskirchen verhaltene Zustimmung, während verschiedene Frauenorganisationen das Papier begrüssten. Um den skeptischen Kreisen entgegenzukommen, beschloss der Erziehungsrat, dass Eltern ihre Kinder vom Unterricht dispensieren lassen konnten und dass Lehrerinnen und Lehrer nicht gezwungen waren, den Sexualkundeunterricht durchzuführen. Bei Konflikten mit Eltern sollte die Lehrerschaft das Gespräch suchen, um Dispensationen zu vermeiden.[8]

Im Schuljahr 1986/87 wurde der Sexualkundeunterricht offiziell auf der Primarstufe eingeführt, als Teil des bereits bestehenden Faches «Lebenskunde».[9] 1988 wurde das Fach auch auf der Oberstufe vorgeschrieben, zusammen mit einer obligatorischen Aidsprävention.[10] Sexualerziehung sollte nach dem neuen Lehrmittel mehr sein als blosse Aufklärung, um die Sexualität nicht einfach auf die biologische Dimension zu reduzieren. Im Mittelpunkt stand ein ganzheitlicher Ansatz, der auch die «seelischen, gefühlsmässigen und sozialen Aspekte» des Themas behandelte.[11] Auf der Primarstufe diskutierten die Lehrerinnen und Lehrer im Sexualkundeunterricht Fragen um Geburt und Schwangerschaft («Wo war ich

Sex-Kunde: «Er tut mir leid – wir sollten ihn aufklären!»

Die emotionsgeladenen Diskussionen um die Einführung des Sexualkundeunterrichts in der Volksschule gaben immer wieder ein dankbares Thema für Karikaturen ab; insbesondere die Lehrpersonen wurden dabei gerne auf die Schippe genommen. Karikatur links von 1975, rechts von 1985.

vor der Geburt?») und zwar in einer spielerischen Art, bei der auch Geburtsmythen wie die Storch-Geschichte hinterfragt oder im Turnunterricht die Embryostellung nachgeahmt wurde. Auch ein Besuch in der Geburtsabteilung eines Spitals konnte Teil des Sexualkundeunterrichts sein. Diskutiert wurden ausserdem die vielfältigen sprachlichen Bezeichnungen für Geschlechtsorgane oder Ausscheidungen, von den Vulgär- über Familien- bis zu Fachausdrücken. Ein Schwerpunkt des Unterrichts betraf die Unterschiede im geschlechtsspezifischen Verhalten beziehungsweise in der Rollenteilung zwischen Knaben und Mädchen. Der Titel dieser Unterrichtseinheit zeigt, dass dabei die traditionellen Rollenerwartungen hinterfragt wurden: «So sind Knaben! So sind Mädchen! Sind Knaben so? Sind Mädchen so?» Hier unterhielt sich die Klasse über die Berufswünsche oder die Lieblingsspielzeuge von Mädchen und Knaben. Auch Verkleidungsspiele mit einem Geschlechterrollentausch gehörten zum Unterrichtsstoff.[12]

Die alte Kantonsschule an der Rämistrasse in Zürich, in der bis in die 1970er-Jahre eine Abteilung des Oberseminars untergebracht war.

Wege zu einer zeitgemässen Lehrerinnen- und Lehrerausbildung

Die Ausbildung von Lehrpersonen für die Volksschule des Kantons Zürich, die 1832 mit der Eröffnung des Seminars in Küsnacht ihren Anfang genommen hatte, wurde erst im 20. Jahrhundert grundlegend erneuert. Mit dem Lehrerbildungsgesetz von 1938 wurde der seminaristische Ausbildungsweg für Lehrerinnen und Lehrer abgeschafft und die allgemeine von der beruflichen Ausbildung getrennt. Fortan erwarben die zukünftigen Lehrpersonen eine vierjährige Allgemeinbildung am Unterseminar, die sie mit einer kantonalen Matura abschlossen. Für den Erwerb des Lehrdiploms hatten die Seminaristinnen und Seminaristen zusätzlich einen Jahreskurs im 1943 eröffneten Oberseminar im Haus «Zum Rechberg» an der Florhofgasse in Zürich zu absolvieren. Damit hatte der Kanton Zürich bereits in der ersten Hälfte des 20. Jahrhunderts die Ausbildung der Lehrpersonen auf die tertiäre Bildungsstufe verlegt – dies im Gegensatz zu anderen Kantonen, die teilweise bis ins 21. Jahrhundert am seminaristischen Ausbildungsweg festhielten. Der Weg zum Lehrer oder zur Lehrerin stand seit 1938 auch Abgängerinnen und Abgängern der Mittelschulen offen. Nach einem halbjährigen Vorkurs, in dem sie ihre Ausbildungslücken im musischen und pädagogischen Bereich füllen konnten, traten sie ins Oberseminar ein.

Das Seminar erlebte einen unerwartet hohen Zulauf und bereits kurz nach der Eröffnung wurden die Platzverhältnisse prekär. Nachdem 1949 und 1950 zwei Neubauprojekte in der Volksabstimmung gescheitert waren, musste sich das Seminar in den folgenden Jahren mit Provisorien begnügen. 1952 wurden dem Oberseminar auf dem Areal des Kantonsspitals Baracken und an der benachbarten Universität einige Hörsäle zur Verfügung gestellt. Doch auch dieses Provisorium genügte bald nicht mehr. Eine Abteilung des Oberseminars bezog drei Stockwerke im Gebäude der alten Kantonsschule an der Rämistrasse und musste bald in Pavillons ausweichen, die auf dem Areal errichtet wurden. Erst 1977 konnten die räumlichen Verhältnisse entscheidend verbessert werden, indem eine zweite Abteilung des Oberseminars einen zweckmässigen Neubau im Komplex der Kantonsschule Oerlikon beziehen konnte.

Nach diesem Professionalisierungsschub in der Lehrerinnen- und Lehrerbildung kam es in den 1960er-Jahren zu einer weiteren Differenzierung der Ausbildung.

Das Geschäftshaus und Schulhaus des Arbeitslehrerinnenseminars am Kreuzplatz in Zürich. Fotografie von 1953.

1959 wurde die Oberstufe der Volksschule reorganisiert und es wurden neben der Sekundarschule neu die Realschule und die Oberschule geschaffen. Die Volksschule verlangte jetzt auch spezifisch ausgebildete Lehrpersonen. 1963 wurde im damaligen Pestalozzianum an der Beckenhofstrasse in Zürich das Real- und Oberschullehrerseminar (ROS) eröffnet. Bereits ein Jahr später bezog das Seminar ein eigenes Gebäude auf dem Gelände des Oberstufenschulhauses am Döltschiweg in Zürich-Wiedikon. Die zukünftigen Real- und Oberschullehrerinnen und -lehrer konnten hier nach dem Abschluss des Oberseminars und einer zweijährigen Berufspraxis an der Primarschule das Lehrdiplom für die Real- und Oberschule erwerben.

Von diesen Professionalisierungs- und Differenzierungsprozessen blieb die Ausbildung der Sekundarlehrerinnen und Sekundarlehrer unberührt. Dieser Ausbildungsgang war seit Langem etabliert und an der Universität angesiedelt. 1869 war an der Universität Zürich eine Lehramtsschule für Sekundarlehrerinnen und -lehrer eingerichtet worden, an der die zukünftigen Lehrerinnen und Lehrer ihre zweijährige Berufsausbildung absolvieren konnten. 1881 wurde die Ausbildung zu einem zweijährigen akademischen Studium erweitert und 1906 in zwei Studienrichtungen geteilt: eine sprachlich-historische und eine mathematisch-naturwissenschaftliche Richtung. Die Sekundar- und Fachlehrerausbildung (SFA) an der Universität bildete seit jeher auch Lehrpersonen für andere Deutschschweizer Kantone aus.

Erst in der zweiten Hälfte des 20. Jahrhunderts erreichten die Handarbeits- und Hauswirtschaftslehrerinnen die Einrichtung von staatlichen Ausbildungsgängen. In vielen kleinen Schritten wandelte sich seit dem 19. Jahrhundert die Ausbildung der Handarbeitslehrerinnen vom Kurs bis hin zu einer institutionalisierten Ausbildung am Seminar. 1953 wurde die Handarbeitslehrerinnenausbildung verselbstständigt und in einen Neubau an der Kreuzstrasse in Zürich verlegt. Der Umzug brachte auch eine Änderung des Status mit sich: 1954 stimmte der Erziehungsrat dem neuen Namen «Arbeitslehrerinnenseminar» (ALS) zu. Rund zehn Jahre nach der Einführung der Handarbeitslehrerinnenausbildung wurde auch die Ausbildung der Hauswirtschaftslehrerin vom Kanton übernommen. Bis Ende der 1960er-Jahre mussten sich Hauswirtschaftslehrerinnen auf privater Basis in der Haushaltungsschule des Gemeinnützigen Frauenvereins am Zeltweg in Zürich-Hottingen ausbilden. 1969 öffnete in Pfäffikon das kantonale Haushaltlehrerinnenseminar (HLS) seine Pforten. Es bildete in einem halbjährigen Vorkurs und einer zweijährigen Berufsausbildung die zukünftigen Lehrpersonen aus.

Das ehemalige Primarlehrerseminar des Kantons Zürich in Oerlikon.

1995 zog das Seminar nach Zürich in die renovierten Gebäude des Gemeinnützigen Frauenvereins in Zürich-Hottingen.

Die 1970er-Jahre standen im Zeichen einer Diskussion über die Vereinheitlichung der Lehrerinnen- und Lehrerausbildung sowie die Anerkennung gleichwertiger Ausbildungsabschlüsse in der ganzen Schweiz. Den Anstoss dazu gab das interkantonale Konkordat über die Schulkoordination von 1970. Im Kanton Zürich wurden die Reformen der Lehrerinnen- und Lehrerausbildung zügig an die Hand genommen und entsprechend den Empfehlungen der Schweizerischen Konferenz der kantonalen Erziehungsdirektoren (EDK) umgesetzt. Das neue Lehrerbildungsgesetz von 1978 verlängerte einerseits die Ausbildungsgänge und begann die Kurse nach Stufen und Kategorien zu vereinheitlichen. Der maturitätsgebundene Weg wurde 1978 erneut bestätigt. Nach einem ausserschulischen Praktikum von 18 Wochen besuchten nun alle zukünftigen Lehrkräfte der Primarschule und der Oberstufe gemeinsam das neu gegründete Seminar für Pädagogische Grundausbildung (SPG). Auf dieser einjährigen Ausbildung bauten anschliessend stufenspezifische Studiengänge auf, die jedoch nach wie vor räumlich und inhaltlich getrennt waren. Die Primarlehrerinnen und -lehrer erhielten ihre wiederum einjährige (ab 1988 zweijährige) Ausbildung am Primarlehrerseminar (PLS) in den Abteilungen Oerlikon und Irchel, die Real- und Oberschullehrer und -lehrerinnen besuchten für drei Jahre das ROS im Döltschi und die Sekundarlehrerinnen und -lehrer absolvierten ein dreijähriges Studium an der Universität. Nach dem Abschluss ihres jeweiligen Studiengangs hatten alle Junglehrerinnen und Junglehrer eine betreute zweijährige Berufstätigkeit zu bestehen, um das Wählbarkeitszeugnis zu erwerben.

Ende der 1980er-Jahre geriet dieses Bildungskonzept in Bewegung: Die höhere Berufsausbildung sollte aufgewertet und Fachhochschulen sollten eingerichtet werden. Damit hoffte die EDK, die nach wie vor sehr uneinheitlichen Ausbildungsgänge für Lehrerinnen und Lehrer in der Schweiz zu vereinheitlichen. Die Einrichtung von pädagogischen Fachhochschulen wurde von den Kantonen bereits in den frühen 1990er-Jahren positiv aufgenommen. Der Regierungsrat des Kantons Zürich legte 1997 ein entsprechendes Gesetz vor, das die Umwandlung der bestehenden tertiären Lehrerausbildung in eine pädagogische Hochschule vorsah. Das neue Lehrerbildungsgesetz, das als Kernstück die Gründung einer pädagogischen Hochschule vorsah, wurde im Jahr 2000 in der Volksabstimmung deutlich angenommen. Im Herbst 2002 konnte die Pädagogische Hochschule Zürich (PHZH) eröffnet werden. Heute besuchen alle angehenden Lehrpersonen der Vorschule, der Primar-

Das Real- und Oberschullehrerseminar «Döltschi» in Zürich-Wiedikon. Fotografie 1980er-Jahre.

schule und der Sekundarschulstufe die PHZH. Das Studium für Lehrerinnen und Lehrer auf der Primarschulstufe dauert sechs Semester, die Ausbildung zur Lehrperson auf der Oberstufe (neu Sekundarstufe) neun Semester. Die Ausbildung für die Lehrerinnen und Lehrer auf der Sekundarstufe wurde vereinheitlicht, indem alle zu einer sogenannten Stufenlehrkraft ausgebildet werden. Die heutigen Lehrpersonen auf der Sekundarstufe sind in der Lage, in mehr als drei Fächern Klassen in verschiedenen Abteilungen beziehungsweise auf unterschiedlichem Niveau zu unterrichten. Damit wurde die bisherige – nicht zuletzt auch lohnwirksame – Differenzierung in Sekundar-, Real- und Oberschullehrerin und -lehrer aufgehoben. Mit der Einrichtung der Pädagogischen Hochschule kam auch das Aus für das Arbeitslehrerinnen- und das Hauswirtschaftslehrerinnenseminar, das noch 1995 von Pfäffikon nach Zürich verlegt worden war. Die beiden Fächer können neu in der Fachausbildung als Schwerpunkte gewählt werden. Mit der Ausbildung der Lehrerinnen und Lehrer an der Pädagogischen Hochschule wurde die starre Trennung der Ausbildung nach spezifischen Unterrichtsfächern, nach Stufe und Kategorien aufgehoben. Die Flexibilisierung bewirkte, dass die Diplome der Pädagogischen Hochschule nicht nur im Kanton Zürich, sondern auch in der übrigen Schweiz und im Ausland anerkannt werden.

Von «On y va!» zu «envol»

«Allô, c'est toi, Simone?» Wer in den 1970er- bis 90er-Jahren Französisch lernte, kennt diesen Dialog auswendig. 1972 wurde im Kanton Zürich, später in den Kantonen Thurgau und St. Gallen «On y va!» als neues Französischlehrmittel eingeführt. «On y va!» bedeutete eine Revolution im Bereich der Lehrmittelproduktion. Es war das erste audiovisuelle Lehrmittel, das für den Sprachunterricht auf der Oberstufe verwendet wurde. Die Dialoge von François, René und Simone wurden mit Stehfilmen oder Dias illustriert, die Texte hörte man ab Tonband oder Kassette, und oft mussten sie auswendig gelernt werden. Insgesamt dreissig Jahre lang prägte dieses Lehrwerk den Französischunterricht, bevor es im Jahr 2000 durch «envol» abgelöst wurde, das heute in der Mehrheit der Deutschschweizer Kantone eingesetzt wird.

1960–1995 GESELLSCHAFTLICHER WANDEL **257**

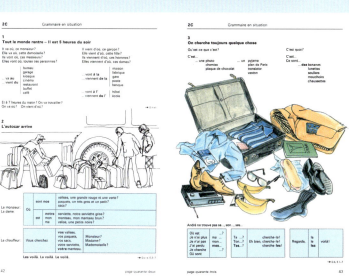

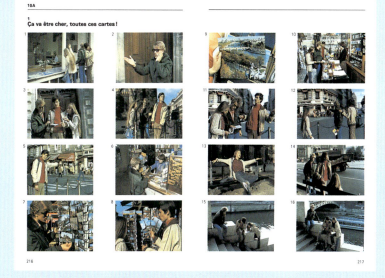

1995–2007

Schule im Umbruch:
Lernen im Zeitalter von sprachlich-kultureller Vielfalt und PISA-Test
Region Glattal

Seit den 1990er-Jahren hat sich das Gesicht der Volksschule aufgrund organisatorischer und inhaltlicher Reformen stark verändert. Im Zuge der allgemeinen Verwaltungsreform standen in der ersten Reformphase organisatorische Anliegen, etwa die Einführung professioneller Schulleitungen, im Zentrum. Eine zweite Reformphase war stärker inhaltlich orientiert. Ein wichtiger Auslöser der Reformpolitik war der PISA-Test, eine seit 2000 durchgeführte international vergleichende Studie über die Leistungsstärke nationaler Schulsysteme. Die Schweiz erzielte im ersten PISA-Test in den Bereichen Lesen und Naturwissenschaften enttäuschende Resultate. Offensichtlich war das schweizerische Schulsystem nur beschränkt in der Lage, die ungleichen Bildungschancen zwischen deutsch- und fremdsprachigen Schülerinnen und Schülern zu beheben. Der schulpolitische Reformkurs hat seither die Sprachförderung und die Integrationsbestrebungen verstärkt, um die sozialen und kulturellen Gegensätze unter den Schülerinnen und Schülern besser auszugleichen.

Bereits in den 1980er-Jahren prägte eine Vielzahl von Reformvorhaben die kantonale Bildungspolitik. In den 1990er-Jahren nahm das Reformtempo weiter zu. Das Bildungssystem wurde nicht mehr als stabile Grösse, sondern mehr und mehr als dynamische Institution begriffen, die mit dem wirtschaftlichen und gesellschaftlichen Wandel Schritt halten soll und sich deshalb ständig verändert. Im Rückblick wirkt die langwierige und umfangreiche Oberstufenreform der 1980er-Jahre wie ein bescheidener Auftakt zu einer umfassenden Reformphase, die Mitte der 1990er-Jahre einsetzte und seither die Volksschule prägt. Zunächst wurde die Volksschule von übergreifenden Verwaltungsreformen erfasst, die auf den Grundsätzen des New Public Management (NPM) aufbauten. Ab 1995 fanden unter dem neuen Erziehungsdirektor Ernst Buschor Schlagworte wie «wirkungsorientierte Verwaltungsführung», «Kundenorientierung und Bürgernähe», Verbesserung von «Effizienz», «Zielorientierung» und «Wirtschaftlichkeit» auch in den bildungs- und schulpolitischen Debatten zunehmend Verwendung.[1] Dabei wurden 1998 im Zuge der Verwaltungsreform die Erziehungsdirektion und der Erziehungsrat reorganisiert und in Bildungsdirektion beziehungsweise Bildungsrat umbenannt.[2] Infolge der allgemeinen Verwaltungsreform kam es auch in der Volksschule zu einem Reformschub mit einer Vielzahl von kleineren und grösseren Veränderungen, die sich über alle Stufen von den lokalen Schulen bis hinauf zu den Gremien der kantonalen und nationalen Bildungspolitik erstreckten. Ein Grossteil der Reformen wurde in einer Revision des kantonalen Volksschulgesetzes gebündelt. In einer ersten Fassung scheiterte die Vorlage zwar 2002 an der Urne, doch im zweiten Anlauf, unter der neuen Bildungsdirektorin Regine Aeppli, überstand das Gesetz 2005 erfolgreich die Abstimmungshürde. Seither werden die Neuerungen in der Zürcher Volksschule Schritt für Schritt umgesetzt. Die Schulpolitik bleibt damit bis auf absehbare Zeit in Bewegung.

Eine Gesamtschau über diese Reformphase fällt allerdings schwer. Obwohl zeitgleich nebeneinander verlaufend, teilweise auch inhaltlich miteinander verknüpft, sind die einzelnen Veränderungen zu vielschichtig, um sie einem gemeinsamen Grundgedanken zuzuordnen. Die erste Reformwelle in den 1990er-Jahren setzte den Akzent auf strukturelle, organisatorische Veränderungen wie die Einführung von Schulleitungen oder die Professionalisierung der Schulaufsicht – Reformen, die teilweise an die Oberstufenreform der 1980er-Jahre anknüpften. Diese organisatorischen Neuerungen sollten auch Verbesserungen auf inhaltlicher Ebene bewirken. Nach 2000 verschoben sich die Prioritäten in der Bildungspolitik allmählich. Nun wurden primär inhaltliche Aspekte betont, während die organisatorischen Anliegen in den Hintergrund rückten. Ein wichtiger Anlass waren die Ergebnisse des international vergleichenden PISA-Tests, die der schweizerischen Volksschule im Lesen einen nur mittelmässigen Leistungsausweis bescheinigten und den Veränderungsdruck in der kantonalen Schulpolitik deutlich erhöhten. Diese Reformphase hält bis in die Gegenwart an. Zu den aktuellen Reformanliegen gehören etwa ein zeitgemässer Umgang mit der Mehrsprachigkeit und der Religionsvielfalt in Schule und Gesellschaft.

In politischen Reformvorhaben besteht oft eine grosse Hürde zwischen Schein und Sein beziehungsweise zwischen Anspruch und Wirklichkeit. Die Zürcher Schulreformen machen dabei keine Ausnahme. Für den historischen Rückblick ist es deshalb wichtig, zwischen dem rhetorischen Kleid und den konkreten Anliegen der Reformpostulate zu unterscheiden. Die nächsten Abschnitte werfen daher einen Blick hinter die Fassade der jüngsten Schulreformen. Sie schildern den politischen und gesellschaftlichen Hintergrund der Reformbestrebungen und fragen nach deren Folgen für die Arbeit der schulpolitischen Behörden sowie der Lehrerinnen und Lehrer.

Ernst Buschor war 1993–2003 Mitglied des Regierungsrates. 1995–2003 leitete er die Erziehungsdirektion, die 1998 in Bildungsdirektion umbenannnt wurde.

Wänn ich wie dä Elton John spile will, muess ich halt viiil üebe!
Erfolg haben erfordert grossen zeitlichen Einsatz!
Bin ich bereit, das auf mich zu nehmen und auch zu trainieren, wenn es mir einmal stinkt?
Ausdauer

Juli
1.   17.
2.   18.
3.   19.
4.   20.

Die Gestaltung der Schulhauskultur und die Formulierung gemeinsamer Ziele gehörten zur modernen Schulentwicklung. In diesem Rahmen hat die Primarschule Feldhof (verkürzt: die «Feldi») in Volketswil einen Erziehungskalender mit zwölf Leitbildern der Erziehung erarbeitet, die im Schulhaus, im Unterricht sowie in der Familie gemeinsam thematisiert werden.

ERNST BUSCHOR WIRD NEUER ERZIEHUNGSDIREKTOR

Der Startschuss für die Schulreformen ging nicht von einem bildungs- oder schulpolitischen Anliegen, sondern von einer allgemeinen Verwaltungsreform aus, die der Regierungsrat 1995 beschloss und in den folgenden Jahren unter dem Titel *wif!* (für «Wirkungsorientierte Führung der Verwaltung») umsetzte. Das *wif!*-Projekt war auch mit der Person von Ernst Buschor verbunden, der 1993 für die Christlichdemokratische Volkspartei (CVP) in den Regierungsrat gewählt wurde und zwischen 1995 und seinem Rücktritt 2003 der Bildungsdirektion vorstand. Nach einer Karriere in der Finanzverwaltung des Kantons Zürich wechselte Buschor 1985 an die Hochschule St. Gallen (HSG), wo er eine Professur für Betriebswirtschaftslehre bekleidete und auf Fragen der öffentlichen Verwaltung spezialisiert war. Noch an der HSG avancierte er zum prominenten Vertreter des New Public Management, einer Verwaltungsreformlehre, die seit den 1980er-Jahren internationale Beachtung fand und die akademische Lehre in den 1990er-Jahren dominierte. Das Grundanliegen der NPM-Lehre war, die Arbeitsweise der staatlichen Behörden nicht mehr nach den herkömmlichen Grundsätzen des Verwaltungsrechts, sondern auf die betriebsökonomische Managementlehre und auf privatrechtliche Prinzipien zu gründen. Natürlich war klar, dass die öffentliche Verwaltung nicht mit einem privatwirtschaftlichen Unternehmen gleichzusetzen war und dass marktwirtschaftliche Steuerungsregeln nur in einer angepassten Form für die staatlichen Behörden gelten konnten.

Mitte der 1990er-Jahre formulierte der Zürcher Regierungsrat mit dem *wif!*-Projekt ein konkretes Reformprogramm. Die Grundgedanken der Reform entsprachen der NPM-Lehrmeinung und umfassten eine verstärkte Zielorientierung und Steuerungsfähigkeit der Verwaltungstätigkeit – etwa durch die Umstellung auf das Finanzierungsmodell der Globalbudgetierung sowie die Einführung von Leistungsaufträgen und Instrumenten zur Leistungsmessung und -steuerung. Von diesen Reformen erhoffte sich die Regierung eine höhere Effizienz und Wirtschaftlichkeit sowie eine stärkere Bürgerorientierung der Verwaltung.[3] Alle Direktionen beteiligten sich an der Reform. Diese führte in der Folge zur Autonomie der Universität Zürich, zur flächendeckenden Umstellung auf leistungsorientierte Modelle der Finanz- und Budgetplanung sowie zur Einführung von Qualitätssicherungsinstrumenten in der Verwaltung.[4] Die Hoffnung auf das Sparpotenzial erfüllte sich allerdings nicht: Der kantonale Haushalt stieg zwischen 1994 und 2004 kontinuierlich von

Diskussion im Klassenrat der 3. Sekundarschulklasse im Schulhaus Bürgli in Wallisellen. Im Klassenrat sind die Schülerinnen und Schüler unter sich. Hier werden Klassenregeln beschlossen, aktuelle Probleme und Konflikte gelöst und die Planung und Gestaltung des Unterrichts sowie die Klassenaktivitäten diskutiert.

9,3 Milliarden auf 11,6 Milliarden Franken an. Nur kurzfristig – von 1996 bis 1998 – sanken die Ausgaben leicht, stiegen aber bereits 1999 wieder über das Niveau von 1996 an.[5]

DIE VERWALTUNGSREFORM ALS KATALYSATOR DER SCHULREFORM

Wie wurden die *wif!*-Ziele in der Volksschule umgesetzt? Auf diese Frage gibt es keine einfache Antwort, denn das *wif!*-Projekt war in den betroffenen Verwaltungsbereichen oft eher ein Katalysator und Beschleuniger für bereits diskutierte Reformanliegen. Das *wif!*-Programm funktionierte primär durch finanzielle Anreize. Wer entsprechende Fördergelder erhalten wollte, musste sich beim verantwortlichen Ausschuss mit einem Vorhaben bewerben, dessen Ausrichtung den *wif!*-Zielen entsprach.[6] Wie in anderen Direktionen auch wurden in der Bildungsdirektion ältere Reformanliegen wieder aufgegriffen und mit Blick auf die *wif!*-Grundsätze zu neuen Projekten ausgearbeitet. Praktisch alle Anliegen der Volksschulreform – von den Schulleitungen über die Qualitätssicherung bis zur Einführung der Grundstufe – wurden schon vor der Verwaltungsreform diskutiert und erhielten mit *wif!* eine neue Realisierungschance.

Dass dabei die Lehren des New Public Management teilweise in den Hintergrund traten, versteht sich unter diesen Umständen von selbst.

Die Volksschulreform verlief nach 1995 in drei Phasen. Zunächst wurden bis 1998 bereits diskutierte bildungspolitische Vorhaben ins *wif!*-Programm integriert. Dazu gehörten unter anderem die Einführung von Schulleitungen und die Professionalisierung der Schulaufsicht. Zwischen 1999 und 2002, in der zweiten Phase, wurden diese Einzelprojekte zu einem Reformpaket zusammengefasst und auf dieser Grundlage ein revidiertes Volksschulgesetz formuliert, das im Herbst 2002 den Stimmbürgerinnen und -bürgern unterbreitet wurde. Die beiden ersten Phasen fielen in die Amtszeit von Ernst Buschor. Nach der Abstimmungsniederlage von 2002 wurde in einer dritten Phase das Gesetz vom Kantonsrat in einer überarbeiteten Form wieder aufgenommen und im Juni 2005, unter Regine Aeppli, der sozialdemokratischen Nachfolgerin Buschors, erneut – und diesmal erfolgreich – der Volksabstimmung unterbreitet. Seither werden die Bestimmungen in die Praxis überführt. Bis 2011 sollen die Neuerungen des Volksschulgesetzes vollständig umgesetzt sein.[7]

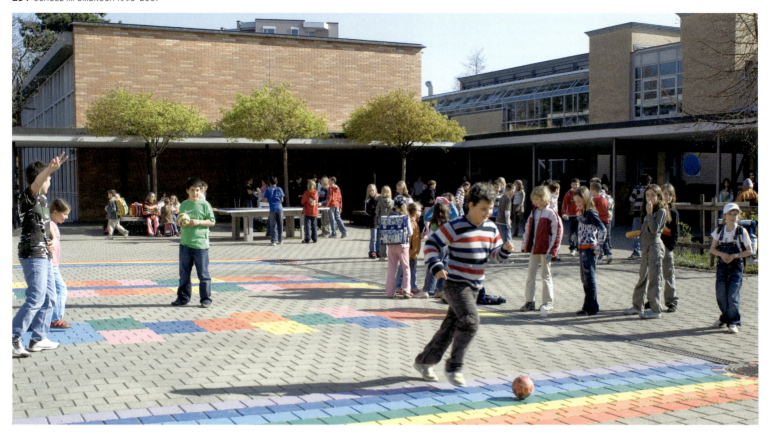

Fussballspielen, plaudern, Pausenbrote essen oder klettern: Auf dem Pausenplatz der Primarschule Mösli in Wallisellen gibt es viele Möglichkeiten, sich vom Unterricht zu erholen.

DIE EINFÜHRUNG VON SCHULLEITUNGEN ALS TEIL DER ERHÖHTEN SCHULAUTONOMIE

Als erstes Teilprojekt der Schulreformen startete der Regierungsrat im November 1995 das Projekt der «Teilautonomen Volksschule TaV». Grundgedanke des TaV-Projekts war, die Verantwortlichkeiten zwischen Schulen, Schulgemeinden und Kanton zu entflechten. Der Kanton sollte sich darauf konzentrieren, strategische Ziele zu formulieren, während Schulgemeinden und Schulen grössere Freiheiten erhielten, die kantonalen Vorgaben umzusetzen. Die neue Eigenverantwortung war allerdings mit klaren Leistungsvorgaben und einer verstärkten Kontrolle durch die Aufsichtsbehörden verbunden.[8]

In den Schulgemeinden wurden mit dem Zürcher TaV-Projekt vor allem Schulleitungen eingeführt, um die Lehrerschaft und die Gemeindeschulpflegen von Koordinations- und Administrationsaufgaben zu entlasten. Die Idee der Schulleitungen war nicht neu. Bereits vor dem Kanton Zürich hatten die Kantone Bern, beide Basler Stände sowie Luzern erste Pilotprojekte durchgeführt. Konkret sollte im Kanton Zürich den Schulpflegen erlaubt werden, Schulleiter und Schulleiterinnen anzustellen und sie mit organisatorischen Aufgaben, Kompetenzen in der Personalführung und der pädagogischen Leitung des Schulbetriebs zu betrauen. Von diesen professionellen Schulleitungen erhofften sich die Behörden eine Entlastung der Schulpflegebehörden, die als Milizorgane in den vergangenen Jahren durch die Zunahme an pädagogischen und organisatorischen Aufgaben an ihre Leistungsgrenzen gestossen waren. Die Autonomie beschränkte sich nicht nur auf organisatorische Massnahmen, sondern umfasste auch fachliche Fragen. Vorgesehen war etwa, dass alle Schulhäuser ein Leitbild und ein Schulprogramm erarbeiten würden. Auch die Zusammenarbeit unter der Lehrerschaft sowie zwischen Lehrerschaft, Schulkindern und Eltern sollte in den geleiteten Schulen verstärkt werden, etwa um Themen wie Gewalt und Drogenmissbrauch zu diskutieren.[9]

Nach einer Vorbereitungszeit wurden Anfang 1997 in acht Schulgemeinden erste Pilotprojekte mit insgesamt 20 Schulen durchgeführt. Zunächst war das Interesse der Lehrerschaft und der Schulbehörden noch mässig. Obwohl die Bildungsdirektion engagiert für den Autonomieversuch warb und Ernst Buschor oft persönlich in den Gemeinden die Werbetrommel rührte, überwog bei vielen Schulgemeinden eine reservierte oder ablehnende Haltung. Beispielhaft war ein Diskussionsabend in Glattfelden. Buschor begründete die

geplanten Schulreformen in einem fulminanten Votum, in dem er an den beschleunigten gesellschaftlichen Wandel erinnerte:

«Wir leben heute wieder in einer Zeit des totalen Umbruchs und erleben gegenwärtig eine Revolution der Globalisierung. Aus diesem Grund müssen wir heute schon etwas verändern, wollen wir sicherstellen, dass unsere Schule in 15 Jahren noch eine gute Schule ist.»

Offenbar blieben aber in der Diskussion viele konkrete Anliegen des Publikums ungeklärt. Ein Besucher meinte in der Pause lakonisch: «Er redet viel, nur eine Antwort hört man nie.»[10]

In der Lehrerschaft kam ebenfalls keine Begeisterung auf, was auch an Missverständnissen zwischen der Lehrerschaft und der Bildungsdirektion lag. Die zuspitzende Rhetorik Buschors, die oft mit Managementmetaphern und marktwirtschaftlichen Anklängen einherging, rief unter den Lehrerinnen und Lehrern teils heftige Irritationen und Widerstand hervor. Die Befürchtung stand im Raum, dass die versprochene Teilautonomie nur ein Mittel sei, um den Spardruck vom Kanton auf die einzelnen Schulhäuser abzuwälzen. Buschor musste in den öffentlichen Diskussionsveranstaltungen wiederholt dem Eindruck entgegentreten, dass das TaV-Projekt primär eine Sparmassnahme sei.[11] Viele Schulen blieben skeptisch und lehnten trotz der Werbeanstrengungen des Regierungsrats und der Bildungsdirektion eine Teilnahme an der TaV-Versuchsreihe explizit ab.[12]

Als jedoch nach einem Jahr die ersten positiven Zwischenergebnisse aus den TaV-Schulen bekannt wurden, stieg die Nachfrage nach dem neuen Schulmodell schnell an. Nach zwei Jahren nahmen bereits 82 Schulen am Projekt teil. Weil keine Schule vorzeitig aus dem Projekt ausstieg und die Kapazitäten des Versuchs beschränkt waren, bildete sich gar eine längere Warteliste von interessierten Schulgemeinden.[13] Aus der Sicht der Lehrerschaft brachte vor allem die neue Funktion der Schulleitung wichtige Veränderungen. Die frisch berufenen nebenamtlichen Schulleiterinnen und Schulleiter waren weiterhin als Lehrpersonen tätig. Diese Doppelrolle führte dazu, dass innerhalb der Lehrerschaft sowohl ein kollegiales wie hierarchisches Verhältnis entstand. So verliefen die Versuche, zumindest in der Anfangsphase, keineswegs konfliktfrei. «Plötzlich ist der Kontakt mit den Kollegen nicht mehr so unbeschwert», meinte ein Schulleiter in Uetikon am See.[14] Insgesamt aber fiel die Bilanz der beteiligten Lehrerinnen und Lehrer positiv aus.

Das Ergebnis bestätigte sich auch nach dem Abschluss des TaV-Versuchs im Jahr 2005 in der Schlussevaluation, welche die Bildungsdirektion durchführen

Die Reorganisation des Kindergartens und die Schaffung der «Grundstufe» führten 2002 zur Ablehnung des Volksschulgesetzes.

liess. Gestützt auf eine Umfrage unter den Schulleiterinnen und -leitern ergab die Evaluation, dass die neuen dezentralen Steuerungsmittel an den Versuchsschulen mit Erfolg aufgenommen wurden. Fast alle hatten Leitbilder entwickelt und davon ausgehend Schulprogramme und Jahresplanungen definiert.[15] Die geleiteten Schulen wurden Bestandteil des Volksschulgesetzes von 2005. Bis zum Schuljahr 2008/09 soll das neue Modell im ganzen Kanton Zürich umgesetzt sein.[16] Ganz ohne Auseinandersetzungen ging die Einführung von Schulleitungen jedoch nicht vor sich, nicht zuletzt weil das hierarchische Verhältnis zwischen Schulleitung und Lehrpersonen wie erwähnt neues Konfliktpotenzial eröffnete. An verschiedenen Schulen kam es in jüngster Zeit zu Spannungen und offenen Streitigkeiten zwischen Lehrerschaft, Schulleitern oder -leiterinnen und Schulpflegen. Ob diese Konflikte ein Übergangsphänomen oder ein strukturelles Problem der neuen Schulorganisation darstellen, lässt sich noch nicht absehen.[17]

PROFESSIONALISIERUNG DER SCHULAUFSICHT

Der zweite Bereich der Schulreformen betraf die Professionalisierung eines Teils der Aufsichtsorgane. Dies war wie erwähnt die Kehrseite der erhöhten Autonomie der Schulen. Nur leistungsfähige Aufsichtsorgane konnten sicherstellen, dass die neuen Kompetenzen von Schulen und Schulpflegebehörden sinnvoll genutzt wurden und die Qualität der Schulbildung davon profitierte. Die grössere Selbstverwaltung auf der Schulebene wurde deshalb durch eine Reform der Aufsichtsbehörden ergänzt.

Nach dem alten System lag die Schulaufsicht im Kanton Zürich bei den Gemeinde- und den Bezirksschulpflegen, das heisst bei zwei Milizgremien. Beide Gremien stiessen seit den 1980er-Jahren an Belastungsgrenzen und waren fachlich teilweise überfordert. Die Erwartungen, die aus Öffentlichkeit, Politik und Verwaltung an sie gerichtet wurden, konnten unter den Voraussetzungen des Milizsystems teilweise kaum mehr erfüllt werden. Es fiel zunehmend schwer, für die anspruchsvollen Ämter ausreichend Kandidatinnen und Kandidaten zu finden. Der Kanton Zürich gehörte zu den wenigen Kantonen, in denen die Schulaufsicht noch auf Milizgremien beruhte.[18] Auch dieses Problem war

Mit dem Volksschulgesetz von 2005 wurde der Kindergarten dem Kanton unterstellt. Ab Januar 2008 wird der zweijährige Besuch des Kindergartens obligatorisch.

schon lange vor der *wif!*-Reform erkannt. Mit der Stärkung der schulischen Selbstverwaltung durch die Autonomisierung war 1995 der Zeitpunkt gekommen, die Reform der Schulaufsicht endlich umzusetzen.[19]

Für die Gemeindeschulpflegen sollte die Einführung der Schulleitungen eine Entlastung bringen. Für die Bezirksschulpflegen beschloss der Regierungsrat 1998 in der zweiten Phase der *wif!*-Reform zwei Massnahmen. Erstens wurde die Bezirksschulpflege in ihrer bisherigen Form abgeschafft. Ihre Aufgaben gingen teilweise an das Volksschulamt der Bildungsdirektion, teilweise an den Bezirksrat über. Zweitens wurde 2005 die «Fachstelle für Schulbeurteilungen» gegründet. Dieses Organ ist auf kantonaler Ebene angesiedelt, arbeitet aber behördenunabhängig. Die Fachstelle führt Evaluationen durch und überprüft dabei die Leistungen der Schulen, was die Qualitätssicherung im Volksschulwesen deutlich verstärkt. Sie hat aber keine Weisungsbefugnis gegenüber den Schulen.[20] Die ersten Versuche mit dem neuen System fanden ab 1999 statt.[21] Weil die Bezirksschulpflegen ein gesetzlich verankertes Organ waren, erforderte die definitive Umstellung der Schulaufsicht eine Gesetzesänderung. Die umstrittene Auflösung der Bezirksschulpflege war bereits Teil der revidierten Kantonsverfassung von 2002 und konnte nach der Annahme des Volksschulgesetzes 2005 umgesetzt werden.[22] Im Schuljahr 2007/08 wird die kantonale Fachstelle für Schulbeurteilungen die Bezirksschulpflegen definitiv ablösen und damit die Milizaufsicht über das Schulwesen auf die Gemeindeebene beschränken.[23]

REVISION DES VOLKSSCHULGESETZES: VOM GESCHEITERTEN ERSTEN ANLAUF

Weil die meisten dieser Reformen eine Gesetzesrevision erforderten, begann die Bildungsdirektion 1999 mit den Vorarbeiten für ein neues Volksschulgesetz.[24] In den Gesetzesentwurf wurde nicht nur die Reform der Aufsichtsorgane, sondern auch eine Reihe weiterer Reformvorhaben aufgenommen, beispielsweise die bereits erwähnte Einführung von Schulleitungen.[25] In diesen Punkten war das Gesetz weitgehend unumstritten. Zum Stein des Anstosses entwickelte sich dagegen ein weiteres Reformprojekt, das vom Regierungsrat aus Kostengründen ursprünglich gestrichen, im Verlauf der Beratungen des Kantonsparlaments indes wieder in den Gesetzestext aufgenommen worden war: die weitreichende Reorganisation des Kindergartens und

Der Schulversuch «Grundstufe», der die beiden Kindergartenjahre und das 1. Schuljahr umfasst, nimmt Rücksicht auf die individuelle Entwicklung der Kinder. Wenn die Kinder den Stoff der 1. Klasse beherrschen, treten sie in die ordentliche 2. Klasse über.

damit verbunden die Schaffung einer neuen «Grundstufe» im Bildungssystem.[26]

Bislang war der Besuch des Kindergartens im Kanton Zürich freiwillig.[27] In den bildungspolitischen Debatten wurde deshalb seit Längerem eine Aufwertung der Kindergartenstufe, unter anderem mit dem Hinweis auf positive Erfahrungen skandinavischer Schulsysteme gefordert. Diskutiert wurden etwa die Einführung einer Kindergartenbesuchspflicht oder eine stärkere Integration von Kindergarten und Volksschule. Durch die Revision des Volksschulgesetzes erhielten diese Bestrebungen Aufwind. Der erste Gesetzesentwurf sah die Zusammenlegung von zwei Jahren Kindergarten mit dem ersten Primarschuljahr zu einer neuen dreijährigen «Grundstufe» als Ergänzung der bisherigen Gliederung der Volksschule in Unter-, Mittel- und Oberstufe vor. Der Besuch der Grundstufe sollte obligatorisch und die Schulpflicht von neun auf elf Jahre ausgedehnt werden.[28] Vorgesehen waren altersdurchmischte Klassen und ein System, wonach die Grundstufe in Ausnahmefällen auch in zwei oder vier Jahren durchlaufen werden konnte. Die Lernziele der neuen Grundstufe waren ebenfalls zu definieren. Die Grundstufe sollte nicht mehr wie der bisherige Kindergarten auf ein «lernendes Spielen» beschränkt sein, sondern ein «spielerisches Lernen» vermitteln, das heisst einen auf die schulischen Lernformen orientierten Unterricht bieten. Dazu gehörten Grundkenntnisse in Lesen, Schreiben und Rechnen. Schliesslich sah das Gesetz eine neue politische Verantwortung vor. Während der Kindergarten bislang auf Gemeindeebene geregelt war, sollte die Grundstufe nun in die Zuständigkeit des Kantons fallen.[29]

In der Öffentlichkeit war die Zusammenlegung von Kindergarten und erster Primarschulklasse allerdings umstritten. Schon im Vorfeld der parlamentarischen Gesetzesberatungen wurde die Grundstufenidee kritisch diskutiert. Die Gegnerschaft kam teils aus konservativen, teils aus kommunalpolitischen Kreisen. Unter den Parteien stellten sich die Schweizerische Volkspartei (SVP) und die Evangelische Volkspartei (EVP) gegen das Gesetz. Sie führten etwa ins Feld, dass der Leistungsdruck durch die «Verschulung» des Kindergartens zunehmen würde. Bemängelt wurde zudem, dass die vorgeschlagenen Neuerungen mangels Schulversuchen noch nicht erprobt seien. Auch finanzpolitische Gegenargumente wurden vorgebracht. Befürchtet wurde, dass die Kosten höher als geplant ausfielen, weil das Projekt mit zwei Lehrpersonen (oder eineinhalb Stellen) pro Klasse rechnete.[30] Im Vorfeld der Abstimmung vom November 2002 sprachen die Gegner von der drohenden «Abschaffung des Kindergartens» oder vom

Einblick in ein Schulzimmer: Schülerinnen und Schüler der Oberstufe im Schulhaus Bürgli in Wallisellen bei der Teamarbeit.

«Finanzabenteuer» der Volksschulreform.[31] Zudem war die Lehrerschaft gespalten. Zwar befürworteten der Lehrerinnen- und Lehrerverband und der Kindergärtnerinnenverband das neue Gesetz, ein Grossteil der Sekundarlehrerinnen und Sekundarlehrer lehnte jedoch die Neuerungen ab.[32] Das Abstimmungsergebnis vom November 2002 zeigte einen geteilten Kanton mit einer knappen Nein-Mehrheit von 52 Prozent. Vor allem die ländlichen Gemeinden und die Stadt Winterthur lehnten die Vorlage ab, während die Stadt und die Agglomeration Zürich mehrheitlich zustimmten.[33]

Immerhin fand Buschor in dieser Abstimmung mit einer zweiten Vorlage, dem Bildungsgesetz, eine klare Mehrheit von knapp 60 Prozent, ebenso mit der Gesetzesänderung zur Abschaffung der Bezirksschulpflegen. Obwohl das Bildungsgesetz in dieselbe Richtung zielte wie das Volksschulgesetz, bot es wegen seiner allgemein gehaltenen Bestimmungen keine konkreten Angriffsflächen. Das Bildungsgesetz regelte unter anderem die Stellung des Bildungsrats und ermöglichte durch einen neuen Versuchsartikel eine Weiterführung der Volksschulreformen. Der Regierungsrat erhielt die Kompetenz, die einzelnen Elemente der Volksschulreform wie etwa die Grundstufe oder die geleitete Schule als Projekte in den Gemeinden versuchsweise ein- oder weiterzuführen.[34]

DAS VOLKSSCHULGESETZ NIMMT DIE LETZTE HÜRDE

Die Abstimmungsniederlage setzte die Bildungsdirektion unter Zugzwang. Die Analysen des Votums zeigten einhellig, dass die Niederlage primär auf die Kindergartenreform zurückzuführen war.[35] Nach der gescheiterten Gesetzesreform blieben auch die unbestrittenen Neuerungen blockiert. Bewegung in die Angelegenheit kam erst wieder, als zwei parlamentarische Initiativen mit einer neuen Gesetzesvorlage im Kantonsrat breite Unterstützung fanden. Die Vorlage verzichtete auf die besonders kontroverse Grundstufe, während die Ausdehnung der Schulpflicht auf die beiden Kindergartenjahre unter dem Titel «Kantonalisierung des Kindergartens» in der Vorlage erhalten blieb.[36] Der Regierungsrat und die Bildungsdirektion unter der neuen Leitung Regine Aepplis unterstützten diesen Kompromiss. Aeppli war 2003 in den Regierungsrat gewählt worden. Mit ihr übernahm zum ersten Mal eine Frau und erstmals ein Mitglied der Sozialdemokratischen Partei die Bildungsdirektion. Im Unterschied zu Buschor verfolgte Aeppli allgemein einen pragmatischeren Reformkurs, der nicht auf den grossen Wurf, sondern auf praktikable, schrittweise Reformen setzte. Mit dem revidierten Volksschulgesetz, das im Juni 2005 an der Urne

Das ausserschulische Betreuungsangebot der Volksschule, dazu gehört auch der Mittagstisch, ist in den letzten Jahren stark ausgebaut worden. Den Schülerinnen und Schülern der Primarschule Mösli in Wallisellen schmeckt das Essen offensichtlich.

mit einer komfortablen Zweidrittelmehrheit angenommen wurde, konnte Aeppli ihren ersten grossen Erfolg in der Volksschulpolitik feiern. Diesmal stand der Kanton einmütig hinter dem Volksschulgesetz; alle Bezirke stimmten der Vorlage zu. Der Kindergarten wird demnach ab 2008 zu einem Bestandteil der Volksschule, deren Schulpflicht dadurch um zwei auf elf Jahre verlängert wird.[37]

Die Kindergartenfrage blieb trotzdem auf der politischen Agenda. Einerseits gingen andere Kantone wie Bern, Genf oder die Waadt mit Reformen auf der Grundstufe voran.[38] Andererseits hängt die Aktualität der Kindergartenfrage mit den 2001 veröffentlichten Ergebnissen der ersten PISA-Erhebung zusammen. Der PISA-Test zeigte, dass die Schweiz im internationalen Vergleich in einzelnen Bereichen nur mittelmässige Schulleistungen aufwies und beispielsweise deutlich hinter den skandinavischen Ländern zurücklag. Einer der Gründe für die mittelmässigen Ergebnisse schien im Einschulungsmodell zu liegen. Die Bildungsdirektion nahm deshalb die Kritiker der Kindergartenreform beim Wort und bereitete einen Schulversuch vor, um praktische Erfahrungen mit dem Grundstufenmodell zu sammeln. Der Versuch wurde auf die Jahre 2004–2009 angesetzt. Die Durchführung entspricht weitgehend dem ursprünglichen Projekt. Das breite Interesse an den Schulversuchen zeigt, dass viele Schulgemeinden die Reform der Einschulung trotz der Abstimmungsniederlage nicht abgeschrieben haben. In den ersten zwei Jahren entschlossen sich 76 Klassen aus 27 Gemeinden, am Versuchsbetrieb teilzunehmen.[39] Trotz anfänglicher Skepsis sind die ersten Erfahrungen der Versuchsklassen überwiegend positiv. Allerdings muss der Kanton Zürich wegen der laufenden Versuchsphase ein gemächlicheres Tempo einschlagen.[40]

EINFÜHRUNG VON TAGESSCHULEN UND BLOCKZEITEN

Zu den Reformen, die seit der Annahme des Volksschulgesetzes 2005 umgesetzt werden, gehört die Einführung von Tagesstrukturen. Die Diskussion um die Anpassung der Unterrichtszeiten an die Bedürfnisse berufstätiger Mütter begann bereits in den 1970er-Jahren. 1974 erlaubte der Erziehungsrat interessierten Schulgemeinden die Einführung von Tagesschulen. Allerdings ergriff nur die Stadt Zürich diese Gelegenheit und führte nach 1980 mehrere Pilotprojekte mit Tagesstrukturen durch. Obwohl viele Eltern solche Modelle unterstützten, scheiterten die Tagesschulen meist aus finanziellen Gründen. Die Kosten für die Mehrarbeit und

die zusätzlichen Räumlichkeiten mussten nämlich von der Schulgemeinde aus dem ordentlichen Haushalt finanziert werden. Am meisten Unterstützung erhielten Blockzeitmodelle, die kostengünstiger waren als Tagesschulen und berufstätige Mütter gleichwohl zu entlasten vermochten. Blockzeitmodelle wurden oft auch von Gegnern der Tagesschule befürwortet.[41]

Erst mit den Arbeiten für ein neues Volksschulgesetz nach 1999 kam erneut Bewegung in die Angelegenheit. Mit dem Gesetz sollten die Gemeinden verpflichtet werden, je nach Bedarf der Elternschaft Blockzeiten und Betreuungsangebote wie einen Mittagstisch, Aufgabenhilfen oder einen Tages- oder Nachmittagshort einzuführen. Um die Finanzierungshürden zu verringern war vorgesehen, die Eltern zu Beiträgen an die Kosten der Betreuungsangebote zu verpflichten.[42] Diese nicht unumstrittene Bestimmung blieb auch in der zweiten, erfolgreichen Gesetzesvorlage von 2005 bestehen. Nach der Annahme des Volksschulgesetzes müssen nun alle Schulgemeinden des Kantons zunächst den Bedarf nach erweiterten Betreuungsangeboten abklären und bis 2007 Blockzeiten sowie bis 2010 auch bedarfsgerechte Tagesstrukturen einführen.[43] Damit wird mit dem neuen Volksschulgesetz auch den modernen Familienstrukturen Rechnung getragen.

PISA: EIN NEUES KAPITEL DER BILDUNGSPOLITIK?

Platz 17 beim Lesen, Platz 7 beim Rechnen und Platz 18 in den Naturwissenschaften – diese Ränge lösten in der Schweiz Ende 2001 ein mittleres bildungspolitisches Erdbeben aus. Die Ranglisten stammten aus einer international vergleichenden Studie zum Leistungsniveau von 15-jährigen Schülerinnen und Schülern. Durchgeführt wurde die Studie von der Organisation für wirtschaftliche Zusammenarbeit und Entwicklung (OECD). Ihr Titel lautete im unspektakulären OECD-Jargon «Programme for International Student Assessment».[44] Seit 2001 steht der Ausdruck PISA für mehr als eine Stadt in der Toskana mit einem schiefen Turm.

Die PISA-Studie zeigte, dass die Schweiz ebenso wie Deutschland im Lesen und in den Naturwissenschaften nur ein durchschnittliches Leistungsniveau vorweisen konnte. Länder wie Neuseeland, Australien, Korea oder Finnland, deren Bildungssystem in der schweizerischen Öffentlichkeit bislang völlig unbekannt gewesen war, schnitten durchweg besser ab als die Herkunftsländer von Goethe und Pestalozzi. Die schweizerischen Medien diagnostizierten im Winter 2001/02 einen regelrechten «PISA-Schock». Bildungspolitiker wurden abwechselnd als «überrascht», «ratlos» oder

Sorgen der Eltern – Fortschritte der Kleinen: Praktische Erfahrungen aus den Grundstufenversuchen

Maur gehörte zu den ersten Gemeinden, die sich 2004 den kantonalen Grundstufenversuchen anschlossen. Anfangs war die Skepsis gegenüber dem neuen Betrieb gross, vor allem seitens der Eltern. Sie befürchteten, ihre Kinder würden in der neuen Atmosphäre vom Lernen abgehalten. Auch die beiden Lehrerinnen der neuen Grundstufenklasse teilten zu Beginn diese Sorgen. Doch der Lernfortschritt der Kinder liess die Skepsis schwinden. Die Mehrheit der Siebenjährigen erreichte die Lernziele der ersten Klasse schon vier Monate vor dem Ende des Schuljahres.

Die Lehrerinnen versuchten im Unterricht gezielt, die verschiedenen Altersstufen zu mischen, um den Kleinen die Chance zu geben, vom Wissen der Grösseren zu profitieren. Nicht immer liess sich dieser Anspruch einlösen. An einem Morgen drehte sich der Unterricht beispielsweise um das Thema «Huhn und Ei». Dazu verteilte die eine Lehrerin ein Blatt mit Fragen an die kleinen Kinder, obwohl diese weder lesen noch schreiben konnten. Zum Lösen des Fragebogens mussten sie sich Hilfe bei den Grösseren holen. Ein Journalist, der in der Klasse zu Besuch war, berichtet anschaulich vom begrenzten Erfolg der Übung:

«Der kleine Yves zum Beispiel hat sich den grossen Ronnie ausgewählt. In einer Ecke liest Ronnie die Fragen vor: ‹Was tut das Huhn, damit das Ei warm bleibt?› Yves studiert und zuckt die Schultern: ‹Weiss nicht›, flüstert er. ‹Es sitzt drauf›, erklärt Ronnie. Doch besonders interessant findet es Yves nicht. Er hat bald genug von Ronnies Hühnerfragen und wendet sich einem Puzzle zu, das in der Nähe liegt. [Die Lehrerin] siehts und lässt ihn gewähren. Sie weiss, Yves ist noch etwas klein für Buchstaben und komplizierte Fragen.»[1]

Insgesamt unterstützten die beiden Lehrpersonen jedoch den Versuch. «Es ist extrem spannend, wie die Kinder voneinander profitieren.» Die Kleinen würden viel aufschnappen, wenn die Grossen gerade «Schule» hätten. Die Grossen würden gleichfalls profitieren, etwa wenn sie mit den Kleinen spielen und Dampf ablassen könnten. «Es ist für alle bereichernd», meint eine Lehrerin.

In der dreijährigen Grundstufe ist der Übergang vom Spielen zum Lernen fliessend. Schülerinnen der Grundstufe Binz beim Spielen und Lernen.

Der kantonale Projektleiter Urs Meier bestätigte, dass sich die Stimmung gegenüber dem Versuch in allen Versuchsklassen positiv entwickelt habe. In der Gemeinde Elsau beispielsweise habe anfangs viel Skepsis geherrscht, nun würde der Versuch auf alle Schulen im Gemeindegebiet ausgedehnt. Die grössten Probleme bestanden gemäss Meier in der starken Belastung der Lehrerinnen und Lehrer. Der Arbeitsaufwand sei durch vermehrte Absprachen mit der Stellenpartnerin und durch Elterngespräche grösser als in normalen Klassen.[2]

Beim Pro-Senectute-Projekt «Senioren im Unterricht» besuchen Pensionärinnen und Pensionäre einmal in der Woche eine Schulklasse, um einzelne Kinder oder Kindergruppen zu unterstützen und zu betreuen. Sie lesen, rechnen oder werken mit den Schülerinnen und Schülern.

gar «empört» zitiert.[45] Von «niederschmetternden Ergebnissen» war die Rede. Hinter den schlechten Leseleistungen wurde ein allgemeines Malaise des Schulunterrichts vermutet: «Viele Schüler verstehen nur Bahnhof.»[46]

Für die Fachwelt waren die Ergebnisse keine Überraschung. Schon vor PISA deuteten internationale Untersuchungen auf entsprechende Defizite des schweizerischen Bildungssystems hin.[47] Erst die PISA-Studie jedoch vermochte eine breitere Öffentlichkeit wachzurütteln, und zwar durch einen geschickten, medienwirksamen Kunstgriff. PISA wurde nicht einfach als trockene wissenschaftliche Studie veröffentlicht, sondern als internationaler Staatenwettbewerb inszeniert. Die Vielzahl der erhobenen Daten wurde auf eine simple Rangliste von Ländern verkürzt – ähnlich dem Medaillenspiegel der Olympischen Spiele. Ausserdem wurden die Tests in dreijährigen Abständen wiederholt (2000, 2003, 2006), damit schlecht platzierte Nationen die Gelegenheit erhielten, sich emporzuarbeiten. Die Testergebnisse zeigten zwar, dass die Leistungsniveaus der europäischen Nationen ziemlich nahe beieinanderlagen und sehr viel geringer waren als die regionalen und lokalen Leistungsunterschiede innerhalb der einzelnen Staaten.[48] Doch solche Zwischentöne gingen in den lautstarken PISA-Debatten meist unter. Seit 2001 verfolgten Medien und Öffentlichkeit vielmehr gebannt den Verlauf des neuen bildungspolitischen Nationenwettbewerbs. Die PISA-Studien entwickelten sich in kurzer Zeit zu einem bildungspolitisch äusserst wirksamen Druckmittel. Dies spiegelte sich auch in der steigenden Zahl von Staaten, die sich den standardisierten PISA-Erhebungen aussetzten. Am ersten Testzyklus von 2000 beteiligten sich 32 Staaten, 2003 waren es 41 und 2006 bereits 58 Nationen.[49]

Die Idee einer PISA-Studie ging 1998 von der OECD aus. Der PISA-Test sollte die Leistungsstärke der nationalen Bildungssysteme messen, indem die Qualifikationen der Schülerinnen und Schüler im Alter von 15 Jahren, also am Ende der obligatorischen Schulzeit, in drei Schlüsselbereichen, im Lesen, Rechnen und in den Naturwissenschaften, überprüft wurden.[50] Die OECD orientierte sich für die PISA-Studien an einem pragmatischen Bildungsbegriff. «PISA legt», so die OECD, «den Schwerpunkt auf Aspekte, die 15-Jährige in ihrem späteren Leben brauchen werden, und erhebt, was sie mit dem Gelernten anfangen können». Mit dem PISA-Test wurden also bewusst keine Schulleistungen erhoben. Die Schulziele, Lehrpläne oder Fächerprogramme der unterschiedlichen Schulsysteme spielen im PISA-Test keine Rolle.[51] Die PISA-Studien gliederten die Testresultate nach Nationen, übersetzten diese in

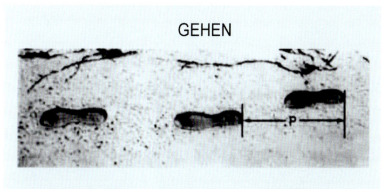

Bild links: Beispiel einer Aufgabe, mit der im PISA-Test 2003 die mathematischen Kompetenzen der fünfzehnjährigen Schülerinnen und Schüler getestet wurden. Die Aufgaben erforderten nicht nur Kenntnisse von mathematischen Formeln, sondern verlangten von den Schülerinnen und Schülern auch Angaben über den Lösungsweg. (Lösung: 70 = 140·P = 50 cm; die Schrittlänge von Daniel beträgt 50 cm.)

Bild rechts: Karikatur im Tages-Anzeiger zu den Leistungen der Schweizer Schülerinnen und Schüler im 2004 veröffentlichten zweiten PISA-Schultest.

Leistungspunkte und fassten sie in einem Gesamtergebnis zusammen. Dieses floss in die erwähnten Ranglisten ein.[52]

GRÜNDE FÜR DIE DURCHSCHNITTLICHEN RESULTATE DER SCHWEIZ

Was steckte hinter den enttäuschenden Testresultaten, welche die Schweiz im PISA-Test von 2000 für die Bereiche Lesen und Naturwissenschaften lieferte? In der bildungspolitischen Debatte wurden zwei zusammenhängende Problemfelder des schweizerischen Schulwesens hervorgehoben: der nur beschränkt erfolgreiche Sprachunterricht und die mangelhafte Integration von Schülerinnen und Schülern mit unterschiedlichem sozialem, kulturellem und wirtschaftlichem Hintergrund. Der internationale Vergleich war in diesen Punkten besonders aufschlussreich. Die Leistungsunterschiede innerhalb der schweizerischen Volksschulklassen waren im europäischen Vergleich ausserordentlich hoch, was den Durchschnitt meist nach unten drückte. Diese Differenzen, die beim Lesen am stärksten ausfielen, hingen wiederum eng mit der Bildungsferne der elterlichen Milieus zusammen. Offensichtlich war das Schulsystem nur beschränkt in der Lage, die ungleichen Bildungschancen unter den Schülerinnen und Schülern zu beheben.[53]

Mit diesem Problem stand die Schweiz nicht allein da. In Deutschland war es um die Integrationskraft der Volksschule noch schlechter bestellt. Dagegen schafften es Staaten wie Finnland oder Südkorea, ein allgemein hohes Bildungsniveau zu sichern und damit durchweg hohe Noten im PISA-Test zu erlangen. Die Schulsysteme der PISA-Gewinner können aber nicht pauschal als Vorbilder für schweizerische Schulreformen dienen. In Südkorea beispielsweise sind die guten Ergebnisse vor allem auf die radikale Leistungsorientierung der Gesellschaft zurückzuführen. Im Schulbereich bedeutet dies, dass der gesellschaftliche Druck auf Eltern, viel Geld in den privaten Förderunterricht ausserhalb der staatlichen Schule zu investieren, ausserordentlich hoch ist.[54] Eine vergleichbare Verbreitung privater Zusatzunterrichtsformen scheint im europäischen Kontext aber kaum vorstellbar. Am ehesten als Vorbild hätte Finnland getaugt. Hier wurden die guten Leistungen mit einer hohen Autonomie der Schulen, kombiniert mit einer individuellen Förderung der Kinder erklärt – Ziele, die teilweise auch mit den zürcherischen Schulreformen der 1990er-Jahre verfolgt wurden. Das finnische Bildungssystem hatte indes ebenfalls seine Schattenseiten. Die Mädchen schnitten beim Lesetest 2000 in

Die modernen computergestützten Lernmedien, die in der Volksschule zum Einsatz kommen, machen nicht nur Spass, sondern dienen auch der individuellen Förderung der Schülerinnen und Schüler.

allen OECD-Ländern besser ab als die Knaben; in Finnland allerdings war das Bildungsgefälle wegen herausragender Leistungen der Mädchen mit Abstand am höchsten.[55]

NATIONALE BILDUNGSREFORMEN DURCH HARMOS

Seit 2001, als die ersten Testergebnisse die Runde machten, erlebten die kantonale und die nationale Bildungspolitik einen eigentlichen PISA-Effekt mit vielfältigen Folgen. Zunächst sensibilisierte PISA die Behörden für Steuerungs- und Qualitätssicherungsanliegen. Parallel zu den PISA-Studien, teilweise als direkte Antwort auf deren Ergebnisse, verstärkten die Behörden in der Schweiz und insbesondere im Kanton Zürich die Qualitätssicherung im Schulwesen in Form regelmässiger Leistungs- und Wirkungsüberprüfungen. Die Schweizerische Konferenz der kantonalen Erziehungsdirektoren (EDK) und die Zürcher Bildungsdirektion gaben nach 2001 verschiedene Begleit- und Nachevaluationen in Auftrag, um die PISA-Erkenntnisse zu vertiefen, deren Ursachen zu erforschen und den politischen Handlungsbedarf zu definieren.[56] Evaluationen waren im Bildungsbereich schon länger etabliert; neu war, dass sie nun stärker koordiniert und standardisiert wurden, um die Erkenntnisse interkantonal und international vergleichend einzuordnen. Parallel zum verstärkten Wettbewerb der Bildungssysteme wurden die kantonalen und nationalen Formen der Qualitätssicherung zunehmend an internationalen Standards ausgerichtet.

Aktueller Ausdruck dieser Bestrebungen ist das 2005 gestartete und 2007 als Konkordat verabschiedete interkantonale Koordinationsprojekt HarmoS (Harmonisierung der obligatorischen Schule in der Schweiz), mit dem die EDK die Fragmentierung des schweizerischen Bildungssystems und die damit verbundene Ungleichbehandlung der Schulkinder sowie die Mobilitätshindernisse durch eine vereinheitlichte Schulstruktur überwinden möchte.

Der Anlass für HarmoS war unter anderem die Gesamtrevision der Bildungsartikel in der Bundesverfassung, die in der Volksabstimmung vom Mai 2005 mit mehr als 80 Prozent Ja-Stimmen deutlich angenommen wurde. Die Schulhoheit der Kantone blieb zwar bestehen, doch erhielt der Bund erweiterte Interventionskompetenzen, falls die Kantone in Bereichen wie dem Schuleintrittsalter, der Schulpflicht, den Bildungszielen und Schulabschlüssen keine Einigung zustande brachten.[57] Kernelemente von HarmoS sind minimale nationale Bildungsstandards durch gemeinsame Kompetenz-

Medienkonferenz der Bildungsdirektion. Regierungsrat Ernst Buschor (rechts) stellt im Frühling 1999 den Medien das Förderprogramm QUIMS (Qualität in multikulturellen Schulen) vor und bezieht sich auf den Lehrplan.

modelle in vier Unterrichtsbereichen: der Erstsprache, den Fremdsprachen, der Mathematik und den Naturwissenschaften. Ausserdem umfasst HarmoS gemeinsame sprachregionale Lehrpläne, eine Vereinheitlichung der Schulstufen und ein national einheitliches Bildungsmonitoring. Das HarmoS-Konkordat muss noch von den beitretenden Kantonen ratifiziert werden.[58]

Auch innerhalb der kantonalen Bildungsdirektion wurde das Bildungsmonitoring verstärkt. In den letzten Jahren kristallisierte sich im Kanton Zürich eine differenzierte Evaluationspolitik heraus. Die Leistungen des Bildungssystems sollten auf drei Ebenen regelmässig gemessen werden: erstens auf der Ebene der Schülerinnen und Schüler durch regelmässige «Lernstandserhebungen» bei einer repräsentativen Auswahl von Schulkindern im Kanton, zweitens auf der Ebene der Schulen durch institutionelle Selbst- und Fremdevaluationen (wobei die Fremdevaluationen durch die Fachstelle für Schulbeurteilungen erfolgen), drittens auf der Ebene des Bildungssystems durch das im HarmoS-Projekt vorgesehene Bildungsmonitoring.[59]

Daneben verlagerten sich durch den PISA-Effekt die inhaltlichen Schwerpunkte der Reformdebatte. In den 1990er-Jahren standen bei den Schulreformen noch primär organisatorische Fragen im Vordergrund. Diese Organisationsreformen schufen die Grundlage für eine professionelle und vertiefte Qualitätsbeurteilung der Leistungen der Volksschule. In den folgenden Jahren konnte sich die bildungspolitische Diskussion allmählich auf die Inhalte des Schulunterrichts verlagern. PISA verstärkte diesen Trend zusätzlich, indem der Blick konkret auf die Sprachförderung und den Umgang mit den sozialen, kulturellen und wirtschaftlichen Unterschieden der Schülerinnen und Schüler gelenkt wurde.[60]

Vor diesem Hintergrund bauten die Zürcher Bildungsdirektion und der Bildungsrat seit 2000 vor allem Massnahmen zur Sprachförderung in der Volksschule aus, etwa durch klarere Festlegung auf das Hochdeutsche als Standardsprache im Schulunterricht, durch die Leseförderung mit neuen Lehrmitteln und durch eine verbesserte Unterstützung des Deutschunterrichts für fremdsprachige Schülerinnen und Schüler mit nichtdeutscher Muttersprache. Das seit 1996 laufende Massnahmenpaket QUIMS («Qualität in multikulturellen Schulen») richtet sich an Schulen mit ausserordentlich hohen Anteilen an Kindern aus bildungsfernen und fremdsprachigen Familien.[61] Der Sprachförderung kommt eine zentrale integrationspolitische Bedeutung zu. Parallel dazu setzten sich die einzelnen Schulen in eigener Regie mit den PISA-Defiziten auseinander und verbesserten den Unterricht in den bemängelten Bereichen. Auch wenn viele dieser Massnahmen erst nach

QUIMS:
Qualität in multikulturellen Schulen

Der Kanton Zürich weist im schweizerischen Vergleich einen hohen Anteil an Kindern mit unterschiedlichem sprachlichem und kulturellem Hintergrund auf. 1999 war mehr als ein Viertel der schulpflichtigen Kinder ausländischer Herkunft. Vor allem in städtischen Gebieten, desgleichen in den Agglomerationen nahm die sprachliche und kulturelle Vielfalt der Schülerschaft in den 1990er-Jahren stark zu. Die Bildungsstatistiken zeigten, dass der Schulerfolg von Kindern mit Migrationshintergrund unterdurchschnittlich ausfiel. Dahinter standen unter anderem ungenügende Deutschkenntnisse, die Bildungsferne der Elternhäuser, aber auch die zu wenig wirksamen Unterstützungsmassnahmen im Unterricht oder offene Diskriminierungen gegenüber fremdsprachigen Kindern.[1]

Um die Integrationsleistungen der Volksschule, insbesondere in kulturell und sprachlich heterogen zusammengesetzten städtischen Schulen, zu erhöhen und allen Kindern unabhängig von ihrer Herkunft und Muttersprache vergleichbare Entwicklungschancen zu bieten, entwickelte die Bildungsdirektion Mitte der 1990er-Jahre ein spezifisches Förderprogramm für kulturell und sprachlich besonders heterogen zusammengesetzte Schulen.[2] Ziel war es, möglichst alle Kinder im Rahmen der normalen Klassen und nicht durch einen Separatunterricht zu fördern. Schulen mit einem hohen Anteil fremdsprachiger Schülerinnen und Schüler sollten auch für schweizerische Eltern attraktiv bleiben. Damit markierte das Förderprogramm eine Abkehr von der bisherigen, auf den Unterricht in der Herkunftssprache ausgerichtete Integrationspolitik. Die frühere «Ausländerpädagogik» verstand sich neu als «interkulturelle Pädagogik».[3]

Das Förderprogramm wurde 1996 unter dem Titel «Qualität in multikulturellen Schulen, QUIMS» gestartet. Das Projekt begann mit einem Pilotversuch, an dem sich 21 Schulen bis in das Jahr 2005 beteiligten.[4] Die Schulen erhielten vom Kanton finanzielle Unterstützung und fachliche Begleitung für einen ganzen Katalog von Fördermassnahmen. Konkret wurden die Kinder durch die Verstärkung des Lehrteams sowie durch moderne, computergestützte Lernmedien verstärkt individuell gefördert. Dies betraf vor allem den Sprachunterricht. Die Mehrsprachigkeit einer Klasse wurde gezielt genutzt, um durch einen vergleichenden Unterricht die Sprachkennt-

Das Förderprogramm QUIMS soll Schulen mit einem hohen Anteil an Fremdsprachigen dabei unterstützen, ein gutes Leistungsniveau und die Integration aller Schülerinnen und Schüler zu erreichen. Die Fördermassnahmen betreffen insbesondere den Sprachunterricht.

nisse der Schülerinnen und Schüler zu verbessern. In den Beurteilungsverfahren wurde der soziale Hintergrund der Kinder berücksichtigt um zu vermeiden, dass bildungsferne und anderssprachige Kinder durch Zeugnisse, die an mittelständischen und deutschsprachigen Standards ausgerichtet waren, benachteiligt wurden. Durch gemeinsam erarbeitete «Schulhauscodes» versuchte man ausserdem, die Kinder für diskriminierende Verhaltensweisen zu sensibilisieren und sie zu einem respektvollen Verhalten gegenüber anderen anzuleiten. Schliesslich wurden die Eltern durch gezielte Informations- und Bildungsangebote verstärkt ins Schulleben eingebunden.[5] Der Pilotversuch stiess bei den Beteiligten auf grosse Akzeptanz und galt in der bildungspolitischen Debatte als besonders innovatives Vorhaben. Andere Kantone und ausländische Fachkreise zeigten grosses Interesse an den Ergebnissen. Mit dem neuen Volksschulgesetz von 2005 gilt das QUIMS-Programm für den ganzen Kanton. Bedingung zur Teilnahme ist, dass die Schulen mindestens einen 40-prozentigen Anteil ausländischer Kinder aufweisen.[6]

dem zweiten PISA-Zyklus von 2003 Wirkung zeigten, schnitt die Schweiz beim zweiten Testlauf sowohl im Lesen wie in den Naturwissenschaften leicht besser ab als 2000. Die Sensibilisierung der Schulbehörden und der Lehrerschaft scheint sich positiv auf die Testergebnisse ausgewirkt zu haben. Die Schweiz liegt heute beim Lesen zwar nach wie vor im Mittelfeld, doch ist sie nun in allen drei Leistungsbereichen über dem OECD-Durchschnitt und an der Spitze der deutschsprachigen Staaten platziert.[62]

KONTROVERSEN UM DEN UNTERRICHT IN RELIGIONSFRAGEN

Die organisatorischen Reformen haben das Gesicht der Volksschule seit den 1990er-Jahren stark verändert. Dagegen erwiesen sich inhaltliche Reformen, beispielsweise Veränderungen des Lehrplans, als ungleich schwieriger. Dies zeigte sich beispielsweise im Bereich des Sprachunterrichts und im Unterrichtsfach Biblische Geschichte. Die beiden Fälle verweisen auf eine Grundschwierigkeit von Reformen des Schulunterrichts. Veränderungen des Fächerkanons sind deshalb besonders umstritten, weil sie im Unterschied zu organisatorischen Reformen besonders wirksam mit gesellschaftlichen Werten und Traditionen und damit mit politisch sensiblen Themen verbunden werden können.

Hinter der Reform des Unterrichts zu Religionsfragen standen zwei parallele gesellschaftliche Entwicklungen. Auf der einen Seite nahm die Bedeutung der Staatskirchen im öffentlichen Leben seit dem Zweiten Weltkrieg schrittweise ab. Auf der anderen Seite stieg die Religionsvielfalt unter den Schülerinnen und Schülern seit den 1960er-Jahren deutlich an. Mit der Immigration aus den Balkanländern, der Türkei und aus aussereuropäischen Staaten hat sich der Anteil muslimischer und anderer nichtchristlicher Kinder in der Volksschule stark erhöht. Seit Mitte der 1990er-Jahre diskutierten deshalb verschiedene Kantone, ob der traditionelle biblische Unterricht noch zeitgemäss sei. Die Diskussion gründete auf dem Glaubensfreiheitsartikel der Bundesverfassung, der indirekt verlangt, dass für den Religionsunterricht die Möglichkeit zur Abmeldung bestehen muss. Verschiedene Kantone ersetzten daraufhin das Fach Biblische Geschichte durch werteorientierte Fächer wie Ethik, Lebenskunde oder Philosophie. Der Kanton Bern ging bei diesem Trend voran, schaffte 1996 die Biblische Geschichte ab und führte das neue Fach «Natur – Mensch – Mitwelt» ein, in dem Lehrerinnen und Lehrer frei waren, wie sie das Thema Religion behandeln wollten. Die Innerschweizer Kantone ersetzten 2006 die Biblische Geschichte durch das Fach «Ethik und Religionen».[63]

RELIGIONSVIELFALT ERFORDERT NEUE UNTERRICHTSFORM

Der Kanton Zürich führte seit 1974 auf der Primarstufe einen einstündigen Unterricht in biblischer Geschichte durch, der vom Lehrer oder der Lehrerin erteilt wurde. Er galt als «obligatorisch angebotenes Fach mit Abmeldemöglichkeit». Auch die römisch-katholische Kirche war an der Definition des Stoffprogramms beteiligt und sprach sich für das neue Unterrichtsangebot aus. Auf der Oberstufe wurde das Fach «Biblische Geschichte und Sittenlehre» seit dem 19. Jahrhundert als reformierter Religionsunterricht angeboten, in dem ein Pfarrer die protestantischen Kinder auf die Konfirmation vorbereitete. Den anderen Religionsgemeinschaften wurden die Schulräume für einen analogen Unterricht unentgeltlich überlassen. Nach langen Verhandlungen einigten sich die evangelisch-reformierte Landeskirche, die anderen anerkannten Kirchen und der Erziehungsrat 1991 auf einen obligatorisch ange-

Der Unterricht in biblischer Geschichte war in der Volksschule während langer Zeit ausschliesslich auf das Christentum ausgerichtet. Heute werden auch die anderen Weltreligionen gleichwertig und vergleichend behandelt. Doppelseite aus dem Oberstufen-Lehrmittel «Menschen leben in Traditionen».

«Biblische Geschichte und Sittenlehre»: Geschichte des Religionsunterrichts im Kanton Zürich

Nach 1832 kannte der protestantische Kanton Zürich über Jahrzehnte nur einen evangelisch-reformierten Religionsunterricht in der Volksschule.[1] Der Unterricht war für die reformierten Kinder obligatorisch und diente als Vorbereitung auf die Konfirmation. Die Minderheit der katholischen Schülerinnen und Schüler wurde an deren Kirche verwiesen. Dies änderte sich erst 1874 mit der Einführung der revidierten Bundesverfassung, die von den öffentlichen Schulen verlangte, die Glaubens- und Gewissensfreiheit im Unterricht zu wahren. Der bisherige Religionsunterricht war damit grundsätzlich in Frage gestellt. Der Erziehungsrat sprach sich jedoch gegen eine Streichung des Fachs aus und verpflichtete die Schulgemeinden, den Religionsunterricht weiterhin anzubieten, allerdings ohne konfessionellen Charakter. In der Alltags- und Ergänzungsschule sollte die «Biblische Geschichte und Sittenlehre» vom Lehrer erteilt werden, in der Sekundarschule war der Unterricht in «Religions- und Sittenlehre» Sache des Pfarrers. Die Eltern konnten ihre Kinder jedoch abmelden. Obwohl das Fach «Biblische Geschichte» im Unterrichtsgesetz und im Lehrplan vorgeschrieben war, verzichteten viele Gemeinden in der Folge darauf, im Rahmen der Volksschule einen Religionsunterricht anzubieten, und überliessen die Angelegenheit den Kirchen. In den 1920er-Jahren wurde in fast einem Drittel aller Primarklassen kein Unterricht in biblischer Geschichte erteilt, in der Stadt Zürich sogar in zwei Dritteln. Die Quote sank nach 1945 weiter; in den 1970er-Jahren erhielt auch in ländlichen Bezirken oft nur eine Minderheit der Primarklassen einen Unterricht in biblischer Geschichte, obwohl dieser im Stundenplan eingetragen war. Die Lehrerinnen und Lehrer setzten die Stunden meist für andere Zwecke ein. Um diesen Missstand zu beheben, wurde der Stoffplan gemeinsam mit den Kirchen überarbeitet und 1974 das zweistündige Fach in je eine Stunde «Biblischer Unterricht» und «Lebenskunde» aufgeteilt.

botenen, konfessionell-kooperativen Religionsunterricht auf der Oberstufe, dessen Durchführung in der Verantwortung der Schulpflege lag. Der Unterricht wurde von einem Pfarrer oder einer dafür ausgebildeten Lehrperson erteilt; die Wahl der Lehrkraft oblag der Schulpflege. Sowohl die reformierte als auch die katholische Kirche anerkannten den konfessionell-kooperativen Unterricht als Teil ihrer religiösen Ausbildung. Die Schülerinnen und Schüler konnten sich vom Unterricht aber nach wie vor abmelden.

Anstoss für die Kontroverse um den Unterricht in biblischer Geschichte war eine allgemeine Sparrunde, die der Regierungsrat 2004 auf Druck des Kantonsrats durchführte. Im Rahmen dieser Sparmassnahmen beriet die Regierung auch über den biblischen Unterricht auf der Primarstufe und entschied sich für eine Radikalvariante. Die biblische Geschichte wurde zum fakultativen Fach erklärt. Die Angebotspflicht der Schulgemeinden fiel dahin. Es blieb den Gemeinden überlassen, den Unterricht auf eigene Kosten weiterzuführen. Diese Entscheidung provozierte heftige Reaktionen. Die reformierte und die katholische Kirche sowie Politiker und Politikerinnen aus allen Parteien protestierten gegen diesen Beschluss. Einzelne Pfarrer forderten gar den Rücktritt der verantwortlichen Bildungsdirektorin Regine Aeppli.[64] Die Gegnerschaft reichte 2004 eine kantonale Volksinitiative ein, die den Primarschulunterricht in Biblischer Geschichte wieder einführen wollte. Darauf beantragte im Dezember 2005 der Regierungsrat dem Kantonsrat, die Volksinitiative zur Wiederaufnahme des Fachs «Biblische Geschichte» an der Primarschule abzulehnen und unterbreitete ihm als Gegenvorschlag die Einführung eines neuen Fachs «Religion und Kultur». Anlass für den Gegenvorschlag bildete unter anderem das vom Kantonsrat überwiesene dringliche Postulat von Kantonsrätin Andrea Widmer Graf und zweier Mitunterzeichnenden, das ein eigenständiges und obligatorisches Fach «Religion und Kultur» an der Primarschule forderte. Danach sollte auf der Primarschulstufe wie an der Oberstufe ein neues obligatorisches Fach unter dem Titel «Religion und Kultur» eingeführt werden. Inhaltlich war das neue Fach breiter angelegt als Biblische Geschichte. Im Mittelpunkt sollte auf der Primarschulstufe zwar nach wie vor die christliche Religion stehen, ergänzt jedoch durch eine kindergerechte Einführung in alltagsrelevante Aspekte der anderen Weltreligionen. Darauf aufbauend werden in der Oberstufe die fünf Weltreligionen gleichwertig und vergleichend behandelt.[65]

Hinter dieser neuen Strategie stand die Erkenntnis, dass sich in der jüngsten Vergangenheit die gesellschaftliche Bedeutung von Religionsfragen wieder akzentuiert hatte. «In den 1960er-Jahren», so Regine Aeppli, «haben wir das Religiöse aus der Öffentlichkeit verbannt». Dieser erzwungene Rückzug ins Private sei nun aber Vergangenheit; Religion werde heute wieder zum öffentlichen Thema – «und das müssen wir erst lernen».[66] Für die Bildungsdirektorin gehört der Umgang mit der Religionsvielfalt zum kulturellen Selbstverständnis unserer Gesellschaft.

«Wir leben in einer Gesellschaft mit Kindern aus allen Kulturen. Da wird die Fähigkeit, die eigene Kultur zu kennen und zu relativieren, wichtig.»[67]

In diesem Sinn sollten religiöse und kulturelle Fragen nicht in Form eines Bekenntnisunterrichts, sondern in informativer Form vermittelt werden. «Das Wissen über Religionen», so die Bildungsdirektorin, «gehört zur Allgemeinbildung.»[68] Dieses Konsensmodell setzte sich schliesslich gegen die Initiative durch. Der Gegenvorschlag der Regierung, der sich auf eine Motion des Kantonsrats stützte, fand 2007 im Rat eine parteienübergreifende, grosse Mehrheit und setzte sich gegen die Initiative durch. Nach der Kantonsratsabstimmung beschloss das Komitee, die Initiative zurückzuziehen.[69]

FRÜHFRANZÖSISCH, FRÜHENGLISCH ODER BEIDES? NEUE ANSÄTZE IM SPRACHUNTERRICHT

Ähnlich kontrovers verlief die Debatte um den Sprachunterricht. Seit den 1990er-Jahren zeichnete sich in der nationalen und internationalen bildungspolitischen Diskussion ein neues Orientierungsmodell für den Sprachunterricht ab, das als «funktionale Mehrsprachigkeit» bezeichnet wurde. Nach diesem pädagogischen Konzept sollte jede Person neben ihrer Muttersprache zumindest mit zwei weiteren Sprachen vertraut sein. Die Kenntnisse in der Muttersprache sollten möglichst fundiert sein. Die Fremdsprachenkenntnisse sollten dazu befähigen, die Grundzüge der Sprachen zu verstehen und sich verständigen zu können. Das Konzept der «funktionalen Mehrsprachigkeit» fand Ende der 1990er-Jahre nicht nur auf internationaler Ebene, etwa im Europarat, sondern auch in der Schweizerischen Konferenz der kantonalen Erziehungsdirektoren (EDK) Unterstützung. Dahinter stand die Einsicht, dass die heutigen Ansprüche der Arbeitswelt gerade auf einem europäischen Arbeitsmarkt zunehmend eine mehrsprachige Grundausbildung voraussetzen.[70]

Die EDK unterstützte die neue Sprachenpolitik nicht zuletzt deshalb, weil einzelne Kantone wie Zürich seit Anfang der 1990er-Jahre im Alleingang neue Konzepte der Sprachförderung entwickelt hatten. Auf das Schuljahr 1989/90 wurde Frühfranzösisch für die fünfte und sechste Klasse der Primarschule eingeführt.[71] Auf der Oberstufe erklärte der Erziehungsrat 1998 unter Ernst Buschor auch den Englischunterricht für obligatorisch. Die Einführung war auf das Schuljahr 1999/2000 geplant. Damit hatte Zürich als erster Deutschschweizer Kanton entschieden, allen Schülerinnen und Schülern eine mehrsprachige Ausbildung anzubieten.[72]

Dialog am Röstigraben. Mit der Entscheidung des Bildungsrates, an der Zürcher Volksschule Englisch als erste Fremdsprache einzuführen, schaffte sich Bildungsdirektor Buschor am Ende seiner Amtszeit 2003 nicht nur Freunde.

«first choice». In der Zürcher Volksschule lernen die Schülerinnen und Schüler ab der 2. Klasse Englisch als erste Fremdsprache.

Die Vorschläge der Zürcher Behörden wurden innerhalb der Lehrerschaft und in der breiten Öffentlichkeit kontrovers diskutiert. Vor allem die Einführung des Englischunterrichts auf der Oberstufe provozierte heftige Gegenreaktionen. Insbesondere die Handarbeits- und Hauswirtschaftslehrerinnen, deren Wochenstunden zugunsten des Englischunterrichts gekürzt wurden, kämpften dagegen.[73] Nur zwei Wochen nach der Entscheidung für das neue Fach reichten sie eine Petition gegen die Kürzung des Haushaltkundeunterrichts mit 32 444 Unterschriften ein.[74] Der Bildungsrat überprüfte seinen Entschluss nochmals, blieb aber dabei. Damit die Kürzung bestehender Fächer nicht zu Entlassungen führte, wurden den Handarbeits- und Hauswirtschaftslehrerinnen Weiterbildungsmöglichkeiten angeboten, die sie zum Unterricht in weiteren Fächern befähigten.[75] Parallel zur Oberstufe wurde auch auf der Primarschulstufe die Einführung des Englischunterrichts diskutiert. Um Erfahrungen zu sammeln, startete die Bildungsdirektion 1998 auf Buschors Initiative einen Schulversuch in der Gemeinde Affoltern am Albis: das «Schulprojekt 21», in dem bereits in der ersten Primarklasse ein innovativer, altersgerechter Englischunterricht angesetzt war. Die Versuchsserie wurde 1999 auf elf weitere Gemeinden im Kanton Zürich ausgeweitet und dauerte bis 2003.[76]

Gestützt auf die erfolgreichen Schulversuche mit Frühenglisch, befürwortete der Bildungsrat im März 2003 den obligatorischen Unterricht in zwei Fremdsprachen in der Primarschule. Englisch sollte ab der zweiten Klasse, Französisch ab der fünften Klasse obligatorisch sein.[77] Die Zürcher Entscheidung, mit Englisch als erster Fremdsprache zu beginnen, schlug hohe Wellen. Sie trug dazu bei, dass die seit Jahren heftig geführte nationale Debatte, ob der Fremdsprachenunterricht mit einer zweiten Landessprache oder mit Englisch beginnen sollte, weiter eskalierte.[78] Im März 2004 kam indes unter Beteiligung von Regine Aeppli der «Sprachenkompromiss» der EDK zu Stande. Dieser sah vor, dass die Kantone eine erste Fremdsprache spätestens in der dritten und eine zweite Fremdsprache spätestens in der fünften Klasse einführten, wobei mindestens eine davon eine Landessprache sein musste. Mit dieser Einigung wurde auch dem wenig ergiebigen Streit darüber, mit welcher Sprache – Englisch oder Französisch – der Unterricht in der Primarschule beginnen sollte, ein Ende gesetzt.[79]

Trotzdem stiess die Entscheidung für den Fremdsprachenunterricht in Teilen der Lehrerschaft und in der Öffentlichkeit auf teilweise heftige Opposition.[80] Im Juli 2004 reichte eine reformkritische «Arbeitsgemeinschaft für praxisorientierte Schulreformen» die Volks-

Auch wenn sich in der 175-jährigen Geschichte der Volksschule vieles verändert hat, Pausen gehören immer noch zum Schönsten im Schulalltag.

initiative «Nur eine Fremdsprache an der Primarschule» ein.[81] Die Initiative kritisierte, viele Kinder seien durch die zweite Fremdsprache überfordert, zudem würde der Unterricht zu kopflastig, was dazu führe, dass die Kinder nicht mehr richtig Deutsch lernten.[82] Indirekt zielte die Initiative darauf ab, den Französischunterricht wieder auf die Oberstufe zu verschieben. Der Regierungsrat stellte sich gegen die Initiative, weil diese eine Einschränkung des Fremdsprachenunterrichts verlange, was einem Lernverbot gleichkomme. «Das widerspricht dem Sinn der Schule», meinte die Bildungsdirektorin Regine Aeppli.[83] Die Initiative wurde im Herbst 2006 in einer Volksabstimmung klar abgelehnt und der Kurs des Bildungsrats in der Sprachförderung damit bestätigt. Die Abstimmung bekräftigte auch das Sprachenkonzept der Schweizerischen Konferenz der kantonalen Erziehungsdirektoren (EDK) vom Frühling 2004, das im Rahmen von HarmoS nun gesamtschweizerisch umgesetzt werden soll.[84]

Musikunterricht

In der Stadt Zürich wurde 1947 der Blockflötenunterricht in den ordentlichen Stundenplan integriert und von der Stadt subventioniert. Heute ist die musikalische Grundausbildung als Fachbereich in vielen Gemeinden fester Bestandteil des Unterrichts. In der ersten Klasse erhalten die Kinder eine Einführung in die Grundlagen der Musik. Im zweiten Jahr lernen sie verschiedene Musikinstrumente kennen und können sich für einen weiterführenden Instrumentalunterricht entscheiden.

Strategien und Visionen für die Volksschule aus der Sicht der Bildungsdirektorin

Regierungsrätin Regine Aeppli leitet seit 2003 die Bildungsdirektion.

Die Sozialdemokratin Regine Aeppli wurde 2003 in den Regierungsrat gewählt. Sie arbeitete nach ihrer juristischen Ausbildung als selbstständige Rechtsanwältin. Sie war neun Jahre im Kantonsrat (1987–1996) und acht Jahre im Nationalrat (1995–2003). Im folgenden Interview beschreibt sie die aktuellen Prioritäten und Visionen als kantonale Bildungsdirektorin.[1]

Welche Akzente setzen Sie in Ihrer aktuellen bildungspolitischen Arbeit?
Ein erster wichtiger Bereich ist das Volksschulgesetz. Mit dem 2005 angenommenen Gesetz haben wir heute einen Plan für ein Haus, aber das Haus selbst besteht erst in den Grundfesten. Bis sich die neue Volksschule darin eingerichtet hat, braucht es noch viel Arbeit. Ich glaube, dass das Volksschulgesetz ein hohes Potenzial für einen Wandel der Schulkultur in sich trägt. Die Schule wird nicht mehr auf ein Schulzimmer mit einer omnipräsenten Lehrperson reduziert sein. Sie wird viel eher einem Unternehmen gleichen, in dem Lehrerinnen und Lehrer zusammen mit der Schulleitung den Betrieb gestalten. Dieser Wandel beinhaltet eine wichtige Weichenstellung für die Zukunft.

Zweitens ist für mich wichtig, was in den letzten Jahren auf nationaler und interkantonaler Ebene geschehen ist. Ich meine damit besonders die Annahme der neuen Bestimmungen in der Bundesverfassung zur Bildung, welche die Kantone zur Harmonisierung der Lernziele und der Schulorganisation verpflichten. Dieses Vorhaben wird zur grössten Veränderung der Schweizer Schullandschaft seit ihrer Gründung im 19. Jahrhundert führen.

Welches sind Ihrer Ansicht nach die wichtigsten Herausforderungen, mit denen die Volksschule in Zukunft konfrontiert sein wird?
Wir sind mit zwei grossen Herausforderungen konfrontiert: einerseits mit der Heterogenität der Schülerschaft in der Volksschule, anderseits mit dem steigenden Anspruch an eine individuelle Leistungsförderung. Diese beiden Ansprüche stehen oft im Widerspruch, denn je heterogener die Schulklassen, desto anspruchsvoller ist die individuelle Förderung für die Lehrperson. Da haben auch Eltern oft paradoxe Erwartungen an unser Bildungssystem. Auf der einen Seite verlangen sie, dass jedes Kind nach seinen persönlichen Neigungen und Fähigkeiten gefördert wird; auf der anderen Seite setzen viele Eltern ihre eigenen Kinder einem hohen Leistungsdruck aus, nach dem Motto «Mein Kind sollte dann ins Gymnasium gehen». Diese Spannung ist für viele Lehrpersonen oft schwer zu bewältigen.

Welche Visionen sind für Ihre Arbeit prägend?
Für mich hat die Volksschule zunächst die Aufgabe, die Kulturtechniken Lesen, Schreiben, Rechnen zu vermitteln. Zusätzlich soll sie den Schülerinnen und Schülern starke überfachliche Kompetenzen weitergeben. Der europäische Arbeitsmarkt, der heute von Estland bis nach Irland reicht, ist auch für unser Schulsystem eine grosse Herausforderung. Für die jungen Menschen ist ein neues Zeitalter angebrochen. Die Selbstverständlichkeit, mit der noch meine Generation dank einer guten Ausbildung eine erfolgreiche Berufsperspektive erwarten konnte, gibt es heute nicht mehr. Die Konkurrenz ist sehr viel grösser geworden.

Die zweite Aufgabe der Volksschule ist es, den Kindern Gemeinschaftsfähigkeit zu vermitteln. Hier muss die Schule die Integrationsleistung noch verstärken. Je früher ein Kind in eine Gruppe aufgenommen wird, desto einfacher verläuft die Integration. Ein Kind tritt viel unbeschwerter in das Schulsystem ein, wenn es schon zwei, drei Jahre in einer Kinderkrippe war. Hier müssen wir noch einen Schritt weitergehen und die Frühförderung auch integrationspolitisch verstärken.

Welche konkreten Veränderungen stehen in der Zürcher Volksschule in den nächsten Jahren an?
Wichtig ist mir, was ich eben angesprochen habe: Wir müssen ein bedarfsgerechtes Angebot an ausserfamiliärer Betreuung und Frühförderung der Kinder im Vorschulalter bereitstellen. In den kommenden Jahren steht auch der politische Entscheid über die Eingangsstufe an. Die Schulversuche in diesem Bereich verlaufen positiv: Die traditionellen Kindergartenschwerpunkte lassen sich gut mit dem individuellen Erwerb der Kulturtechniken verbinden. Die Kinder werden gezielt und ganzheitlich gefördert, Lehrpersonen und Eltern zeigen sich mehrheitlich zufrieden. Auf allen Stufen der öffentlichen Schule müssen wir verstärkt das selbstständige Lernen fördern. Wissen ist heute auf allen Kanälen verfügbar. Vieles davon – gerade im Internet – sind reine Behauptungen. Also hat die Schule auch die Aufgabe, das Urteilsvermögen zur Unterscheidung zu bilden und zu schärfen. Schliesslich gilt unsere Aufmerksamkeit der Volksschuloberstufe. Seit über 35 Jahren wird im Kanton Zürich an der «Reformation» der Oberstufe laboriert. Bis jetzt ohne sichtbaren Erfolg. Die Aufsplitterung der Schülerschaft in fünf verschiedene Leistungsgruppen (Mittelschule, Sek A, B, C und Kleinklassen) und die unzulängliche Durchlässigkeit zwischen den Gruppen führen zur Stigmatisierung der Jugendlichen der untersten «Klassen» und haben dem Ruf der Volksschuloberstufe geschadet und den Druck auf die Mittelschule erhöht. Diesem Befund gilt es entgegenzutreten. Zwei Drittel der Jugendlichen suchen ihren Weg in der Berufsbildung. Sie haben Anspruch darauf, ihn ohne Umwege zu finden.

Schlusswort

SCHULWESEN ZWISCHEN KIRCHE, WIRTSCHAFT UND STAAT: LEITLINIEN DER VOLKSSCHULGESCHICHTE

Welches sind rückblickend die grossen Linien in der Geschichte der Volksschule im Kanton Zürich? Mit einem Seitenblick auf die aktuellen schulpolitischen Debatten lässt sich die Entwicklung des Schulwesens am besten im Verhältnis zu jenen drei Institutionen darstellen, welche die Volksschule am stärksten geprägt haben: die Kirche, die Wirtschaft und der Staat.

Zunächst zum Verhältnis zwischen Volksschule und Kirche. Während des Ancien Régime im ausgehenden 18. Jahrhundert, das noch keine Trennung zwischen Kirche und Staat kannte, befand sich das Schulwesen vollständig im kirchlichen Einflussbereich. Die lokale Schulaufsicht lag, zumindest auf der Landschaft, beim protestantischen Pfarrer, der wiederum als verlängerter Arm der Zürcher Obrigkeit waltete. Das wichtigste Lehrmittel war der Katechismus, eine Zusammenfassung der biblischen Morallehre für Kinder. Die Aufgabe des Schulunterrichts lag darin, die Landbevölkerung zu gehorsamen Untertanen und guten Christen zu erziehen.

SCHWIERIGE TRENNUNG VON KIRCHE UND STAAT

Die ganze Epoche der Moderne, die 1798 mit der Helvetik einsetzte, war geprägt vom Bestreben, das Schulwesen aus dieser kirchlichen Umklammerung zu lösen und aus der Volksschule eine weltliche Einrichtung zu machen – getreu dem Grundsatz, Kirche und Staat institutionell zu trennen. Auf dem Papier bestand das Projekt einer weltlichen Volksschule seit 1832, als sich der Kanton Zürich eine moderne Schulverfassung gab. Verwirklichen liess es sich indes nur in einem langwierigen und beschwerlichen Prozess. Obwohl bereits 1798 die Lehrerwahl dem neu geschaffenen, weltlich dominierten Erziehungsrat (dem heutigen Bildungsrat) übertragen wurde, blieb der schulpolitische Einfluss der Pfarrherren weiterhin gross. Das Volksschulgesetz von 1832 bestimmte etwa, dass die neu geschaffene Gemeindeschulpflege, verantwortlich für die Durchführung des Schulwesens, vom Dorfpfarrer präsidiert werden müsse. Erst 1865 wurde diese Bestimmung gelockert und das Präsidium der Schulpflege nicht mehr automatisch in geistliche Hände gelegt. Hinzu kam, dass die Lehrerstellen in der Regel Teilzeitstellen waren. Die Lehrer mussten deshalb einem Nebenerwerb nachgehen, der bis in die 1860er-Jahre meist aus einem kirchlichen Amt, einer Sigrist- oder Vorsängerstelle, bestand. So blieb der Dorfpfarrer in den Landgemeinden lange Zeit die massgebliche Stimme in der Schulpolitik – eine Stellung, die sich oft bis in das 20. Jahrhundert erhalten hat.

Als mindestens so schwierig erwies es sich, die Sphären von Kirche und Staat im Schulunterricht zu trennen. Der kirchliche Katechismus wurde nach 1832 nur langsam durch moderne, weltliche Unterrichtsinhalte und Lehrmittel ersetzt, in denen etwa die Naturlehre, die Naturgeschichte oder die Geografie zur Darstellung kamen. Noch in den 1830er-Jahren leisteten traditionsorientierte Teile der Landbevölkerung erbitterten Widerstand gegen die Einführung moderner Lehrmittel. In Stadel warf die Dorfbevölkerung die verhassten Bücher einfach auf die Strasse, worauf die Regierung die Anführer der Aktion verhaften und abstrafen liess. Noch um 1900, im Schatten des Kulturkampfes, wehrten sich kirchlich-konservative Kreise gegen die aufkommenden humanistischen Bildungsideale und die neuen naturwissenschaftlich-technischen Fächer. Ja selbst in jüngster Zeit, in den 1980er-Jahren, weckten neue Unterrichtsthemen wie die Sexualkunde oder die Aidsaufklärung religiös motivierte Ängste und

Kritik. In all diesen Fällen blieb der Widerstand gegen die Ausbreitung weltlicher Unterrichtsinhalte letztlich erfolglos. Die Volksschule ist im 20. Jahrhundert in der Tat zu einer weltlichen Einrichtung geworden.

Geradezu kontraproduktiv war die Trennung von Kirche und Staat in der Frage des Religionsunterrichts. Spätestens seit der Bundesverfassung von 1874 und ihrem Postulat, auch in der Volksschule die Glaubens- und Gewissensfreiheit zu wahren, wurde der bis dahin angebotene evangelisch-reformierte Religionsunterricht zum Problem. Man behalf sich damit, das Fach zwar weiterhin anzubieten, aber nicht mehr für obligatorisch zu erklären und zudem auf der Primarschulstufe einen konfessionsübergreifenden Unterricht in «Biblischer Geschichte» abzuhalten. Diese Regelung blieb bis in die jüngste Zeit bestehen. Sie führte aber dazu, dass ein wachsender Teil der Schülerinnen und Schüler die freiwilligen Fächer nicht mehr belegte, was den Religionsunterricht in eine erneute Krise brachte. Aktuell deutet sich deshalb eine Trendwende im Umgang mit religiösen Fragen im Unterricht an. Ausgelöst wurde die Wende durch die verstärkte religiöse Vielfalt innerhalb der Bevölkerung – eine Entwicklung, die sich in den Jahrzehnten nach dem Zweiten Weltkrieg, vor allem durch die steigende Immigration, verstärkt hatte. Nicht nur der katholische Bevölkerungsteil ist seither angewachsen, auch nichtchristliche Glaubensgemeinschaften, etwa die der Muslime, nahmen seit den 1970er-Jahren deutlich zu. Nachdem die Bedeutung der religiösen Vielfalt in der Bildungspolitik lange Zeit unterschätzt worden war, hat der Kanton in jüngster Zeit eine neue Richtung eingeschlagen und ist daran, den Unterricht in religiösen Fragen fest in der Volksschule zu verankern. Ziel ist nicht mehr ein Bekenntnisunterricht wie noch im 19. Jahrhundert, sondern eine informative Einführung in die christliche und in andere Weltreligionen. Solche Neuerungen zeigen, dass sich das lange Zeit konfliktgeladene Verhältnis zwischen Kirchen und staatlichem Schulwesen nicht nur entspannt hat, sondern dass beide Seiten in einen konstruktiven Dialog eingetreten sind.

«BRAUCHBARE» MITGLIEDER DER GESELLSCHAFT: DIE PRAGMATISCHEN ZIELE DER SCHULBILDUNG

Das Verhältnis zwischen Schule und Wirtschaft ist auf zwei Ebenen angesiedelt: zum einen auf der Ebene der berufsorientierten Unterrichtsziele, zum andern auf jener des Arbeitsmarkts für Lehrpersonen. Die Unterrichtsziele zeichneten sich seit Beginn der staatlichen Volksschule 1832 durch einen ausgeprägten praktischen Sinn und eine pragmatische Grundhaltung aus. Die Schule dient primär der Vorbereitung auf die spätere Berufstätigkeit – dieses programmatische Leitmotiv zieht sich durch die ganze Volksschulgeschichte hindurch. Schon Ignaz Thomas Scherr, der führende Bildungspolitiker der 1830er-Jahre und Architekt des Volksschulgesetzes von 1832, forderte, die Schule solle die Kinder zu «brauchbaren» Mitgliedern der bürgerlichen Gesellschaft erziehen und dazu alles Wissen vermitteln, das zur Ausübung eines Berufs notwendig sei. Eine analoge Position vertrat die demokratische Bewegung, die den Kanton Zürich politisch seit den 1860er-Jahren dominierte. Ziel der Schulbildung sei die «Steigerung der Intelligenz und der Produktivkraft» der Bevölkerung. Im selben Ton forderte die Schulreformbewegung der Jahrhundertwende, die Ausbildung von Körper und Geist in der Schule dazu zu nutzen, die Zivilisationskrankheiten der Industriegesellschaft – gemeint waren die wirtschaftlichen und gesundheitlichen Folgen von Armut – zu beheben. Dieser praktische Ansatz lässt sich bis in die Volksschulreformen der letzten Jahrzehnte verfolgen. Sowohl die Oberstufenreformen der 1960er-, 70er- und 80er-Jahre als auch die aktuellen Bestrebungen zur Förderung der mehrsprachigen Ausbildung, insbesondere durch den Englisch- und Französischunterricht auf Primarstufe, sowie die Einführung von Tagesschulen und Blockzeiten wurden mit den Anforderungen eines sich wandelnden Arbeitsmarkts begründet.

Das Verhältnis zwischen Schule und Wirtschaft war allerdings nicht so konfliktfrei, wie es die praktische Orientierung der Bildungspolitik vermuten lässt. Namentlich im 19. Jahrhundert wehrten sich Vertreter der Wirtschaft, allen voran die Industrieunternehmer, mit Händen und Füssen gegen die Durchsetzung der Schulpflicht, weil ihnen dadurch die Kinder als Billigarbeitskräfte abhanden gekommen wären. Bereits 1833 verhinderten die Industriellen, unterstützt von religiös-konservativen Kreisen, ein von Ignaz Thomas Scherr entworfenes Gesetz, das zur Durchsetzung der Schulpflicht die Fabrikarbeit von Kindern im Alter von bis zu zwölf Jahren verboten hätte. Dieser Konflikt blieb über die folgenden Jahrzehnte akut. In industrialisierten Gebieten, etwa den Städten Zürich und Winterthur oder dem Zürcher Oberland, existierte die sechsjährige Schulpflicht während des ganzen 19. Jahrhunderts oft nur auf dem Papier; viele Kinder gingen anstatt zur Schule in die Fabrik. Das eidgenössische Fabrikgesetz von 1877, das die Kinderarbeit bis zum 14. Altersjahr verbot, brachte zwar eine gewisse Entspannung. Weil aber 1899 die Schulpflicht auf acht Jahre, das heisst bis zum 16. Altersjahr, ausgedehnt wurde, verlagerte sich das Problem einfach auf den Schulbesuch der Oberstufe. Die mangelhafte Durchsetzung der Schulpflicht war keineswegs auf die Industrieregionen beschränkt. Auch in den ländlichen Gebieten blieb im 19. Jahrhundert die Schulpflicht während der Sommerzeit mit Rücksicht auf den bäuerlichen Bedarf an Arbeitskräften eingeschränkt. Erst in den 1930er-Jahren setzte sich die Ganzjahresschule auch in den ländlichen Regionen schrittweise durch.

Die wirtschaftliche Entwicklung wirkte sich zudem auch direkt auf das Schulwesen aus, insbesondere auf den Arbeitsmarkt für Lehrpersonen. Dabei wurden vor allem die Lehrerinnen durch die konjunkturellen Wechselbäder diskriminiert, indem sie in Rezessions- oder Krisenjahren als Konjunkturpuffer dienten und aus dem Arbeitsmarkt für Lehrkräfte ausgeschlossen wurden. Dieses Muster zieht sich ebenfalls über die meisten Konjunkturzyklen des 19. und 20. Jahrhunderts hinweg. Dass Lehrerinnen überhaupt den Weg in den Schuldienst fanden, lag am politisch bedingten Arbeitskräftemangel in den 1870er-Jahren. Der Schulartikel in der Bundesverfassung von 1874, der die Kantone zu einem umfassenden, unentgeltlichen Schulangebot verpflichtete, wurde vom Kanton Zürich zum Anlass genommen, die Anzahl Schulklassen deutlich zu vermehren und zusätzliche Lehrpersonen einzustellen. In dieser Situation wurden Frauen erstmals für die Lehramtsausbildung zugelassen. Unter umgekehrten Vorzeichen wurden in den wirtschaftlich angespannten 1920er- und 1930er-Jahren praktisch in der ganzen Schweiz verheiratete Frauen wieder aus dem Schuldienst ausgeschlossen. Das Argument dafür war, dass sie als Doppelverdienerinnen einem arbeitslosen Familienvater den Arbeitsplatz wegnähmen, ihre Rolle als Gattin und Mutter vernachlässigten und darüber hinaus von einem doppelten Einkommen profitierten. Obwohl der Kanton Zürich keine formalen Gesetze gegen Doppelverdienerinnen erliess, wurden viele Lehrerinnen von den kommunalen Behörden nicht mehr eingestellt oder abgewählt. Nach dem Zweiten Weltkrieg wendeten sich die Vorzeichen mit dem verschärften Lehrermangel erneut, was zu einer eigentlichen Feminisierung des Lehrberufes, vor allem auf der Primarstufe, führte. Das Ungleichgewicht zwischen den Lehrstellen auf der Primarstufe, die geringer entlöhnt und mehrheitlich von Frauen versehen sind, und jenen auf der Sekundarstufe, die besser bezahlt und mehrheitlich von Männern ausgeübt werden, besteht bis heute, auch wenn sich der Frauenanteil neuerdings in der Sekundarschule deutlich erhöht hat.

VERÄNDERUNGEN IN DER AUFGABENVERTEILUNG ZWISCHEN BUND, KANTONEN UND SCHULGEMEINDEN

Auch das Verhältnis zwischen Schule und Staat, vor allem die Aufgabenverteilung zwischen den verschiedenen Ebenen von Politik und Verwaltung, hat sich im Verlauf der Volksschulgeschichte grundsätzlich geändert. Über weite Teile des 19. und 20. Jahrhunderts besassen die Gemeinde- und die kantonale Ebene schulpolitisch das grösste Gewicht. In neuester Zeit haben sich der Einfluss der eidgenössischen Ebene oder der internationalen bildungspolitischen Debatte verstärkt. Die Grundlagen für die moderne Schulordnung wurden bereits mit der Mediationsverfassung und der darauf beruhenden Landschulordnung von 1803 gelegt. Dabei lagen die schulpolitischen Fäden einerseits in der Hand des Kantons, der für die bildungspolitischen Entscheide 1798 den Erziehungsrat ins Leben rief, anderseits in der Hand der Kirche, die vor allem auf lokaler Ebene die Schulpolitik beeinflusste. Die Gemeinden dagegen, die sich in der kurzlebigen Helvetik Hoffnungen auf eine verstärkte Mitwirkung im Schulwesen gemacht hatten, gingen in der Mediationsverfassung leer aus. Ebenso scheiterte ein Versuch, der Eidgenossenschaft eine aktive Rolle in der Bildungspolitik zuzugestehen.

Zumindest auf kantonaler Ebene schien das Volksschulgesetz von 1832 einen Neuanfang zu versprechen. Die lokale Ebene wurde formal aufgewertet, indem das Gesetz mit dem neuen Gremium der Gemeindeschulpflege eine Art Paralleldemokratie für das Schulwesen schuf. Praktisch aber rückte in der Bildungspolitik der kantonale Erziehungsrat stärker noch als bisher in den Mittelpunkt, unter anderem weil die Kirche von da an schrittweise an Einfluss verlor. Der Erziehungsrat war für die Lehrerwahlen, die Unterrichtspläne, die Lehrmittel sowie für die Aufsicht über das Schulwesen zuständig. Die Kompetenzen der Schulgemeinden blieben damit beschränkt. Im Laufe des 19. Jahrhunderts wurde zudem die Stellung der Lehrerschaft in der Schulpolitik gestärkt. Dies geschah insbesondere in Form der kantonalen Lehrersynode, die 1832 als Berufsorganisation der Lehrerschaft geschaffen und 1849 als Vertretung der Lehrpersonen mit zwei ständigen Sitzen im Erziehungsrat offiziell anerkannt wurde.

Erst im 20. Jahrhundert scheint sich der Einfluss der Schulgemeinden auf die Volksschule verstärkt zu haben. Zwar wurden die bildungspolitischen Debatten um 1900, insbesondere die Diskussionen um die Schulreform, noch weitgehend von kantonalen Behördenvertretern und Fachexperten bestimmt. Doch spätestens seit der Zwischenkriegszeit kamen die bildungspolitischen Impulse zunehmend von unten. Bei der erwähnten Debatte der Zwischenkriegszeit um die Doppelverdienerinnen, aber auch nach 1945 bei der Diskussion um einen Sonderunterricht für fremdsprachige Kinder waren es vor allem die lokalen Schulbehörden und nicht der Kanton, die den Gang der Diskussion bestimmten. In den 1950er- und 1960er-Jahren haben die kantonalen Behörden beim Umgang mit den Kindern immigrierter, fremdsprachiger Familien die Zeichen der Zeit lange nicht erkannt und erst auf Druck betroffener Schulgemeinden das Integrationsthema aufgegriffen.

In den letzten Jahren ist die schulpolitische Aufgabenteilung zwischen Bund, Kantonen und Gemeinden von gegensätzlichen Tendenzen geprägt. Auf der einen Seite wurden die Handlungsspielräume der Schulgemeinden auch formal erweitert, unter anderem durch die Professionalisierung der Schulleitungen. Anderseits haben sich auch die Einflüsse nationaler und internationaler Gremien in der Bildungspolitik verstärkt, so etwa der Schweizerischen Konferenz der kantonalen Erziehungsdirektoren (EDK), des Europarats oder der OECD. Der Kanton scheint dabei nicht an Einfluss verloren zu haben. Er hat einfach seine Rolle verändert und funktioniert heute stärker als Aufsichts- und Schaltstelle der Schulpolitik. Auch ein Kompetenzverlust zugunsten der eidgenössischen Ebene lässt sich kaum diagnostizieren. Die Bestrebungen für eine national einheitliche Bildungspolitik etwa verlaufen nicht über den Bund, sondern werden von der EDK und damit von den Kantonen selbst geführt. Auch die zukünftige Entwicklung der Volksschule wird auf absehbare Zeit vor allem in kantonalen Bahnen verlaufen.

Dank

Dieses Buch wäre ohne die Hilfe zahlreicher Fachleute, Kolleginnen und Kollegen, Freundinnen und Freunde kaum entstanden. All diesen Personen sind wir zu grossem Dank verpflichtet. Ein erster Dank geht an Peter Feller, den Direktor des Lehrmittelverlages des Kantons Zürich, der diese Jubiläumsschrift initiiert hat. Er leitete auch die Redaktionsgruppe, in der Robert Fuchs (Lehrmittelverlag), Gerhard Keller (Praxis für Schulberatung), Cornelia Lüthy (persönliche Mitarbeiterin der Bildungsdirektorin), Lutz Oertel (Volksschulamt), Dorothea Meili-Lehner (Seminardirektorin a.D.) und Barbara Schäuble-Althaus (Präsidentin Sekundarschule Andelfingen) mitwirkten. Danken möchten wir zudem Regine Aeppli (Regierungsrätin und Bildungsdirektorin), Martin Wendelspiess, Regine Fretz und Markus Truniger, (alle vom Volksschulamt), sowie Joseph Hildbrand (Leiter der Abteilung Bildungsplanung in der Bildungsdirektion), die uns in Sachfragen viel geholfen haben. Ein besonderer Dank geht an Markus Furrer (Pädagogische Hochschule Luzern), Sabina Larcher Klee (Pädagogische Hochschule Zürich) und Peter Ziegler (Historiker, Wädenswil), die unsere Texte auf fachlicher Ebene lektoriert und uns wichtige Anstösse für die Überarbeitung gegeben haben. All diese Personen haben durch ihre kritische Lektüre und wertvollen Hinweise viel zur Qualität der Texte beigetragen. Es versteht sich von selbst, dass für allfällige Mängel oder Fehler einzig die Autorinnen und der Autor verantwortlich sind.

Auch in organisatorischer und technischer Hinsicht konnten wir auf vielfältige Hilfe zählen. Den Mitarbeiterinnen und Mitarbeitern verschiedener Archive, insbesondere des Staatsarchivs des Kantons Zürich, danken wir für die fachliche Unterstützung und die Bereitschaft, auch bei ausgefallenen Wünschen nach historischen Quellen jederzeit behilflich zu sein. Ein grosses Dankeschön geht an alle im Bildnachweis aufgeführten Personen, Archive und Institutionen, die uns ihr Bildmaterial zur Verfügung gestellt und uns bei den Recherchen unterstützt haben. Für die Bildredaktion und die umfangreiche Suche nach passendem Bildmaterial danken wir ausserdem Staschia Moser und Urs Lengwiler (fokus AG für Wissen und Organisation, Zürich). Für Recherchen aller Art, Datenaufbereitungen, inhaltliche Informationen und kritische Kommentare danken wir Renate Amuat, Markus Brühlmeier, Simone Desiderato, Selina Friederich, Hans Gehrig, Anke Hees, Martin Illi, Stefan Länzlinger, Peter Niederhäuser, Alfred Schneider, Ruth Villiger, Sandra Voegeli, Bruno Wiedmer, Werner Wiesendanger, Heinrich Wirth und Hans Wymann. Für das treffsichere und präzise Lektorat war Roman Pargätzi (Chronos Verlag) besorgt. Ein grosser Dank geht zudem an Jakob Sturzenegger (Lehrmittelverlag des Kantons Zürich) für die umsichtige Koordination der Buchproduktion, an Andrea Grabher, Urs Kuster und Katrin Siebers (DACHCOM Winterthur) für die Gestaltung des Buchs und an Walter Canal, Thomas Kessler und Adrian Krüsi (DACHCOM Digital AG, Rheineck) für die Herstellung der CD-ROM. Sie haben sichergestellt, dass aus dem Rohmanuskript und den Illustrationsvorlagen ein professionell gestaltetes Buch entstanden ist. Schliesslich sei auch dem Lotteriefonds des Kantons Zürich sowie dem Lehrmittelverlag herzlich gedankt. Sie beide haben durch ihre grosszügige finanzielle Unterstützung dieses Buchprojekt überhaupt erst ermöglicht.

298 MEILENSTEINE DER ZÜRCHER SCHULGESCHICHTE

300 AMTSTRÄGER

302 ANMERKUNGEN

315 QUELLEN UND LITERATUR

322 ABBILDUNGSNACHWEIS

326 REGISTER

332 CD-ROM

Meilensteine der Zürcher Schulgeschichte

1798 Die helvetische Revolution bringt erstmals in der Schweiz eine von der Kirche unabhängige und umfassende Volksschulbildung für Knaben und Mädchen.

1803 Im Februar wird der moderne Kanton Zürich gegründet. Die Leitung des Schulwesens bleibt beim Staat, doch die Kirche behält ihren bestimmenden Einfluss auf die Schule.

1815 Im Kanton Zürich wird ein erstes Fabrikgesetz erlassen, das unter anderem die Nacht- und Fabrikarbeit vor dem vollendeten neunten Altersjahr untersagt. Diese Regelung lässt sich jedoch nicht durchsetzen.

1830 Die bürgerliche Revolution beseitigt die Vorherrschaft der Stadt. Die liberale Kantonsverfassung realisiert die Forderungen der Bevölkerung nach Freiheitsrechten und demokratischer Mitbestimmung.

1832 Am 28. September 1832 wird das Unterrichtsgesetz als Kernstück der Schulreform erlassen und damit der Grundstein der modernen Volksschule im Kanton Zürich gelegt.

1837 Eine neue Regelung über die Fabrikarbeit bringt gewisse Schutzbestimmungen. Den Alltagsschülerinnen und -schülern wird die Arbeit in den Fabriken untersagt. Für ältere Kinder gilt dagegen kein Arbeitsverbot.

1839 Der Widerstand der traditionsorientierten ländlichen Bevölkerung gegen das liberale Schulprogramm mündet im «Züriputsch».

1848 Nach dem Sonderbundskrieg wird 1848 der moderne Bundesstaat gegründet. Die schweizerische Bundesverfassung setzt die demokratischen Errungenschaften der Kantone auf nationaler Ebene um.

1851 Der kantonale Lehrmittelverlag wird auf Antrag der Schulsynode gegründet und die Lehrmittelproduktion vom Staat übernommen.

1855 Das Eidgenössische Polytechnikum (die heutige ETH) wird in Zürich eröffnet.

1859 Mit dem neuen Volksschulgesetz werden das Turnen und die Mädchenhandarbeit als neue Unterrichtsfächer eingeführt.

1869 Die demokratische Kantonsverfassung setzt sozialpolitische Anliegen um. Der unentgeltliche Primarschulbesuch wird in der Verfassung verankert.

1872 Neben dem Primarschulbesuch wird auch der Besuch der Sekundarschule vom Schulgeld befreit.

1874 In der revidierten Bundesverfassung wird der Volksschulunterricht erstmals national geregelt. Er steht unter staatlicher Leitung, ist obligatorisch, unentgeltlich und konfessionell neutral.

1877 Das eidgenössische Fabrikgesetz verbietet Kindern unter 14 Jahren die Arbeit in den Fabriken. Damit werden die Bedingungen für den regelmässigen Schulbesuch deutlich verbessert.

1899 Die Oberstufe der Volksschule wird ausgebaut und die 7. und 8. Klasse als obligatorische Alltagsschule eingeführt. Der Anspruch behinderter Kinder auf eine angemessene Bildung wird verankert.

1900 Ellen Key veröffentlicht das Buch «Das Jahrhundert des Kindes». Die Epoche der Reformpädagogik, die eine Pädagogik vom Kind aus fordert, stellt die Volksschule auf eine neue Grundlage.

MEILENSTEINE DER ZÜRCHER SCHULGESCHICHTE **299**

1905 Ein neuer Lehrplan für die gesamte Volksschule tritt in Kraft.

1914–18 Der Erste Weltkrieg bringt die Umsetzung reformpädagogischer Anliegen zum Stillstand. Durch die soziale und wirtschaftliche Not der Bevölkerung wird die Volksschule zu einer zentralen sozialpolitischen Einrichtung.

1938 Das neue Lehrerbildungsgesetz bedeutet das Ende des seminaristischen Ausbildungswegs. Die Allgemeinbildung (Unterseminar) wird von der Berufsbildung (Oberseminar) getrennt.

1939–45 Die Volksschule präsentiert sich an der Landesausstellung 1939 in Zürich. Während des Zweiten Weltkriegs wird der Schulunterricht wegen Lehrermangels und Truppeneinquartierungen oft eingestellt.

1956 Der Volksaufstand in Ungarn wird durch die Sowjetunion unterdrückt. Die Schweiz nimmt über 20 000 Flüchtlinge auf, darunter viele Kinder.

1959 Die Oberstufe der Volksschule wird grundlegend reorganisiert. Neben der Sekundarschule werden als neue Schultypen die Realschule und die Oberschule geschaffen.

1964 Die Schweiz unterzeichnet das Einwanderungsabkommen mit Italien. Erstmals finden die Integrationsprobleme der Italienerinnen und Italiener in der Schweiz auf institutioneller Ebene Anerkennung.

1968 Im Juni kommt es in Zürich während der sogenannten Globuskrawalle zu schweren Zusammenstössen zwischen Jugendlichen, die ein autonomes Jugendhaus fordern, und der Polizei.

1970 Die Überfremdungsinitiative von James Schwarzenbach wird an der Urne nur knapp verworfen.

1971 Der Kanton Zürich tritt dem interkantonalen Konkordat über die Schulkoordination bei. Eine erste Folge ist die Einführung der neunjährigen Schulpflicht auf das Schuljahr 1977/78.

1980 Jugendunruhen in Zürich. Die Jugendlichen fordern mehr Freiräume und Treffpunkte ausserhalb der staatlichen Strukturen und kämpfen für den Aufbau eines autonomen Jugendzentrums.

1981 Der Verfassungsartikel über die Gleichstellung von Mann und Frau wird angenommen. Im Handarbeits- und Hauswirtschaftsunterricht wird die Koedukation eingeführt.

1989 Nach einem Langschuljahr 1988/89 wird der Schuljahresbeginn vom Frühling auf den Spätsommer verlegt.

1991 Der neue Lehrplan nimmt die Anliegen der Integration fremdsprachiger Kinder und der Gleichstellung der Geschlechter auf.

2002 Die Lehrerinnen- und Lehrerausbildung wird grundlegend erneuert. Die Lehrkräfte der Vorschule und der Volksschule werden an der Pädagogischen Hochschule ausgebildet.

2003 Der Bildungsrat beschliesst, den Englischunterricht ab der zweiten Primarklasse einzuführen und den Französischunterricht ab der fünften Klasse beizubehalten.

2005 Im zweiten Anlauf wird das neue Volksschulgesetz an der Urne angenommen und damit das alte Gesetz von 1899 abgelöst.

2007 Die Volksschule im Kanton Zürich feiert ihr 175-Jahr-Jubiläum.

Amtsträger

ERZIEHUNGSDIREKTOREN BZW. BILDUNGSDIREKTORIN UND -DIREKTOR[1]

von Reinhard, Hans	1803–1831
Hirzel, Conrad Melchior	1831–1839
Meyer, Ferdinand	1839–1840
Ulrich, Johann Caspar	1840–1841
Weiss, Felix Caspar	1841–1845
Zehnder, Hans Ulrich	1845–1849
Escher, Alfred	1849–1855
Dubs, Jakob	1855–1861
Zehnder, Hans Ulrich	1861–1862
Suter, Eduard	1862–1869
Sieber, Johann Kaspar	1869–1875
Ziegler, Gottlieb	1875–1877
Stössel, Johannes	1877–1878
Zollinger, Johann Kaspar	1878–1882
Grob, Johann Emanuel	1882–1888
Stössel, Johannes	1888–1893
Grob, Johann Emanuel	1893–1899
Locher, Albert	1899–1905
Ernst, Heinrich	1905–1911
Locher, Albert	1911–1914
Mousson, Heinrich	1914–1929
Wettstein, Oscar	1929–1935
Hafner, Karl	1935–1943
Briner, Robert	1943–1951
Vaterlaus, Ernst	1951–1959
König, Walter	1959–1971
Gilgen, Alfred	1971–1995
Buschor, Ernst	1995–2003
Aeppli, Regine	seit 2003

DIREKTOREN DES LEHRERSEMINARS KÜSNACHT[2]

Scherr, Ignaz Thomas	1832–1839
Bruch, Heinrich	1840–1846
Zollinger, Heinrich	1849–1855
Fries, David	1857–1875
Wettstein, Heinrich	1875–1895
Pfenninger, Arnold	1895–1898
Utzinger, Heinrich	1899–1906
Zollinger, Edwin	1906–1920
Flach, Heinrich	1922
Scherrer, Robert	1922–1926
Schälchlin, Hans	1926–1938

DIREKTOREN DES OBERSEMINARS IN ZÜRICH[3]

Guyer, Walter	1943–1958
Honegger, Robert	1958–1962
Honegger, Hans	1962–1971
Gehrig, Hans	1971–1981

DIREKTOREN DES SEMINARS FÜR PÄDAGOGISCHE GRUNDAUSBILDUNG (SPG)[4]

Gehrig, Hans	1981–1988
Furrer, Walter	1988–2002

DIREKTOREN DES PRIMARLEHRERSEMINARS DES KANTONS ZÜRICH (PLS) (ABTEILUNGEN OERLIKON UND IRCHEL)[5]

Wiesendanger, Werner	1982–1994
Wirth, Heinrich	1994–2002

DIREKTORINNEN UND DIREKTOR DES ARBEITSLEHRERINNENSEMINARS (ALS)

Hettich, Frieda[6]	1953–1971
Weber, Esther	1972–1985
Bürgisser-Meyer, Rosmarie	1985–1991
Nell, Peter	1991–2002

DIREKTORINNEN UND DIREKTOREN DES HAUSHALTLEHRERINNENSEMINARS (HLS)

Maag, Anna	1969–1982
Schärer, Margrit	1982–1994
Kern, Yvonne	1994–2000
Kasper, Pia	2000–2002
Biasio, Silvio a.i.	2002–2003
Nell, Peter a.i.	2003–2004

DIREKTOREN DES REAL- UND OBERSCHULLEHRERSEMINARS DES KANTONS ZÜRICH (ROS)

Wymann, Hans	1963–1983
Streiff, Hans Jakob	1983–1993
Bircher, Walter	1993–2001
Fischli, Fredy a.i.	2001–2002

DIREKTOREN DER SEKUNDAR- UND FACHLEHRERAUSBILDUNG AN DER UNIVERSITÄT ZÜRICH (SFA)[7]

Hohl, Walter	1974–2000
Sieber, Peter a.i.	2000–2002

REKTOREN DER PÄDAGOGISCHEN HOCHSCHULE ZÜRICH (PHZH)

Furrer, Walter	2002–2007
Bircher, Walter	seit 2007

LEITER BZW. DIREKTOR DES LEHRMITTELVERLAGES DES KANTONS ZÜRICH[8]

Wissmann, David	1851–1878
Bölsterli, Karl	1878–1882
Egli, Heinrich	1882–1902
Huber, Jakob	1902–1914
Kull, Eugen	1914–1934
Hiltpolt, Ferdinand	1934–1958
Frischknecht, Ernst	1958–1987
Feller, Peter	seit 1987

Anmerkungen

EINLEITUNG Seiten 8–9

[1] So auch Oelkers 2003, S. 15.
[2] Zu den Ausnahmen gehört etwa die neuere, sozialhistorisch inspirierte Geschichte des Aargauer Erziehungsrats: Brändli, Landolt, Wertli 1998.

KIRCHE ODER STAAT Seiten 10–29

[1] Vgl. zum Folgenden: Fritzsche, Lemmenmeier 1994, S. 118–124; de Capitani 2004, S. 508–519.
[2] Vgl. dazu Mörgeli 1995.
[3] Vgl. Fuchs 2001, S. 39 ff.
[4] Zu Stapfer siehe Rohr 2005.
[5] Vgl. Mantel 1933, S. 52; Klinke 1907, S. 2 f.
[6] Vgl. Klinke 1907, Anhang.
[7] Vgl. Klinke 1907, S. 3.
[8] Klinke 1907, Anhang; Tönler, Schwab 2006.
[9] Vgl. zum Folgenden: StAZ, K II 94. Stapfersche Umfrage. Distrikt Mettmenstetten. Knonau.
[10] Bloch 1991, S. 127.
[11] StAZ, K II 94. Stapfersche Umfrage. Distrikt Mettmenstetten.
[12] StAZ, K II 94. Stapfersche Umfrage. Distrikt Mettmenstetten, Ebertswil.
[13] Um 1800 kostete ein Laib Brot (ca. 4 Pfund) etwa 7 Schilling; vgl. Hauser 1961, Anhang.
[14] StAZ, K II 94. Stapfersche Umfrage. Distrikt Mettmenstetten, Ebertswil.
[15] Vgl. Klinke 1907, Anhang.
[16] StAZ, K II 94. Stapfersche Umfrage. Distrikt Mettmenstetten, Hausen.
[17] StAZ, K II 94. Stapfersche Umfrage. Distrikt Mettmenstetten, Knonau.
[18] Vgl. Wartburg-Ambühl 1981, S. 19 f.
[19] Vgl. zum Folgenden: Suter 2001, S. 76.
[20] Vgl. Oelkers 2001, S. 106.
[21] Vgl. Klinke 1907, S. 145 f.; Suter 2001, S. 77.
[22] Vgl. Klinke 1907, S. 137 f.
[23] Klinke 1907, S. 145.
[24] Bosshard zit. in Messerli 1984, S. 7.
[25] Suter 2001, S. 77; vgl. Klinke 1907, S. 137 f.
[26] Vgl. Klinke 1907, S. 146.
[27] Klinke 1907, S. 148 f.
[28] Klinke 1907, S. 150; Bloch 1999, S. 142–150.
[29] Katechismus 1773, S. 6; Suter 2001, S. 79.
[30] Katechismus 1773, S. 6; Klinke 1907, S. 139.
[31] Vgl. Scandola 1991, S. 610.
[32] Vgl. Suter 2001, S. 78.
[33] Vgl. Wartburg-Ambühl 1981, S. 43.
[34] Zit. nach Klinke 1907, S. 157.
[35] Klinke 1907, S. 17 ff.
[36] Vgl. Fuchs 2001, S. 39 ff.
[37] Rohr 2005, S. 63.
[38] StAZ, K I 56 f. Protokoll des Erziehungsrats, 15. Februar 1799.
[39] Murer 1800.
[40] Klinke 1907, S. 33 f.
[41] Vgl. zum Folgenden: Ziegler 1998, S. 7.
[42] StAZ, K II 93. Bericht über den Zustand des Schulwesens, 1798.
[43] StAZ, K II 96. Knonau. Brennwald an den Erziehungsrat, 21. Mai 1800.
[44] StAZ, K II 96. Knonau. Brennwald an den Erziehungsrat, 21. Mai 1800; vgl. auch Schneider 1982, S. 184.
[45] StAZ, K II 96. Knonau. Brennwald an den Erziehungsrat, 21. Mai 1800.
[46] StAZ, K I 56 g. Protokoll des Erziehungsrats, 28. Mai 1800.
[47] StAZ, K II 96. Knonau. Brennwald an den Erziehungsrat, 21. Mai 1800; K I 56 g. Protokoll des Erziehungsrats, 28. Mai 1800. Zu Caspar Syz und Hans Ulrich Grob siehe Ziegler 2004, S. 58 f.
[48] StAZ, K II 96. Knonau. Brennwald an den Erziehungsrat, 21. Mai 1800.
[49] StAZ, K II 96. Knonau. Brennwald an den Erziehungsrat, 21. Mai 1800.
[50] Zu Brennwald siehe Brändli 1995.
[51] StAZ, K I 56 g. Protokoll des Erziehungsrats, 28. Mai 1800.
[52] StAZ, K II 96. Knonau. Stapfer an Regierungsstatthalter Ulrich, 10. Juni 1800.
[53] StAZ, K II 96. Knonau. Verhör von Syz, Grob und Walder, 19. Juni 1800.
[54] StAZ, K II 96. Mettmenstetten. Erziehungsrat an Regierungsstatthalter Ulrich, 13. November 1800.
[55] StAZ, K II 96. Mettmenstetten. Erziehungsrat an Regierungsstatthalter Ulrich, 13. November 1800.
[56] StAZ, K II 96. Mettmenstetten. Darstellung der Geschichte des Schulmeisters von Mettmenstetten, ohne Datum.
[57] StAZ, K II 96. Mettmenstetten. Gemeinde Mettmenstetten an Brennwald, 29. Dezember 1800.
[58] StAZ, K II 96. Mettmenstetten. Brennwald an den Erziehungsrat, 29. Dezember 1800.
[59] Zu Mohr siehe Lischer 2006.
[60] StAZ, K II 96. Mettmenstetten. Der Minister der Künste und der Wissenschaften an die Gemeinde Mettmenstetten, 13. Januar 1801.
[61] StAZ, K II 96. Mettmenstetten. Der Erziehungsrat an Regierungsstatthalter Ulrich, 22. Januar 1801.
[62] StAZ, K I 56 h. Protokoll des Erziehungsrats, 9. Februar 1801
[63] Ziegler 1998, S. 10.
[64] StAZ, K II 93. Allgemeines. Proklamation, 4. Juni 1801.
[65] Vgl. Ziegler 1998, S. 10; Mantel 1933, S. 55.
[66] Vgl. zum Folgenden: StAZ, K I 56 d. Protokoll des Erziehungsrats, 4. Juni 1801.
[67] StAZ, K II 93. Allgemeines. Proklamation, 4. Juni 1801
[68] Vgl. Hartmann 1917, S. 21.
[69] Vgl. zum Folgenden: StAZ, UU 1.1. Protokoll des Erziehungsrats, 22. September 1803.
[70] Gesetzliche Schulordnung 1803.
[71] Mantel 1933, S. 57.

Philipp Albert Stapfer: Glückloser Erziehungsminister der Helvetik Seite 15

[1] Vgl. zum Folgenden: Rohr 2005; Näf 1990; Müller 1997.
[2] Zit. nach Rohr 2005, S. 57.
[3] Zit. nach Rohr 2005, S. 66.
[4] Rohr 2005, S. 63.
[5] Zit. nach Näf 1990, S. 4.
[6] Rohr 2005, S. 65.

Staatsaufbau und Schulaufsicht während der Helvetischen Republik 1798–1803 Seite 23

[1] Vgl. Meier et al. 1997, S. 12, 29, 79.
[2] Benken, Andelfingen, Winterthur, Elgg, Fehraltorf, Bassersdorf, Bülach, Regensdorf, Zürich, Mettmenstetten, Horgen, Meilen, Grüningen, Uster, Wald.

REVOLUTION IN DER SCHULE Seiten 30–53

[1] Vgl. zum Folgenden: Fritzsche, Lemmenmeier 1994, S. 124–128.
[2] Vgl. Jung 2004; Graber 2003.
[3] Vgl. zum Folgenden: StAZ, UU 1.2. Protokoll des Erziehungsrats, 9. September, 7. Oktober, 5. November, 28. November 1806.
[4] StAZ, UU 1.2. Protokoll des Erziehungsrats, 28. November 1806.
[5] Hartmann 1917, S. 126.
[6] Vgl. Hartmann 1917, S. 124.
[7] StAZ, UU 1.4. Protokoll des Erziehungsrats, 5. März 1812.
[8] Vgl. Hartmann 1917, S. 125.
[9] Vgl. StAZ, UU 1.2. Protokoll des Erziehungsrats, 9. September 1806.
[10] StAZ, UU 1.2. Protokoll des Erziehungsrats, 5. November 1806.
[11] StAZ, UU 1.2. Protokoll des Erziehungsrats, 28. November 1806.
[12] Vgl. zum Folgenden: Dändliker 1846, S. 5.
[13] Vgl. zum Folgenden: StAZ, UU 1.4. Protokoll des Erziehungsrats, 14. Dezember 1813.
[14] StAZ, UU 1.2. Protokoll des Erziehungsrats, 24. Juni 1806; Kägi 1867, S. 349 f.
[15] Kägi 1867, S. 350.
[16] Kägi 1867, S. 351.
[17] Vgl. Scandola 1991, S. 621.
[18] StAZ, UU 1.4. Protokoll des Erziehungsrats, 14. Dezember 1813.
[19] Vgl. Kägi 1867, S. 351 f.
[20] Vgl. Hartmann 1917, S. 149.
[21] Mantel 1933, S. 83.
[22] StAZ, UU 1.2. Protokoll des Erziehungsrats, 26. August 1806.
[23] Vgl. dazu Kägi 1867, S. 352.
[24] Zu Pestalozzi siehe auch Stadler 1993.
[25] Vgl. Scandola 1991, S. 618 f.; Mantel 1933, S. 62; Stadler 1993, S. 415–476.
[26] Vgl. Scandola 1991, S. 618 f.; Gruntz-Stoll 1997.
[27] Vgl. StAZ, UU 1.2. Protokoll des Erziehungsrats, 5. Februar, 2. Juli 1806.
[28] Vgl. dazu Egli 1995, S. 290 f.
[29] Vgl. Mantel 1933, S. 62.
[30] Vgl. Egli 1995, S. 292 f.
[31] Vgl. Mantel 1933, S. 65–82.
[32] Vgl. Hartmann 1917, S. 148 ff.; Ziegler 1998, S. 12–16.
[33] Scandola 1991, S. 618.
[34] Vgl. Mantel 1933, S. 88.
[35] Vgl. Scandola 1991, S. 616–618.
[36] Mantel 1933, S. 92.
[37] Hottinger 1830.
[38] Hirzel 1829.
[39] Vgl. Hottinger 1830, S. 63–94.
[40] Vgl. zum Folgenden: Fritzsche, Lemmenmeier 1994, S. 128–137.
[41] Nabholz 1911, S. 22.
[42] Nabholz 1911, S. 44.
[43] StAZ, K III 259.1. Nr. 189.
[44] StAZ, K III 259.1a. Nr. 103; vgl. auch Kapitel «Kirche oder Staat», S. 10–29.
[45] Vgl. zum Folgenden: StAZ, K III 258.3a. Nr. 10.
[46] Geschichte der Küsnachter Schule 1935, S. 72–75.
[47] StAZ, K III 258.3a. Nr. 10.
[48] Vgl. Nabholz 1911, S. 46.
[49] Zit. nach Nabholz 1911, S. 46.
[50] Vgl. zum Folgenden: Gubler 1933, S. 103–136; vgl. Tröhler, Oelkers 2001, S. 11 f.
[51] Frey 1953, S. 13.
[52] Staatsverfassung 1831, § 70.
[53] Vgl. Bloch 1999, S. 128.
[54] Vgl. Officielle Sammlung 1831–1835; Frey 1953, S. 13–18.
[55] Späni 1999, S. 310.
[56] Vgl. zum Folgenden: Gesetz über die Organisation des gesammten Unterrichtswesens 1832, S. 313–367; Frey 1953, S. 19–45; Gubler 1933, S. 122–136.
[57] Staatsverfassung 1831, § 20.
[58] Fritzsche, Lemmenmeier 1994, S. 134.
[59] Officielle Sammlung 1832–1835.
[60] Gubler 1933, S. 188–200.
[61] StAZ, MM 24.12. Protokoll des Grossen Rats, 25.–28. September 1832.
[62] Vgl. Frey 1953, S. 31.
[63] Vgl. zum Folgenden: Gesetz betreffend die Bezirks-Schulpflegen 1831; Gesetz betreffend die Gemeinds-Schulpflegen 1831; siehe auch Bloch 1991, S. 76–80.
[64] Bloch 1991, S. 79.
[65] Gesetz betreffend die Bezirks-Schulpflegen 1831, § 12.
[66] Vgl. Bloch 1991, S. 78.
[67] Vgl. Berner 2001, S. 153.
[68] Vgl. Bloch 1999, S. 129.

Ignaz Thomas Scherr: Ein Theologe als Vordenker der Schulreformen
Seite 45
[1] Vgl. zum Folgenden: Gubler 1933, S. 103–136; Tröhler, Oelkers 2001, S. 11 f.

Das Lehrerseminar in Küsnacht Seite 47
[1] Vgl. Wettstein 1907, S. 472.
[2] Bloch 1991, S. 54.
[3] Bloch 1991, S. 65.

Staatsaufbau und Schulaufsicht 1831–1839 Seite 51
[1] Vgl. zum Folgenden: Ziegler 1993; Fritzsche, Lemmenmeier 1994; Schmid 2003.

GEGEN DIE «UNCHRISTLICHE VOLKSSCHULE» Seiten 54–75

1 StAZ, U 37b.1. Hittnau. Die Gemeindeschulpflege Hittnau an den Erziehungsrat, 19. September 1839.
2 Zu Denzler vgl. Dejung, Wuhrmann 1953, S. 612.
3 StAZ, U 37b.1. Hittnau. Die Gemeindeschulpflege Hittnau an den Erziehungsrat, 19. September 1839.
4 Vgl. Gubler 1933, S. 148.
5 Vgl. zum Folgenden: Suter 2001, S. 86.
6 Suter 2001, S. 86.
7 Vgl. Gubler 1933, S. 148.
8 Vgl. zum Folgenden: Messerli 2002, S. 476–481.
9 Gotthelf 1837, zit. nach Messerli 2002, S. 479.
10 StAZ, U 30a.3. Jahresbericht der Bezirksschulpflege Pfäffikon, 1839/40.
11 Vgl. Braun 1965, S. 299.
12 StAZ, UU 1.16. Protokoll des Erziehungsrats, 11. Mai 1839; Leonhard et al. 2005.
13 StAZ, U 37b.1. Hittnau. Die Bezirksschulpflege Pfäffikon an den Erziehungsrat, 19. Juni 1840.
14 StAZ, U 37b.1. Hittnau. Die Gemeindeschulpflege Hittnau an die Bezirksschulpflege Pfäffikon, 3. Juni 1840.
15 StAZ, U 37b.1. Hittnau. Die Bezirksschulpflege Pfäffikon an den Erziehungsrat, 19. Juni 1840.
16 StAZ, U 37b.1. Hittnau. Die Bezirksschulpflege Pfäffikon an den Erziehungsrat, 19. Juni 1840.
17 StAZ, U 37b.1. Hittnau. Die Gemeindeschulpflege Hittnau an die Bezirksschulpflege Pfäffikon, 3. Juni 1840; die Gemeindeschulpflege Hittnau an den Erziehungsrat, 24. Juni 1840.
18 StAZ, UU 1.17. Protokoll des Erziehungsrats 1840, 6. Mai 1840.
19 StAZ, UU 1.17. Protokoll des Erziehungsrats 1840, 16. September 1840.
20 Vgl. Politische Gemeinde Bauma 1994, S. 165–167.
21 Bürgi 2005.
22 Fritzsche, Lemmenmeier 1994, S. 137 f.
23 Vgl. Gubler 1989, S. 24–31; Fritzsche, Lemmenmeier 1994, S. 139 f.
24 Fritzsche, Lemmenmeier 1994, S. 138 f.
25 Vgl. Fritzsche, Lemmenmeier 1994, S. 139.
26 Vgl. zum Folgenden: Fritzsche, Lemmenmeier 1994, S. 137–141.
27 Jäger et al. 1999, S. 55.
28 Vgl. Tanner 1985, S. 61–70.
29 Senn 2006.
30 Senn 1888/1966, S. 45.
31 Senn 1888/1966, S. 55.
32 Senn 1888/1966, S. 55.
33 Jäger et al. 1999, S. 53–57; Lemmenmeier 1981.
34 Zum Folgenden: Jäger et al. 1999, S. 55 f.
35 Vgl. Jäger et al. 1999, S. 62.
36 Gull 2006.
37 Lemmenmeier 1981, S. 149.
38 Jäger et al. 1999, S. 61.
39 StAZ, U 28. Bericht des Pfarramts Uster, 4. März 1834.
40 Scherr 1840, S. 69.
41 StAZ, U 28. Bericht des Pfarramts Uster, 4. März 1834.
42 Vgl. Gubler 1933, S. 166.
43 Vgl. Gesetz über die Organisation des gesammten Unterrichtswesens 1832, § 32.
44 Vgl. Jäger et al. 1999, S. 92.
45 Jäger et al. 1999, S. 66; Hauser 1956, S. 11 f.; Lemmenmeier 1981, S. 142.
46 Vgl. Hauser 1956, S. 12 f.
47 Vgl. Stauber 1911, S. 16 ff.; Braun 1965, S. 113 ff.
48 Vgl. zum Folgenden: Stauber 1911, S. 31 f.
49 Zit. nach Stauber 1911, S. 31.
50 Vgl. Braun 1965, S. 120.
51 StAZ, U 28. Bericht des Statthalters des Bezirks Hinwil, 27. März 1834.
52 Vgl. Braun 1965, S. 117.
53 StAZ, U 28. Petition von 44 Hausvätern, 21. April 1838.
54 StAZ, U 28. Petition von 44 Hausvätern, 21. April 1838; vgl. auch Braun 1965, S. 117. Ein Indienne-Drucker arbeitete in einer Stoffdruckerei, in der Baumwollstoffe (Indienne) mit Mustern bedruckt wurden, wie sie in Indien gebräuchlich waren.
55 Vgl. Braun 1965, S. 116.
56 StAZ, U 28. Bericht der Bezirksschulpflege Uster, 3. Januar 1842; Braun 1965, S. 118.
57 Jäger et al. 1999, S. 92.

Die Volksschule und ihre Lehrmittel Seite 59
1 Zit. nach Messerli 2002, S. 481.

Protest im Unterland: Der Stadler Aufruhr von 1834 Seite 61
1 Vgl. Guggenbühl 1994, S. 174.
2 Vgl. Wettstein 1907, S. 558 ff.
3 Zit. nach Guggenbühl 1994, S. 170.
4 Guggenbühl 1994, S. 174.

Maschinensturm in Uster Seite 65
1 Fritzsche, Lemmenmeier 1994, S. 133.
2 Vgl. zum Folgenden: Jäger et al. 1999, S. 80 f.; Fritzsche, Lemmenmeier 1994, S. 130 f.

Zweierlei Schulen: Fabrikschule und Bürgerschule Seiten 68–69
1 Vgl. zum Folgenden: Jäger et al. 1999, S. 95 ff.
2 Zu Frei und Kunz vgl. Kläui 1964, S. 302 ff.
3 Jäger et al. 1999, S. 95 ff.; vgl. auch StAZ, U 39c.1. Niederuster.

DIE HERRSCHAFT DES FREISINNS Seiten 76–101

1 Vgl. zum Folgenden: Andrey 2004, S. 621–630; Fritzsche, Lemmenmeier 1994, S. 141–145.
2 Vgl. zum Folgenden: Fritzsche, Lemmenmeier 1994, S. 142–144; zu Escher vgl. auch Jung 2006.
3 Fritzsche, Lemmenmeier 1994, S. 144.
4 Fritzsche, Lemmenmeier 1994, S. 144 f.
5 Vgl. Frey 1953, S. 95 ff.; Scandola 1991, S. 607.
6 Bernegger 1985, S. 78 ff.; Winkler 1989, S. 114 ff.; Fritzsche, Lemmenmeier 1994, S. 46–48.
7 Vgl. Fritzsche, Lemmenmeier 1994, S. 54 ff.
8 Vgl. Fritzsche, Lemmenmeier 1994, S. 58.
9 Vgl. Bloch 1991, S. 113 ff.
10 Vgl. Zwicky 1995, S. 207; vgl. Bloch 1991, S. 134.
11 Vgl. Hauser 1989, S. 142.
12 Vgl. Bloch 1991, S. 133 f.
13 Hauser 1989, S. 144; Bloch 1991, S. 134.
14 Vgl. Bloch 1991, S. 135.
15 Gesetz betreffend Erhöhung der Lehrerbesoldungen, 30. Januar 1851; vgl. Bloch 1991, S. 136; Kreis 1933, S. 456.
16 Kreis 1933, S. 455 f.; Bloch 1991, S. 136; Hauser 1989, S. 143.
17 Vgl. Bloch 1999, S. 142.
18 Vgl. Bloch 1991, S. 133 f.
19 Zwicky 1995, S. 207.
20 Ritzmann-Blickensdorfer 1996, S. 446.
21 Zwicky 1995, S. 207.
22 Vgl. StAZ, U 35b.1. Thalwil. Die Bezirksschulpflege Horgen an den Erziehungsrat, 25. November 1856; die Bezirksschulpflege Horgen an den Erziehungsrat, 27. Februar 1857.
23 StAZ, U 35b.1. Thalwil. Die Bezirksschulpflege Horgen an den Erziehungsrat, 25. November 1856.
24 StAZ, U 35b.1. Thalwil. Die Bezirksschulpflege Horgen an den Erziehungsrat, 27. Februar 1857; die Bezirksschulpflege Horgen an den Erziehungsrat, 25. November 1856.
25 StAZ, U 35b.1. Thalwil. Die Bezirksschulpflege Horgen an den Erziehungsrat, 25. November 1856.
26 StAZ, U 35b.1. Thalwil. Die Bezirksschulpflege Horgen an den Erziehungsrat, 25. November 1856.
27 StAZ, U 35b.1. Thalwil. Die Bezirksschulpflege Horgen an den Erziehungsrat, 25. November 1856.
28 StAZ, U 35b.1. Thalwil. Pfarrer Sprüngli an den Erziehungsrat, 2. Februar 1857.
29 Vgl. Kreis 1933, S. 717; Bloch 1991, S. 135.
30 Bericht über die Verhandlungen der Synode 1849, S. 10.
31 StAZ, U 35b.1. Thalwil. Pfarrer Sprüngli an den Erziehungsrat, 2. Februar 1857; die Bezirksschulpflege Horgen an den Erziehungsrat, 27. Februar 1857.
32 Vgl. Anzeiger von Horgen, 7. Mai 1856.
33 StAZ, U 35b.1. Thalwil. Die Bezirksschulpflege Horgen an den Erziehungsrat, 25. November 1856.
34 StAZ, U 35b.1. Thalwil. Lehrer Dübendorfer an den Erziehungsrat, 29. Januar 1857; die Schulpflege Thalwil an den Erziehungsrat, 2. Februar 1857.
35 StAZ, U 35b.1. Thalwil. Die Bezirksschulpflege Horgen an den Erziehungsrat, 27. Februar 1857.
36 StAZ, U 35b.1. Thalwil. Die Bezirksschulpflege Horgen an den Erziehungsrat, 27. Februar 1857.
37 StAZ, U 35b.1. Thalwil. Die Bezirksschulpflege Horgen an den Erziehungsrat, 27. Februar 1857.
38 Vgl. Kreis 1933, S. 350 f.
39 Vgl. zum Folgenden auch Frey 1953, S. 71–103.
40 Vgl. zum Folgenden: StAZ, U 6.2. Gutachten der Bezirksschulpflege Horgen betreffend die Schulgesetzrevision 1850, 9. Oktober 1850.
41 Vgl. Frey 1953, S. 84.
42 Frey 1953, S. 84; zu Dubs siehe Jorio 2005.
43 Gesetz über das gesammte Unterrichtswesen 1859, § 301; vgl. auch Bloch 1991, S. 136.
44 Zit. nach Frey 1953, S. 91.
45 Mantovani Vögeli 1994, S. 96.
46 Mantovani Vögeli 1994, S. 98.
47 Gesetz über das gesammte Unterrichtswesen 1859, § 74; vgl. Mantovani Vögeli 1994, S. 101.
48 StAZ, U 35b.1. Richterswil. Die Gemeindeschulpflege Richterswil an den Erziehungsrat, 31. März 1850.
49 StAZ, U 35b.1. Richterswil. Der Präsident der Gemeindeschulpflege Richterswil an den Erziehungsrat, 8. August 1850.
50 StAZ, U 35b.1. Richterswil. Der Präsident der Gemeindeschulpflege Richterswil an den Erziehungsrat, 8. August 1850.
51 StAZ, U 35b.1. Richterswil. Die Lehrer der Dorfschule Richterswil an den Erziehungsrat, 15. Juli 1850.
52 StAZ, U 35b.1. Richterswil. Die Bezirksschulpflege Horgen an den Erziehungsrat, 4. September 1850.
53 Vgl. Mantovani Vögeli 1994, S. 100.
54 Mantovani Vögeli 1994, S. 98 f.
55 Vgl. Kreis 1933, S. 401.
56 Zit. nach Ohlsen, Littmann 2001, S. 20.
57 Zit. nach Renold 1998, S. 66.
58 Friedrich 1936, S. 38.
59 Friedrich 1936, S. 10.
60 Friedrich 1936, S. 38.
61 Vgl. Ohlsen, Littmann 2001, S. 22.
62 Friedrich 1936, S. 38.
63 Bericht über die Verhandlungen der Schulsynode 1854, S. 27.
64 Bericht über die Verhandlungen der Schulsynode 1854, S. 27.
65 StAZ, U 7.2. Gutachten der Bezirksschulpflege Horgen, 1857.
66 Gesetz über das gesammte Unterrichtswesen 1859, § 75.
67 Vgl. Kreis 1933, S. 401.
68 Mantovani Vögeli 1994, S. 102; Kreis 1933, S. 402.

Die Kartoffelnot von 1845 Seite 81
1 Staub 1995, S. 117 f.

Lehrerlöhne: Ohne Nebenverdienst kein Auskommen Seite 85
1 Vgl. zum Folgenden: Bloch 1991, S. 130–138; Kreis 1933, S. 450–460.
2 Bloch 1991, S. 138.
3 Bloch 1991, S. 137, 179.

Die Synode: Die Lehrerschaft auf dem Weg zu einem eigenständigen Standesbewusstsein Seite 89
1 Vgl. zum Folgenden: Gubler 1933, S. 232; Bloch 1991, S. 106–108.
2 Gesetz über die Einrichtung der Schulsynode 1831.
3 Bloch 1991, S. 107.

Die Gründung des staatlichen Lehrmittelverlages 1851 Seite 93
1 Vgl. zum Folgenden: Feller et al. 2001; Tröhler, Oelkers 2001.

DEMOKRATISCHE REFORMEN Seiten 102–121

[1] Vgl. zum Folgenden: Ruffieux 2004, S. 666–678; Fritzsche, Lemmenmeier 1994, 145–149; Koller 1987.
[2] Vgl. zum Folgenden: Fritzsche, Lemmenmeier 1994, S. 145–149; Schaffner 1982; Bürgi 2005.
[3] Vgl. zum Folgenden: Ruffieux 2004, S. 667–669; Criblez 1999.
[4] Stauber 1926, S. 177 ff.; Tiziani 2006.
[5] Stauber 1926, S. 179.
[6] Stauber 1926, S. 194.
[7] StAZ, U 40 g.1. Töss. Die Bezirksschulpflege Winterthur an die Erziehungsdirektion, 10. Februar 1852.
[8] StAZ, U 40 g.1. Töss. Zusammenstellung der Ausgaben für die Lehrerbesoldung nebst übrigen allgemeinen Ausgaben der Schulkasse, 1845–1850, undatiert.
[9] StAZ, U 40 g.1. Töss. Die Schulpflege Töss an die Erziehungsdirektion, 16. Februar 1861.
[10] StAZ, U 40 g.1. Töss. Zusammenstellung der Ausgaben für die Lehrerbesoldung nebst übrigen allgemeinen Ausgaben der Schulkasse, 1845–1850, undatiert.
[11] StAZ, U 40 g.1. Töss. Bericht der Kommission an die Schulpflege Töss, 21. September 1850.
[12] StAZ, U 40 g.1. Töss. Bericht der Kommission an die Schulpflege Töss, 21. September 1850.
[13] Vgl. zum Folgenden: StAZ, U 40 g.1. Töss. Petition der Schulgenossenschaft Töss an die Erziehungsdirektion, 25. Juli 1851; siehe auch StAW, Protokoll der Schulpflege Töss, 26. März 1851.
[14] StAW, Protokoll der Schulpflege Töss, 21. November 1851.
[15] StAW, Protokoll der Schulpflege Töss, 27. November 1851.
[16] Vgl. zum Folgenden: StAZ, U 40 g.1. Töss. Bericht der Kommission der Schulpflege Töss an die Schulpflege, 14. Dezember 1851.
[17] StAW, Protokoll der Schulpflege Töss, 7. März 1861.
[18] StAW, Protokoll der Schulpflege Töss 1851–1861.
[19] StAW, Protokoll der Schulpflege Töss, 7. März 1861.
[20] Ladner 2005.
[21] Vgl. zum Folgenden: Koller 1987; Criblez 1999.
[22] Zit. nach Criblez 1999, S. 349.
[23] Vgl. Koller 1987, S. 110–115.
[24] Zit. nach Koller 1987, S. 114.
[25] Zit. nach Koller 1987, S. 114.
[26] Zit. nach Koller 1987, S. 146.
[27] Koller 1987, S. 152.
[28] Bloch 1991, S. 137.
[29] Frey 1953, S. 124.
[30] Vgl. zum Folgenden: StAZ, U 30 a.14. Jahresberichte der Bezirksschulpflege Winterthur 1875–1877.
[31] Frey 1953, S. 164.
[32] Gassmann 1933, S. 560 f.
[33] Crotti 2005, S. 504.
[34] Kreis 1933, S. 483 ff., 496; Gassmann 1933, S. 593.
[35] Vgl. Crotti 2005.
[36] Crotti 2005, S. 441.
[37] Vgl. zum Folgenden: Mesmer 1988, S. 112 f.
[38] Mesmer 1988, S. 115.
[39] Bloch 2004, S. 113.
[40] Vgl. Crotti 2005, S. 450, 453–455; Mesmer 1988, S. 136.
[41] Crotti 2005, S. 454; Bloch 2004, S. 113–116.
[42] Bloch 2004, S. 113.
[43] Wartburg-Adler 1988, S. 66.
[44] Bloch 2004, S. 113.
[45] Rechenschaftsbericht des Regierungsrathes 1875/1876, S. 68.
[46] Bloch 2004, S. 114.
[47] Wartburg-Adler 1988, S. 271.
[48] Vgl. Mesmer 1988, S. 134–137.
[49] Bericht über die Verhandlungen der Schulsynode 1875, S. 22.
[50] Bericht über die Verhandlungen der Schulsynode 1875, Beilage V, S. 10.
[51] Bericht über die Verhandlungen der Schulsynode 1875, Beilage V, S. 9.
[52] Bericht über die Verhandlungen der Schulsynode 1875, Beilage IV, S. 11, 15–17.
[53] Bericht über die Verhandlungen der Schulsynode 1875, Beilage IV, S. 11.
[54] Bloch 2004, S. 115.
[55] Mesmer 1988, S. 137.
[56] Vgl. zum Folgenden: StAZ, U 30 a.16. Jahresberichte der Bezirksschulpflege Winterthur; darin: Rekurs der Gemeindeschulpflege Elgg, 21. Juli 1888.
[57] StAZ, U 30 a.16. Jahresberichte der Bezirksschulpflege Winterthur; darin: Rekurs der Gemeindeschulpflege Elgg, 21. Juli 1888.
[58] StAZ, U 40 d.2. Elgg. Christine Rust an das Präsidium der Schulpflege Elgg, 14. April 1889.
[59] StAZ, U 40 d.2. Elgg. Christine Rust an den Erziehungsrat, 4. Juli 1891.
[60] Bloch 2004, S. 116.
[61] StAZ, U 40 d.2. Elsau. B. Gutknecht an den Erziehungsrat, 7. April 1896.
[62] StAZ, U 40 d.2. Elsau. Die Schulpflege Elsau an den Erziehungsrat, 9. April 1896.
[63] StAZ, U 40 d.2. Elsau. Die Schulpflege Elsau an den Erziehungsrat, 9. April 1896.
[64] Vgl. Bloch 2004, S. 117.
[65] Bloch 2004, S. 116 f.
[66] StAZ, U 40 d.2. Elgg. Bertha Aeppli an den Erziehungsdirektor, 9. August 1893.
[67] Vgl. Bloch 2004, S. 118 f.

Das gescheiterte Unterrichtsgesetz von 1872 Seite 113
[1] Vgl. zum Folgenden: Köhler 2003; Gassmann 1933.

«Die Disciplin dürfte besser sein»: Besuch des Visitators in der Primarschule Seegräben Seite 117
[1] Vgl. zum Folgenden: StAZ, U 30 a.14. Jahresberichte der Bezirksschulpflege 1875–1877: Ausserordentliche Inspektorate 1875.

KULTURKAMPF UM DAS KLASSENZIMMER Seiten 122–147

[1] Lehrplan der Volksschule 1905, S. 1 f.
[2] Zu Zollinger vgl. Kapitel «Vom Geist zum Körper», S. 148–173.
[3] Fritzsche, Lemmenmeier 1994, S. 228.
[4] Hartmann 1930, S. 101; Erziehungsdirektion des Kantons Zürich 1993, S. 188.
[5] Hartmann 1930, S. 117.
[6] Frey 1953, S. 194.
[7] Gassmann 1933, S. 561 ff.
[8] Frey 1953, S. 205.
[9] Bülach Dielsdorfer-Volksfreund, 14. Juni 1899.
[10] Zit. nach Gassmann 1933, S. 622.
[11] Gassmann 1933, S. 660 ff.
[12] Lehrplan der Volksschule 1905, S. 8 f.
[13] APBü, II.B.8. Italienerschule. Protokoll des Erziehungsrats, 11. Juni 1900.
[14] APBü, II.B.8. Italienerschule. Protokoll des Erziehungsrats, 11. Juni 1900.
[15] Mathias 1932, S. 16 f.
[16] APBü, II.B.8. Italienerschule. Protokoll des Erziehungsrats, 11. Juni 1900.
[17] Mathias 1932, S. 17.
[18] Mathias 1932, S. 18 f.
[19] Pfarrkirchenstiftung Bülach 1982, S. 80.
[20] Pfarrkirchenstiftung Bülach 1982, S. 80.
[21] Pfarrkirchenstiftung Bülach 1982, S. 43.
[22] Pfarrkirchenstiftung Bülach 1982, S. 79 f.
[23] Hanimann 2005, S. 81.
[24] 1860 übertraf im Kanton Zürich der industriell-gewerbliche Sektor mit rund 70 000 Beschäftigten bereits den Agrarsektor (rund 50 000 Beschäftigte). Mossdorf 1942, S. 11; Ritzmann-Blickenstorfer 1996, S. 404.
[25] Knoepfli 2003, S. 41.
[26] Ritzmann-Blickenstorfer 1996, S. 95, 146 f.
[27] Ritzmann-Blickenstorfer 1996, S. 95, 146 f.; Fritzsche, Lemmenmeier 1994, S. 183.
[28] Mossdorf 1942, S. 14 f.
[29] Hildebrandt 1985, S. 287.
[30] Schwank 1999, S. 24 f.
[31] Schwank 1999, S. 10 ff.
[32] Fritzsche, Lemmenmeier, 1994, S. 209.
[33] 1920 fielen im Kanton Zürich 15 % der Beschäftigten auf die Landwirtschaft, 51 % auf Industrie und Gewerbe sowie 23 % auf Handel und Verkehr (inkl. Dienstleistungen); vgl. Ritzmann-Blickenstorfer 1996, S. 404 f.; Hildebrandt 1985, S. 257.
[34] Hildebrandt 1985, S. 266 f.
[35] Schwank 1999, S. 14 f.
[36] Hildebrandt 1985, S. 302.
[37] Looser 1983, S. 37–42.
[38] APBü, II.B.8. Italienerschule. Lehrer J. Meyer an die Primarschulpflege Bülach, 22. November 1900.
[39] APBü, Protokoll der Primarschulpflege Bülach, 7. Mai 1898.
[40] Mathias 1932, S. 23 f.
[41] Das genaue Eröffnungsdatum ist nicht bekannt.
[42] Rechenschaftsberichte des Regierungsrats 1901–1903.
[43] APBü, Protokoll der Primarschulpflege Bülach, 30. April 1900.
[44] «Gewalt oder Recht», Bülach-Dielsdorfer Wochenzeitung, 3. Februar 1904.
[45] APBü, Protokoll der Primarschulpflege Bülach, 30. April 1900.
[46] «Gewalt oder Recht», Bülach-Dielsdorfer Wochenzeitung, 3. Februar 1904.
[47] APBü, II.B.8. Italienerschule. Die Kommission der Primarschulpflege Bülach an die Redaktion der Bülach-Dielsdorfer Wochenzeitung, undatiert.
[48] APBü, Protokoll der Primarschulpflege Bülach, 30. April 1900.
[49] APBü, Protokoll der Primarschulpflege Bülach, 30. April 1900.
[50] APBü, II.B.8. Italienerschule. Protokoll des Erziehungsrats, 11. Juni 1900.
[51] APBü, II.B.8. Italienerschule. Protokoll des Erziehungsrats, 11. Juni 1900.
[52] APBü, II.B.8. Italienerschule. Protokoll des Erziehungsrats, 11. Juni 1900.
[53] APBü, II.B.8. Italienerschule. Pfarrer Bässler an die Primarschulpflege Bülach, 29. Juni 1900.
[54] APBü, II.B.8. Italienerschule. Pfarrer Bässler an die Primarschulpflege Bülach, 29. Juni 1900.
[55] «Gewalt oder Recht», Bülach-Dielsdorfer Wochenzeitung, 3. Februar 1904.
[56] APBü, II.B.8. Italienerschule. Sekundarlehrer R. Frei an die Primarschulpflege Bülach, 13. April 1903.
[57] APBü, II.B.8. Italienerschule. Sekundarlehrer R. Frei an die Primarschulpflege Bülach, 13. April 1903.
[58] APBü, Protokoll der Primarschulpflege Bülach, 23. November 1903.
[59] APBü, Protokoll der Primarschulpflege Bülach, 23. November 1903.
[60] APBü, II.B.8. Italienerschule. Protokoll des Erziehungsrats, 8. Januar 1904.
[61] APBü, II.B.8. Italienerschule. Protokoll des Erziehungsrats, 8. Januar 1904.
[62] APBü, II.B.8. Italienerschule. Protokoll des Erziehungsrats, 8. Januar 1904.
[63] Die Bezeichnung «Privatschule für katholische Italienerknaben» erscheint zum ersten Mal im Protokoll des Erziehungsrats vom 8. Januar 1904, obwohl auch Mädchen diese Schule besuchten. Vgl. dazu auch die Rechenschaftsberichte des Regierungsrats 1901–1903; APBü, II.B.8. Italienerschule. Protokoll des Erziehungsrats, 8. Januar 1904.
[64] «Gewalt oder Recht», Bülach-Dielsdorfer Wochenzeitung, 3. Februar 1904.
[65] «Gewalt oder Recht», Bülach-Dielsdorfer Wochenzeitung, 3. Februar 1904.
[66] Bülach-Dielsdorfer Wochenzeitung, 10. Februar 1904.
[67] APBü, Protokoll der Primarschulpflege Bülach, 8. Februar 1904.
[68] APBü, II.B.8. Italienerschule. Die Kommission der Primarschulpflege Bülach an die Redaktion der Bülach-Dielsdorfer Wochenzeitung, undatiert.
[69] APBü, II.B.8. Italienerschule. Protokoll des Erziehungsrats, 30. März 1904.
[70] APBü, II.B.8. Italienerschule. Protokoll des Erziehungsrats, 30. März 1904.
[71] Vgl. Kapitel «Zwischen Assimilation und Wahrung der ‹Italianità›», S. 202–227.

Pädagogisches Laboratorium: Die Geschichte der Privatschulen aus staatlicher Sicht Seiten 138–141
[1] Vgl. zum Folgenden Ziegler 1945, S. 1–17.
[2] Kersting 2003.
[3] Vgl. Kapitel «Kirche oder Staat», S. 10–29.
[4] Vgl. Kapitel «Kirche oder Staat», S. 10–29.
[5] Mantel 1933, S. 86.
[6] Verband Zürcherischer Privatschulen 1989, S. 1.
[7] Greiner 1949, S. 5.
[8] Bäschlin 1938.
[9] Ein Beispiel: Keller 1881.
[10] Keller 1881, S. 7.
[11] Verband Schweizerischer Institutsvorsteher 1912, S. 109–132.
[12] Verband Zürcherischer Privatschulen 1989, S. 1.
[13] Verband Zürcherischer Privatschulen 1989, S. 14 f.
[14] Bäschlin 1938, S. 293.

VOM GEIST ZUM KÖRPER Seiten 148–173

[1] Die damalige Stelle des kantonalen Erziehungssekretärs entspricht der heutigen Funktion eines Generalsekretärs der Bildungsdirektion.
[2] Vgl. zum Folgenden: Wiesendanger et al. 1982, S. 24 f.; Zollinger 1902.
[3] Zollinger 1902, S. 175–181.
[4] Wiesendanger et al. 1982, S. 24 f.
[5] Vgl. Oelkers 1998; Imboden 2003; Ramsauer 2000; Wolfisberg 2002.
[6] Zollinger, Die Arbeit als Unterrichtsprinzip. Eine schulhygienische Betrachtung, 1904; zit. nach Brunner 1972, S. 5.
[7] Frey 1953, S. 206 ff.
[8] Feller et al. 2001, S. 11.
[9] Vgl. insbesondere Gassmann 1933, S. 569; zum Entstehungsprozess des Lehrplans vgl. auch Ott 1966, S. 30–35.
[10] Gassmann 1933, S. 569; Zollinger 1913, S. 18 f.
[11] Gassmann 1933, S. 569 f.
[12] Lehrplan 1905, zit. nach Ott 1966, S. 97 f., 108 f.
[13] Imboden 2003, S. 68–80.
[14] Imboden 2003, S. 80 f.
[15] Imboden 2003, S. 100–102.
[16] Imboden 2003, S. 143–154; Die Entwicklung der städtischen Volksschule 1934, S. 37 f.
[17] Imboden 2003, S. 128–131; Die Entwicklung der städtischen Volksschule 1934, S. 39 f.
[18] Imboden 2003, S. 114 f.
[19] Imboden 2003, S. 116.
[20] Imboden 2003, S. 80 f.
[21] Imboden 2003, S. 117–124; Die Entwicklung der städtischen Volksschule 1934, S. 28 f.
[22] Wiesendanger et al. 1982, S. 30 ff.; StArZH, V.H.a.42 Protokolle der Zentralschulpflege Zürich, 1900 ff.
[23] Kost 1985, S. 74–76.
[24] Kost 1985, S. 95–100.
[25] Die Entwicklung der städtischen Volksschule 1934, S. 7.
[26] Die Schule wurde 1939 nach dem Ausbruch des Zweiten Weltkriegs wieder geschlossen. Kost 1985, S. 181–184; Wiesendanger et al. 1982, S. 43 f.
[27] Kost 1985, S. 182–189.
[28] StArZH, V.H.a.42 Protokoll der Zentralschulpflege, 1902, 255.
[29] StArZH, V.H.a.42 Protokoll der Zentralschulpflege, 1902, 255.
[30] StArZH, V.H.a.42 Protokoll der Zentralschulpflege, 1909, 384.
[31] StArZH, V.H.a.42 Protokoll der Zentralschulpflege, 1910, 313.
[32] Die Entwicklung der städtischen Volksschule 1934, S. 26 f.
[33] StArZH, V.H.a.42 Protokoll der Zentralschulpflege, Bd. 1919, 178.
[34] Herter 1984, S. 111.
[35] Späni 1997, S. 47 f.
[36] Herter 1984, S. 111 ff.
[37] Späni 1997, S. 48.
[38] Herter 1984, S. 113.
[39] Späni 1997, S. 49.
[40] Herter 1984, S. 87.
[41] StArZH, V.H.a.42 Protokolle der Zentralschulpflege, 1925, 707.
[42] Wiesendanger et al. 1982, S. 50 ff.
[43] Zollinger 1902, S. 175.
[44] ZVHS 1992, S. 2 f.; Die Entwicklung der städtischen Volksschule 1934, S. 7, 9 f.
[45] Die Entwicklung der städtischen Volksschule 1934, S. 10.
[46] ZVHS 1992, S. 2 f.
[47] ZVHS 1992, S. 17, 20; SVHS 1959, S. 51–55.
[48] SVHS 1959, S. 51–55.
[49] Wiesendanger et al. 1982, S. 37.
[50] Kofmehl-Heri 1997, S. 29 ff.
[51] StArZH, V.H.a.42 Protokoll der Zentralschulpflege, 1900, 552.
[52] StArZH, V.H.a.42 Protokoll der Zentralschulpflege, 1901, 707.
[53] StArZH, V.H.a.42 Protokoll der Zentralschulpflege, 1901, 707.
[54] StArZH, V.H.a.42 Protokoll der Zentralschulpflege, 1901, 707.
[55] StArZH, V.H.c.60 Geschäftsbericht der Zentralschulpflege 1913, S. 66 f.
[56] StArZH, V.H.a.42 Protokoll der Zentralschulpflege, 1906, 773.
[57] Fritzsche, Lemmenmeier 1994, S. 245 f.
[58] StArZH, V.H.a.42 Protokoll der Zentralschulpflege, 1914, 451.
[59] StArZH, V.H.c.60 Geschäftsbericht der Zentralschulpflege 1918, S. 4 f.
[60] Die Entwicklung der städtischen Volksschule 1893–1933, 1934, S. 3; Rechenschaftsbericht des Regierungsrats 1914, S. 161; 1917, S. 227; 1918, S. 463.
[61] Neue Zürcher Zeitung, 8. Juli 1918.
[62] StArZH, V.H.a.42 Protokoll der Zentralschulpflege, 1915, 26.
[63] Kofmehl-Heri 1997, S. 37.
[64] StArZH, V.H.a.42 Protokoll der Zentralschulpflege, 1914, 451.
[65] StArZH, V.H.a.42 Protokoll der Zentralschulpflege, 1915, 26.
[66] Für die folgenden Ausführungen und Zitate vgl. StArZH V.A. a.17.:9 Protokoll des Grossen Stadtrats der Stadt Zürich 19.7.1918, Geschäft 1123, S. 545 f.; StArZH, V.H.a.42 Protokoll der Zentralschulpflege, 1918, 350.
[67] Neue Zürcher Zeitung, 8. Juli 1918.
[68] Weiterführend zu den Gremien: Wiesendanger et al. 1982, S. 34 f.
[69] StArZH, V.H.a.42 Protokoll der Zentralschulpflege, 1918, 350.
[70] StArZH, V.H.a.42 Protokoll der Zentralschulpflege, 1918, 350.
[71] StArZH, V.A.a.17.:9 Protokoll des Grossen Stadtrats der Stadt Zürich 19.7.1918, Geschäft 1123, S. 545 f.
[72] StArZH, V.A.a.17.:9 Protokoll des Grossen Stadtrats der Stadt Zürich 19.7.1918, Geschäft 1123, S. 545 f.
[73] StArZH, V.H.c.60 Geschäftsbericht der Zentralschulpflege 1918, S. 5.
[74] Biske 1953, S. 105 f.

Die Entstehung des Sonderschulwesens Seite 153
[1] Imboden 2003, S. 154–158.
[2] Wolfisberg 2002, S. 79.
[3] Wolfisberg 2002, S. 61 f.; Zit. nach: Hasenfratz 1929, S. 11.
[4] Imboden 2003, S. 193–197.
[5] Imboden 2003, S. 154–158.
[6] Wolfisberg 2002, S. 97 ff.

Friedrich Zollinger: Erziehungssekretär und Schulreformer Seite 155
[1] Brunner 1972, S. 1–3.
[2] Zollinger 1913, S. 18 f.
[3] Zit. nach Ramsauer 2000, S. 25.
[4] Ramsauer 2000, S. 28 ff.
[5] Brunner 1972, S. 1 ff.
[6] Schreiber 1993, S. 183.
[7] Brunner 1972, S. 4.
[8] Franck-Nagy 1986, S. 104 f.

Militärische und zivile Wurzeln des Turnunterrichts im 18. und 19. Jahrhundert Seiten 160–161
[1] Herter 1984, S. 10 f.
[2] Herter 1984, S. 74.
[3] Herter 1984, S. 113.
[4] Gassmann 1933, S. 661.
[5] Gassmann 1933, S. 662.
[6] Herter 1984, S. 128.
[7] Herter 1984, S. 122; Späni 1997, S. 47.
[8] Criblez et al. 1999, S. 340 f.
[9] Bundesverfassung. 1874, Art. 81.

Zwischen Sozialhilfe und Disziplinierung: Die Ausbreitung der Ferienkolonien Seiten 166–167
[1] Tagblatt der Stadt Zürich, 12. Juni 1876; vgl. auch Imboden 2003, S. 158 ff.
[2] Ziegler 1975, S. 9 ff.
[3] Grunder 1990, S. 148.
[4] Grunder 1990, S. 152.
[5] Balsiger 2005.
[6] Grunder 1990, S. 146 ff.
[7] Ziegler 1975, S. 22.
[8] Imboden 2003, S. 172.
[9] Ziegler 1975, S. 12.
[10] Ziegler 1975, S. 17.
[11] Grunder 1990, S. 152.
[12] Frei 1991, S. 28.

ZWISCHEN KRISE UND KRIEG Seiten 174–201

1 Jost 1992.
2 König et al. 1994, S. 294–296.
3 König et al. 1994, S. 296.
4 Zu Ossingen vgl. Sigg 1988, S. 242; zu Dachsen vgl. Kläui 1976b, Bd. 1, S. 120.
5 König et al. 1994, S. 294, 296; Statistisches Bureau Zürich 1949, S. 16 f., 20 f., 1942, S. 16 f, 20 f.
6 Zu Andelfingen vgl. Sigg 1992 (Statistik: Die Bevölkerungsentwicklung seit 1830).
7 Zu Marthalen vgl. Lee 1991, S. 87; zu Dachsen vgl. Kläui, 1976b, Bd. 1, S. 118 f.; zu Henggart vgl. Zandonella, Straub 1991, S. 114 f.; zu Langwiesen und Feuerthalen vgl. Kläui 1976a, Bd. 2, S. 20; zu Trüllikon vgl. Vogel 2001, S. 58; zu Kleinandelfingen vgl. Sigg 1992; zu Ossingen vgl. Sigg 1988, S. 234.
8 StAZ, UU 2.83. Protokoll der Direktion des Erziehungswesens und des Erziehungsrats 1932, 950; Geschäftsbericht des Regierungsrats 1932, S. 167 f.
9 Geschäftsbericht des Regierungsrats 1932, S. 168; 1933, S. 254; 1935, S. 180.
10 König et al. 1994, S. 295.
11 StAZ, UU 2.93. Protokoll der Direktion des Erziehungswesens und des Erziehungsrats 1942, 280.
12 Geschäftsbericht des Regierungsrats 1934, S. 319 f.
13 StAZ, UU 2.91. Protokoll der Direktion des Erziehungswesens und des Erziehungsrats 1940, 270; vgl. auch StAZ, UU 2.81. Protokoll der Direktion des Erziehungswesens und des Erziehungsrats 1930, 38; StAZ, UU 2.90. Protokoll der Direktion des Erziehungswesens und des Erziehungsrats 1939, 345.
14 König et al. 1994, S. 319 f.; Wolf 1969; Ziegler 1998, S. 37 f.
15 Jost 1992.
16 StAZ, UU 2.84. Protokoll der Direktion des Erziehungswesens und des Erziehungsrats 1933, 42.
17 StAZ, UU 2.84. Protokoll der Direktion des Erziehungswesens und des Erziehungsrats 1933, 42.
18 Buol 1950, S. 59; Criblez 1995, S. 144–148.
19 Buol 1950, S. 59; Criblez 1995, 147 f.
20 Buol 1950, S. 60–65.
21 StAZ, UU 2.90. Protokoll der Direktion des Erziehungswesens und des Erziehungsrats 1939, 316.
22 StAZ, UU 2.88. Protokoll der Direktion des Erziehungswesens und des Erziehungsrats 1937, 38.
23 StAZ, UU 2.90. Protokoll der Direktion des Erziehungswesens und des Erziehungsrats 1939, 316.
24 StAZ, UU 2.81–2.100. Protokolle der Direktion des Erziehungswesens und des Erziehungsrats 1930–1949.
25 Vgl. weiterführend Criblez 1995, S. 157–164.
26 StAZ, UU 2.88. Protokoll der Direktion des Erziehungswesens und des Erziehungsrats 1937, 311; StAZ, UU 2.89. Protokoll der Direktion des Erziehungswesens und des Erziehungsrats 1938, 899.
27 StAZ, UU 2.89. Protokoll der Direktion des Erziehungswesens und des Erziehungsrats 1938, 899.
28 StAZ, UU 2.88. Protokoll der Direktion des Erziehungswesens und des Erziehungsrats 1937, 311.
29 StAZ, UU 2.90. Protokoll der Direktion des Erziehungswesens und des Erziehungsrats 1939, 213; StAZ, UU 2.92. Protokoll der Direktion des Erziehungswesens und des Erziehungsrats 1941, 151; StAZ, UU 2.94. Protokoll der Direktion des Erziehungswesens und des Erziehungsrats 1943, 673.
30 StAZ, UU 2.96. Protokoll der Direktion des Erziehungswesens und des Erziehungsrats 1945, 503 (Hervorhebung Autor).
31 StAZ, UU 2.98. Protokoll der Direktion des Erziehungswesens und des Erziehungsrats 1947, 175.
32 StAZ, UU 2.100. Protokoll der Direktion des Erziehungswesens und des Erziehungsrats 1949, 1513.
33 Buol 1950, S. 65; StAZ, UU 2.91. Protokoll der Direktion des Erziehungswesens und des Erziehungsrats 1940, 218. Initiant der Arbeitsgemeinschaft war der auch auf nationaler Ebene aktive Zürcher Lehrer Jakob Schmid.
34 StAZ, UU 2.90. Protokoll der Direktion des Erziehungswesens und des Erziehungsrats 1939, 110, 314, 864.
35 StAZ, UU 2.90. Protokoll der Direktion des Erziehungswesens und des Erziehungsrats 1939, 314.
36 StAZ, UU 2.90. Protokoll der Direktion des Erziehungswesens und des Erziehungsrats 1939, 864.
37 Ritzmann-Blickenstorfer 1996, S. 964.
38 Ritzmann-Blickenstorfer 1996, S. 974.
39 Statistisches Bureau Zürich 1940/41, S. 60 und 1945, S. 60.
40 Wecker et al. 2001, S. 95.
41 Wecker et al. 2001, S. 88.
42 Tuggener 1963, S. 11–16.
43 Tuggener 1963, S. 11; Ritzmann-Blickenstorfer 1996, S. 1161.
44 Tuggener 1963, S. 12 ff.; zum Kanton Bern detailliert Hodel 2002, S. 114–184.
45 Gerhard 1928, S. 37.
46 Zit. nach Hodel 2003, S. 25.
47 StAZ, U 56.1. Akten zum Gesetz betr. Nicht-Anstellung oder Ausschluss verheirateter Lehrerinnen, Manuskript «Zur Initiative Schweizer» (Autor: Mousson; Kantonsratsrede zum zweiten Vorstoss von Schweizer, 1921); Hodel 2003, S. 25 f.
48 Frauenstimmrechtsverein 1912, S. 1–7; Göttisheim, Gerhard 1933, S. 40–67.
49 StAZ, U 56.1. Akten zum Gesetz betr. Nicht-Anstellung oder Ausschluss verheirateter Lehrerinnen; Manuskript «Initiative Schweizer», 25.11.1920; Eingabe der Kantonalen zürcherischen Lehrerinnenversammlung an den Erziehungsrat des Kantons Zürich, März 1921.
50 StAZ, U 56.1. Akten zum Gesetz betr. Nicht-Anstellung oder Ausschluss verheirateter Lehrerinnen; Manuskript «Initiative Schweizer», 25.11.1920.
51 StAZ, U 56.1. Akten zum Gesetz betr. Nicht-Anstellung oder Ausschluss verheirateter Lehrerinnen; Manuskript «Initiative Schweizer», 25.11.1920; vgl. auch Eingabe der Kantonalen zürcherischen Lehrerinnenversammlung an den Erziehungsrat des Kantons Zürich, März 1921.
52 StAZ, U 56.1. Akten zum Gesetz betr. Nicht-Anstellung oder Ausschluss verheirateter Lehrerinnen; Beschlussantrag des Regierungsrats an den Kantonsrat, 4.6.1921.
53 StAZ, U 56.1. Akten zum Gesetz betr. Nicht-Anstellung oder Ausschluss verheirateter Lehrerinnen; Manuskript «Initiative Schweizer», 25.11.1920, S. 2–3.
54 StAZ, U 56.1. Beschluss des Kantonsrats vom 13.6.1921, Nr. 343 (Antrag des Regierungsrats vom 4.7.1921).
55 Adam 1944, S. 48 f.; StAZ, UU 2.89. Protokoll der Direktion des Erziehungswesens und des Erziehungsrats 1938, 843.
56 König et al. 1994, S. 315.
57 Zit. nach Tuggener 1963, S. 30; vgl. Erziehungsdirektion des Kantons Zürich 1941, S. 33; 1944, S. 2 f.
58 StAZ, UU 2.90. Protokoll der Direktion des Erziehungswesens und des Erziehungsrats 1939, 860.
59 StAZ, UU 2.90. Protokoll der Direktion des Erziehungswesens und des Erziehungsrats 1939, 860.
60 Zandonella, Straub 1991, S. 116 f.; StAZ, UU 2.90. Protokoll der Direktion des Erziehungswesens und des Erziehungsrats 1939, 860.
61 StAZ, UU 2.92. Protokoll der Direktion des Erziehungswesens und des Erziehungsrats 1941, 643.
62 StAZ, UU 2.91. Protokoll der Direktion des Erziehungswesens und des Erziehungsrats 1940, 195.
63 StAZ, UU 2.91. Protokoll der Direktion des Erziehungswesens und des Erziehungsrats 1940, 422, 462.

⁶⁴ StAZ, UU 2.93. Protokoll der Direktion des Erziehungswesens und des Erziehungsrats 1942, 280.
⁶⁵ StAZ, UU 2.93. Protokoll der Direktion des Erziehungswesens und des Erziehungsrats 1942, 621.
⁶⁶ Erziehungsdirektion des Kantons Zürich 1944, S. 2 f.
⁶⁷ Kury 2003.
⁶⁸ StAZ, UU 2.86. Protokoll der Direktion des Erziehungswesens und des Erziehungsrats 1935, 808.
⁶⁹ StAZ, UU 2.90. Protokoll der Direktion des Erziehungswesens und des Erziehungsrats 1939, 22.
⁷⁰ StAZ, UU 2.94. Protokoll der Direktion des Erziehungswesens und des Erziehungsrats 1943, 73.
⁷¹ StAZ, UU 2.93. Protokoll der Direktion des Erziehungswesens und des Erziehungsrats 1942, 522.
⁷² StAZ, UU 2.93. Protokoll der Direktion des Erziehungswesens und des Erziehungsrats 1942, 522.

«Eine Ausländerin in der Klasse» – italienischer Blick auf eine Schweizer Schule 1932 Seite 185
¹ Magnani 2001, S. 65 f.

Volksschule an der «Landi» 1939 Seiten 186–187
¹ Die Landi 1989, S. 113 ff.; vgl. zu den bildungspolitischen Ausstellungselementen der Landi weiterführend Criblez 1995, S. 327–362.
² Schweizerischer Lehrerverein 1939, S. 6 f., 123 f.
³ Schweizerischer Lehrerverein 1939, S. 123.
⁴ Schweizerischer Lehrerverein 1939, S. 314.

Wirtschaftspolitik auf Kosten der Frauen: Kritik an Doppelverdienerinnen ausserhalb des Bildungssektors Seite 191
¹ Wecker et al. 2001, S. 86.
² Wecker et al. 2001, S. 87 f.
³ Leimgruber 1933, S. 26.
⁴ Wecker et al. 2001, S. 97.
⁵ Wecker et al. 2001, S. 88.
⁶ Wecker et al. 2001, S. 89.
⁷ Wecker et al. 2001, S. 90.
⁸ Wecker et al. 2001, S. 91–94.

ZWISCHEN ASSIMILATION UND WAHRUNG DER «ITALIANITÀ» Seiten 202–227

¹ Ritzmann-Blickenstorfer 1996, S. 360; Eidgenössische Volkszählungen, Kanton Zürich, www.statistik.zh.ch.
² Volksschulstatistik des Kantons Zürich, www.bista.zh.ch.
³ Volksschulstatistik des Kantons Zürich, www.bista.zh.ch.
⁴ Tuggener 1963, S. 29 f.
⁵ StAZ, UU 2.95. Protokoll der Direktion des Erziehungswesens und des Erziehungsrats 1944, 904.
⁶ StAZ, UU 2.97. Protokoll der Direktion des Erziehungswesens und des Erziehungsrats 1946, 45, 1473.
⁷ StAZ, UU 2.97. Protokoll der Direktion des Erziehungswesens und des Erziehungsrats 1946, 1171.
⁸ StAZ, UU 2.99. Protokoll der Direktion des Erziehungswesens und des Erziehungsrats 1948, 1499.
⁹ StAZ, UU 2.97. Protokoll der Direktion des Erziehungswesens und des Erziehungsrats 1946, 1473.
¹⁰ Bildungsstatistik des Kantons Zürich, www.bista.zh.ch.
¹¹ König 1994, S. 374–377.
¹² Niederberger 2003, S. 94–98; Buomberger 2004, S. 42–44.
¹³ Wottreng 2000, S. 158–161.
¹⁴ Geschäftsbericht des Regierungsrats 1959, S. 283.
¹⁵ Geschäftsbericht des Regierungsrats 1957, S. 266 f.
¹⁶ Tobler 1970, S. 7.
¹⁷ Geschäftsbericht des Regierungsrats 1955, S. 251; StAZ, UU 2.106. Protokoll der Direktion des Erziehungswesens und des Erziehungsrats 1955, 678.
¹⁸ Geschäftsbericht des Regierungsrats 1957, S. 266.
¹⁹ Geschäftsbericht des Regierungsrats 1960, S. 281 f.
²⁰ StAZ, UU 2.111. Protokoll der Direktion des Erziehungswesens und des Erziehungsrats 1960, A4 556.
²¹ Geschäftsbericht des Regierungsrats 1961, S. 277.
²² Geschäftsbericht des Regierungsrats 1965, S. 289.
²³ StAZ, UU 2.112. Protokoll der Direktion des Erziehungswesens und des Erziehungsrats 1961, A1 2528.
²⁴ StAZ, UU 2.112. Protokoll der Direktion des Erziehungswesens und des Erziehungsrats 1961, A1 2528.
²⁵ StAZ, UU 2.112. Protokoll der Direktion des Erziehungswesens und des Erziehungsrats 1961, A1 2528; StAZ UU 2.114. Protokoll der Direktion des Erziehungswesens und des Erziehungsrats 1963, C1 1417, C1 1734.
²⁶ StAZ, UU 2.112. Protokoll der Direktion des Erziehungswesens und des Erziehungsrats 1961, A1 2528.
²⁷ StAZ, U 189.4. Akten zu den Protokollen der Direktion des Erziehungswesens und des Erziehungsrats 1964. Ablehnung des Gesuches zur Führung einer zweiten Sonderklasse, 30.3.1965.
²⁸ StAZ, UU 2.115. Protokoll der Direktion des Erziehungswesens und des Erziehungsrats 1964, C1 829.
²⁹ StAZ, UU 2.115. Protokoll der Erziehungsdirektion und des Erziehungsrats 1964, C1 829.
³⁰ StAZ, UU 2.115. Protokoll der Direktion des Erziehungswesens und des Erziehungsrats 1964, C1 829.
³¹ Geschäftsbericht des Regierungsrats 1964, S. 282 f.
³² StAZ, UU 2.115. Protokoll der Direktion des Erziehungswesens und des Erziehungsrats 1964, C1 829.
³³ StAZ, U 189.4. Akten zu den Protokollen der Direktion des Erziehungswesens des Erziehungsrats 1964. Erziehungsdirektion, Sekretäradjunkt G. Frauenfelder an die Bezirksschulpflege Zürich, 19.1.1965 und Chr. Hartmann, Kreiskdt. Zürich an die Erziehungsdirektion, 7.2.1965.
³⁴ StAZ, U 189.4. Akten zu den Protokollen der Direktion des Erziehungswesens des Erziehungsrats 1964. Chr. Hartmann, Kreiskdt. Zürich an die Erziehungsdirektion, 7.2.1965 und Audienzbericht Fremdsprachigenklasse in Dietikon, 12.3.1965; StAZ, UU 2.116. Protokoll der Direktion des Erziehungswesens und des Erziehungsrats 1965, C1 574.
³⁵ StAZ, U 191.7. Akten zu den Protokollen der Direktion des Erziehungswesens und des Erziehungsrats 1967. Besuch Förderklasse für italienisch sprechende Schüler, Schulpflege Dietikon, 19.1.1967.

36 StAZ, UU 2.124. Protokoll der Direktion des Erziehungswesens und des Erziehungsrats 1967, C1 550.
37 StAZ, UU 2.128. Protokoll der Direktion des Erziehungswesens und des Erziehungsrats 1968, C1 784.
38 Zum Assimilationsmodell vgl. Niederberger 2004, S. 57.
39 Zu Vassalli siehe Staatskalender 1965–1967.
40 StAZ, U 190.4. Akten zu den Protokollen der Direktion des Erziehungswesens und des Erziehungsrats 1966. Brief von Dr. M. Vasalli an den Erziehungsdirektor, 18.10.1965.
41 Vgl. EDK 1995, S. 105 f.
42 Kury 2003.
43 Buomberger 2004, S. 42.
44 Buomberger 2004, S. 53–55.
45 Buomberger 2004, S. 46–48.
46 Zu Schwarzenbach weiterführend: Buomberger 2004, S. 97–132.
47 Vgl.: D'Amato 2001, S. 231 ff.; Niederberger 2004, S. 106 ff.
48 Geschäftsbericht des Regierungsrats 1960, S. 281 f.; StAZ, UU 2.112. Protokoll der Direktion des Erziehungswesens und des Erziehungsrats 1961, A1 2528; vgl. auch Kurmann 1983, S. 22 f.
49 Vgl. Niederberger 2004, S. 53 f.
50 Zit. in Niederberger 2004, S. 61.
51 Boscardin 1962, S. 74.
52 Boscardin 1962, S. 74.
53 Geschäftsbericht des Regierungsrats 1965, S. 295; Urteil des Bundesgerichts, 31. März 1965 in: Entscheidungen des Schweizerischen Bundesgerichts 1965, S. 480–495.
54 StAZ, U 190.4. Akten zu den Protokollen der Direktion des Erziehungswesens und des Erziehungsrats 1966. Brief von Dr. M. Vasalli an den Erziehungsdirektor, 18.10.1965.
55 StAZ, U 190.4. Akten zu den Protokollen der Direktion des Erziehungswesens und des Erziehungsrats 1966. Brief von Dr. M. Vasalli an den Erziehungsdirektor, 18.10.1965.
56 StAZ, U 190.4. Akten zu den Protokollen der Direktion des Erziehungswesens und des Erziehungsrats 1966. Brief von Dr. M. Vasalli an den Erziehungsdirektor, 18.10.1965.
57 Vgl. StAZ, U 190.4. Akten zu den Protokollen der Direktion des Erziehungswesens und des Erziehungsrats 1966. Italienischkurse für Italienerkinder, 21.6.1966.
58 Vgl. Bildungsdirektion 2003, S. 5.
59 StAZ, U 190.4. Akten zu den Protokollen der Direktion des Erziehungswesens und des Erziehungsrats 1966. Italienischkurse für Italienerkinder, 21.6.1966; vgl. auch StAZ, U 190.4. Akten zu den Protokollen der Direktion des Erziehungswesens und des Erziehungsrats 1966. Brief der Erziehungsdirektion, Dr. W. König, Regierungsrat, an alle Bezirks- und Gemeindeschulpflegen, an den Vorstand der kantonalen Schulsynode, an den Vorstand des kant. Lehrervereins, 1.2.1966; StAZ, U 190.4. Akten zu den Protokollen der Direktion des Erziehungswesens und des Erziehungsrats 1966. Brief des Eidgenössische Departements des Innern an die Erziehungsdirektoren der Kantone, 26.1.1966.
60 Diese Position wurde auch vom Erziehungsrat unterstützt: StAZ, UU 2.121. Protokoll der Direktion des Erziehungswesens und des Erziehungsrats 1966, 691, 2146.
61 Vgl. zum Folgenden: Niederberger 2004, S. 85 ff.
62 Niederberger 2004, S. 85 ff.
63 Frigerio, Merhar 2004, S. 171–173.
64 Kurmann 1983, S. 3.
65 Niederberger 2004, S. 88 f.
66 Vgl. Kurmann 1983, S. 3.
67 Vgl. Niederberger 2004, S. 92 f.; Kurmann 1983, S. 6; Kurmann 1999, S. 3; die Empfehlung über die «Grundsätze zur Schulung der Gastarbeiterkinder» findet sich in EDK 1995, S. 11 f.
68 Vgl. Kurmann 1983.
69 Vgl. EDK 1995, S. 105 f.
70 Vgl. zum Folgenden: Bildungsdirektion 2003, S. 5. Die Verhandlungen in Rom fanden erst im Juni 1972 statt. Siehe auch StAZ, UU 2.148. Protokolle der Direktion des Erziehungswesens und des Erziehungsrats 1972, 1894.
71 StAZ, UU 2.148. Protokolle der Direktion des Erziehungswesens und des Erziehungsrats 1972, 1894.
72 StAZ, UU 2.148. Protokolle der Direktion des Erziehungswesens und des Erziehungsrats 1972, 1894. Siehe auch Stocker 1983, S. 100.
73 EDK 1995, S. 11.
74 EDK 1995, S. 11.
75 Vgl. Erziehungsdirektion 1985a, S. 6, 9.
76 Vgl. zum Folgenden StAZ, UU 2.234. Protokoll der Erziehungsdirektion und des Erziehungsrats 1982, 420.
77 Vgl. D'Amato 2001, S. 221 ff.

Föderalistische Sonderwege der Integrationspolitik: Sprachunterricht für fremdsprachige Kinder im Kanton Zürich zwischen 1962 und 1966 Seite 213
1 StAZ, UU 2.114. Protokoll der Direktion des Erziehungswesens und des Erziehungsrats 1963, C6 263.
2 StAZ, UU 2.115. Protokoll der Direktion des Erziehungswesens und des Erziehungsrats 1964, C1 691.
3 StAZ, UU 2.114. Protokoll der Direktion des Erziehungswesens und des Erziehungsrats 1963, C6 263.
4 StAZ, U 190.4. Akten zu den Protokollen der Direktion des Erziehungswesens und des Erziehungsrats 1966. Italienischkurse für Italienerkinder, 21.6.1966.

Einblicke in den Dietiker Modellunterricht: Ein Augenschein des kantonalen Erziehungssekretärs Mario Vassalli Seite 215
1 StAZ, U 191.7. Akten zu den Protokollen der Direktion des Erziehungswesens und des Erziehungsrats 1967. Besuch der Sonderklasse für Fremdsprachige in Dietikon bei den Herren P. und A., Zentralschulhaus, 15.11.1966.

Pausenplatzkonflikte um Schwarzenbach und Fussballweltmeisterschaft Seite 223
1 Vgl. Franzetti 1987, S. 74 f.
2 König 1994, S. 445.

HSK oder Badi? Seite 225
1 Vgl. Truniger 1998, S. 176 f.
2 Supino 1995, S. 21 f.

GESELLSCHAFTLICHER WANDEL UND BILDUNGSPOLITISCHER REFORMDRUCK Seiten 228–257

1 Bildungsdirektion 2005a, S. 8.
2 Oertel 1997, S. 25; vgl. zum Folgenden: Wymann 1982; Wohlwend 1982; Gull 2006.
3 Vgl. Wymann 1993, S. 10 f.
4 Vgl. Frey 1953, S. 224.
5 Zum Gesetz und zur Diskussion von 1899 siehe Frey 1953, S. 202 ff.
6 Vgl. Frey 1953, S. 224 ff.
7 Frey 1953, S. 210; Wymann 1953/54, S. 4.
8 Vgl. Frey 1953, S. 219–222; zu den Unterschieden zwischen den Gemeinden siehe Gassmann 1933, S. 567.
9 Zit. nach Frey 1953, S. 225.
10 Vgl. Wymann 1982, S. 3.
11 Wymann 1982, S. 4.
12 Kanton Zürich 1959, S. 430; hier nach Wymann 1982, S. 3.
13 Vgl. Wymann 1982, S. 7.
14 Erziehungsdirektion 1981, S. 44.
15 Erziehungsdirektion 1981, S. 46.
16 Erziehungsdirektion 1981, S. 44.
17 Vgl. Oertel 1997, S. 70 ff.
18 Wymann 1982, S. 5 f.
19 Erziehungsdirektion 1981, S. 55.
20 Vgl. Wymann 1982, S. 7.
21 Leuthold 1991, S. 13.
22 Evangelische Hochschulgemeinde 1976, S. 4–7.
23 Leuthold 1991; DAZ, 3. Mai 1995, Lehrer-Magazin 1979, S. 8.
24 Neue Zürcher Zeitung, 5. Mai 1995; Aubert 1995; Neue Zürcher Zeitung, 6. April 1983; Wymann 1982, S. 5; Gespräch mit Joseph Hildbrand (15. September 2006), Stephan Widmer und Cornelia Lüthy (16. August 2006), Markus Truniger (10. Oktober 2005), Martin Wendelspiess (23. November 2006).
25 Neue Zürcher Zeitung, 7. Januar 1993.
26 Vontobel 1992, S. 161 f.
27 Sorg 1991, S. 230–246.
28 Sorg 1991, S. 215 ff.
29 Neue Zürcher Zeitung, 7. Januar 1993.
30 Neue Zürcher Zeitung, 3. Februar 1993; vgl. auch Vontobel 1992.
31 Neue Zürcher Zeitung, 4. Mai 1993.
32 Urteil des Eidgenössischen Bundesgerichts, 28.11.1996, www.bger.ch.
33 Neue Zürcher Zeitung, 5. März 2002.
34 Vgl. Aeberli 1990, S. 2.
35 Vgl. Oertel 1997, S. 85.
36 Vgl. Oertel 1997, S. 93.
37 Tages-Anzeiger, 11. November 1976.
38 Wymann 1993, S. 184; Oertel 1997, S. 102; Oberstufenpflege Regensdorf 1984, S. 29 f.
39 Vgl. zum Folgenden: Oertel 1997; Wymann 1982; Wymann 1993.
40 Vgl. Tages-Anzeiger, 11. November 1976.
41 Tages-Anzeiger, 11. November 1976.
42 Zitat Peter Nell, Lehrer, in: AVO-Zeitung, Nr. 1, 1. April 1977.
43 Zitat Hansjörg, in: AVO-Zeitung, Nr. 1, 1. April 1977.
44 Oertel 1997, S. 93–115.
45 Zürcher Unterländer, 18. Juni 1994.
46 Tages-Anzeiger, 22. September 1979.
47 Interview mit Kurt Bannwart, in: Furttaler, 6. September 1999.
48 Vgl. Gespräch mit Lutz Oertel, 25. Januar 2006.
49 Vgl. Tages-Anzeiger, 22. September 1979.
50 Oertel 1997, S. 232 ff.
51 Vgl. Auszug aus dem Protokoll des Regierungsrats, Sitzung vom 20. Mai 1992, Beantwortung der Interpellation von Kantonsrat Hansjörg Schmid, Dinhard, vom 23. März 1992 (Thema Schulversuche), www.kantonsrat.zh.ch; Oertel 1997, S. 232 ff.
52 Vgl. Oertel 1997, S. 238; vgl. auch www.sekzh.ch.
53 Vgl. Aeberli 1990.
54 Vgl. Oertel 1997, S. 238.
55 Bildungsdirektion 2005a, S. 8.

Auswirkungen der europäischen Gesamtschulbewegung auf die schweizerische Bildungspolitik Seite 235

1 Vgl. zum Folgenden: Herrlitz et al. 2003; Horney et al. 1970, Stichwort: Gesamtschule; Reinhold et al. 1999, S. 228 ff.; Rombach 1977, S. 5 ff.
2 Haeberlin 1972, S. 17 ff., 37 ff., 53 ff.

Ein schulpolitisches Jahrhundertprojekt: Der Lehrplan von 1991 Seiten 238–239

1 Erziehungsdirektion 1985b.
2 Erziehungsrat 1987.
3 Gespräch mit Regine Fretz, 29. November 2006.
4 Gespräch mit Regine Fretz, 29. November 2006.
5 Formulierungen nach dem definitiven Lehrplan, vgl. Bildungsdirektion 2002, S. 3–6; vgl. auch Erziehungsdirektion 1985b, S. 5–9.
6 Bildungsdirektion 2002, S. 3 f.

«Ich fand die AVO-Schule super!» Erinnerungen eines ehemaligen Petermoos-Schülers Seiten 246–247

1 Vgl. zum Folgenden: Gespräch mit Bruno Wiedmer, 17. Januar 2006.

Von der Sittenlehre zur Aidsprävention: Die Geschichte der Sexualerziehung in der Volksschule Seiten 250–251

1 Die Tat, 2. Dezember 1969.
2 Vontobel 1999, S. 8 f.
3 Vontobel 1999, S. 14.
4 Barth et al. 1987, S. 4.
5 Vontobel 1999, S. 21–23; StAZ, UU 2.147. Protokoll der Direktion des Erziehungswesens und des Erziehungsrats, 1971, 548.
6 Vontobel 1999, S. 15.
7 Vontobel 1999, S. 18 f.
8 Vontobel 1999, S. 28 ff.
9 Vontobel 1999, S. 33.
10 Vontobel 1999, S. 35 f.
11 Barth et al. 1987, S. 5.
12 Barth et al. 1987, S. 13–43.

SCHULE IM UMBRUCH Seiten 258–289

1 Vgl. die Grundsätze der Verwaltungsreform im Rahmen des Projekts «Wirkungsorientierte Verwaltungsführung wif!», www.wif.zh.ch/internet/sk/wif/de/ver_reform.html; für die gesamtschweizerische Perspektive vgl. Thom et al. 2002.
2 Ziegler 1998, S. 89 f.
3 Widmer 2003, S. 519 f.; Reichard 2003, S. 393–403; Gespräch mit Stephan Widmer und Cornelia Lüthy, 16. August 2006.
4 Reichard 2003, S. 404–406; Widmer 2003, S. 521–524; www.wif.zh.ch.
5 Vgl. Statistisches Amt des Kantons Zürich: Aufwand der laufenden Rechnung des Kantons Zürich, 1992–2004; www.statistik.zh.ch.
6 www.wif.zh.ch.
7 Vgl. Dubs 1996; Oertel 1996; Guyer 2003.
8 Vgl. Kussau 2002, S. 48–52; für einen Überblick über die schweizerische Debatte um Schulautonomie vgl. Kussau, Oertel 1997.
9 Oertel 1996; Guyer 2003, S. 216; Zürcher Unterländer, 28. Oktober 1995; Der Landbote, 6. März 1996.
10 Der Zürcher Unterländer, 28. September 1996.
11 So etwa in Fällanden, vgl. Neue Zürcher Zeitung, 5. September 1996; zur Diskussionsveranstaltung in Oberglatt vgl. Der Zürcher Unterländer, 25. September 1996; allgemein zur Spardebatte: Dubs 1996.
12 So etwa Wülflingen in Winterthur. Vgl. Der Landbote, 6. März 1996.
13 Akten der Direktion des Erziehungswesens und des Erziehungsrats, 1998, C1 846, C1 34; Der Zürcher Unterländer, 7. Oktober 1999.
14 Tages-Anzeiger, 4. Juli 1998.
15 Bildungsdirektion 2005b, S. 2; TaV-Evaluationsbericht, TaV-Elternbefragung: www.vsa.zh.ch.
16 Protokoll des Regierungsrats, 6. Dezember 2005, 1744.
17 Neue Zürcher Zeitung, 19. März 2007.
18 Vgl. Neue Zürcher Zeitung, 18. September 1997.
19 Binder, Trachsler 2002, S. 5.
20 Guyer 2003, S. 216.
21 Akten der Bildungsdirektion und des Bildungsrats, 1999, C1 905.
22 Guyer 2003, S. 233.
23 Protokoll des Regierungsrats, 6. Dezember 2005, 1744.
24 Guyer 2003, S. 218.
25 Guyer 2003, S. 218 f.
26 Guyer 2003, S. 221 f.
27 Protokoll des Zürcher Kantonsrats, 28. Mai 2002, Vorlage 3858a, www.kantonsrat.zh.ch.
28 Guyer 2003, S. 222 f.
29 Guyer 2003, S. 217 f.
30 Tages-Anzeiger, 26. Oktober 2002; Guyer 2003, S. 217 f.
31 Tages-Anzeiger, 29. Juni 1999, 22. Mai, 29. Mai, 27. September 2002.
32 Guyer 2003, S. 232 f.
33 Guyer 2003, S. 233 f.
34 Neue Zürcher Zeitung, 31. Januar 2003.
35 Akten der Bildungsdirektion und des Bildungsrats 2002, C1 663; Gespräch mit Stephan Widmer und Cornelia Lüthy, 16. August 2006.
36 Tages-Anzeiger, 13. Oktober, 6. Dezember 2004, 8. Februar 2005.
37 Protokoll des Regierungsrats, 6. Dezember 2005, 1744; zu Aeppli vgl. Der Landbote, 17. März 2007; zum Kindergarten: Bildungsdirektion 2006, S. 21.
38 Wannack et al. 2006, S. 20–26.
39 www.vsa.zh.ch.
40 Wannack et al. 2006, S. 11 f., 13, 26, 57; Gespräch mit Stephan Widmer und Cornelia Lüthy, 16. August 2006.
41 StAZ, UU 2.310. Protokoll der Direktion des Erziehungswesens und des Erziehungsrats 1991, C1 777.
42 Guyer 2003, S. 223 f.
43 Bildungsdirektion 2006, S. 13–15; Protokoll des Regierungsrats, 6. Dezember 2005, 1744; Guyer 2003, S. 220 f.
44 Max-Planck-Institut für Bildungsforschung 2002.
45 Neue Zürcher Zeitung, 20. Januar 2002; Tages-Anzeiger, 8. März 2002.
46 Neue Zürcher Zeitung, 14. Dezember 2001; Tages-Anzeiger, 5. Dezember 2001.
47 Ramseier et al. 1999; zum Medienecho vgl. Tages-Anzeiger, 5. Oktober 1999.
48 Oelkers 2003, S. 99–101.
49 BFS et al. 2004, S. 7.
50 BFS et al. 2004, S. 9.
51 Oelkers 2003, S. 86–94; zit. nach OECD-Bericht, «Lernen für das Leben», 2001, nach Oelkers 2003, S. 88; vgl. auch BFS et al. 2004, S. 10.
52 Oelkers 2003, S. 91 f.; BFS et al. 2002, S. 10.
53 Oelkers 2003, S. 91 f., 104–106.
54 Oelkers 2003, S. 110.
55 Oelkers 2003, S. 110.
56 BFS et al. 2004, S. 7.
57 EDK Pressemitteilung, 21. Mai 2006, www.edk.ch.
58 Vgl. www.edk.ch; NZZ am Sonntag, 1. April 2007.
59 Gespräch mit Stephan Widmer und Cornelia Lüthy, 16. August 2006.
60 Oelkers 2003, S. 59.
61 www.volksschulamt.ch.
62 PISA 2003: Analysen und Porträts für Deutschschweizer Kantone und das Fürstentum Liechtenstein. Vgl. www.bildungsdirektion.zh.ch.
63 NZZ am Sonntag, 12. Februar 2006.
64 NZZ am Sonntag, 12. Februar 2006.
65 Neue Zürcher Zeitung, 8. März 2006.
66 NZZ am Sonntag, 12. Februar 2006.
67 NZZ am Sonntag, 12. Februar 2006.
68 Tages-Anzeiger, 8. März 2006.
69 Tages-Anzeiger, 13. März 2007.
70 EDK, 2004.
71 Geschäftsbericht des Regierungsrates 1989.
72 Akten der Bildungsdirektion und des Bildungsrats (Bildungsratsbeschluss «Englischunterricht in der Unterstufe», 14. März 2003).
73 Tages-Anzeiger, 29. Oktober 1998.
74 Tages-Anzeiger, 8. Dezember 1998.
75 Tages-Anzeiger, 14. Januar 1999.
76 Neue Zürcher Zeitung, 21. August 2004.
77 Akten der Bildungsdirektion und des Bildungsrats (Bildungsratsbeschluss «Englischunterricht in der Unterstufe», 14. März 2003).
78 Aeppli 2005.
79 Stebler et al. 2004, S. 7.
80 Vgl. dazu auch www.sprachenfrage.ch; www.einefremdsprache.ch.
81 Tages-Anzeiger, 13. Januar 2006.
82 Tages-Anzeiger, 13. Januar 2006.
83 Neue Zürcher Zeitung, 27. November 2006.
84 Aeppli 2005.

Sorgen der Eltern – Fortschritte der Kleinen: Praktische Erfahrungen aus den Grundstufenversuchen Seiten 272–273

1 Tages-Anzeiger, 17. März 2005.
2 Tages-Anzeiger, 17. März 2005.

QUIMS: Qualität in multikulturellen Schulen Seiten 278–279

1 Häusler 1999, S. 9; vgl. zu QUIMS auch Rüesch 1999, S. 17–22.
2 Häusler 1999, S. 10.
3 Gomolla 2005, S. 153, 164 f.
4 Vgl. www.volksschulamt.ch (Pädagogische Themen, QUIMS).
5 Vgl. www.volksschulamt.ch (Pädagogische Themen, QUIMS).
6 Gomolla 2005, S. 165–169; www.volksschulamt.ch (Pädagogische Themen, QUIMS).

«Biblische Geschichte und Sittenlehre»: Geschichte des Religionsunterrichts im Kanton Zürich Seite 281

1 Vgl. zum Folgenden: Erziehungsrat des Kantons Zürich: Beschluss vom 21. November 1989, Religionsunterricht an der Oberstufe der Zürcher Volksschule (konfessionell-kooperative religiöse Erziehung), S. 10–17.

Strategien und Visionen für die Volksschule aus der Sicht der Bildungsdirektorin Seiten 288–289

1 Gespräch mit Regine Aeppli, 29. September 2006.

AMTSTRÄGER Seiten 300–301

[1] www.regierungsrat.zh.ch.
[2] Schmid 1982, S. 138. Mit dem neuen Lehrerbildungsgesetz von 1938 wurde der seminaristische Ausbildungsweg abgeschafft und das Seminar Küsnacht zu einer Mittelschule. Die Lücken zwischen den Amtsperioden, etwa zwischen jener von Heinrich Bruch (1840–1846) und Heinrich Zollinger (1849–1855), sind auf Vakanzen im Direktorium des Lehrerseminars zurückzuführen.
[3] Futter 1988, S. 8 f. Die Schaffung eines Oberseminars wurde mit dem neuen Lehrerbildungsgesetz von 1938 festgelegt. Das Seminar wurde 1943 in Zürich an der Florhofgasse eröffnet. Das Oberseminar wurde 1981 geschlossen.
[4] Futter 1988, S. 15 ff. Mit dem neuen Lehrerbildungsgesetz von 1978 wurde die Ausbildung reorganisiert. 1981 wurde das Seminar für Pädagogische Grundausbildung eröffnet.
[5] Futter 1988, S. 19. Das Primarlehrerseminar des Kantons Zürich wurde 1982 als Nachfolgeinstitution des Oberseminars eröffnet.
[6] Ohlsen, Littmann 2001, S. 235 f. Das Arbeitslehrerinnenseminar wurde seit 1953 von Frieda Hettich geleitet; erst 1967 wurde sie zur Direktorin ernannt.
[7] 1974 wurde die Sekundar- und Fachlehrerausbildung eine selbstständige Institution an der Universität Zürich.
[8] Feller et al. 2001, S. 30.

Quellen und Literatur

ARCHIVE

Archiv der Primarschule Bülach APBü
II.B. 8. Italienerschule 1899–1904.
Protokolle der Primarschulpflege Bülach 1898–1904.

Stadtarchiv Winterthur StaW
Protokolle der Schulpflege Töss 1851–1861.

Stadtarchiv Zürich StArZH
V.A.a.17.:9. Protokolle des Grossen Stadtrats der Stadt Zürich 1918.
V.H.a.42. Protokolle der Zentralschulpflege Zürich, 1900–1925.
V.H.c.60. Geschäftsbericht der Zentralschulpflege 1913–1918.

Staatsarchiv des Kantons Zürich StAZ
K I 56 d. Protokoll des Erziehungsrathes 1801.
K I 56 e. Protokoll des Erziehungsrathes 1802 und 1803.
K I 56 f. Protokoll des Erziehungsrathes des Cantons Zürich, 29.XI.1798–26.XII.1799.
K I 56 g. Protokoll des Erziehungsrathes des Cantons Zürich, 2.I.–29.XII.1800.
K I 56 h. Protokoll des Erziehungsrathes des Cantons Zürich, 8.I.–23.IV.1801.
K II 93. Erziehungswesen. Allgemeines.
K II 94. Erziehungswesen. Distrikt Mettmenstetten.
K II 96. Erziehungswesen. Akten Erziehungswesen. XI. Distrikt Mettmenstetten.
K III 258.3a. Petitionen von Gemeinden und Privaten betr. Verfassungsrevision. Nr. 1–75, Nov. 1830 bis Jan. 1831.
K III 259.1. Petitionen von Gemeinden und Privaten betr. Verfassungsrevision. Nr. 133–200, Jan. 1831.
K III 259.1a. Petitionen von Gemeinden und Privaten betr. Verfassungsrevision. Nr. 76–132, Jan. 1831.
MM 24.12. Protokoll des Grossen Rates, 1832–1833.
U 28. Fabrikarbeit der schulpflichtigen, resp. minderjährigen Jugend 1805–1913.
U 30a.14. Jahresberichte der Bezirksschulpflege Winterthur 1875–1877.
U 30a.15. Jahresberichte der Bezirksschulpflege Winterthur 1880–1881.
U 30a.16. Jahresberichte der Bezirksschulpflege Winterthur 1887–1914.
U 30a.3. Jahresberichte der Bezirksschulpflegen 1839–1841.
U 35b.1. Primarschulen im Bezirk Horgen. Gemeinden L–W 1803–1875.
U 37b.1. Primarschulen im Bezirk Pfäffikon. Gemeinden Hi–O 1804–1875.
U 39c.1. Primarschulen im Bezirk Uster. Gemeinde Uster 1806–1875.
U 40d.2. Primarschulen im Bezirk Winterthur. Gemeinden E–H 1876–1926.
U 40g.1. Primarschulen im Bezirk Winterthur. Gemeinden T–V 1804–1875.
U 56.1. Lehrerschaft. Allgemeines. Dossier 16. Akten zum Gesetz betr. Nicht-Anstellung oder Ausschluss verheirateter Lehrerinnen 1911–1921.
U 6.2. Gutachten betr. die Schulgesetz-Revision 1850.
U 7.2. Gutachten betr. die Schulgesetz-Revision 1857.
UU 1.1. bis Protokolle des Erziehungsrathes 1803–1840.
UU 1.17.
UU 2.81. bis Protokolle der Direktion des Erziehungswesens
UU 2.310. und des Erziehungsrats 1930–1991.
U 150. bis Akten zu den Protokollen der Direktion des Erziehungswesens und des Erziehungsrats 1926–1975.
U 19W9.

Archiv der Bildungsdirektion des Kantons Zürich
Akten der Bildungsdirektion und des Bildungsrats des Kantons Zürich 1997–2006.

GEDRUCKTE QUELLEN UND DARSTELLUNGEN

A

Adam, Werner 1944: Frauenarbeit und Doppelverdienertum, Zürich.
Aeberli, Christian 1990: Abteilungsübergreifender Versuch an der Oberstufe, AVO. Rückblickende Beurteilung der Oberstufenschule durch ehemalige Schüler und deren Eltern. Entwicklung der Schüler im Beruf und in weiterführenden Schulen. Eine Vergleichsuntersuchung zwischen den AVO-Schulen und ausgewählten Schulen der dreigliedrigen Oberstufe in den Schuljahren 1983/84 bis 1986/87, Zürich.
Aeppli, Regine 2005: Welche Sprachen sollen in den öffentlichen Schulen vermittelt werden? Begrüssungsansprache der Bildungsdirektorin des Kantons Zürich, in: VPOD (Hg.): Sprachenvielfalt in den Schweizer Schulen. Ein wichtiges Potenzial. Dokumentation zur Tagung vom 24. Januar 2004, Zürich.
Andrey, Georges 2004: Auf der Suche nach dem neuen Staat 1798–1848, in: Im Hof, Ulrich et al.: Geschichte der Schweiz und der Schweizer, Basel, S. 527–637.
Aubert, Catherine 1995: Keine Identitätsveränderung, bloss Geschichte. Alfred Gilgen. 24 Jahre Zürcher Erziehungsdirektor, in: VPOD-Magazin für Schule und Kindergarten.
AVO-Zeitung 1977: Informationen über den Abteilungsübergreifenden Versuch an der Oberstufe im Schulhaus Petermoos, Buchs.

B

Balsiger, Max Ulrich 2005: Bion, Hermann Walter, in: Historisches Lexikon der Schweiz (Internetausgabe www.hls.ch).
Barth, Marcella et al. 1987: Ich will wissen, wer ich bin. Lehrmittel zur Sexualerziehung in der Unter- und Mittelstufe, Zürich.
Bäschlin, C. 1938: Die Freien evangelischen Schulen in der Schweiz, in: Konferenz der kantonalen Erziehungsdirektoren (Hg.): Archiv für das schweizerische Unterrichtswesen, 24. Jg., Frauenfeld, S. 292–298.
Bericht über die Verhandlungen der Schulsynode des Kantons Zürich 1837–1992, Zürich.
Bernegger, Michael 1985: Die Zürcher Seidenindustrie von der Industrialisierung bis zur Gegenwart, in: Messerli, Barbara (Hg.): Seide. Zur Geschichte eines edlen Gewebes, Zürich, S. 78–95.
Berner, Esther 2001: Ein halbes Jahrhundert Scherrsche Sprachlehrmittel. Streit um Methoden und Kult um Personen, in: Tröhler, Daniel und Jürgen Oelkers (Hg.): Über die Mittel des Lernens. Kontextuelle Studie zum staatlichen Lehrmittelwesen im Kanton Zürich des 19. Jahrhunderts, Zürich, S. 152–178.
BFS Bundesamt für Statistik und EDK Schweizerische Konferenz der kantonalen Erziehungsdirektoren (Hg.) 2002: Für das Leben gerüstet? Die Grundkompetenzen der Jugendlichen. Nationaler Bericht der Erhebung PISA 2000, Neuenburg.
BFS Bundesamt für Statistik und EDK Schweizerische Konferenz der kantonalen Erziehungsdirektoren (Hg.) 2004: PISA 2003. Kompetenzen für die Zukunft. Erster nationaler Bericht, Neuenburg/Bern.
Bildungsdirektion des Kantons Zürich (Hg.) 2002: Lehrplan für die Volksschule des Kantons Zürich, Zürich.
Bildungsdirektion des Kantons Zürich (Hg.) 2003: Rahmenlehrplan. Kurse in heimatlicher Sprache und Kultur (HSK), Zürich.
Bildungsdirektion des Kantons Zürich (Hg.) 2005a: Die Schulen im Kanton Zürich 2004/05, Zürich.
Bildungsdirektion des Kantons Zürich (Hg.) 2005b: Schulversuch TaV. Abschliessende Befragung der Schulleitenden 2005, Zürich.
Bildungsdirektion des Kantons Zürich (Hg.) 2006: Das Volksschulgesetz in Kürze, Zürich.
Binder, Hans-Martin und Ernst Trachsler 2002: wif!. Projekt «Neue Schulaufsicht an der Volksschule». Externe Evaluation, Luzern.
Biske, Käthe 1953: Die Aufwendungen der Stadt Zürich für Armenfürsorge und Sozialpolitik 1893–1951, Zürich.

Bloch, Alexandra 1991: Priester der Volksbildung. Die Zürcher Volksschullehrer zwischen Profession und Beamtentum 1832–1872, Zürich.
Bloch, Alexandra 1999: Schulpflicht, Unentgeltlichkeit und Laizität des Unterrichts im Kanton Zürich zwischen 1770 und 1900, in: Criblez, Lucien et al. (Hg.): Eine Schule für die Demokratie. Zur Entwicklung der Volksschule in der Schweiz im 19. Jahrhundert, Bern, S. 123–153.
Bloch, Alexandra 2004: Feminisierung des Volksschullehrerberufs auf Grund gescheiterter Professionalisierung? Das Beispiel des Kantons Zürich, in: Bosshart-Pfluger, Catherine et al. (Hg.): Geschlecht und Wissen. Genre et Savoir. Gender and Knowledge. Beiträge der 10. Schweizerischen Historikerinnentagung 2002, Zürich, S. 109–121.
Bloch Pfister, Alexandra 2007: Priester der Volksbildung. Der Professionalisierungsprozess der Zürcher Volksschullehrkräfte zwischen 1770 und 1914, Zürich.
Boscardin, Lucio 1962: Die italienische Einwanderung in die Schweiz mit besonderer Berücksichtigung der Jahre 1946–1959, Zürich.
Brändli, Sebastian 1995: Ein Handel hinter dem Albis. Patriotische Parallelbewegungen zu Memorial und Stäfner Handel im Knonauer Amt, in: Mörgeli, Christoph (Hg.): Memorial und Stäfner Handel 1794/1795, Stäfa, S. 225–240.
Brändli, Sebastian et al. 1998: Die Bildung des wahren republikanischen Bürgers, Aarau.
Braun, Rudolf 1965: Sozialer und kultureller Wandel in einem ländlichen Industriegebiet (Zürcher Oberland) unter Einwirkung des Maschinen- und Fabrikwesens im 19. und 20. Jahrhundert, Erlenbach-Zürich/Stuttgart.
Brunner, John 1972: Friedrich Zollinger 1858–1931. Erinnerungsschrift an einen bedeutenden Schulmann aus dem ersten Drittel unseres Jahrhunderts, Volketswil.
Bundesverfassung der Schweizerischen Eidgenossenschaft vom 29. Mai 1874.
Buol, Conrad 1950: Erziehung zur Demokratie in der schweizerischen Volksschule, Zürich.
Buomberger, Thomas 2004: Kampf gegen unerwünschte Fremde. Von James Schwarzenbach bis Christoph Blocher, Zürich.
Bürgi, Markus 2005: Demokratische Bewegung, in: Historisches Lexikon der Schweiz (Internetausgabe www.hls.ch).
Bürgi, Markus 2005: Grunholzer, Heinrich, in: Historisches Lexikon der Schweiz (Internetausgabe www.hls.ch).

C

Capitani, François de 2004: Beharren und Umsturz 1648–1815, in: Im Hof, Ulrich et al.: Geschichte der Schweiz und der Schweizer, Basel, S. 447–526.
Criblez, Lucien 1995: Zwischen Pädagogik und Politik. Bildung und Erziehung in der deutschsprachigen Schweiz zwischen Krise und Krieg 1930–1945, Bern.
Criblez, Lucien et al. (Hg.) 1999: Eine Schule für die Demokratie. Zur Entwicklung der Volksschule in der Schweiz im 19. Jahrhundert, Bern.
Crotti, Claudia 2005: Lehrerinnen. Frühe Professionalisierung. Professionsgeschichte der Volksschullehrerinnen in der Schweiz im 19. Jahrhundert, Bern.

D

D'Amato, Gianni 2001: Vom Ausländer zum Bürger. Der Streit um die politische Integration von Einwanderern in Deutschland, Frankreich und der Schweiz, Münster.
Dändliker, Johann Jakob 1846: Festrede des Herrn Reallehrers Dändliker in Stäfa bei seiner Jubelfeier den 25. September 1845, Stäfa.
Dejung, Emanuel und Willy Wuhrmann 1953: Zürcher Pfarrerbuch 1519–1952, Zürich.
Der grüne Heinrich 1907: Schweizerische Wochenschrift für Humor und Kunst, Politik und Satire.
Die Entwicklung der städtischen Volksschule 1934: Die Entwicklung der städtischen Volksschule 1893–1933, Zürich.
Die Landi 1989: Die Landi. Vor 50 Jahren in Zürich. Erinnerungen. Dokumente. Betrachtungen, Stäfa.
Dubs, Rolf 1996: New Public Management und Schulqualität. Eine Brautschau mit Hindernissen, in: Neue Zürcher Zeitung, 7. März 1996.
Dürmüller, Urs 1996: Mehrsprachigkeit im Wandel. Von der viersprachigen zur vielsprachigen Schweiz, Zürich.

E

EDK Schweizerische Konferenz der kantonalen Erziehungsdirektoren 2004: Sprachenunterricht in der obligatorischen Schule: Strategie der EDK und Arbeitsplan für die gesamtschweizerische Koordination. Beschluss der Plenarversammlung der EDK vom 25. März 2004 (www.edk.ch).
EDK Schweizerische Konferenz der kantonalen Erziehungsdirektoren 1995: Empfehlungen und Beschlüsse, Dossier 36A, Bern.
Egli, Arnold 1995: Die Zürcher Landschulen. Aschenputtel der städtischen Aufklärung. Ein Stäfner als Wegmacher und Vorreiter zum Aufbruch von 1830/31, in: Mörgeli, Christoph (Hg.): Memorial und Stäfner Handel 1794/1795, Stäfa, S. 281–299.
Erismann, Friedrich 1908: Ernährung und Kleidung dürftiger Schulkinder, in: Jahrbuch der Schweizerischen Gesellschaft für Schulgesundheitspflege, S. 208–247.
Erziehungsdirektion des Kantons Zürich (Hg.) 1941–1944: Amtliches Schulblatt des Kantons Zürich, Zürich.
Erziehungsdirektion des Kantons Zürich (Hg.) 1981: Bildungsstatistische Berichte, Heft 18/1981, Zürich.
Erziehungsdirektion des Kantons Zürich (Hg.) 1985a: Ausländerpädagogik 1980–1985, Tätigkeitsbericht des Bereichs Ausländerpädagogik, Zürich.
Erziehungsdirektion des Kantons Zürich (Hg.) 1985b: Grundlagen für einen neuen Lehrplan der Volksschule des Kantons Zürich, Zürich.
Erziehungsrat des Kantons Zürich (Hg.) 1987: Bericht über die Vernehmlassung zu den «Grundlagen für einen neuen Lehrplan der Volksschule des Kantons Zürich», Zürich.
Evangelische Hochschulgemeinde, Zürich und Evangelisches Tagungs- und Studienzentrum, Boldern (Hg.) 1976: Anstellungsverweigerung für Lehrer 1976. Zur Lehr- und Lernfreiheit an unseren Schulen und Hochschulen. Spielräume der Freiheit in unserer Demokratie, Zürich.
Examenaufgaben für die Primarschulen des Kantons Zürich, Schuljahr 1987/88, 1.–3. Klasse.

F

Federazione delle C.L.I. in Svizzera 1977: Gli emigrati e la scuola, Zürich.
Feller, Peter et al. 2001: 150 Jahre Lehrmittelverlag des Kantons Zürich 1851–2001, Zürich.
Forschungsgemeinschaft PISA Deutschschweiz/FL (Hg.) 2005: PISA 2003. Analysen und Porträts für Deutschschweizer Kantone und das Fürstentum Liechtenstein. Zusammenfassung der wichtigsten Ergebnisse, Zürich.
Franck-Nagy, Bea 1986: Dr. h.c. Friedrich Zollinger 1858–1931. Leben und Werk einer Schlüsselfigur in der Entwicklung der Zürcher Jugendhilfe, Zürich.
Franzetti, Dante Andrea 1987: Cosimo und Hamlet, Zürich.
Frauenstimmrechtsverein Zürich 1912: Frauenstimmrecht. Organ des Frauenstimmrechtsvereins Zürich, Zürich.
Frei, Annette 1991: Die Welt ist mein Haus. Das Leben der Anny Klawa-Morf, Zürich.
Frey, Paul 1959: Die Schulen der Stadt Zürich, Zürich.
Frey, Paul 1953: Die zürcherische Volksschulgesetzgebung 1931–1951. Ein Beitrag zur Geschichte der zürcherischen Volksschule, Zürich.
Friedrich, B. 1936: 100 Jahre gemeinnütziges Wirken des Frauenvereins Thalwil 1836–1936, Thalwil.
Frigerio, Martina Marina und Susanne Merhar 2004: «… und es kamen Menschen». Die Schweiz der Italiener, Zürich.

Fritzsche, Bruno und Max Lemmenmeier 1994: Auf dem Weg zu einer städtischen Industriegesellschaft 1870–1918, in: Flüeler, Niklaus et al. (Hg.): Geschichte des Kantons Zürich. 19. und 20. Jahrhundert, Zürich, S. 158–249.

Fritzsche, Bruno und Max Lemmenmeier 1994: Die revolutionäre Umgestaltung von Wirtschaft, Gesellschaft und Staat 1780–1870, in: Flüeler, Niklaus et al. (Hg.): Geschichte des Kantons Zürich. 19. und 20. Jahrhundert, Zürich, S. 20–157.

Fuchs, Matthias 2001: «Das Buch ist mein Acker». Der Kanton Aargau und seine Volksschulesebücher im 19. Jahrhundert, Aarau.

Futter, Hans 1988: Wandlungen. Primarlehrerseminar Oerlikon. Eine Standortbestimmung anstelle des üblichen Jahresberichts, Zürich.

G

Gassmann, Emil 1933: Die zürcherische Volksschule und die ihr angegliederten Bildungs- und Wohlfahrtseinrichtungen von 1872–1932, in: Erziehungsrat des Kantons Zürich (Hg.): Volksschule und Lehrerbildung 1832–1932, Zürich, S. 555–689.

Geiser, A. 1900: Neuere städtische Schulhäuser in Zürich, in: Jahrbuch der Schweizerischen Gesellschaft für Schulgesundheitspflege, Zürich, S. 91–101.

Gerhard, Georgine 1928: Die Lehrerinnenverhältnisse in der Schweiz, Basel.

Geschäftsbericht des Regierungsrates an den Zürcherischen Kantonsrat 1925–1981.

Geschäftsberichte des Regierungsrates für die Jahre 1982–1999.

Geschichte der Küsnachter Schule 1935: Geschichte der Küsnachter Schule. Festschrift zur Einweihung des Schulhauses an der Rigistrasse und zur Hundertjahrfeier der Sekundarschule, Küsnacht.

Gesetz betreffend die Organisation der Bezirks-Schulpflegen, 29. September 1831.

Gesetz betreffend die Organisation der Gemeinds-Schulpflegen, 29. September 1831.

Gesetz betreffend Erhöhung der Lehrerbesoldungen, 30. Januar 1851.

Gesetz über das gesammte Unterrichtswesen des Kantons Zürich, 23. Dezember 1859.

Gesetz über die Einrichtung der Schulsynode, 26. Oktober 1831.

Gesetz über die Organisation des gesammten Unterrichtswesens im Canton Zürich, 28. September 1832.

Gesetzliche Schulordnung für die Landschaft, gegeben vom Grossen Rathe des Kantons Zürich, 1803.

Gomolla, Mechthild 2005: Schulentwicklung in der Einwanderungsgesellschaft. Strategien gegen institutionelle Diskriminierung in England, Deutschland und in der Schweiz, Münster.

Göttisheim, Rosa und Georgine Gerhard 1933: 40 Jahre Schweizerischer Lehrerinnenverein 1893–1933, Basel.

Graber, Rolf 2003: Zeit des Teilens. Volksbewegungen und Volksunruhen auf der Zürcher Landschaft 1794–1804, Zürich.

Greiner, Martha 1949: 75 Jahre Freie Evangelische Schule Zürich 1, Zürich.

Grunder, Hans-Ulrich 1990: Die Ferienkolonie. Eine Schweizer Idee, in: Büttner, Christian und Aurel Ende (Hg.): Trennungen. Kindliche Rettungsversuche bei Vernachlässigungen, Scheidungen und Tod. Jahrbuch der Kindheit, Bd. 7, Weinheim und Basel, S. 144–163.

Gruntz-Stoll, Johannes 1997: Pestalozzi und die Pestalozzianer. Schulwirklichkeiten zu Beginn des 19. Jahrhunderts, in: Badertscher, Hans und Hans-Ulrich Grunder (Hg.): Geschichte der Erziehung und Schule in der Schweiz im 19. und 20. Jahrhundert, Bern, S. 167–199.

Gubler, Bernhard Andreas 1989: Der «Züriputsch» in Schilderungen aus dem Bezirk Pfäffikon, in: Arene, Peter et al.: Züriputsch. 6. September 1839. Sieg der gerechten Sache oder Septemberschande, Uster/Pfäffikon, S. 18–47.

Gubler, Heinrich 1933: Die zürcherische Volksschule von 1831 bis 1845, in: Erziehungsrat des Kantons Zürich (Hg.): Volksschule und Lehrerbildung 1832–1932, Zürich, S. 103–341.

Guggenbühl, Heinrich 1994: Stadel. Raat, Schüpfheim, Stadel und Windlach. Entwicklung einer Gemeinde, Stadel.

Gull, Thomas 2006: Kinderarbeit, in: Historisches Lexikon der Schweiz (Internetausgabe www.hls.ch).

Guyer, Esther 2003: Die Zürcher Volksschulreform, in: Grünenfelder, Peter et al. (Hg.): Reformen und Bildung. Erneuerung aus Verantwortung, Zürich, S. 213–254.

H

Haeberlin, Urs 1972: Schweizer Gesamtschulmodelle. Eine Zusammenstellung von Berichten über neue Volksschuloberstufenmodelle mit gesamtschulartigen Merkmalen, Basel.

Hanimann, Thomas 2005: Bülach (Gemeinde), in: Historisches Lexikon der Schweiz (Internetausgabe www.hls.ch).

Hartmann, Max 1917: Die Volksschule im Kanton Zürich zur Zeit der Mediation, Zürich.

Hartmann, Max 1930: Geist und Kraft unserer Volksschule: Beiträge zur Schulpolitik und zur zürcherischen Schulgeschichte, Zürich.

Hasenfratz, Emil 1929: Geschichte der Schwachsinnigenfürsorge der Schweiz in neuerer Zeit 1880–1928, Zürich.

Hauser, Albert 1956: Zur Geschichte der Kinderarbeit in der Schweiz, Zürich.

Hauser, Albert 1961: Vom Essen und Trinken im alten Zürich. Tafelsitten, Kochkunst und Lebenshaltung vom Mittelalter bis in die Neuzeit, Zürich.

Hauser, Albert 1989: Das Neue kommt. Schweizer Alltag im 19. Jahrhundert, Zürich.

Häusler, Myrtha 1999: Innovation in multikulturellen Schulen. Fallstudie über fünf Schulen in der Deutschschweiz, Zürich.

Herrlitz, Hans-Georg et al. (Hg.) 2003: Die Gesamtschule. Geschichte, internationale Vergleiche, pädagogische Konzepte und politische Perspektiven, Weinheim.

Herter, Heini 1984: Turnen und Sport an der Zürcher Volksschule. Zum 125-jährigen Bestehen des obligatorischen Schulturnens im Kanton Zürich, Zürich.

Hildebrandt, Walter 1985: Bülach. Geschichte einer kleinen Stadt. In Zeitbildern, Grundzügen und Urkunden, Bülach/Dielsdorf.

Hirzel, Caspar Melchior 1829: Wünsche zur Verbesserung der Landschulen des Cantons Zürich, Zürich.

Hodel, Gottfried 2002: «Kinder, immer nur Kinder, aber Lehrer bringt keiner!» Bildungspolitische Massnahmen zur Steuerung des Bedarfs an Primarlehrkräften in den Kantonen Bern und Solothurn zwischen 1848 und 1998, Zürich.

Hodel, Gottfried 2003: Vom Lehrerinnenzölibat zum Kampf gegen das Doppelverdienertum, in: Zeitschrift für pädagogische Historiographie, 9. Jg., Heft 1, S. 21–30.

Horney, Walter et al. (Hg.) 1970: Pädagogisches Lexikon, Gütersloh.

Hottinger, J. Jacob 1830: Bericht über den Zustand des Landschulwesens im Canton Zürich, nebst Vorschlägen zu dessen Verbesserung, Zürich.

Hug, J. C. 1851: Rechnungs-Aufgabensammlung, Zürich.

Hüni, Johann Jakob 1849: Blätter von Horgen. Beitrag zur Kenntnis des zürcherischen Volkslebens, Zürich.

I

Imboden, Monika 2003: Die Schule macht gesund. Die Anfänge des schulärztlichen Dienstes der Stadt Zürich und die Macht hygienischer Wissensdispositive in der Volksschule 1860–1900, Zürich.

J

Jäger, Reto et al. 1999: Baumwollgarn als Schicksalsfaden. Wirtschaftliche und gesellschaftliche Entwicklungen in einem ländlichen Industriegebiet (Zürcher Oberland) 1750–1920, Zürich.

Jorio, Marco 2005: Dubs, Jakob, in: Historisches Lexikon der Schweiz (Internetausgabe www.hls.ch).

Jost, Hans Ulrich 1992: Die reaktionäre Avantgarde. Die Geburt der neuen Rechten in der Schweiz um 1900, Zürich.
Jung, Joseph 2006: Alfred Escher 1819–1882. Der Aufbruch zur modernen Schweiz, Zürich.
Jung, Joseph et al. (Hg.) 2004: Der Bockenkrieg 1804. Aspekte eines Volksaufstandes, Zürich.

K
Kägi, Johann Heinrich 1867: Geschichte der Herrschaft und Gemeinde Wädensweil, nach den besten Quellen bearbeitet. Eine Festgabe zur hundertjährigen Kirchweihfeier, Wädensweil.
Kanton Zürich 1959: Amtsblatt des Kantons Zürich. Textteil, Zürich.
Katechismus 1773: Katechismus, das ist: Unterricht Wahrer Christenlicher Religion: Samt den Zertheilungen einer jeden Antwort und Zeugnussen der heiligen Schrift. Eingetheilt in XLVIII. Sonntage durch das ganze Jahr. Für die Jugend der Stadt und Landschaft Zürich, Zürich.
Keller, Eduard 1881: Bericht über Visitation der Privatschulen des Bezirkes Zürich in den Schuljahren Mai 1879 bis Mai 1881, Zürich.
Kersting, Christa 2003: Vom «Interimspädagogen» zum pädagogischen Unternehmer, in: Mangold, Max und Jürgen Oelkers (Hg.): Demokratie, Bildung und Markt, Bern, S. 145–174.
Kläui, Hans 1976a: 1100 Jahre Langwiesen. Aus der Geschichte des Dorfes Langwiesen, Feuerthalen.
Kläui, Hans 1976b: Die Rheinfallgemeinde Dachsen. Kurzgefasste Ortsgeschichte zur 1100-Jahr-Feier im August 1976, Neuhausen am Rheinfall.
Kläui, Paul 1964: Geschichte der Gemeinde Uster, Zürich.
Klinke, Willibald 1907: Das Volksschulwesen des Kantons Zürich zur Zeit der Helvetik 1798–1803, Zürich.
Knoepfli, Adrian 2003: Vom Pflasterbuben zum Bauunternehmer, in: Halter, Ernst (Hg.): Das Jahrhundert der Italiener in der Schweiz, Zürich, S. 41–50.
Kofmehl-Heri, Katharina 1997: Von der Armenspeisung zur Stadtküche. Entstehung und Entwicklung einer sozialen Institution der Stadt Zürich, Zürich.
Köhler, Michael 2003: Johann Caspar Sieber. Ein Leben für die Volksrechte 1821–1878, Zürich.
Koller, Thomas 1987: Volksbildung, Demokratie und Soziale Frage. Die Zürcher Demokratische Bewegung und ihre Bildungspolitik in den Jahren 1862 bis 1872. Idee, Programm und Realisierungsversuch, Zürich.
König, Mario 1994: Auf dem Weg in die Gegenwart. Der Kanton Zürich seit 1945, in: Flüeler, Niklaus et al. (Hg.): Geschichte des Kantons Zürich. 19. und 20. Jahrhundert, Zürich, S. 350–479.
König, Mario et al. 1994: Klassenkämpfe, Krisen und ein neuer Konsens. Der Kanton Zürich 1918–1945, in: Flüeler, Niklaus et al. (Hg.): Geschichte des Kantons Zürich. 19. und 20. Jahrhundert, Zürich, S. 250–349.
Kost, Franz 1985: Volksschule und Disziplin. Die Disziplinierung des inner- und ausserschulischen Lebens durch die Volksschule, am Beispiel der Zürcher Schulgeschichte zwischen 1830 und 1930, Zürich.
Kreis, Hans 1933: Die zürcherische Volksschule von 1845 bis 1872, in: Erziehungsrat des Kantons Zürich (Hg.): Volksschule und Lehrerbildung 1832–1932, Zürich, S. 345–551.
Kronbichler, Walter 1983: Die zürcherischen Kantonsschulen 1833–1983. Festschrift zur 150-Jahr-Feier der staatlichen Mittelschulen des Kantons Zürich, Zürich.
Kurmann, Walter 1983: Schule in der Emigration. Emigration in der Schule. Die Verhandlungen der italienisch-schweizerischen ad hoc-Kommission für Schulfragen 1972–1980, Informationsbulletin 40, September 1983, Genf.
Kurmann, Walter 1999: Der schulische Stellenwert der heimatlichen Sprache und Kultur, in: Schweizerische Konferenz der kantonalen Erziehungsdirektoren (Hg.): Die Pflege der heimatlichen Sprache und Kultur. Ein Gewinn für Gesellschaft und Wirtschaft? EKA/EDK-Tagung vom 10. Juni 1998, Tagungsbericht, Bern, S. 1–7.
Kury, Patrick 2003: Über Fremde reden. Überfremdungsdiskurs und Ausgrenzung in der Schweiz 1900–1945, Zürich.
Kurz, Hans Rudolf 1914/1918: Dokumente der Grenzbesetzung, Frauenfeld.
Kussau, Jürgen 2002: Schulpolitik auf neuen Wegen? Autonomiepolitik. Eine Annäherung am Beispiel zweier Schweizer Kantone, Aarau.
Kussau, Jürgen und Lutz Oertel 1997: Schulautonomie in ausgewählten europäischen Staaten. Schweiz, in: Döbert, Hans und Gert Geissler: Schulautonomie in Europa. Umgang mit dem Thema, Theoretisches Problem, Europäischer Kontext, Bildungshistorischer Exkurs, Baden-Baden, S. 363–396.

L
Ladner, Andreas 2005: Gemeinde, in: Historisches Lexikon der Schweiz (Internetausgabe www.hls.ch).
Lee, Martin 1991: Marthalen. Die Gemeinde im Herzen des Weinlandes, Andelfingen.
Lehrer-Magazin 1979: Zeitung der VPOD-LehrerInnen, Nr. 14, Zürich.
Lehrplan der Volksschule des Kantons Zürich 1905, Zürich.
Leimgruber, Oskar 1933: Die Beschäftigung von Frauen und das Doppelverdienertum in den öffentlichen Verwaltungen und Betrieben sowie der Nebenerwerb aktiver und pensionierter Funktionäre, Brugg.
Lemmenmeier, Max 1981: Alltag der «Fabriklerkinder» am «Millionenbach». Aspekte proletarischer Kindheit und Jugend von Textilarbeitern im 19. Jahrhundert, in: Schweizerisches Sozialarchiv (Hg.): Arbeitsalltag und Betriebsleben. Zur Geschichte industrieller Arbeits- und Lebensverhältnisse in der Schweiz, Diessenhofen, S. 119–164.
Leonhard, Martin et al. 2005: Hittnau. Geschichte und Geschichten aus 1100 Jahren, Zürich.
Leuthold, Ruedi 1991: Alfred Gilgen. Ein Mann bleibt sauber, in: Das Magazin, vom 25./26. Januar 1991, S. 8–15, 42.
Lischer, Markus 2006: Mohr, Johann Melchior, in: Historisches Lexikon der Schweiz (Internetausgabe www.hls.ch).
Looser, Heinz 1983: Der Italienerkrawall von 1896. Widerstände gegen die Einführung bürgerlicher Verhältnisse in der Grossstadt, Zürich.

M
Magnani, Franca 2001: Eine italienische Familie, Köln.
Mantel, Alfred 1933: Die zürcherische Volksschule vor dem Ustertag, in: Erziehungsrat des Kantons Zürich (Hg.): Volksschule und Lehrerbildung 1832–1932, Zürich, S. 39–99.
Mantovani Vögeli, Linda 1994: Fremdbestimmt zur Eigenständigkeit. Mädchenbildung gestern und heute, Zürich.
Mathias, Laurentius 1932: 1882–1932. Zum goldenen Jubiläum der kath. Pfarrei Bülach, Bülach.
Max-Planck-Institut für Bildungsforschung (Hg.) 2002: PISA 2000. Die Studie im Überblick Grundlagen, Methoden und Ergebnisse, Berlin (www.mpib-berlin.mpg.de).
Meier, Bruno et al. (Hg.) 1997: Revolution im Aargau. Umsturz. Aufbruch. Widerstand 1798–1803, Aarau.
Menschen leben in Traditionen 2000: Lehrmittel der Interkantonalen Lehrmittelzentrale, Zürich.
Mesmer, Beatrix 1988: Ausgeklammert. Eingeklammert, Basel.
Messerli, Alfred 2002: Lesen und Schreiben in Europa 1700 bis 1900. Untersuchungen zur Durchsetzung der Literalität in der Schweiz, Tübingen.
Mörgeli, Christoph (Hg.) 1995: Memorial und Stäfner Handel 1794/1795, Stäfa.
Mossdorf, Albert 1942: Die Industrie in Bülach. Ihre Entwicklung, ihre Bedeutung, in: Neujahrsblatt für Bülach und das Zürcher Unterland 1942, Bülach.
Müller, Felix 1997: Die Schule. Eine Bestandesaufnahme, in: Meier, Bruno et al.: Revolution im Aargau. Umsturz. Aufbruch. Widerstand 1798–1803, Aarau, S. 246–248.
Murer, Johann Rudolf 1800: Kurzer Entwurf einer Kreisschule, welche zu Albisaffoltern veranstaltet werden könnte, Zürich.

N

Nabholz, Hans 1911: Die Eingaben des zürcherischen Volkes zur Verfassungsreform des Jahres 1830. Ein Beitrag zur Geschichte der Regeneration, Zürich.

Näf, Martin 1990: Alternative Schulreformen in der Schweiz. Informationen, Idee, Erfahrungen, Zürich.

Nebelspalter 1968: Schweizerische humoristisch-satirische Wochenschrift, Rorschach.

Niederberger, Josef Martin 2004: Ausgrenzen, assimilieren, integrieren. Die Entwicklung einer schweizerischen Integrationspolitik, Zürich.

Niederberger, Martin 2003: Die Integrationspolitik der Schweiz nach dem Zweiten Weltkrieg, in: Halter, Ernst (Hg.): Das Jahrhundert der Italiener in der Schweiz, Zürich, S. 93–108.

O

Oberstufenschulpflege Regensdorf 1984: 150 Jahre Sekundarschule Regensdorf 1834–1984. Chronik über die Entstehung und Entwicklung der Sekundarschule Regensdorf bis zur heutigen Oberstufenschule Regensdorf, Regensdorf.

Oelkers, Jürgen 1998: Physiologie, Pädagogik und Schulreform im 19. Jahrhundert, in: Sarasin, Philipp und Jakob Tanner (Hg.): Physiologie und industrielle Gesellschaft. Studien zur Verwissenschaftlichung des Körpers im 19. und 20. Jahrhundert, Frankfurt am Main, S. 245–285.

Oelkers, Jürgen 2001: Erfahrung, Illusion und Grenzen von Lehrmitteln, in: Tröhler, Daniel und Jürgen Oelkers (Hg.): Über die Mittel des Lernens. Kontextuelle Studie zum staatlichen Lehrmittelwesen im Kanton Zürich des 19. Jahrhunderts, Zürich, S. 94–121.

Oelkers, Jürgen 2003: Wie man Schule entwickelt. Eine bildungspolitische Analyse nach PISA, Weinheim.

Oertel, Lutz 1996: Schulqualität durch Entwicklungsfähigkeit. Reformprojekte im Schulwesen, in: Neue Zürcher Zeitung, 20. Mai 1996.

Oertel, Lutz 1997: Schulreform. Ein Zürcher Politversuch. Zur Entwicklung der Volksschuloberstufe.

Officielle Sammlung der seit Annahme der Verfassung vom Jahre 1831 erlassenen Gesetze, Beschlüsse und Verordnungen des Eidgenössischen Standes Zürich 1831–1866, Zürich.

Ohlsen, Ingrid und Birgit Littmann 2001: durezie und abelaa. Vom Anfang und Ende eines Frauenberufs. Die Ausbildungsgeschichte der Handarbeitslehrerinnen im Kanton Zürich, Zürich.

Ott, Theobald 1966: Die geistigen Grundlagen des Lehrplans der Zürcher Volksschule von 1905, Zürich.

P

Pfarrkirchenstiftung Bülach (Hg.) 1982: Pfarrei Bülach 1882–1982. 100 Jahre katholische Seelsorge im Zürcher Unterland, Bülach.

Politische Gemeinde Bauma (Hg.) 1994: Geschichte der Gemeinde Bauma, Bd. 2, Bauma.

Protokoll des Zürcher Kantonsrats, 28. Mai 2002, Vorlage 3858a, www.kantonsrat.zh.ch.

R

Ramsauer, Nadja 2000: «Verwahrlost». Kindswegnahmen und die Entstehung der Jugendfürsorge im schweizerischen Sozialstaat 1900–1945, Zürich.

Ramseier, Erich et al. 1999: Bilanz Bildung. Eine Evaluation am Ende der Sekundarstufe II auf der Grundlage der «Third International Mathematics and Science Study», Chur/Zürich.

Rechenschaftsbericht des Regierungsrahtes an den Grossen Rath des Standes Zürich 1832–1850, Zürich.

Rechenschaftsbericht des Regierungsrathes an den Grossen Rath des Kantons Zürich 1850–1867, Zürich.

Rechenschaftsbericht des Regierungsrathes an den Zürcherischen Kantonsrath 1868–1924, Zürich.

Reichard, Christoph 2003: Öffentliches Leistungsmanagement in der Schweiz und in Deutschland im Vergleich, in: Grünenfelder, Peter et al. (Hg.): Reformen und Bildung. Erneuerung aus Verantwortung, Zürich, S. 393–416.

Reinhold, Gerd et al. 1999: Pädagogik-Lexikon, München.

Renold, Ursula 1998: «Wo das Männliche anfängt, da hört das Weibliche auf!» Frauenberufsbildungsdiskussionen im Spiegel der sozioökonomischen Entwicklung 1860–1930, Brugg.

Ritzmann-Blickenstorfer, Heiner (Hg.) 1996: Historische Statistik der Schweiz, Zürich.

Rohr, Adolf 2005: Philipp Albert Stapfer. Minister der Helvetischen Republik und Gesandter der Schweiz in Paris 1798–1803, Baden.

Rombach, Heinrich 1977: Wörterbuch der Pädagogik, Basel.

Rüesch, Peter 1999: Gute Schulen im multikulturellen Umfeld. Ergebnisse aus der Forschung zur Qualitätssicherung, Zürich.

Ruffieux, Roland 2004: Die Schweiz des Freisinns 1848–1914, in: Im Hof, Ulrich et al.: Geschichte der Schweiz und der Schweizer, Basel, S. 639–730.

S

Scandola, Pietro 1991: Von der Standesschule zur Staatsschule. Die Entwicklung des Schulwesens in der Schweizerischen Eidgenossenschaft 1750–1830 am Beispiel der Kantone Bern und Zürich, in: Schmale, Wolfgang und Nan L. Dodde (Hg.): Revolution des Wissens? Europa und seine Schulen im Zeitalter der Aufklärung 1750–1825, Bochum, S. 581–625.

Schaffner, Martin 1982: Die demokratische Bewegung der 1860er-Jahre. Beschreibung und Erklärung der Zürcher Volksbewegung von 1867, Basel.

Scherr, Ignaz Thomas 1833: Erstes Lesebuch für Elementarschüler, Zürich.

Scherr, Ignaz Thomas 1836: Realbuch für die Züricherischen allgemeinen Volksschulen, Zürich.

Scherr, Ignaz Thomas 1840: Meine Beobachtungen, Bestrebungen und Schicksale während meines Aufenthaltes im Kanton Zürich vom Jahr 1825 bis 1839. Zweites Heft. Periode von 1832 bis 1836. Die Zürcherische Schulreform, St. Gallen.

Schinz, Heinrich Rudolf 1830/40: Abbildungen aus der Naturgeschichte, Zürich.

Schmid, Christian 1982: Das Seminar Küsnacht. Seine Geschichte von 1832–1982, Küsnacht.

Schmid, Stefan G. 2003: Die Zürcher Kantonsregierung seit 1803. Zürcher Studien zum öffentlichen Recht, 154, Zürich.

Schneider, Bernhard 1982: Geschichte der Gemeinde Knonau, Affoltern a. A.

Schreiber, Helga 1993: Die Amtsvormundschaft Zürich. Zur Entstehung einer sozialpädagogischen Institution, Zürich.

Schwank, Matthias 1999: Die Anfänge der Arbeiterbewegungen in Bülach bis 1920. Voraussetzungen, Organisation, Konflikte, Zürich.

Schweizerischer Lehrerinnenverein 1902–1907: Schweizerische Lehrerinnen-Zeitung.

Schweizerischer Lehrerverein 1939: Schweizerische Lehrerzeitung. Zeitschrift für Bildung, Schule und Unterricht, 84. Jg., Zürich.

Schweizerischer Lehrerverein und Schweizerischer Turnverein (Hg.) 1916: Schweizerische Mädchenturnschule, Zürich

Senn, Jakob 1888: Ein Kind des Volkes. Schweizerisches Lebensbild. Aus dem Nachlass herausgeben von O. Sutermeister, 1. Neuauflage 1966, Zürich.

Senn, Jakob 2006: Hans Grünauer, Zürich.

Sigg, Otto 1988: Geschichte der Gemeinde Ossingen, Ossingen.

Sigg, Trudi 1992: Die Gemeinde Kleinandelfingen. Kleinandelfingen, Oerlingen, Alten, Andelfingen.

Sorg, Eugen 1991: Lieblings-Geschichten, Zürich.

Späni, Martina 1997: Umstrittene Fächer in der Pädagogik. Zur Geschichte des Religions- und Turnunterrichts, in: Badertscher, Hans und Hans-Ulrich Grunder (Hg.): Geschichte der Erziehung und Schule in der Schweiz im 19. und 20. Jahrhundert, Bern, S. 17–55.

Späni, Martina 1999: Die Entkonfessionalisierung der Volksschulen in der Schweiz im 19. Jahrhundert, in: Criblez, Lucien et al. (Hg.): Eine Schule für die Demokratie. Zur Entwicklung der Volksschule in der Schweiz im 19. Jahrhundert, Bern, S. 297–323.

Staatskalender 1965–1967.

Staatsverfassung für den Eidgenössischen Stand Zürich 1831.

Stadler, Peter 1993: Pestalozzi. Geschichtliche Biographie. Von der Umwälzung zur Restauration, Zürich.

Statistisches Amt des Kantons Zürich: Öffentliche Verwaltung und Finanzen: Aufwand der laufenden Rechnung des Kantons Zürich, 1992–2004 (www.statistik.zh.ch).

Statistisches Bureau des Kantons Zürich 1940–1945: Statistische Mitteilungen des Kantons Zürich, Zürich.

Statistisches Bureau des Kantons Zürich 1949: Statistisches Handbuch des Kantons Zürich, Zürich.

Staub, August 1995: Strenge Arbeit, schmale Kost, geringer Lohn. Erinnerungen aus Oberrieden (ZH), Basel.

Stauber, Emil 1911: Die Fabrikarbeit der schulpflichtigen Kinder und ihr Einfluss auf den Schulbetrieb im Kanton Zürich in der ersten Hälfte des 19. Jahrhunderts, Zürich.

Stauber, Emil 1926: Geschichte der Gemeinde Töss, in: Stadtbibliothek Winterthur (Hg.): 260. Neujahrsblatt der Stadtbibliothek Winterthur, Winterthur, S. 160–194.

Stebler, Rita und Daniel Stotz 2004: Themenorientierter Sachunterricht in Englisch. Eine Untersuchung zur Unterrichtsgestaltung und Sprachkompetenz auf der Mittelstufe der Primarschule im Kanton Zürich, Zürich.

Stocker, Antonio 1983: Kurse in heimatlicher Sprache und Kultur für italienische Volksschüler im Kanton Zürich, in: Synodalvorstand des Kantons Zürich (Hg.): Ausländerkinder in unseren Schulen. Berichte zur Synodaltagung vom 10. November 1982 in der Kantonsschule Freudenberg, Zürich, Zürich, S. 100–106.

Supino, Franco 1995: Musica Leggera, Zürich.

Suter, Alois 2001: Bücher in der «Werkstatt Gottes». Zürcher Lehrmittel vor der Gründung des Lehrmittelverlages 1851, in: Tröhler, Daniel und Jürgen Oelkers (Hg.): Über die Mittel des Lernens. Kontextuelle Studie zum staatlichen Lehrmittelwesen im Kanton Zürich des 19. Jahrhunderts, Zürich, S. 74–93.

SVHS 1959: 75 Jahre im Dienste der Volksschule 1884–1959, Jubiläumsnummer von «Handarbeit und Schulreform», Monatsschrift des Schweizerischen Vereins für Handarbeit und Schulreform SVHS, 64. Jg., Heft 7, Zürich.

T

Tanner, Albert 1985: Das Schiffchen fliegt, die Maschine rauscht. Weber, Sticker und Fabrikanten in der Ostschweiz, Zürich.

Teutsches Nammenbüchlein für die liebe Jugend der Stadt und Landschaft Zürich, 18. Jahrhundert, Zürich.

Thom, Norbert et al. (Hg.) 2002: Effektive Schulführung. Chancen und Gefahren des Public Managements im Bildungswesen, Bern.

Tiziani, Marco 2006: Vom Dorf zum Stadtquartier. Die Siedlungsentwicklung von Töss vom Mittelalter bis um 1900, in: Abteilung Denkmalpflege der Stadt Winterthur(Hg): Winterthur-Töss. Stadtteil mit vielen Gesichtern. Europäischer Tag des Denkmals, Winterthur.

Tobler, Hans Jakob 1970: Einwanderung und Volksschule, in: Zürcher Kontaktstelle für Italiener und Schweizer (Hg.): Schulschwierigkeiten und soziale Lage der Kinder von Einwanderern, Zürich, S. 7–24.

Tröhler, Daniel und Andrea Schwab (Hg.) 2006: Volksschule im 18. Jahrhundert. Die Schulumfrage auf der Zürcher Landschaft in den Jahren 1771/1772, Bad Heilbrunn.

Tröhler, Daniel und Jürgen Oelkers (Hg.) 2001: Über die Mittel des Lernens. Kontextuelle Studien zum staatlichen Lehrmittelwesen im Kanton Zürich des 19. Jahrhunderts, Zürich.

Truniger, Markus 1998: Immigrantenkinder und die Schule, in: Hugger, Paul (Hg.): Kind sein in der Schweiz. Eine Kulturgeschichte der frühen Jahre, Zürich, S. 175–183.

Tuggener, Heinrich 1963: Der Lehrermangel, Zürich.

Urteil des Bundesgerichts, 28. November 1996, in Sachen Beschwerdeführer und Mitbeteiligte gegen Regierungsrat des Kantons Zürich, S. 360–369 (www.bger.ch).

U

Urteil des Bundesgerichts, 31. März 1965, in Sachen Association de l'Ecole française und Mitbeteiligte gegen Regierungsrat und Verwaltungsgericht des Kantons Zürich, in: Entscheidungen des Schweizerischen Bundesgerichts (BGE), vol. 91, S. 480–495.

V

Verband Schweizerischer Institutsvorsteher (Hg.) 1912: Führer durch die schweizerischen Privat-Erziehungsinstitute, Frauenfeld.

Verband Zürcherischer Privatschulen (Hg.) 1989: Die Zürcher Privatschulen, Zürich.

Vogel, Kaspar 2001: Trüllikon. Die unvollständige Geschichte einer Gemeinde im Weinland, Winterthur.

Volksrecht 1934: Sozialdemokratisches Tagblatt. Offizielles Publikationsorgan der Sozialdemokratischen Partei der Schweiz, des Kantons Zürich und der Arbeiterunion Zürich, Zürich.

Vontobel, Jacques 1999: Ein Kuckucksei!? Traktandum «Sexualerziehung». Rückblicke und Ausblicke, Zürich.

Vontobel, Jacques et al. 1992: Das Paradies kann warten. Gruppierungen mit totalitärer Tendenz, Zürich.

W

Wannack, Evelyne et al. 2006: Frühe Einschulung in der Schweiz. Ausgangslage und Konsequenzen, Bern.

Wartburg-Adler, Marianne von 1988: Die Lehrerinnen. Ein Beitrag zu ihrer Sozialgeschichte von 1862–1918. Im Spiegel der Schweizerischen Lehrerinnenzeitung und der Schweizerischen Lehrerzeitung, Zürich.

Wartburg-Ambühl, Marie-Louise von 1981: Alphabetisierung und Lektüre. Untersuchung am Beispiel einer ländlichen Region im 17. und 18. Jahrhundert, Bern.

Wecker, Regina et al. 2001: Die «schutzbedürftige Frau». Zur Konstruktion von Geschlecht durch Mutterschaftsversicherung, Nachtarbeitsverbot und Sonderschutzgesetzgebung, Zürich.

Weigel, Johann Christoph 18. Jahrhundert: Neues ABC Büchlein, den Kindern sehr nutzlich, zu finden in Nürnberg, Nürnberg.

Wettstein, Walter 1907: Die Regeneration des Kantons Zürich. Die liberale Umwälzung der dreissiger Jahre 1830–1839, Zürich.

Widmer, Stephan 2003: Die Bildungsreformen im Kanton Zürich von 1995 bis 2003, in: Grünenfelder, Peter et al. (Hg.): Reformen und Bildung. Erneuerung aus Verantwortung, Zürich, S. 519–547.

Wiesendanger, Werner et al. 1982: 150 Jahre Zürcher Volksschule, Zürich.

Winkler, Jürg 1989: Der Hirzel. Bild einer Gemeinde, Hirzel.

Wohlwend, Alfred 1982: Volksschulentwicklung im 19. Jahrhundert, in: Zürcher Chronik. Zeitschrift für Landeskunde, Kultur und bildende Kunst, Bd. 3, Winterthur, S. 92 f.

Wolf, Walter 1969: Faschismus in der Schweiz. Die Geschichte der Frontenbewegungen in der deutschen Schweiz 1930–1945, Zürich.

Wolfisberg, Carlo 2002: Heilpädagogik und Eugenik. Zur Geschichte der Heilpädagogik in der deutschsprachigen Schweiz 1800–1950, Zürich.

Wottreng, Willi 2000: Ein einzig Volk von Immigranten. Die Geschichte der Einwanderung in die Schweiz, Zürich.

Wymann, Hans 1953/54: Die Reorganisation der Oberstufe der zürcherischen Volksschule, Zürich.

Wymann, Hans 1982: Die Oberstufe der zürcherischen Volksschule im 20. Jahrhundert, in: Zürcher Chronik. Zeitschrift für Landeskunde, Kultur und bildende Kunst, Bd. 3, Winterthur.
Wymann, Hans 1988: Die Ausbildung der Real- und Oberschullehrer im Kanton Zürich, Zürich.
Wymann, Hans 1993: Die Oberstufe der Volksschule des Kantons Zürich von 1778–1992. Ausblick auf eine schulpolitische Wende, Zürich.

Z

Zandonella, Valentin und Werner Straub 1991: Ein Dorf im Zürcher Weinland. Henggart. Ein Zeitdokument über Geschichte, Veränderungen und Leben im Dorf, Henggart.
Ziegler, August 1975: 100 Jahre Zürcher Ferienkolonien. Festschrift zum Jubiläumsjahr 1975, Zürich.
Ziegler, Karl Rudolf 1945: Die öffentlichrechtliche Stellung der privaten Schule in der Schweiz, Aarau.
Ziegler, Peter 1993: Die Volksaufsicht an den Zürcher Schulen 1830 bis 1993, Stäfa.
Ziegler, Peter 1994: Sekundarlehrerausbildung an der Universität Zürich, Zürich.
Ziegler, Peter 1998: 200 Jahre Erziehungsrat des Kantons Zürich 1798 bis 1998, Zürich.
Ziegler, Peter 2004: «Aufrührer», Verführte und Herrschende, in: Jung, Joseph et al. (Hg.): Der Bockenkrieg 1804. Aspekte eines Volksaufstandes, Zürich.
Zollinger, Friedrich 1902: Bestrebungen auf dem Gebiete der Schulgesundheitspflege und des Kinderschutzes. Bericht an den hohen Bundesrat der schweizerischen Eidgenossenschaft. Weltausstellung in Paris, Zürich.
Zollinger, Friedrich 1913: Schule und Leben. Festrede zur Pestalozzifeier 1913, Zürich.
ZVHS (Hg.) 1992: 100 Jahre ZVHS Zürcher Verein für Handarbeit und Schulreform 1892–1992, Zürich.
Zwicky, Hans Jakob 1995: Chronik der Gemeinde Thalwil, Thalwil.

ZEITUNGEN

Anzeiger von Horgen
Bülach Dielsdorfer-Volksfreund
Bülach-Dielsdorfer Wochenzeitung
DAZ. Die andere Zeitung
Der Landbote
Die Tat
Furttaler
Neue Zürcher Zeitung
NZZ am Sonntag
Tagblatt der Stadt Zürich
Tages-Anzeiger
Thurgauer Zeitung
Zürcher Unterländer

MÜNDLICHE QUELLEN

Gespräch mit Markus Truniger vom 10. Oktober 2005.
Gespräch mit Bruno Wiedmer vom 17. Januar 2006.
Gespräch mit Lutz Oertel vom 25. Januar 2006.
Gespräch mit Stephan Widmer und Cornelia Lüthy vom 16. August 2006.
Gespräch mit Joseph Hildbrand vom 15. September 2006.
Gespräch mit Regine Aeppli vom 29. September 2006.
Gespräch mit Martin Wendelspiess vom 23. November 2006.
Gespräch mit Regine Fretz vom 29. November 2006.

INTERNETQUELLEN

www.bger.ch
www.bildungsdirektion.zh.ch
www.bista.zh.ch
www.edk.ch
www.einefremdsprache.ch
www.kantonsrat.zh.ch
www.regierungsrat.zh.ch
www.sekzh.ch
www.sprachenfrage.ch
www.statistik.zh.ch
www.volksschulamt.ch
www.vsa.zh.ch
www.wif.zh.ch

Abbildungsnachweis

FRONTISPIZ

2 Privatbesitz. Albert Anker (1831–1910), Dérangée-Gestört, Öl auf Leinwand, 90×150 cm, 1872.

ZUM GELEIT

7 www.regineaeppli.ch. Fotografie 2005.

KIRCHE ODER STAAT

10 Sammlung Oskar Reinhart Am Römerholz, Winterthur. Camille Corot (1796–1875), Lesendes Mädchen, Öl auf Leinwand, 46×38,5 cm, um 1850–1855.
11 Schweizerisches Landesmuseum, Zürich. LM-73981. Fotografie Schweizerisches Landesmuseum Zürich, COL-3970. Joseph Reinhart (1749–1824), Familienporträt Rieter-Zeller, Öl auf Leinwand, 77×100 cm, 1803.
13 Nidwaldner Museum, Stans (N.M. 3449).
14 Zentralbibliothek Zürich, Graphische Sammlung. Matthias Gottfried Eichler (1748–1818), Tuschzeichnung.
15 Zentralbibliothek Zürich, Graphische Sammlung.
16 Zentralbibliothek Zürich, Graphische Sammlung. David Herrliberger (1697–1777), kolorierter Stich.
17 Links: Staatsarchiv des Kantons Zürich. Rechts: Zentralbibliothek Zürich, Graphische Sammlung. Johannes Ganz (1821–1886), Lithographie um 1843.
18 Zentralbibliothek Zürich, Alte Drucke. Weigel, 18. Jahrhundert.
19 Zentralbibliothek Zürich, Alte Drucke. Teutsches Nammenbüchlein.
20 Staatsarchiv des Kantons Zürich.
21 Staatsarchiv des Kantons Zürich.
22 Dorfmuseum Affoltern am Albis-Zwillikon.
24 Zentralbibliothek Zürich, Graphische Sammlung. Johann Jakob Aschmann (1747–1809), kolorierter Kupferstich, 1795.
25 Links: Staatsarchiv des Kantons Zürich. Rechts: Staatsarchiv des Kantons Zürich.
26 Zentralbibliothek Zürich, Graphische Sammlung. Matthias Gottfried Eichler (1748–1818), um 1800.
27 Staatsarchiv des Kantons Zürich.

REVOLUTION IN DER SCHULE

30 Museum Oskar Reinhart am Stadtgarten, Winterthur. Jacques-Laurent Agasse (1767–1849), Der Spielplatz, Öl auf Leinwand, 53,5×44,5 cm, 1830.
31 Museum in der Burg, Zug. Franz Josef Menteler (1777–1833), Ignatius Bell, Öl auf Leinwand, 47×58cm, 1805.
33 Zentralbibliothek Zürich, Graphische Sammlung. Johann Jakob Aschmann (1747–1809), kolorierte Umrissradierung, 1804.
34 Links: Ortsmuseum Sust Horgen. Malerei auf Holztäfer, 1804. Rechts: Zentralbibliothek Zürich, Graphische Sammlung.
35 Zentralbibliothek Zürich, Graphische Sammlung. Carl Johann Jakob Schulthess (1775–1884), um 1830.
36 Ortsmuseum zur Farb, Stäfa.
37 Zentralbibliothek Zürich, Graphische Sammlung. Rudolf Bodmer (1805–1841) nach Johannes Werner, Kupferstich um 1830.
38 Archiv Peter Ziegler, Wädenswil.
39 Ortsmuseum zur Farb, Stäfa.
40 Links: Zentralbibliothek Zürich, Graphische Sammlung. Frédéric Florian (1852–1926) nach Albert Anker, Holzstich, 1902. Rechts: Institut für Historische Bildungsforschung, Zürich.
41 Ortsmuseum zur Farb, Stäfa.
42 Links: Ortsmuseum zur Farb, Stäfa. Rechts: Hirzel 1829, Titelseite.
43 Zentralbibliothek Zürich, Graphische Sammlung.
45 Zentralbibliothek Zürich, Graphische Sammlung.
46 Links: Zentralbibliothek Zürich, Graphische Sammlung. Rechts: Gesetz über die Organisation des gesammten Unterrichtswesens 1832.
47 Zentralbibliothek Zürich, Graphische Sammlung.
48 Ortsmuseum zur Farb, Stäfa.
49 Zentralbibliothek Zürich, Graphische Sammlung. Holzstich um 1860.
50 Ortsmuseum Meilen.
52 Oben: Schweizerisches Sozialarchiv, Zürich. Fotografie Hermann Freytag, 1930/40er-Jahre. Unten: Albert Anker (1831–1910), Das Schulexamen, Öl auf Leinwand, 103×175 cm, 1862. © Kunstmuseum Bern.
53 Oben links: Schweizerisches Sozialarchiv, Zürich. Fotografie Hermann Freytag, 1930/40er-Jahre. Oben rechts: Examenaufgaben 1987/88. Unten: Schweizerisches Sozialarchiv, Zürich. Fotografie Hermann Freytag, 1930/40er-Jahre.

GEGEN DIE «UNCHRISTLICHE VOLKSSCHULE»

54 Kunsthaus Zürich. Rudolf Koller (1828–1905), Heuwagen, Öl auf Leinwand, 80×108 cm, 1856. © 2007 Kunsthaus Zürich.
55 Stadtbibliothek und Stadtarchiv Zofingen. Albert Anker (1831–1910), junger Bauernknabe, Bleistift, 28×20,7 cm, ohne Datum.
57 Ortsmuseum Hinwil. Heinrich Rottensweiler (1834–1893), Öl auf Leinwand, 1876.
58 Links: Scherr 1833, S. 18–19. Rechts: Scherr 1836, S. 1.
59 Scherr 1836, S. 78.
60 Schinz 1830/40.
61 Fotoarchiv Kantonale Denkmalpflege Zürich.
62 Links: Kunsthaus Zürich. David Hess (1770–1843). Das neue Verhältnis des Herrn Schullehrers zum Pfarrer, 1835. © 2006 Kunsthaus Zürich. Rechts: Bildersammlung Walter Sprenger, Bauma. Fotografie um 1930.
63 Links: Leonhard et al. 2005. Rechts: Fotoarchiv Kantonale Denkmalpflege Zürich.
64 Zentralbibliothek Zürich, Graphische Sammlung.
65 Schweizerisches Landesmuseum, Zürich. LM-42187. Fotografie Schweizerisches Landesmuseum Zürich, COL-11877. Lithographie um 1832.
66 Zentralbibliothek Zürich, Graphische Sammlung. Sepiazeichnung um 1840.
67 Links: Zentralbibliothek Zürich, Graphische Sammlung. Rechts: Bildersammlung Walter Sprenger, Bauma. Fotografie um 1930/40.
68 Zentralbibliothek Zürich, Graphische Sammlung. Jakob Eggli (1812–1880), Aquarell, 1847.
69 Stadtarchiv und Kläui Bibliothek Uster.
70 Zentralbibliothek Zürich, Graphische Sammlung.
71 Bildersammlung Walter Sprenger, Bauma.
72 Links: Lewis W. Hine. Children at work, München, London, New York 1999. Rechts: Bildersammlung Walter Sprenger, Bauma. Fotografie um 1930.

73 Oben links: Fotoarchiv Kantonale Denkmalpflege Zürich.
Oben rechts: Zentralbibliothek Zürich, Graphische Sammlung.
Unten: Schweizerisches Sozialarchiv, Zürich. Fotografie um 1909.
74 Fotoarchiv Kantonale Denkmalpflege Zürich.
75 Zentralbibliothek Zürich, Graphische Sammlung. Farblithographie um 1850.

DIE HERRSCHAFT DES FREISINNS

76 Privatbesitz. Albert Anker (1831–1910), Der Schulspaziergang, Öl auf Leinwand, 90×150 cm, 1872.
77 Kunsthaus Zürich. Albert Anker (1831–1910), Zwei schlafende Mädchen auf der Ofenbank, Öl auf Leinwand, 55×71,5 cm, 1895. © 2007 Kunsthaus Zürich.
79 Baugeschichtliches Archiv Zürich.
80 Oben: Zentralbibliothek Zürich, Graphische Sammlung. Johann Hürlimann (1793–1850), Aquatinta um 1850.
Unten: Zentralbibliothek Zürich, Graphische Sammlung.
81 Stadtbibliothek Winterthur, Bilder- und Fotosammlung.
82 Oben: Zentralbibliothek Zürich, Graphische Sammlung. Johann Rudolf Ringger (1841–1908), Aquatinta um 1860.
Unten: Ortsmuseum Thalwil.
83 Oben: Schweizerisches Landesmuseum, Zürich. LM-101122.8. Fotografie Schweizerisches Landesmuseum Zürich, COL-5712. Fotografie um 1910.
Unten: Gretler's Panoptikum zur Sozialgeschichte, Zürich. Fotografie um 1890.
84 Eidgenössisches Archiv für Denkmalpflege, Bern. EAD-ZING-16002.gn. Fotografie Rudolf Zinggeler um 1910.
85 Ortsmuseum Hinwil.
86 Oben: Hüni 1849, Frontispiz.
Unten: Zentralbibliothek Zürich, Graphische Sammlung. Emil Rittmeyer (1820–1905), Lithographie, 1848.
87 Privatbesitz Robt. Schwarzenbach & Co. AG, Thalwil.
88 Oben: Ortsmuseum Thalwil.
Unten: Zentralbibliothek Zürich, Graphische Sammlung.
90 Ortsmuseum Thalwil.
91 Ortsmuseum Thalwil.
92 Ortsmuseum Meilen. Fotografie um 1900.
93 Hug 1851.
94 Fotoarchiv Kantonale Denkmalpflege Zürich. Fotografie 1947.
95 Zentralbibliothek Zürich, Graphische Sammlung. Lithographie um 1860.
96 Schweizerisches Sozialarchiv, Zürich. Fotografie um 1900.
97 Ortsmuseum Oberrieden.
98 Dokumentationsstelle oberer Zürichsee, Wädenswil. Fotografie um 1920.
99 Fotoarchiv Haagmans. Lehrmittelverlag des Kantons Zürich.
100 Oben: Fotografie Bernhard Fuchs 1972.
Unten: Schweizerisches Sozialarchiv, Zürich. Fotografie Hermann Freytag, 1930/40er-Jahre.
101 Oben links: Fotografie Alfred Schneider 1988.
Oben rechts: Fotografie Iwan Raschle 2005.
Unten: Fotografie Iwan Raschle 2005.

DEMOKRATISCHE REFORMEN

102 Schweizerisches Landesmuseum, Zürich. LM-101473. Fotografie Schweizerisches Landesmuseum Zürich, COL-5664. Fotografie um 1890.
103 Schweizerisches Landesmuseum, Zürich. LM-101448. Fotografie Schweizerisches Landesmuseum Zürich, COL-3929. Fotografie um 1870.
105 Stadtarchiv und Kläui Bibliothek, Uster.
106 Stadtbibliothek Winterthur, Bild- und Fotosammlung.
107 Stadtbibliothek Winterthur, Bild- und Fotosammlung. Julius Rieter (1839–1897), Öl auf Leinwand.
108 Stadtbibliothek Winterthur, Bild- und Fotosammlung. Fotografie 1890.
109 Links: Stadtbibliothek Winterthur, Bild- und Fotosammlung. Fotografie 1897.
Rechts: Stadtbibliothek Winterthur, Bild- und Fotosammlung.
110 Links: Stadtbibliothek Winterthur, Bild- und Fotosammlung.
Rechts: Stadtbibliothek Winterthur, Bild- und Fotosammlung. Fotografie um 1900.
111 Links: Stadtbibliothek Winterthur, Bild- und Fotosammlung.
Rechts: Stadtbibliothek Winterthur, Bild- und Fotosammlung. Fotografie 1907.
112 Stadtarchiv Winterthur.
113 Oben: Stadtarchiv und Kläui Bibliothek, Uster. Fotografie 1866.
Unten: Stadtarchiv und Kläui Bibliothek, Uster.
114 Links: Schmid 1982, S. 106.
Rechts: Schmid 1982, S. 116.
116 Staatsarchiv des Kantons Zürich. Fotografien 1878.
117 Werner Messikommer, Seegräben. Zeichnung um 1875.
118 Heimatmuseum Elgg.
119 Heimatmuseum Elgg.
120 Heimatmuseum Elgg. Fotografie um 1890.
121 Schweizerischer Lehrerinnenverein, 1902/03, 1906/07.

KULTURKAMPF UM DAS KLASSENZIMMER

122 Kantonale Gehörlosenschule Zürich. Fotografie um 1816.
123 Zentralbibliothek Zürich, Graphische Sammlung. Fotografie um 1890.
125 Zentralbibliothek Zürich, Graphische Sammlung. Postkarte um 1900.
126 Schweizerische Nationalbibliothek, Bern.
128 Oben: Pfarreiarchiv Bülach.
Unten: Mathias 1932, S. 17.
129 Pfarreiarchiv Bülach. Fotografie um 1902.
130 Archiv Bader, Regensberg. Fotografie um 1905.
132 Oben: Archiv Vetropack, Bülach. Fotografie 1892.
Unten: Archiv Vetropack, Bülach. Fotografie 1902.
133 Oben: Koch/Wessendorf, Schaffhausen.
Unten: Ortsmuseum Eglisau.
134 Links: Der Neue Postillon, September 1896.
Rechts: Schweizerisches Bundesarchiv, Bern.
135 Ortsmuseum Eglisau. Fotografie 1905.
136 Archiv Blumer Söhne & Cie., Freienstein.
137 Archiv Blumer Söhne & Cie., Freienstein. Fotografie 1894.
138 Baugeschichtliches Archiv Zürich.
139 Baugeschichtliches Archiv Zürich.
140 Baugeschichtliches Archiv Zürich.
141 Staatsarchiv des Kantons Zürich. Fotografie um 1910.
142 Archiv der Primarschulgemeinde Bülach.
143 Ortsmuseum Eglisau. Fotografie um 1900.
144 Ortsmuseum Eglisau. Fotografie um 1900.
145 Zentralbibliothek Zürich, Graphische Sammlung. Fotografie um 1900.
146 Oben: Ringier Dokumentation Bild. Fotografie 1941.
Unten: Fotografie Yvan Dalain © 2007 Fotostiftung Schweiz/ProLitteris, Zürich. Schulreise zum Rütli, 1952.
147 Oben links: Lehrmittelverlag des Kantons Zürich. Fotografie 1905.
Oben rechts: Fotografie Waltraut Bellwald 2005/06.
Unten: Ringier Dokumentation Bild. Fotografie 1995.

VOM GEIST ZUM KÖRPER

148 Schweizerisches Sozialarchiv, Zürich. Fotografie um 1910.
149 Fotografie Paul Senn (1901–1953), Mittagessen in der Bergschule Adelboden, 1935. Bernische Stiftung für Fotografie, Film und Video, Kunstmuseum Bern, Depositum Gottfried Keller-Stiftung. © Gottfried Kellerstiftung, Winterthur.
152 Geiser 1900, S. 91–107.
153 Kantonale Gehörlosenschule Zürich. Fotografien um 1916.
154 Ortsmuseum Hinwil.
155 Staatsarchiv des Kantons Zürich. Fotografie 1877.
156 Fotoarchiv Kantonale Denkmalpflege Zürich. Fotografie 1947.
157 Baugeschichtliches Archiv Zürich. Fotografie 1909.
158 Geiser 1900, S. 91–107.
159 Links: Fotografie Paul Senn (1901–1953), Gymnastik, aus «Aufstieg» 30.03.1951, um 1930. Bernische Stiftung für Fotografie, Film und Video, Kunstmuseum Bern, Depositum Gottfried Keller-Stiftung. © Gottfried Kellerstiftung, Winterthur.
Rechts: Schweizerischer Lehrerverein 1916, S. 107, S. 109.
161 Stadtarchiv Zürich. Cadetten-Commission Neumünster, VII. 182. Fotografie um 1885.
163 Baugeschichtliches Archiv Zürich. Fotografie um 1898.
164 Ortsmuseum Hinwil. Fotografie 1912.
165 Links: Schweizerisches Landesmuseum, Zürich. LM-73693.37. Fotografie Schweizerisches Landesmuseum Zürich, COL-7482. Kolorierte Postkarte 1918.
Rechts: Gretler's Panoptikum zur Sozialgeschichte, Zürich. Fotografie um 1900.
166 Schweizerisches Sozialarchiv, Zürich. Fotografie um 1900.
167 Links: Schweizerisches Sozialarchiv, Zürich. Fotografie um 1920.
Rechts: Schweizerisches Sozialarchiv, Zürich.
168 Links: Erismann 1908.
Rechts: Kurz 1914/1918. Fotografie 1917.
169 Schweizerisches Landesmuseum, Zürich. LM-100001.11. Fotografie Schweizerisches Landesmuseum Zürich, COL-5709. Fotografie um 1913.
170 Schweizerisches Bundesarchiv, Bern. Fotografie um 1916.
171 Links: Schweizerisches Landesmuseum, Zürich. LM-101603.186. Fotografie Schweizerisches Landesmuseum Zürich, COL-5703. Fotografie 1915.
Rechts: Baugeschichtliches Archiv Zürich. Fotografie 1918.
172 Gretler's Panoptikum zur Sozialgeschichte, Zürich. Fotografie 1917.
173 Gretler's Panoptikum zur Sozialgeschichte, Zürich. Fotografie 1918.

ZWISCHEN KRISE UND KRIEG

174 Fotografie Martin Glaus © 2007 Fotostiftung Schweiz/ProLitteris, Zürich. Examen auf dem Land, 1950er-Jahre.
175 Fotografie Hans Staub (1894–1990) © 2007 Fotostiftung Schweiz/ProLitteris, Zürich. Vergantung eines Bauernhofes, 1934.
178 Heimatkundliches Archiv Andelfingen. Fotografie 1935.
179 Heimatkundliches Archiv Andelfingen. Fotografie 1935.
180 Heimatkundliches Archiv Andelfingen. Fotografie 1946.
181 Gemeindearchiv Ossingen. Fotografie um 1930.
182 Gemeindearchiv Ossingen. Fotografie um 1930.
183 Heimatkundliches Archiv Andelfingen. Fotografie um 1940.
184 Heimatkundliches Archiv Andelfingen. Fotografie 1935.
185 Fotoarchiv Haagmans. Lehrmittelverlag des Kantons Zürich. Fotografie 1931.
186 Links: Stadtarchiv Zürich. Schweizerische Landesausstellung, VII. 80.
Rechts: Ringier Dokumentation Bild.
187 Links: Stadtarchiv Zürich. Schweizerische Landesausstellung, VII. 80.
Rechts oben: Schweizerischer Lehrerverein 1939, S. 7.
Rechts unten: Schweizerischer Lehrerverein 1939, S. 124.
188 Fotografie Keystone.
189 Der grüne Heinrich 1907.
191 Museum für Kommunikation, Bern. Fotografie 1920.
193 Links: Volksrecht 13.03.1934.
Rechts: Amtliches Schulblatt des Kantons Zürich 1941, Heft 1, S. 33.
194 Gretler's Panoptikum zur Sozialgeschichte, Zürich. Fotografie um 1940.
195 Schweizerisches Sozialarchiv, Zürich. Fotografie Hermann Freytag um 1935.
196 Schweizerisches Sozialarchiv, Zürich. Fotografie Hermann Freytag um 1935.
197 Oben: Gretler's Panoptikum zur Sozialgeschichte, Zürich. Fotografie um 1944.
Unten links: Fotografie Theo Frey © 2007 Fotostiftung Schweiz/ProLitteris, Zürich. Ferienkinder aus St. Etienne, 1945.
Unten rechts: Schweizerisches Sozialarchiv, Zürich. Fotografie Hans Staub (1894–1990) © 2007 Fotostiftung Schweiz/ProLitteris, Zürich. Mutter und Kind als Flüchtlinge im Zürcher Auffanglager, 1944.
198 Schweizerisches Sozialarchiv, Zürich. Fotografie © Ernst Köhli um 1945.
200 Oben: Ringier Dokumentation Bild. Fotografie 1966.
Unten: Fotografie Iwan Raschle 2005.
201 Oben links: Ortsmuseum Hinwil. Fotografie um 1930.
Oben rechts: Ortsmuseum Hinwil. Fotografie 1911.
Unten: Schul- und Sportdepartement der Stadt Zürich. Fotografie 2005.

ZWISCHEN ASSIMILATION UND WAHRUNG DER «ITALIANITÀ»

202 Schweizerisches Landesmuseum, Zürich. LM-96019.154. Fotografie Schweizerisches Landesmuseum Zürich, NEG-146478. Heinrich Seitz, 1962.
203 Fotografie © Bruno Kirchgraber. St. Maurice, 1967.
205 Pietro Chiesa (1876–1959). L'Emigrante, Fresko, 15×5 m, 1934. Fotografie Museo D'Arte Mendrisio.
206 Links: Schweizerisches Sozialarchiv, Zürich. Fotografie Hermann Freytag um 1960.
Rechts: Schweizerisches Sozialarchiv, Zürich. Fotografie um 1960.
207 Schweizerisches Sozialarchiv, Zürich. Fotografie © Bruno Kirchgraber 1960.
208 Fotografie © Bernhard Moosbrugger 1968.
209 Schweizerisches Sozialarchiv, Zürich. Fotografie © Uri Werner Urech um 1960.
210 Privatbesitz. Fotografie 1964.
211 Ringier Dokumentation Bild. Fotografie 1956.
212 Links: Gemeindearchiv Dietikon.
Rechts: Fotografie Anita Niesz-Volland © 2007 Fotostiftung Schweiz/ProLitteris, Zürich. Ungarnflüchtlinge nach ihrer Ankunft in der Schweiz, 1956.
213 Federatione delle C.L.I. in Svizzera 1977. Karikatur Kurt von Ballmoos.
214 Oben links: Nebelspalter 1968. www.nebelspalter.ch.
Oben rechts: Archiv Limmattaler Tagblatt. Fotografie 1979.
Unten links: Fotografie Anita Niesz-Volland © 2007 Fotostiftung Schweiz/ProLitteris, Zürich. Tibetische Flüchtlingskinder auf dem Weg ins Kinderdorf, 1965.
Unten rechts: Ringier Dokumentation Bild. Fotografie 1965.
215 Fotoarchiv Haagmans. Lehrmittelverlag des Kantons Zürich. Fotografie 1965.
216 Schweizerisches Sozialarchiv, Zürich. Fotografien 1960er-Jahre.
217 Fotografie © Willy Spiller 1972.
219 Privatbesitz. Fotografie um 1970.

220 Links: Schweizerisches Sozialarchiv, Zürich.
Rechts: Schweizerische Nationalbibliothek, Bern.
221 Fotografie Ursula Markus 1986.
222 Schweizerisches Sozialarchiv, Zürich. Filmstill aus «Lo stagionale» von Alvaro Bizzarri 1972.
225 Privatbesitz Franco Supino.
226 Lehrmittelverlag des Kantons Zürich.
227 Lehrmittelverlag des Kantons Zürich.

GESELLSCHAFTLICHER WANDEL UND BILDUNGSPOLITISCHER REFORMDRUCK

228 Fotografie Ursula Markus 1980er-Jahre.
229 Fotografie Ursula Markus 1980er-Jahre.
231 Frey 1959.
233 Ortsmuseum/Chronikstube Oberrieden. Fotografie 1942.
234 Oertel 1997, S. 182.
236 Links: Staatsarchiv des Kantons Zürich.
Rechts: Schweizerische Nationalbibliothek, Bern.
237 Fotografie Olivia Heussler 1980.
239 Lehrplan 1991. Fotografie Dachcom Winterthur.
240 AVO-Zeitung 1989, S. 159.
241 Fotografie Cemile Ivedi.
242 AVO-Zeitung 1986, S. 94.
243 Fotoarchiv Haagmans. Lehrmittelverlag des Kantons Zürich. Fotografie 1979.
244 Schule Petermoos, Buchs. Fotografien 1977.
245 Links: Schule Petermoos, Buchs. Fotografie um 1977.
Rechts: AVO-Zeitung 1978, S. 72.
247 Schule Petermoos, Buchs. Fotografien um 1980.
248 Privatbesitz Bruno Wiedmer.
249 Oben: AVO-Zeitung 1978, S. 59.
Unten: Tages-Anzeiger, 11. Februar 1995. Karikatur Nico.
251 Links: Die Tat, 12. Mai 1975. Karikatur Werner Büchi (1916–1999).
Rechts: Tages-Anzeiger, 19. Dezember 1985. Karikatur Nico.
252 Baugeschichtliches Archiv Zürich.
253 Baugeschichtliches Archiv Zürich. Fotografie 1953.
254 Baugeschichtliches Archiv Zürich.
255 Privatbesitz Hans Wymann. Fotografie 1980er-Jahre.
256 Lehrmittelverlag des Kantons Zürich.
257 Oben: Fotografie Keystone 1997.
Unten: Lehrmittelverlag des Kantons Zürich.

SCHULE IM UMBRUCH

258 Fotografie Stephanie Tremp 2007.
Lehrmittelverlag des Kantons Zürich.
259 Fotografie Iwan Raschle 2005.
261 Staatsarchiv des Kantons Zürich.
262 Erziehungskalender der Schule Feldhof, Volketswil.
263 Fotografie Stephanie Tremp 2007.
Lehrmittelverlag des Kantons Zürich.
264 Fotografie Stephanie Tremp 2007.
Lehrmittelverlag des Kantons Zürich.
265 Fotografie Stephanie Tremp 2007.
Lehrmittelverlag des Kantons Zürich.
266 Schul- und Sportdepartement der Stadt Zürich. Fotografie 2002.
267 Schul- und Sportdepartement der Stadt Zürich. Fotografie 2002.
268 Fotografie Stephanie Tremp 2007.
Lehrmittelverlag des Kantons Zürich.
269 Fotografie Stephanie Tremp 2007.
Lehrmittelverlag des Kantons Zürich.
270 Fotografie Stephanie Tremp 2007.
Lehrmittelverlag des Kantons Zürich.
271 Fotografie Stephanie Tremp 2007.
Lehrmittelverlag des Kantons Zürich.
272 Fotografie Stephanie Tremp 2007.
Lehrmittelverlag des Kantons Zürich.
273 Fotografie Stephanie Tremp 2007.
Lehrmittelverlag des Kantons Zürich.
274 Schul- und Sportdepartement der Stadt Zürich. Fotografie 2005.
275 Links: BFS 2004.
Rechts: Tages-Anzeiger, 6. Dezember 2004. Karikatur Nico.
276 Fotografie Stephanie Tremp 2007.
Lehrmittelverlag des Kantons Zürich.
277 Fotografie Keystone 1999.
278 Fotografie Iwan Raschle 2006.
279 Fotografie Iwan Raschle 2006.
281 Lehrmittelverlag des Kantons Zürich.
283 Dürmüller 1996, S. 75. Karikatur Günther Ursch.
284 Fotografie Stephanie Tremp 2007.
Lehrmittelverlag des Kantons Zürich.
285 Fotografie Stephanie Tremp 2007.
Lehrmittelverlag des Kantons Zürich.
286 Oben: Fotografie Bernhard Fuchs 1972.
Unten: Schweizerisches Sozialarchiv, Zürich. Fotografie Hermann Freytag, 1930/40er-Jahre.
287 Oben links: Schul- und Sportdepartement der Stadt Zürich. Fotografie 2005.
Oben rechts: Fotografie Bernhard Fuchs 1972.
Unten: Fotografie Stephanie Tremp 2007. Lehrmittelverlag des Kantons Zürich.
288 www.regineaeppli.ch. Fotografie 2006.

Register

A

Aarau 13 f., 74
Aargau 74, 79, 120, 159 f.
Aathal 73 f.
ABC-Büchlein 17–19
Absolutismus 13, 138
Abteilungsübergreifender Versuch an der Oberstufe (AVO) 230–232, 238, 241–249
Aeppli, Regine (Bildungsdirektorin) 261, 263, 269 f., 282, 284 f., 288 f.
Aesch 16
Affoltern, Affoltern am Albis 14, 21 f., 51, 284
Agglomeration 177 f., 204–206, 214, 269, 278
Aids-Prävention 240, 250, 291
Akademisierung des Lehrberufes 47, 104, 113, 252–255
Albanien 227
Alltagsschule 14, 34, 36, 43, 46, 60, 66 f., 70–72, 87, 232 f., 298
Anbauschlacht 195–196
Ancien Régime 13–16, 20–22, 29, 37, 290
Andelfingen (siehe auch: Kleinandelfingen) 51, 178–180, 183 f., 207
Antistes 29
Appenzell-Ausserrhoden 166
Arbeit, siehe: Industriearbeit bzw. Landarbeit
Arbeiterschaft, siehe Industriearbeit
Arbeitsgemeinschaft für demokratische Erziehung 188
Arbeitsgemeinschaft für praxisorientierte Schulreformen 284
Arbeitslehrerinnenseminar (ALS) 252 f.
Arbeitsschule 84, 92–98, 118 f.
Architektur, siehe: Schulhausarchitektur
Aristokratie 32 f., 43, 65
Armenschule 232
Arzt, siehe: Schularzt
Assimilation, siehe: Integration
Aufsichtswesen, siehe: Schulaufsicht, bzw. Qualitätssicherung
Augsburg 129
Ausländer, Ausländerin, siehe: Immigration
Ausländerpädagogik, siehe: Integration
Ausländerpolitik, siehe: Immigration
Aussersihl (siehe auch: Zürich) 134, 158, 163, 165, 168, 171–173, 217
Autonomie (des Kindes) 152, 154
Autonomie, Autonomisierung (der Schule) 264–266, 275
AVO, siehe: Abteilungsübergreifender Versuch an der Oberstufe

B

Basel, Basel-Stadt 131, 164, 191, 235
Basel-Landschaft 160, 235
Bassersdorf 88
Bässler, Robert (katholischer Pfarrer) 128–137, 142–145
Bauern, siehe: Landarbeit
Bauma 62 f., 70–72, 178
Bayern 126, 129 f., 136, 152, 235
Behinderte, behinderte Kinder, siehe: Sonderschule
Berlin 155, 235
Bern, Kanton 13 f., 139, 190, 264, 270, 280
Bern, Stadt 13–15, 146, 224
Berufe, Berufswelt (siehe auch: Industriearbeit, bzw. Dienstleistungsberufe) 15, 19, 33, 44, 113, 140, 156, 163 f., 177, 224, 230–240, 246 f., 251, 289, 291 f.
Besoldung, siehe: Entlöhnung
Bevölkerungsrückgang, Bevölkerungswachstum 177, 204 f.
Bewegung, konservative (1930er-Jahre) 177, 180–184, 188 f.
Bezirke 22, 51, 127, 234 f., 270, 281
Bezirksschulpflege 44, 48–51, 58–63, 72–74, 88–90, 94 f., 97, 108, 114, 136 f., 143 f., 178 f., 266–269
Bibel 17–20, 58, 62, 64, 280–282, 290
Biblische Geschichte, siehe: Religionsunterricht
Bildungsartikel, eidgenössischer (2005) 276

Bildungsdirektion, Bildungsdirektor/-in 51, 80, 91, 93, 112 f., 120, 137, 151, 153, 155, 176, 181–184, 188, 193–195, 198 f., 207 f., 210, 213, 222, 226 f., 232, 236 f., 241, 248 f., 254, 261, 276, 283–285
Bildungsexpansion 205 f.
Bildungsgesetz, Zürcher (2002) 269
Bildungsmonitoring 277
Bildungsrat 21–29, 34–44, 48–51, 57, 62 f., 69, 80, 88–97, 109 f., 116, 119–121, 124, 137, 143–145, 178–184, 188 f., 194 f., 198 f., 208, 212–218, 222, 226 f., 233, 236–238, 241, 245, 248–250, 253, 261, 269 f., 277, 281–285, 290, 293, 299
Binz 273
Biologieunterricht 242, 250
Bion, Walter (1830–1909) 166
Bischofszell 34
Blinden- und Taubstummenanstalt Zürich 45, 141, 153
Blockflötenunterricht 286
Blockzeiten, siehe: Tagesstrukturen
Bockenkrieg 33 f.
Bosshardt, Arnold (Stadtrat von Zürich) 168
Brüttisellen 139
Bubikon 139
Buchs 231, 241–247
Bülach 51, 105 f., 124–137, 142–145
Bundesgericht 221, 240
Bundesstaat, siehe: Schweizerische Eidgenossenschaft
Bundesverfassung (1848, 1874) 106 f., 110, 115, 124, 126, 139, 153, 159 f., 198, 280 f., 288, 291 f., 298
Burgdorf 39
Bürgerschule 68 f
Bürgertum, bürgerlich 13, 32 f., 36, 40–44, 46, 48, 65, 71, 74, 80, 84–86, 92, 105, 115, 138–141, 151, 238, 291, 298
Buschor, Ernst (Erziehungs-/Bildungsdirektor) 248, 261–265, 269, 277, 283

C

Carolinum, Zürich 138
Casa d'Italia 217
Chiesa, Pietro (1876–1959) 205, 211
Christentum, Christen (siehe auch: Religionsunterricht) 17–20, 28, 44, 58–64, 139 f., 191, 211, 280–282, 290 f.
Christlich Demokratische Union Deutschlands (CDU) 235
Christlichdemokratische Volkspartei (CVP) 262
Chur 129
Colonie libere italiane 221, 224
Corrodi & Pfister, Uster (Spinnerei) 65

D

Dändliker, Johann Jakob (1780–1859) 39 f.
Demokraten, demokratischer Freisinn (siehe auch: Freisinn) 79, 103–118, 126 f., 131, 134, 140, 145, 151, 156, 232, 291, 298
Deutschland 81, 126, 130 f., 152, 154, 173, 185, 198 f., 235, 275
Deutschunterricht 34, 127–129, 136 f., 142–145, 183, 206 f., 211–226, 242, 277–280, 285
Dielsdorf 98, 127, 144, 206, 234
Dienstleistungsberufe, Dienstleistungssektor 115, 205, 209, 231, 236
Dietikon 206, 215, 217–219
Dinhard 114
Direktorium, helvetisches 14, 20, 22, 23
Diskriminierung, geschlechtsspezifische, siehe: Lehrerinnen, bzw. Unterricht, geschlechtsspezifischer
Disziplin, Disziplinierung 17, 49 f., 92, 117, 166, 169, 199, 238
Doppelverdienerinnen, Doppelverdienstfrage 189–194, 292 f.
Dornbirn 83
Drogenprävention 240, 264
Dubs, Jakob (1822–1879) 91 f.
Dulliken 235

E

Ebertswil 16
École française, Zürich 221
EDK, siehe: Schweizerische Konferenz der kantonalen Erziehungsdirektoren
Eglisau 133, 135, 144 f., 184
Eidgenossenschaft, siehe: Schweizerische Eidgenossenschaft
Eidgenössisch-technische Hochschule Zürich (ETH Zürich) 80, 111, 237, 298
Einkommen, siehe: Entlöhnung
Einwanderung, siehe: Immigration
Eisenbahn, Eisenbahnbau 68, 70, 125, 131, 133, 135, 188
Elementarschule 14 f., 46, 90, 119
Elgg 118–121
Elsau 120 f., 273
Eltern, Elternorganisationen 8, 16, 19 f., 34–37, 46–53, 58–60, 67, 70–72, 74, 85, 87, 93–98, 114, 134, 140 f., 145 f., 153, 155, 157, 165, 171, 180, 195, 198 f., 211, 216 f., 221 f., 224–226, 236, 239, 244 f., 250, 264, 270–273, 275, 278 f., 281, 289
Embrach 213
Englischunterricht 283 f., 292, 299
Entlöhnung (der Lehrerschaft) 14–17, 25, 27, 35, 43, 61, 84–92, 96, 108, 118, 120 f., 190, 195, 199, 255, 293
Ergänzungsschule (siehe auch: Repetierschule) 92, 232–234, 281
Erziehungsdirektion, Erziehungsdirektor, siehe: Bildungsdirektion
Erziehungsdirektorenkonferenz, siehe: Schweizerische Konferenz der kantonalen Erziehungsdirektoren (EDK)
Erziehungsrat, siehe Bildungsrat
Erziehungssekretär 125, 151, 154–157, 215, 218, 222
Escher, Alfred (1819–1882) 78, 80, 91, 93, 105
Europarat 283, 294
Evaluation, siehe: Qualitätssicherung
Evangelische Volkspartei (EVP) 268
Evangelisches Lehrerseminar Unterstrass 138, 140, 211
Evangelisches Töchterinstitut Horgen 141
Examen 20, 36, 49, 52 f.
Examinatorenkonvent 22, 24, 34
Experten, Erziehungsexperten 151, 154 f., 250, 293

F

Fabrikanten, siehe: Industrielle
Fabrikarbeit, siehe: Industriearbeit
Fabrikgesetz (1859, 1877) 84, 113, 127, 134, 292, 298
Fabrikschule 68 f., 110
Fachhochschulen 254 f.
Fachstelle für Schulbeurteilungen 267, 277
Fahrner, Hans Conrad (Schulhygieniker) 158
Faschismus, italienischer (siehe auch: Nationalsozialismus) 180, 185, 221
Feminisierung des Lehrberufs (siehe auch: Lehrerinnen) 207–209
Ferien, siehe: Schulferien
Ferienkolonien 96, 166 f., 173
Feuerthalen 178
Finanzierung der Volksschule (siehe auch: Schulgeld) 21, 35, 38–41, 58, 68 f., 83 f., 87, 93, 96–98, 108 f., 114, 136 f., 141 f., 183, 189 f., 205, 262, 268–271, 278 f., 286
Finnland 271, 275 f.
Fischenthal 66 f., 70
Flaach 179
Flüchtlinge, Flüchtlingspolitik 171, 176, 185, 197–199, 207, 211 f., 214 f., 219, 299
Forum für die schulische Integration der Gastarbeiterkinder 227
Frankreich 13, 15, 21, 41, 131, 152, 155, 185, 197
Franzetti, Dante Andrea (Schriftsteller) 223
Französische Revolution 13 f., 39 f.
Französischunterricht 15, 21, 34, 207, 237, 243 f., 246, 256 f., 283–285, 292, 299

Frauenvereine 84, 94, 96–98, 130, 253 f.
Frei, Johann Heinrich (Unternehmer) 68
Freie Katholische Schule 141
Freie Vereinigung für nationale Erziehung 188 f.
Freienstein 139
Freischule (kostenlose Schule) 16, 108–110, 114
Freischule (Privatschule) 139–145
Freisinn, Freisinnig-demokratische Partei (FDP) (siehe auch: Liberale, Radikale, Demokraten) 125, 151, 155 f., 160
Fremdsprachen, Fremdsprachigenklasse, siehe: Sprachunterricht, bzw. Integration
Frühenglisch 283–285, 292
Frühfranzösisch 283–285, 292
Fünftagewoche 237
Furttal 9, 229, 231
Fussballweltmeisterschaft (1970) 223

G

Ganzjahresschule (siehe auch: Winterschule) 178–180, 292
Gemeindebürger (siehe auch: Niedergelassene) 13, 21 f., 24–29, 34, 69, 107–110
Gemeinden (politische Gemeinden) 12 f., 16, 23 f., 27–29, 34, 38–43, 50 f., 61, 85, 87, 93, 106, 155, 176, 216 f., 293 f.
Gemeindeschulpflege 44, 48–52, 57 f., 61–63, 68–74, 86–91, 94 f., 108–110, 114, 119–121, 137, 142 f., 146, 156, 195, 213, 217 f., 238, 242, 264, 267, 282, 290, 293
Gemeinnützige Gesellschaften, siehe: Gesellschaften, gemeinnützige
Generalkonsulat, italienisches 221 f.
Genf 191, 270
Geografieunterricht 15, 46, 57, 114, 127, 242, 290
Gesamtschule 235 f., 244
Geschichtsunterricht 34, 46, 57, 114, 127, 183 f., 187, 242
Geschlechterrolle, siehe: Koedukation, bzw. Unterricht, geschlechtsspezifischer
Gesellschaft für Deutsche Sprache und Literatur 183
Gesellschaften, gemeinnützige (siehe auch: Schweizerische Gemeinnützige Gesellschaft) 40, 71, 94, 96, 165
Gessner, Georg (1765–1843) 39
Gilgen, Alfred (Erziehungsdirektor) 236 f., 240 f., 245, 248 f.
Glattal 9, 259 f.
Glattfelden 213, 264 f.
Glaubens- und Gewissensfreiheit 106 f., 139, 240
Göttingen 15
Graubünden 139
Griechenland 206, 209
Grippe, siehe: Spanische Grippe
Grossbritannien 235
Grosser Rat, siehe: Kantonsrat
Grundstufe (siehe auch: Kindergarten) 263, 266–273
Guyer, Rudolf (1803–1876) 71, 73
Gymnasium 46, 78, 89, 190, 207, 234–237, 289
Gymnastik 152, 154, 159

H

Habsburg, siehe: Österreich
Handarbeitsunterricht 84, 92, 94, 98, 156 f., 163 f., 253, 284, 299
Handelsschulen («Concordia», «Gademann», «Juventus») 139 f.
Hard, Baumwollspinnerei, Winterthur 110
HarmoS-Projekt (Harmonisierung der obligatorischen Schule in der Schweiz) 276 f., 285
Hasel 60–63
Hausen am Albis 16, 26
Haushaltlehrerinnenseminar (HLS) 253
Hauswirtschaftsunterricht 15, 200 f., 233, 242 f.
Heer & Co. AG, Thalwil 82
Heilpädagogik 139, 150, 153

Heilpädagogisches Seminar, Universität Zürich 153
Heimarbeit 16, 22, 36, 58, 62, 65–67, 71, 86
Heimat- und Gedenktage 176, 184, 188
Heimindustrie, siehe Heimarbeit
Helvetik 12–17, 21–29, 33 f., 40 f., 47, 138, 290, 293, 298
Henggart 178, 194
Herrliberg 50, 60
Hilfsklassen, siehe: Sonderschule
Hinwil 51, 57, 71, 154, 178, 234
Hirzel 84, 91, 94
Hirzel, Bernhard (1807–1847) 64
Hirzel, Conrad Melchior (1793–1834) 41 f.
Hittnau 56–63
Hochkonjunktur 205
Hochschule St. Gallen (HSG) 262
Hombrechtikon 34, 46
Honegger, Kaspar (1820–1892) 88
Höngg (siehe auch: Zürich) 93
Horgen 33 f., 43, 51, 81 f., 84, 86 f., 90 f., 94 f., 140 f., 193
Hort, Tages- oder Nachmittagshort 169, 271
Hottingen (siehe auch: Zürich) 155, 253 f.
HSK, siehe: Kurse in heimatlicher Sprache und Kultur
Huber, Karl Adolf (1811–1889) 112
Hunziker, Fritz (1845–1908) 214
Hütten 84, 90
Hygiene, siehe: Schulhygiene

I
Identität, doppelte kulturelle, siehe: Integration
Immigration 126–131, 135 f., 185, 199, 203–227, 278, 280, 291, 299
Industrialisierung 33, 40, 65, 70, 75, 77–79, 88, 105–107, 115, 126–131, 136, 151, 177 f., 209, 292
Industriearbeit 127, 131
Industrielle (Fabrikanten) 33, 41, 48, 69–73, 84, 86, 134, 214, 218, 292
Industriequartier (siehe auch: Zürich) 165
Industrieschule, untere 232
Innerschweiz 126, 280
Inspektor, siehe: Schulinspektor
Integration (siehe auch: Immigration) 127, 145, 164, 203 f., 206, 210–213, 216–220, 222, 224–227, 237, 260, 268, 275–279, 289, 294, 299
Interkulturelle Pädagogik, siehe: Integration
Italien 121, 124–138, 142–145, 185, 204–227, 299
Italienerabkommen (1965) 220, 299
Italienerkrawall 134

J
Jesuiten 79, 125
J-Stempel 199
Juden, jüdische Schulen 198 f., 211, 219
Jugendfürsorge 155, 171 f.
Jugoslawien, Ex-Jugoslawien 209, 227, 280
Jura 170

K
Kadettenwesen 160–162
Kantonsrat (Grosser Rat) 13, 23 f., 29, 32, 40–51, 61, 64 f., 69–72, 79 f., 85, 89, 92 f., 118, 192 f., 233, 250, 263, 269, 282
Kantonsregierung, siehe: Regierung, Zürcher
Kantonsschule, siehe: Gymnasium
Kantonsverfassung (1831, 1869) 29, 44, 65, 106, 298
Kartoffelnot (1845) 129
Katechismus 18–21, 43, 58, 138, 290
Katholizismus, katholische Kirche (siehe auch: Kirche) 45, 79, 113, 124–131, 134–145, 185, 280–282, 291
Katzensee 146

Key, Ellen (1849–1926) 150, 154, 298
Kilchberg 84, 91
Kinderarbeit (siehe auch: Industriearbeit, bzw. Landarbeit) 36, 46, 48, 56, 60, 66–74, 78, 83 f., 113, 134 f., 232, 292
Kinderdorf Pestalozzi, Trogen 214
Kindergarten (siehe auch: Grundstufe) 119, 141, 155, 170, 186, 266–270
Kindergärtnerinnenverband 269
Kinderkrippen 155, 289
Kirchbühl 39 f., 42
Kirche (siehe auch: Religionsunterricht, bzw. Trennung von Kirche und Staat) 8, 12, 13, 17, 21–23, 28 f., 40–45, 50 f., 85–92, 106 f., 124–130, 139, 280–282, 290 f., 298
Kirchenpflege 20, 36, 72, 88, 238
Kirchgemeinde 49, 51, 96, 135
Klassenlager 146 f.
Klawa-Morf, Anny (1894–1993) 167
Kleinandelfingen (siehe auch: Andelfingen) 177
Kloten 213, 214
Knaben, siehe: Unterricht, geschlechtsspezifischer
Knabenschiessen 160
Knabenturnen, siehe: Schulturnen
Knonaueramt, Knonau 9, 11, 14–19, 24–28, 41, 43
Kochunterricht 164, 200 f., 243
Koedukation 92–94, 237, 243, 299
Körperbildung, Körpererziehung, siehe: Schulturnen, Schulhygiene, Schulhausarchitektur
Krieg, siehe: Weltkrieg, Erster / Zweiter
Krippe, siehe: Kinderkrippe
Kulturkampf 86, 91, 123–126, 135, 143, 145, 291
Kunz, Heinrich (1795–1859) 68 f., 72–74
Kurse in heimatlicher Sprache und Kultur (HSK) 219, 222, 224–226
Küsnacht 43, 45, 47, 60, 62 f., 93, 114, 116, 155, 252

L
Landarbeit, bäuerliche Arbeit 16, 21 f., 42, 71, 94, 107, 127, 131, 177–181, 195 f., 232, 292
Landdienst 195
Landesausstellung, siehe: Schweizerische Landesausstellung
Landesring der Unabhängigen (LdU) 236, 250
Landesverteidigung, geistige 8, 175, 177, 180 f., 188 f.
Landflucht 177 f.
Landschule 12–22, 32–44, 50, 60, 293
Landschulordnung (1778, 1803) 20, 29, 60, 293
Landvogt, Landvogtei 16, 33
Landwirtschaft, siehe: Landarbeit
Langnau am Albis 91, 213
Lebenskunde 250, 280 f.
Lehrerausbildung 20, 39, 47, 140, 208, 252–255
Lehrerbildungsgesetz (1938, 1978) 47, 252–254, 299
Lehrerinnen (siehe auch: Doppelverdienerinnen) 97 f., 104 f., 115–121, 162, 176 f., 189–194, 207–209, 253–255, 284, 292
Lehrermangel 115 f., 119, 193–195, 198, 204–210, 293, 299
Lehrerseminar Küsnacht 44 f., 47, 60, 63, 155, 179 f.
Lehrerseminar Unterstrass, siehe: Evangelisches Lehrerseminar
Lehrersynode, siehe: Schulsynode
Lehrerüberfluss (siehe auch: Lehrermangel) 190, 193 f., 207
Lehrerverband, siehe: Zürcher Lehrerinnen- und Lehrerverband (ZLV)
Lehrerverein, bzw. Lehrerinnenverein, siehe: Schweizerischer Lehrerverein, bzw. Schweizerischer Lehrerinnenverein
Lehrerwahl 24, 50, 120, 290, 293
Lehrmittel 14, 17 f., 32, 25, 40 f., 45 f., 49 f., 57–63, 89, 93, 114 f., 127 f., 140, 238 f., 250 f., 256 f., 277, 281, 290 f., 298
Lehrmittelverlag des Kantons Zürich 93, 298
Lehrpersonen 8, 14, 16, 20, 22, 29, 44–47, 49–53, 63 f., 85, 87, 89, 93, 113, 115 f., 118–121, 169, 179 f., 182 f., 188–195, 205–209, 248, 252–255, 264 f., 269, 291–293

Lehrplan (u.a. 1905, 1991) 8, 35, 46, 94, 125–128, 151, 156 f., 237–239, 277, 299
Leitbild 238, 263 f., 266
Lesegesellschaften 13, 33
Lesen, Leseunterricht 15, 17 f., 21, 34, 45, 57, 74, 92, 127 f., 138, 260 f., 268, 271–275, 280, 289
Liberale, liberaler Freisinn (siehe auch: Freisinn) 32, 34, 40–50, 56–58, 60–66, 71, 74, 78–80, 84–86, 93, 105, 111–113, 298
Liebling, Friedrich (1893–1982) 240
Limmattal 9, 203 f., 206
Lohn, siehe Entlöhnung
Luzern 79, 264

M
Mädchen, siehe: Unterricht, geschlechtsspezifischer
Mädchenturnen 150, 159–163
Magnani, Franca (1925–1996) 185
Marthalen 177 f.
Maschinensturm von Uster (1832) 65
Mathematik, siehe: Rechenunterricht
Maur 272
Mediation, Mediationsverfassung (1803) 13, 29, 33, 35, 39 f., 42, 47, 139, 293
Medizin, siehe: Schularzt
Mehrsprachigkeit 261, 278, 283
Meilen 50 f., 92
Menziken 120
Mettmenstetten 14, 21, 24–28
Militär, Militärdienst, Militarisierung 13, 33, 64, 80, 159–162, 168 f., 172, 184, 194, 207, 237
Milizsystem 194, 264–267
Misox 129, 136
Missione cattolica 221
Mitbestimmung 13, 24, 34, 42, 44, 48 f., 238
Mittagsspeise, Mittagssuppe, siehe: Schülerspeisung
Mittagstisch, siehe: Tagesstrukturen
Mobilmachung 150, 165, 168 f., 184, 189, 193–195
Mohr, Johann Melchior (1762–1846) 26 f.
Mousson, Heinrich (1866–1944) 151, 193
Mundartunterricht 176, 183
Musikunterricht 286 f.

N
Nationalkonservativ, siehe: Bewegung, konservative
Nationalsozialismus 180 f., 198 f.
Naturgeschichteunterricht 34, 58, 60, 62, 290
Naturkundeunterricht 46, 127
Naturwissenschaften, naturwissenschaftlicher Unterricht 80, 127 f., 154, 260, 271, 274, 277, 280, 290
Neuaffoltern (siehe auch: Zürich) 216
Neue Helvetische Gesellschaft (NHG) 181, 183 f., 188
New Public Management (NPM; siehe auch: wif!-Projekt) 261 f.
Niedergelassene, Niederlassung (siehe auch: Gemeindebürger) 106–112, 210
Nordrhein-Westfalen 235

O
Oberland, Zürcher 9, 55–60. 63–67, 70, 74, 178, 292
Oberrieden 81
Oberschule 230–236, 241–243, 249, 253, 299
Oberstrass (siehe auch: Zürich) 64
Oberstufe, Oberstufenreform 37, 67, 113, 186, 200 f., 209, 229–250, 253–256, 261, 268 f., 280–285, 292 f., 298 f.
Ochs, Peter (1752–1821) 13
Oerlikon (siehe auch: Zürich) 131, 252, 254
Oetwil am See 48, 193

On y va! (Lehrmittel) 256 f.
Opfikon 214
Organisation für wirtschaftliche Zusammenarbeit und Entwicklung (OECD) 271, 274, 276, 280, 294
Ossingen 178, 180, 182
Österreich 21, 199

P
Pädagogik, interkulturelle, siehe: Integration
Pädagogische Hochschule Zürich (PHZH) 254 f.
Paris 13, 15
Pestalozzi, Johann Heinrich (1746–1827) 34, 39 f., 139, 154, 156, 271
Pestalozzianum 253
Pfäffikon 51, 60, 62, 253, 255
Pfarrer 16 f., 20 f., 25–29, 35–41, 44, 47, 49–51, 58, 62–64, 78, 85, 88, 90, 126, 128–130, 135–138, 280–282, 290
Pfenninger & Cie. AG, Wädenswil 83
Pfenninger, Leonhard (Privatschulgründer) 35
Pfungen 114, 214
Physiologie, siehe: Schulhygiene
PISA-Test 259–261, 270 f., 274–277, 280
Platten, Fritz (1883–1942) 171
Polen 207
Portugal 209
Primarlehrerinnen (siehe auch: Lehrerinnen) 115 f., 190, 194, 254
Primarlehrerseminar (PLS) 254
Primarschule, Primarstufe 36 f., 46, 94 f., 106, 112, 117, 119 f., 126, 129, 137, 140–145, 157, 161, 164, 180, 189, 193, 200 f., 208 f., 216, 250, 253–255, 268, 280, 282–285, 291–293, 298
Privatschulen, Privatschulwesen 21, 33–37, 43, 95, 121, 124, 128 f., 135–141, 143 f., 211, 221 f., 224
Pro Veritate 250
Professionalisierung des Lehrberufs 47, 50, 89, 252 f., 261, 263, 266, 294
Protestantismus, protestantische / evangelisch-reformierte Kirche (siehe auch: Kirche) 113, 124–126, 129, 131, 134–136, 138–141, 143, 145, 166, 182, 185, 280 f., 290

Q
Qualität in multikulturellen Schulen (QUIMS) 277–279
Qualitätssicherung 262 f., 267, 276 f.

R
Radikale, radikaler (bzw. radikal-liberaler) Freisinn (siehe auch: Freisinn) 39, 44–50, 58, 60–66, 79, 89, 139
Real- und Oberschullehrerseminar (ROS) 253, 255
Realienunterricht 45 f., 92, 127 f., 217
Realschule 46, 230 f., 234–236, 243, 246 f., 253, 299
Rechnen, Rechenunterricht 15, 20, 34, 62, 74, 92, 127 f., 213, 215, 217, 243 f., 246, 268, 271, 274 f., 277, 289
Reformation 12, 17, 138
Reformpädagogik 148–164, 177, 180, 235, 238, 298 f.
Regeneration 32, 40–42, 44 f.
Regensberg 51, 131, 139
Regensdorf 231, 242, 245
Regionen (des Kantons Zürich) 9
Rehetobel 166
Religion und Kultur (Schulfach) 282
Religionsunterricht (siehe auch: Kirche) 28, 35, 43, 45, 126, 140, 239, 280–282, 291
Repetierschule (siehe auch: Ergänzungsschule) 14, 46, 67, 71, 87, 91–94, 232
Restauration 28, 33, 35, 39 f., 42, 47
Revolution, Helvetische, siehe: Helvetik
Revolution, liberale, siehe: Regeneration
Rezession, siehe: Wirtschaftskrise

Rheinfall 146
Rheinland-Pfalz 235
Richterswil 90, 94 f.
Rieter & Co., Winterthur 106 f., 109
Rigi 146
Rotes Kreuz, siehe Schweizerisches Rotes Kreuz
Rudolf Steiner Schule 141
Rüschlikon 91, 214
Russland 21
Rust, Christine (Lehrerin der ersten Generation) 118–120
Rüti 85

S
Sabbatdispens, siehe: Juden
Saisonniers, Saisonnierstatut, siehe: Immigration
Säkularisierung, siehe: Trennung von Kirche und Staat
Salär, siehe: Entlöhnung
Schaffhausen 131, 133, 191
Scherr, Ignaz Thomas (1801–1870) 44–48, 57–61, 70, 93, 127, 291 f.
Schiers 139
Schönenberg 84, 91
Schreiben, Schreibunterricht 15, 19 f., 34, 45, 57, 74, 92, 108 f., 127 f., 138, 158, 268, 272, 289
Schularzt, Ärzte 40 f., 63, 71, 105, 151–154, 157–159, 166 f., 171 f., 237, 250
Schulaufsicht (siehe auch: Qualitätssicherung) 13 f., 16 f., 22, 27–29, 35, 41, 44, 48–51, 58, 78, 85, 90 f., 98, 136, 193, 261, 263, 266 f., 290, 293 f.
Schulbank, «Schulbankfrage» 158 f., 185
Schulbuch, siehe: Lehrmittel
Schülerspeisung 165–173
Schülersuppe, siehe: Schülerspeisung
Schulferien 96, 160, 166 f., 171, 173, 178, 195, 197
Schulgeld 16, 35–39, 46, 67, 85, 87, 93, 97, 104–114, 176, 198 f., 232, 298
Schulgemeinden 9, 34, 38 f., 51 f., 58, 95, 97, 108–110, 114, 119–121, 126, 136, 189, 193 f., 198 f., 204–206, 212–217, 222, 224, 226, 232 f., 235, 241 f., 249, 264 f., 270 f., 281 f., 293 f.
Schulhausarchitektur, Schulhausbau 38, 63, 128, 150, 157 f., 178, 210
Schulhygiene 128, 151–158, 163–166
Schulinspektor 22–29, 35, 40, 49, 117, 136, 142–144
Schulkapitel 49, 51, 89, 184
Schulleitung 260 f., 263–267, 288, 294
Schulmeisterschule 42
Schulpflicht 35–37, 46, 48, 60, 66, 70–74, 78, 104, 111, 113, 127, 134–140, 156, 216, 232 f., 236, 268–270, 276, 292, 299
Schulprogramm 264–266
Schulprojekt 21 284
Schulreform 17, 20–22, 34, 40, 42, 44, 46 f., 57, 61–63, 66, 85, 87, 104, 113, 151–158, 160, 163–167, 231 f., 235, 242 f., 261–270, 275–277, 284, 292 f., 298
Schulreformbewegung 151–158, 163–167
Schulreisen 146 f., 183
Schulsynode 44 f., 88 f., 93, 118 f., 153, 183 f., 213, 293, 298
Schulturnen 78, 92, 128, 150, 156, 159–163, 217, 298
Schulversuchsgesetz (1971) 241 f.
Schulzucht, siehe Disziplin
Schwamendingen (siehe auch: Zürich) 79
Schwarzenbach, James (1911–1994) 220, 223, 299
Schwarzenbach, Robert (1839–1904) 87
Schweden (siehe auch: Skandinavien) 152, 235
Schweiz, Schweizerische Eidgenossenschaft 13–15, 79 f., 105 f., 110 f., 113, 115, 124–127, 131, 138 f., 153, 159–162, 170 f., 181 f., 186 f., 189, 191, 197–199, 206 f., 209–211, 214, 219–221, 224, 226, 235, 238, 240, 254 f., 260 f., 270–277, 280 f., 283–285, 291–294, 298 f.

Schweizerische Gemeinnützige Gesellschaft (SGG) (siehe auch: Gesellschaften, gemeinnützige) 40, 96
Schweizerische Gesellschaft für Schulgesundheitspflege 155, 163
Schweizerische Konferenz der kantonalen Erziehungsdirektoren (EDK) 182, 226, 237, 254, 276, 283, 285, 294
Schweizerische Landesausstellung 1939 («Landi») 176 f., 186–188, 299
Schweizerische Volkspartei (SVP) 268
Schweizerischer Lehrerinnenverein 177, 192
Schweizerischer Lehrerverein 182
Schweizerischer Vaterländischer Verband 181, 188
Schweizerisches Rotes Kreuz (Kinderhilfe) 197
Schwimmunterricht, siehe: Schulhygiene
Seegräben 117
Seidenindustrie 82, 84, 86
Sekundar- und Fachlehrerausbildung (SFA) 253
Sekundarlehrkräfte des Kantons Zürich (SekZH) 248
Sekundarschule, Sekundarlehrerinnen/-lehrer 44, 46, 51, 63, 67, 88, 90, 96, 112–119, 169 f., 172, 180, 183 f., 190, 192, 198, 230–237, 241–249, 253–255, 262, 269, 281, 293, 298 f.
Sekundarstufe 51, 184, 190, 230–237, 241–249, 253–255, 293, 298 f.
Seminar für Pädagogische Grundausbildung (SPG) 254
Seminar, heilpädagogisches, siehe: Heilpädagogisches Seminar
Senn, Jakob (1824–1879) 66 f.
September-Regiment (1839) 45, 66
Sexualunterricht 240, 250 f., 291
Sieber, Johann Kaspar (1821–1878) 112 f., 232
Singunterricht 119, 183, 217, 242
Sitzberg 114
Skandinavien (siehe auch: Schweden, Finnland) 268, 270
Società Dante Alighieri 221
Solothurn 191, 225, 235
Sommerschule, siehe: Winterschule
Sonderpädagogik 141, 150
Sonderschule, Sonderschulwesen 153
Sozialdemokratische Partei (SP) 171, 192, 263, 269, 288
Sozialdemokratische Partei Deutschlands (SPD) 235
Spanien 206, 209
Spanische Grippe 173
Spinnerei 65–74, 83, 106 f., 110, 130, 136 f.
Sprachenvielfalt, siehe: Integration
Sprachschule Minerva 140
Sprachunterricht (siehe auch: Deutschunterricht, Französischunterricht, Englischunterricht, Integration) 8, 21, 41, 45, 57, 59, 80, 117, 124, 127–145, 156 f., 183, 204–227, 236 f., 242, 247, 256 f., 260 f., 275–280, 283–285, 292 f., 299
Sprüngli, Johann Jakob (1801–1889) 88, 90, 96
Sri Lanka 227
Staat (siehe auch: Trennung von Kirche und Staat) 8, 12 f., 21, 23–29, 43–45, 50 f., 60, 64, 85, 93, 97 f., 111 f., 116, 138–141, 153, 224, 290 f., 293 f., 298 f.
Staatskundeunterricht, staatsbürgerlicher Unterricht 21, 162, 180, 182 f., 188, 242
Stadler Aufruhr 61, 290
Stäfa 13, 34–42, 46, 48, 118 f.
Stäfner Handel 13
Stammertal 177
Stammklasse (siehe auch: Abteilungsübergreifender Versuch an der Oberstufe) 242–247
Stapfer, Philipp Albert (1766–1840) 14–22, 25 f., 44
Statthalter, Regierungsstatthalter 23–28, 51, 62, 71 f., 106
Sternenberg 67
Stillstand, siehe: Kirchenpflege
Strafen, siehe: Disziplin
Strauss, David Friedrich (1808–1874), Straussenhandel 45, 64
Subvention, siehe: Finanzierung

Sukzessivschule 38 f.
Sulzer AG, Winterthur 107, 109 f.
Sulzer, Johann Jakob (Fabrikant) 110
Supino, Franco (Schriftsteller) 225
Suppenabgabe, siehe: Schülerspeisung
Synode, siehe: Schulsynode

T
Tagelswangen 139
Tagesschule, siehe Tagesstrukturen
Tagesstrukturen 159, 221, 237, 270 f., 292
Teilautonome Volksschule (TaV-Projekt) 264–267
Tessin 136, 205, 211
Textilindustrie 33, 67, 71, 107
Thalwil 82, 84, 86–88, 90 f., 96, 195
Thurgau 34, 59, 256
Tibet, tibetische Flüchtlinge 214
Töchterschule, höhere, Winterthur 116
Töss (siehe auch: Winterthur) 106–112
Tösstal 70
Trennung von Kirche und Staat 28, 43, 50, 126 f., 139, 290 f.
Trogen 166, 214
Trüllikon 156, 178 f.
Tschechoslowakei 214
Turbenthal 114
Türkei 206, 209 f., 227, 280
Turnen, siehe: Schulturnen

U
Überfremdung, siehe: Immigration
Uetikon am See 42, 50, 265
Ulrich, Johann Konrad (1761–1828) 25–27
Unentgeltlichkeit, siehe Schulgeld
Ungarnflüchtlinge, Ungarnaufstand 211, 212, 214, 299
Universität Zürich 45 f., 64, 89, 113, 153–155, 180 f., 237, 252–254, 262
Unterland, Zürcher 9, 61, 123, 125, 130, 136
Unterricht, geschlechtsspezifischer 15, 19, 21, 32–35, 46, 78, 84, 92, 94–100, 118 f., 136, 150, 159–164, 182, 200 f., 238, 243, 247, 250 f., 276, 298
Unterrichtsgesetz (1832, 1859, 1872, 1932) 21 f., 44, 46, 48, 50, 70, 85, 91, 110, 113, 159 f., 232, 281, 298
Unterstammheim 195 f.
Unterstrass (siehe auch: Zürich) 138, 140, 211
Urdorf 250
Uster 42 f., 51, 65, 68, 72–74, 105 f., 118, 206, 214, 216
Ustertag (1830) 42 f.

V
Vassalli, Mario (Erziehungssekretär) 215, 218 f., 222
Verein besorgter Eltern 250
Verein für Knabenhandarbeit und Schulreform 164
Verein zur Förderung der psychologischen Menschenkenntnis (VPM) 239 f.
Verfassungskunde, siehe Staatskundeunterricht
Volketswil 263
Volksschulgesetz (1832, 1859, 1899, 1959, 2002/05) 32, 48, 78, 84, 93, 111, 115, 124, 126–128, 134, 136, 140, 151, 153, 232 f., 241, 261, 263, 266–271, 279, 288, 290 f., 293, 298 f.
VPM, siehe: Verein zur Förderung der psychologischen Menschenkenntnis

W
Waadt 13, 270
Wädenswil 33, 36–39, 83 f., 87, 91, 98, 178

Wahl, siehe: Lehrerwahl
Wahlen, Friedrich Traugott (1899–1985) 195
Wald 70
Waldorfschule Stuttgart 235
Wallisellen 262, 264, 269 f.
Walzenhausen (AR) 73
Wangen 139
Weberei 62, 65–67, 70, 82, 86 f., 94, 131
Wehntal 61
Weinland 9, 114, 177–180, 183
Weltkrieg, Erster 8, 66, 150 f., 162, 165, 168–173, 205 f., 299
Weltkrieg, Zweiter 8, 176–178, 184, 193–199, 205–208, 219, 221, 233, 299
Wernetshausen 85
Wettstein, Heinrich (1831–1895) 114, 116, 128
Wetzikon 75
Wiedikon (siehe auch: Zürich) 152, 157, 169, 253, 255
wif!-Projekt, siehe: Wirkungsorientierte Führung der Verwaltung
Winterschule 178, 233
Winterthur 9, 18, 51, 81, 95, 103–110, 114–120, 129, 131, 140, 192 f., 214 f., 221, 223 f., 269, 292
Wipkingen (siehe auch: Zürich) 165
Wirkungsorientierte Führung der Verwaltung (wif!-Projekt) 262 f., 266 f.
Wirtschaft, siehe: Industriearbeit, bzw. Landarbeit
Wirtschaftskrise, Rezession (1880er-Jahre, 1930er-Jahre, 1973/74) 131, 151, 177, 180, 189–191, 206–208, 236, 292
Wortzeugnis (siehe auch Zeugnis) 245–247
Wülflingen (siehe auch: Winterthur) 110

Y
Yverdon 39

Z
Zeichenunterricht 242
Zeugnis 52 f., 224 f., 245–249, 279
Zimmerberg 9, 84, 91
Zinggeler, Rudolf (1864–1954) 84
Zölibatsgesetz, siehe: Doppelverdienerinnen
Zollinger, Friedrich (1858–1931) 125, 151, 154–157, 164
Zürcher Lehrerinnen- und Lehrerverband (ZLV) 248, 269
Zürich (Stadt) 9, 13, 22, 33, 47, 51, 95, 106, 116, 133 f., 138, 151–154, 156–159, 162–173, 178, 185, 186–188, 192, 194 f., 199, 211, 214, 216 f., 221, 223 f., 231, 234, 252–255, 270 f., 281, 286, 292, 299
Zürichseeufer, linkes 84, 87
Zürichseeufer, rechtes 42
Züriputsch (1839) 45, 56, 63 f., 66, 79, 89, 298

INHALTSVERZEICHNIS CD-ROM

Ort des Lernens

DAS SCHULHAUS

Ab 1800: Landschulen und frühe Schulhäuser
Ehemaliges Schulhaus Heerenrainli in Hirzel
Altes Schulhaus Seen in Winterthur
Ehemaliges Schulhaus in Oetwil am See
Schulstube im Bethaus Wiedikon in Zürich
Ehemaliges Schul- und Gemeindehaus in Neerach
Ehemaliges Schulhaus auf Strahlegg in Fischenthal
Primarschulhaus in Dänikon
Ehemaliges Primarschulhaus in Thalheim an der Thur
Schulhaus in Baltenswil bei Bassersdorf

Ab 1820: Erste Normen, neue Formen
Projektplan für ein Schulhaus, möglicherweise für Thalheim an der Thur, um 1811–1820
Projektplan für ein Schulhaus, möglicherweise für Strahlegg, um 1820–1840
Projektplan für ein Schulhaus, um 1820–1840
Projektplan für ein Schulhaus, möglicherweise für Adlikon, um 1820–1840
Projektplan für ein Schulhaus, möglicherweise für Regensdorf, um 1820–1840
Projektplan für ein Schulhaus, um 1820–1840
Projektplan für ein Schulhaus, um 1820–1840
Projektplan für ein Schulhaus von Johannes Volkart, 1825
Projektplan für ein Schulhaus, 1830

Ab 1836: Das Normschulhaus nach Heinrich Bräm
Musterplan für ein Schulhaus für 75 Kinder, 1836
Musterplan für ein Schulhaus für 120 bis 150 Kinder, 1836
Schulhaus in Knonau
Schulhaus in Bertschikon
Ehemaliges Primarschulhaus in Ossingen
Schulhaus in Windlach
Altes Sekundarschulhaus in Horgen
Schulhaus in Rafz
Oberstufenschulhaus Kirchstrasse in Oberrieden

Ab 1880: Gesunde Schulhäuser – gesunder Geist!
Schulhaus Wolfbach in Zürich
Primarschulhaus Schanzengraben in Zürich
Primarschulhaus Hirschengraben in Zürich
Bauarbeiter vor dem Schulhaus Lavater in Zürich
Schulhaus Klingenstrasse in Zürich
Schulhäuser auf dem Bühl in Zürich
Schulhaus Leimbach in Zürich
Turnhalle des Schulhauses Kern in Zürich
Schulhaus Ämtler in Zürich

Nach 1900: Das Schulhaus im Heimatstil
Altes Schul- und Gemeindehaus sowie Primarschulhaus in Höri
Schulhaus Riedtli in Zürich
Primarschulhaus Altstetterstrasse in Zürich
Schulzimmer im Primarschulhaus Altstetterstrasse in Zürich
Schulhaus in Adliswil
Halle im Schulhaus von Adliswil
Primarschulhaus in Rifferswil
Korridor im Primarschulhaus von Rifferswil
Primarschulhaus von Gräslikon in Berg am Irchel

Nach 1930: Mit dem «Neuen Bauen» für die Kinder schauen
Broschüre «Das Kind und sein Schulhaus»: Infragestellung bisheriger Architekturtraditionen
Broschüre «Das Kind und sein Schulhaus»: Forderung nach «Neuem Bauen»
Broschüre «Das Kind und sein Schulhaus»: Vorschläge für kinderfreundlichere Anlagen
Ein Gegenpol zum «Neuen Bauen»: Schulhaus Milchbuck in Zürich
Schulhaus Waidhalde in Zürich
Sekundarschulhaus Hirsgarten in Rikon (Gemeinde Zell)
Primarschulhaus in Hirzel
Oberstufenschulhaus Lindberg in Winterthur
Schulhaus Buechholz in Zollikon

Nach 1945: Die Hochblüte der «Pavillonbauten»
Schulanlage Pünt in Uster
Primarschulanlage Probstei in Zürich
Primarschulhaus in Rickenbach
Primarschulhaus Bahnhofstrasse in Urdorf
Primarschulhaus Untermoos in Zürich
Klassentrakt des Sekundarschulhauses Letzi in Zürich
Treppenhaus im Sekundarschulhaus Letzi in Zürich
Schulanlage Chriesiweg in Zürich
Primarschulhaus Gsteig in Lufingen

Nach 1970: Schulanlagen heute
Oberstufenschulhaus Petermoos in Buchs
Primarschulhaus Loogarten in Zürich
Primarschulhaus Linden in Niederhasli
Klassenbereich im Primarschulhaus Linden in Niederhasli
Gesamtschule In der Höh in Volketswil
Atrium in der Gesamtschule In der Höh in Volketswil
Schulanlage Im Birch in Zürich
Klassenzimmer in der Schulanlage Im Birch in Zürich
Durchblick in Unterrichtsräume in der Schulanlage Im Birch in Zürich

DAS KLASSENZIMMER

1850–1900
Schulzimmer im Primarschulhaus in Oberengstringen
Sitzordnung mit langen und engen Sitzreihen
Bewegliche Tafel, Lehrerpult und Tintenflasche
Holzwürfel von Jakob Heer («Heerwürfel») und ein geometrischer Kegel
Einfache Griffelschachtel
Schiefertafel, Steingriffel und Schwammdose
Ledertornister

1900–1950
Schulzimmer in Oberrieden
Sitzordnung mit Trennung von Tisch und Bank
Arbeit an der Wandtafel
Reinhard-Rechnungstabelle
Kunstvoll verzierte Griffelschachteln
Schiefertafel und Schreibheft
Ledertornister

1950–1990
Klassenzimmer im Schulhaus Probstei in Zürich
Die Sitzordnung wird flexibel
Wandtafel in einem neuen Schulzimmer in Hadlikon
Cuisenaire-Stäbchen und Menzi-Bildkarten für Setzkästen
Lederetuis und Griffelschachtel mit Milchgriffel
Schreibheft mit Füllfederhalter
Mit Kuhfell bezogener Schultornister

1990–2007
Offenes Klassenzimmer im Schulhaus In der Höh in Volketswil
Verschiedene Varianten von Sitzordnungen
Wandtafel im Schulhaus Am Wasser in Zürich
Computer als Lernhilfe
Verzierte Kartonschachtel für Schreibzeug
Arbeitsblätter und Arbeitshefte
Schultornister aus Kunststoff

2007
Kindergartenklasse in Winterthur
Kindergartenklasse im Kindergarten Holzmatt in Zürich
Buchs
Uster

Die Klasse

FILME

Film 1: Der erste Schultag (1961)
Film 2: Darf man prügeln? (1961)
Film 3: Eine Jugend-Ausstellung (1965)
Film 4: Schulprobleme von Gastarbeiterkindern (1971)
Film 5: Schulprobleme von Ausländerkindern (1982)
Film 6: Freie Volksschule Trichtenhausen (1983)
Film 7: «Lehrergejammer» (1988)

KLASSENFOTOS IM LAUFE DER ZEIT

Bis 1910
Knabenklasse in Ringwil, 1870
Mädchenklasse in Stäfa, 1875
Meilen, 1900
Oberrieden, 1909

1927
Dietikon
Winterthur
Zürich, Schulhaus Aegerten
Zürich, Schulhaus Scherr

1940
Guntalingen
Schöfflisdorf
Zürich, Schulhaus Hardplatz
Zürich, Schulhaus Sihlfeld

1957
Wald
Meilen
Saland
Zürich, Schulhaus Rosengarten

1975
Boppelsen
Niederhasli
Zürich, Schulhaus Balgrist
Zürich, Schulhaus Milchbuck

1985
Dielsdorf
Affoltern am Albis
Winterthur, Schulhaus Rosenau
Zürich, Schulhaus Lachenzelg

Lehrmittel

SCHULWANDBILDER

Religion und Lebenskunde
Auffindung des Moseskindleins, 1912
Die Berufung der ersten Jünger, 1926
Die Kreuzabnahme, 1926
Die heilige Nacht, 1933
Barock (Stiftskirche Einsiedeln), 1940
Familie, 1954
Gemeindeschwester, 1964
Moschee, 1970
Lebensalter, 1984
Drogen, 1992

Geografie
Indianerfamilie mit Hütte, Hausgerät und Waffen, 1892
Tabak, 1892
Inneres einer chinesischen Stadt, 1911
Neger, 1914
Wildbachverbauung, 1938
Vulkan, 1952
Baumwollplantage, 1962
Flugbild Spreitenbach, 1975
Flugbild Törbel, 1985
Indianer, 1989

Biologie
Maikäfer und Schmetterling (mit Verwandlung), um 1877
Auge, Ohr, Gehirn, Hautquerschnitt, 1892
Papagei, 1892
Fledermaus, 1920
Bergdohlen, 1936
Fuchsfamilie, 1951
Wegwarte, 1960
Stubenfliege, 1969
Borkenkäfer, 1983
Naturgarten/Biologischer Garten, 1988

Geschichte
Germanisches Gehöfte vor der Völkerwanderung, 1889
Ritterburg, 1889
Tell rettet Baumgarten, 1899
Eine Siedlung der jüngeren Steinzeit, 1920
Höhlenbewohner, 1941
Schlacht bei Sempach, 1944
Pest im Mittelalter, 1965
Gutenberg und der Buchdruck, 1972
Papierherstellung im Mittelalter, 1982
Spitalgasse Bern 1916, 1987

Sprache
Winterfreuden, um 1900
Der Wolf und die sieben Geisslein, 1920
Frau Holle, 1935

Auszug des Geisshirten, 1943
Herbst, 1948
Rapunzel, 1958
L'école, um 1960
Lebensstil um 1650, 1975
Lichterbrauch – Mittwinterfestkreis, 1978
Sprichwörter und Redensarten, 1987

Arbeit und Freizeit
Schmied, 1911
Steinkohlebergwerk, 1913
Hochdruckkraftwerk, 1936
Kartoffelernte, 1944
Strassenbau, 1959
La piscine, um 1960
Un match de football, um 1960
Feuerwehr, 1968
Kurort im Winter, 1977
Bürowelt, 1993

LEHRMITTEL

Sprache
Der Bildungsfreund, 1835
Fibel, 1903
Sprachbuch für die 4. Klasse, 1962
Welt der Wörter, 1983

Fremdsprachen
Elementarmethode des Französischen Sprachunterrichts für
    deutsche Schulen, 1866
Eléments de langue française, 1917
On y va!, 1972
envol, 2000
keep smiling, 1974
Non-Stop English, 1988
first choice, 2004
explorers, 2006

Geografie
H. Wettstein's Schul-Atlas, 1875
Schweizerischer Volksschul-Atlas, 1903
Schweizerischer Atlas für Sekundarschulen, 1957
Schweizer Weltatlas, 2006

Geschichte
Allgemeine und vaterländische Geschichte, 1872
Welt- und Schweizergeschichte, 1951
Zeiten Menschen Kulturen, 1981
Hinschauen und nachfragen, 2006

Mathematik
Rechnungs-Aufgabensammlung, 1851
Rechenbuch für die Primarschule des Kantons Zürich, 1914
Arithmetik und Algebra, 1974
Mathematik, 1994
Kinder begegnen Mathematik, Das Bilderbuch, 2007

Religion
Biblische Erzählungen für die Realstufe der Volksschule, 1879
Aus unserer Bibel, 1927
Schweizer Schulbibel, 1972
Gott hat viele Namen, 1997
Feste und Feiern, 2007

Hand und Herz

KINDERZEICHNUNGEN

Das Dorf Schönenberg
Seegfrörni
Kinder auf dem Schulweg
Kinder auf dem Schulweg
Selbstbildnis
Dorf
Mein Lehrer
Selbstbildnis
Kreisspiel
Schulhaus
Hüten
Postauto-Schulreise
Viehweide
Chilbi
Spazierende Mädchen
In der Metzgerei
Mittagessen
Luftkampf
Soldaten
Frühling in Schönenberg
Beerdigung

Die Schule
Unsere Klasse
Kinderspiel
Pause
Kinderspielplatz
Schulzahnklinik
Turnstunde
Turnstunde
Turnstunde
Am Klettergerüst
Am Klettergerüst
Schwimmstunde
Examen der 6. Klasse
Schulreise
Schulreise
Schulreise
Kreisspiel
Auf der Rutschbahn
1. August-Umzug
Verkehrserziehung
Der Schulhausneubau
Schlittschuhläufer

Selbstporträts
Rebekka Kulle, 2. Klasse
Josiah Alder, 2. Klasse
Marcel Arikan, 3. Klasse
Nella Manuel, 3. Klasse
Michael Erceylan, 2. Klasse
Ximena Jimenez, 3. Klasse
Fikret Oran, 2. Klasse
Jasmina Pujicic, 3. Klasse
Marina Blaser, 2. Klasse
Andrea Jordi, 3. Klasse
Stecy Kalumba, 3. Klasse
Julian Meier, 2. Klasse
Janine Wanner, 1. Klasse
Simon Winkler, 1. Klasse

Dominic Moret, 2. Klasse
Simenon Tamic, 1. Klasse
Lukas Gianinazzi, 1. Klasse
Jeremy Joseph, 1. Klasse
Yessin Viazzoli, 2. Klasse
Danjeta Krasnigi, 2. Klasse

KINDERLIEDER

Kinder singen für Soldaten, 1939
Grüess Gott Bäseli, aus CD «Roti Rösli im Garte», 1957
Suneschtraal tanz emaal, aus CD «Suneschtraal tanz emaal», 1999
Öisi Klass, aus «De Stadtmuus-Blues», 2003
Es schneit scho glii!, aus «Advent mit Zipf, Zapf, Zepf und Zipfelwitz», 2005
Di Einte und di Andere, aus «eifach singe», 2006

Erinnerungen

ERINNERUNGEN AN DIE SCHULE

Jakob Senn (1824–1879)
Verena Conzett (1862–1947)
Mentona Moser (1874–1971)
Albert H. Burkhardt (1912–1993)
Fritz Bär (1919–2002)
Lise Meyer-Camenzind (1920–2003)

Zahlen und Fakten

SCHULGEMEINDEN

Organisation der Schulgemeinden auf der Primarstufe
Organisation der Schulgemeinden auf der Sekundarstufe

ORGANISATION DER VOLKSSCHULE

Aufbau der Volksschule zwischen 1832 und 1899
Aufbau der Volksschule zwischen 1899 und 1961
Aufbau der Volksschule zwischen 1961 und 1997
Aufbau der Volksschule zwischen 1997 und 2007
Aufbau der Volksschule ab 2008

STATISTIKEN

Anzahl der Lehrpersonen zwischen 1834 und 2006
Anteil der Lehrerinnen am Lehrkörper zwischen 1876 und 2006
Anzahl Lernende zwischen 1832 und 2006
Anzahl Lernende pro Lehrperson zwischen 1834 und 2006
Anteil ausländischer Kinder an den Lernenden zwischen 1946 und 2006
Anteil ausländischer Kinder in der Primarschule zwischen 1968 und 2006
Anteil ausländischer Jugendlicher in der Sekundarstufe A zwischen 1968 und 2006
Anteil ausländischer Jugendlicher in der Sekundarstufe B zwischen 1968 und 2006
Anteil ausländischer Jugendlicher in der Sekundarstufe C zwischen 1968 und 2006
Anteil ausländischer Jugendlicher in der Mittelschule zwischen 1968 und 2006
Verteilung der Lernenden auf die verschiedenen Leistungsniveaus der Sekundarstufe zwischen 1976 und 2006

Impressum CD-ROM

Herausgeber
Bildungsdirektion des Kantons Zürich

Autor und Autorinnen
Martin Lengwiler
Verena Rothenbühler
Cemile Ivedi

Redaktion
Peter Feller
Robert Fuchs

Konzept, Bild- und Tonrecherchen
Staschia Moser
Urs Lengwiler

Sprecher, Sprecherin
Peter Hottinger
Barbara Maey

Projektleitung
Peter Bucher
Jakob Sturzenegger

Gestaltung und Programmierung
DACHCOM Digital AG, Rheineck
Walter Canal
Thomas Kessler

Ergänzender Abbildungs- und Tonnachweis Kapitelbilder
Ort des Lernens:
 Fotografie Waltraut Bellwald
Die Klasse:
 Lehrmittelverlag des Kantons Zürich. Fotografie Stephanie Tremp
Lehrmittel:
 Fotografie Waltraut Bellwald
Hand und Herz:
 Lehrmittelverlag des Kantons Zürich. Fotografie Stephanie Tremp
Erinnerungen:
 Schweizerisches Sozialarchiv, Zürich. Fotografie Hermann Freytag
Zahlen und Fakten:
 Fotografie Keystone
 Fotografie Photoramacolor. Hinwil 2001
 Lehrmittelverlag des Kantons Zürich. Fotografie Stephanie Tremp
 Fotografie Polka Dot Images

Hintergrundmusik zur Einstiegsseite:
 Robert Schumann, Aus Kinderszenen, op. 15, Nr. 1, Von fremden Ländern und Menschen. Interpretiert von der Pianistin Kamilla Matuszewska. aragam e.V. © 2005.

Wir danken allen, die zur Entwicklung der CD-ROM beigetragen haben.

Herausgegeben zur Jubiläumspublikation SCHULE MACHT GESCHICHTE, 175 Jahre Volksschule im Kanton Zürich, 1832–2007.

Diese Publikation wurde durch die Unterstützung des Lotteriefonds des Kantons Zürich ermöglicht.